안디옥의 빛나는 별
이그나티우스가 찾은 참된 행복

내 안에 예수 그리스도가 살아계신다

Jesus Christ is alive in me

내 안에 예수 그리스도가 살아계신다

초판 1쇄 2024년 9월 6일

지 은 이   조윤호
펴 낸 곳   바티스
편   집   편집부
디 자 인   해피디자인

등록번호   제 333-2021-000046호
등록일자   2021년 8월 27일
주   소   부산광역시 해운대구 재반로 113-15(4층), 바티스 출판사 영업부
전   화   051-783-9191
팩   스   051-781-5245
이 메 일   bathys3410@gmail.com

ISBN   979-11-979894-8-3 (93230)

값   25,000원

이 책에 실린 글과 이미지의 무단전재 · 복제를 금합니다.
이 책에 내용의 전부 또는 일부를 재사용하려면 반드시 출판사의 동의를 받아야 합니다.

바티스는 헬라어로 βαθύς 입니다. '깊은', '심오한', '질긴', '풍부한' 뜻을 가지고 있습니다.

내 안에
예수 그리스도가
살아계신다

안디옥의 빛나는 별
이그나티우스가 찾은 참된 행복

조윤호 지음

목차

추천의 글   7

    김길성 교수
    문병호 교수
    박태수 교수
    정원래 교수
    김대혁 교수

서문   14

1 내면에서 빛나는 참된 가치관을 찾아서   25
    내 안에 채워야 할 것과 채워진 것   28
    그리스도 안에서 이룬 참된 가치관   36
    피할 길이 없는 세 가지 갈등을 이겨내는 가치관   51
    갈등 앞에 제시된 세 가지의 등불   83
    갈등을 참된 가치관으로 회복시킨 신앙   104

2 성찬 가운데 만나는 그리스도 — 110

하나님의 구원하심과 그리스도의 몸과 피 114
내가 만난 그리스도 137
다시 오실 그리스도를 바라보며 152
갈등이 아니라 구별 164

3 위기를 기회로! 그리스도를 따르자 — 170

위기 앞에 빛을 발하는 잠재적 가치관 173
생각에 머물지 않고 행동하는 신앙 186
고난과 갈등을 여과시키는 신앙의 필터 198
그리스도를 중심에 두는 신앙의 효력 212
신앙의 정체성을 바르게 세워야 한다 224

4 창세기의 메아리: 그리스도론의 발자취 — 250

'하나님의 신앙'이 증거하고 있는 두 가지 233
하나님의 전적인 은혜와 언약의 성취가 되는 그리스도 252
그리스도를 따르는 신앙의 걸음 262
참된 그리스도인의 발자취 273

지속적인 갈등을 극복하게 하는 신앙 285
그리스도를 통해 근본을 되돌아보게 하는 신앙의 가르침 300
교회를 지켜내는 버팀목이 되는 교리 311
그리스도의 표지(標識)로써 교회 326

그리스도 안에서 발견되는 세 가지 335
중보자가 되시는 그리스도를 본받아 356
그리스도를 바라보자 374
구원과 그리스도 384

신앙의 가치관에서 찾아지는 행복 394
함께하는 가치관이 주는 행복 410
고난 속에서 찾은 행복 420
참된 가치관에서 찾은 행복 428

미주 433

추천의 글

조윤호 박사님의 『내 안에 예수 그리스도가 살아계신다』는 제목의 저서는 초대 속사도 교부 중의 한 분이요 순교자인 이그나티우스(A.D. 35-108)의 사상과 신학을 담은 역작입니다. 요한복음과 요한서신(1서, 2서, 3서)과 요한계시록을 기록한 사도 요한을 이어서, 로마와 알렉산드리아와 함께, 1세기 로마제국의 삼대 도시에 속하는 시리아(수리아) 안디옥 교회의 감독(A.D. 70-107)으로, 당시 로마제국의 무자비한 박해 속에서 교인들을 지키고 교회를 이끌었으며, 마침내 붙잡혀 로마로 가는 길에 쓴 일곱 편의 편지가 우리에게 남아 있습니다. 로마에 도착하여 이그나티우스는 트라야누스 황제가 통치하던 때 순교의 제물이 되었습니다(A.D. 108).

로마까지 가는 길에, 당시 수많은 그리스도인들이 자기 이름을 숨기고 이그나티우스의 석방을 위해 노력했습니다. 그러나 이그나티우스는 이 사실을 알고는 자신의 석방을 위해 더 이상 애쓰지 말라고 당부했습니다. 그는 비굴하게 풀려나기보다는 오히려 순교를 열망했고, 결국 맹수에 의한 순교의 제물이 되었다고 전해지고 있습니다. 이번 기회에 이그나티우스와 함께 속사도 교부에 속하는 로마의 클레멘트, 서머나의 폴리캅, 로마의 헤르마스, 히에라폴리스의 파피아스, 알렉산드리아의 바나바 및 디다케(12사도 교훈집) 등과 친해지는 기회가 되면 좋겠습니다.

저자인 조윤호 목사님은 부산광역시에서 그리심교회를 개척하여 섬기고 있는 담임목사요, 조직신학 분야에 박사학위(Ph. D.)를 가진 유능한 연구자로, 오랫동안 꾸준히 이그나티우스의 사상과 신학에 관한 논문을 신학 전문지에 발표해 오신 분이십니다. 아무쪼록 이 저서를 통해서 주 후 1세기라는 시공간을 뛰어넘고, 죽음의 경계를 뛰어넘어 오늘 우리에게 도전해 오는 강력한 메시지를 가슴으로 느끼는 행복한 기회가 될 수 있기를 바랍니다.

이 저서를 읽는 독자들의 가정에 성 삼위 하나님의 은혜와 평강과 긍휼이 넘치시기를 기원합니다.

김길성 교수 총신대학교 신학대학원 명예교수, 조직신학

본서는 초대교회 속사도(續使徒) 이그나티우스를 우리의 삶의 자리로, 우리의 기도처로, 우리의 감사와 눈물 속으로 초대합니다.

이그나티우스는 사도 베드로, 바울, 요한으로부터 직접 가르침을 받았습니다. 그리하여 누구에게서 배운 것을 알았으며 배우고 확신한 바에 거했습니다(딤후 3:14). 베드로처럼 하나님의 아들 그리스도에 대한 고백이 어김 없었고(마 16:16), 바울처럼 그리스도와 그의 십자가를 마지막까지 전했으며(고전 2:2), 요한처럼 세상의 미움을 받았으나 이상히 여기지 않고 이 땅에 오신 구주를 보고 증언하며 주님의 속히 오심을 소망하는 삶을 살았습니다(요일 3:13; 4:14; 계 22:20).

이그나티우스의 일곱 서신은 그리스도가 누구신지와 무엇을 행하셨는지

를 올바로 전하고, 교회가 어떻게 그리스도의 몸을 온전히 세워 가야 할지를 권면하며, 환난과 핍박이 많은 시대에 성도들이 마땅히 힘쓸 것이 무엇인지를 간명하면서도 부드러운 필치로 전하고 있습니다. 그 공통된 주제는 예수 그리스도이시며, 그의 이름으로 기도하는 간절함이 매 서신마다 깊이 배어 있습니다.

『내 안에 예수 그리스도가 살아계신다』. 내 안에 주님이 사시니, 내가 사는 것도 죽는 것도 복됩니다(갈 2:20; 빌 1:21). 이그나티우스는 사도들의 가르침을 간결하게 신앙고백적으로 체계화하여 변증가들과 교부들에게서 계승한 맹아적 '신학자'였으며, 바울을 파송했던 안디옥 교회의 목회를 계승한 감독 즉 맹아적 '목사'였습니다(행 11:26; 13:1-3). 무엇보다 우리는 그를 순교자로서 기억합니다. 큰 물이 작은 물을 막듯이, 순교자의 피가 회중의 피를 막습니다. 그의 피가 평강을 전하는 복음이었습니다.

저는 이그나티우스의 글을 신학적으로나 교리사적으로 읽을 기회를 가졌으며 졸작 『기독론』에서 그의 서신 중 일부를 신앙의 규범의 대표적인 예로서 다룬 적이 있었습니다. 속사도 교부들로부터 아우구스티누스에 이르는 초대 교부들의 글들을 읽을 때마다 저는 그 엄정함이 자아내는 심오한 감화가 어디에서 비롯되는지를 자문하곤 했습니다. 이그나티우스의 서신들도 진리를 추호도 어김없이 개진하되 위시하듯 하지 않고 먼저 은혜 받은 자의 빚진 자리에서 모든 사람을 존귀하게 맞이하고 따뜻한 교훈을 위로와 함께 전합니다.

조윤호 박사님은, 조직신학자로서, 일찍부터 초대교부들의 사상과 영적 정서에 심취해서 아우구스티누스와 크리소스토무스 등에 대한 여러 글들을 원전에 충실하게 교리적으로 해석해서 저술하고 출판했습니다. 이를 통하여 학문적 지식을 더하는 데 머물지 않고 교회와 성도의 신앙과 경건에 유익을 끼치고자 모색하였습니다. 이번에 출간되는 책은 이런 취지를 한층 더 여실히 보여 줍니다.

우리는 '주님 내 안에 사시고 내가 주님 안에 산다.'라고 고백하지만 정작 주님을 여일하게 찾지는 않습니다. 본서에서 저자는 이그나티우스의 편지를 깊이 살펴서 그 교훈으로써 우리가 매사에 주님을 만날 기회를 얻게 합니다. 어려움이 있으면 내 안에 사시는 주님을 깊이 바라보고 우선 찬미하라고 알려 줍니다. 십자가로부터 울리는 "심히 좋았더라!"라는 창세기의 메아리를 우리가 만물을 통하여 듣도록 인도합니다. 그리스도와 동행하는 복된 여정의 끝까지 우리가 지치지 않도록 다독입니다.

    이그나티우스가 주님의 나심과 죽음과 부활을 부인하는 영지주의자들에 맞서 쓴 한 서신의 서론 한 줄을 아래에 새기며, 본서가 널리 읽혀 주님 주시는 기쁨이 모두에게 더하길 소망합니다. 조윤호 박사님의 귀한 수고에 감사드리며, 이 뜻깊은 작업이 계속되길 바랍니다.

"누가 당신에게 예수가 없는 말을 하려거든 귀머거리가 되십시오!"
(Κωφωθητε ουν, οταν υμιν χωρις Ιησου Χριστου λαλη τις,)

문병호 교수 총신대학교 신학대학원 조직신학

    본서는 특별한 책이다. 왜냐하면 속사도 교부로 단편적으로 알려졌던 이그나티우스의 견고한 신학과 신앙을 재발견하게 하게 하는 책이기 때문이다. "내 안에 예수 그리스도가 살아계신다"는 제목처럼 본서는 이그나티우스의 철저한 그리스도 중심적인 신앙을 잘 보여주고 있다. 이 책을 읽으면 이그나티우스가 얼마나 성경에 능통했으며, 어떻게 그리스도와 십자가를 중심으로 기독론과 구원론을 변증하였는가를 알 수 있다. 동시에 그의 신학이 생각에 머물러 있지 않고 행동하는 신앙의 소유자인 것을 발견하게 될 것이다. 무엇보다 이 책은 말할 수 없는 박해 가운데서도 신앙을 실천하고 신앙을 지켜낸 이그나티우스를 통해 21세기에 살아가는 그리스도인들이 어떻게 살아야 하는 가를 잘 보여주고 있다. 그리스도인의 가치관과 신앙의 정체성을 찾는 데 큰 도움을 주는 귀중한 책을 저술한 조윤호 박사님께 찬사를 보낸다. 이 책을 목회자뿐 아니라 신학생들 그리고 전국의 성도들에게 적극 추천한다.

박태수 교수 한국복음주의조직신학회 회장, 한국성서대학교 교수

조윤호 박사의 『내 안에 예수 그리스도가 살아계신다』는 속사도 교부인 이그나티우스(Ignatius of Antioch, A.D. 35-108)가 남긴 일곱 서신에 관한 충실한 연구서이다. 그는 이그나티우스의 서신들에서 드러나는 기독론, 구원론, 교회론, 종말론, 및 교회 직제(감독제)에 대한 분석을 통해, 2세기 기독교 세계가 대치했던, 교회의 내·외적인 도전을 제시하고, 또한 정통신앙이 무엇인지를 제시한다.

특히 조윤호 박사는 이그나티우스의 일곱 서신에서 그 핵심이 '그리스도'이심을 드러내기 위해 노력했다. 즉 2세기 기독교 신앙의 정수가 '그리스도'에 대한 이해에 있음을 잘 파악한 것이다. 마찬가지로 신앙의 핵심 진리인 '그리스도'를 확인하고, 만나고, 소망하는 여정이 잘 서술되어 있다.

이그나티우스의 서신에 관하여는 국내에서 연구가 거의 되지 않았었다. 실상 초대 교부에 관한 연구는 거의 이행되지 못하였다. 이러한 연구 환경에서

이그나티우스 서신에 대해 세밀하고도, 충실하게 분석하고 신학적 특성을 제시하는 노력은 매우 본보기가 될 만하다. 또한 이 저서를 통해 조윤호 박사가 성취한 학문적 연구 결과들은 교부 연구에 있어서 매우 유익한 결과를 가져올 것으로 여겨진다.

많은 열정과 시간 그리고 정성을 쏟아부은 조윤호 박사의 노력에 치하를 드리며, 많은 독자가 본 저서를 통해 신학적으로, 신앙적으로 귀한 도전과 유익을 얻기를 소망한다.

정원래 교수 총신대학교신학대학원 역사신학

처음 가는 길이나, 익숙하지 못한 곳을 방문할 때는 가이드나 지도가 매우 중요합니다. 한 인물의 삶과 사상을 이해하는 것도 마찬가지입니다. 이 책 [내 안에 예수 그리스도가 살아계신다]는 초기 기독교 신학과 초대 교회 신앙에 중추적인 역할을 감당한 안디옥의 이그나티우스(Ignatius of Antioch)의 신학과 신앙에 매료되어 그를 꾸준하게 연구해 오신 전문가에 의해 탄생한 최고의 안내서입니다.

이 책은 이그나티우스의 7개의 편지를 자세히 연구하여 분석하여 정리한 책입니다. 교회의 일치와 권위에 대한 순종, 그리고 그리스도의 성육신에 대한 강조가 있는「에베소 인들에게 보내는 편지」, 감독과 장로들의 조화와 유대주의를 피하고 기독교적 방식의 수납을 강조한「마그네시아 인들에게 보낸 편지」, 이단에 대한 경고와 그리스도의 인성과 신성을 강조하는「트랄레스 인들에게 보내는 편지」, 고난을 통해 그리스도를 닮는 것을 강조한 「로마 인들에게 보낸 편지」, 화합과 사역자에 대한 헌신을 강조한 「빌라델피아 인들에게 보내는 편지」, 그리스도의 현존으로서의 성찬의 강조와 그리스도의 성육신을 부인하는 도케티즘에 대한 정죄가 담겨 있는 「서머나 인들에게 보내는 편지」, 끝으로 목회적 돌봄과 확고한 신앙 유지를 당부하는 「폴리캅에게 보내는 편지」를 이리저리 살펴보고 정리하여 독자들이 소화하기 좋은 방식으로 소개하고 있습니다.

무엇보다 이 책은 이그나티우스의 신학과 신앙을 그리스도 중심적 가치관과 행복관에 담아서 현대인들에게 들려주고 있습니다. 선명한 신학적 확신과 뜨거운 신앙의 마음으로 외쳤던 이그나티우스의 "예수 그리스도 안의 참된 행복"은 오늘날 세상이 외치는 "행복해야 한다"라는 압박에 의해서 영적 소비주의에 물들기 쉬운 현대 기독교인들에게 큰 도전과 울림을 주는 책입니다. 그리스도 중심적 성경 이해와 삶의 실천이라는 유구한 역사적 전통을 이어가고자 하는 모든 그리스도인들에게 이 책을 음미하며 읽어보기를 권합니다.

김대혁 교수 총신대학교신학대학원 실천신학

서문

이그나티우스(Ignatius of Antioch, A.D. 35-108)는 베드로와 바울 그리고 요한으로부터 가르침을 받은 속사도 교부였다. 그의 신학은 사도들의 가르침에 충실했으며 그리스도론이 중심을 이루고 있었다. 특히 그의 일곱 서신은 역사적으로, 신학적으로 2세기에 일어났던 갈등의 시대를 표현하고 있다. 에베소 교회로부터 시작하여 폴리갑에게 이르기까지 그의 서신은 '그리스도론'이 중심을 이루고 있다. 그리스도의 신성과 인성이 '한 인격'을 이루고 있음을 증거했던 그의 신학적 바탕은 4세기에 일어났던 아리우스의 삼위일체 논쟁에 대해 그리스도가 신성과 인성으로 '한 인격'을 이루고 있다는 니케아 공의회(A.D. 325)의 교리를 확립하는데 밑 거름이 되기도 한다.

신학의 확립이 제대로 이루어지지 않았던 초기 교부들의 시대는 신학이 포괄적으로 다뤄졌다. 그럼에도 불구하고 우리는 이그나티우스의 일곱 서신을 통해 '기독론'과 '구원론', '교회론', '종말론' 그리고 '감독제도'와 '신앙' 등에 대한 신학적 근거를 찾을 수 있다. 특히 「서머나 인들에게」 보낸 서신에 의하면 이그나티우스는 '보편교회(카돌릭케 엑클레시아, καθολικὴ ἐκκλησία)'라는 용어를 최초로 사용하면서 교회를 이단의 세력으로부터 지켜내는 교리를 세워나갔던 것을 발견할 수 있다. 그리고 「에베소 인들에게」 보낸 서신에서는 '교회밖에는 구원이 없다'라는 신학적 견해를 최초로 밝히기도 한다. 이런 이그나티우스는 영적으로, 육체적으로 가해 오는 고난과 두려움에 따른 갈등을 '그리스도인의 신앙'으로 정면 돌파하도록 답을 제시하기도 한다.

1세기 사도들의 중심 역할이 교회를 세우는 것이었다면 2세기의 교부들은 교회와 성도들을 돌보는 사역을 중심에 둔다. 교부들이 사역하던 2세기에는 교회가 크게 세 가지의 갈등적 구조 속에 빠져 있었다. 첫 번째는 당시 교회 가운데 일어났던 전형적인 갈등의 구조를 형성했던 유대 율법주의와 영지주의 이단으로 말미암은 교리적 갈등이었다. 이그나티우스는 여기에 대해 '그리스도론'을 중심으로 정통교리를 세워나가도록 답을 준다. 두 번째는 로마 정부의 핍박으로 인한 갈등이었으며, 세 번째는 그리스도를 닮아가는 신앙의 여정 가운데 일어나는 갈등이었다. 여기에 대해 이그나티우스는 당면한 위기를 어떻게 극복할 것인지 이론과 생각보다 사실에 따른 접근법을 사용하며 그리스도와 십자가의 길을 제시한다.

2세기, 가현설과 그노시스(영지)의 교리로 교회를 위기 가운데로 몰아갔던 영지주의자들에 대해 이그나티우스는 그리스도와 십자가를 중심으로 '기독론'과 '구원론'을 변증하면서 교회로 하여금 흔들림 없는 믿음의 신앙으로 세워지도록 독려한다. 이때 그의 모습은 이 땅 위에 세워진 하나님 나라의 군대 장관과 같은 모습이었다. 이런 이그나티우스가 순교를 앞두고 로마로 압송당하면서 기록한 서신은 유언과도 같은 자신의 마지막 사역이었다.

사도들의 대변자로 불리기도 했던 이그나티우스는 성경에 아주 능통했다. 그는 유대 율법주의자들과 맞설 때도, 영지주의자들과 맞설 때도 그의 무기는 성경이었다. 심지어 로마로 압송당하고 있는 자신을 갈등과 위기로부터 건져준 것 또한 '사도서'와 '복음서' 그리고 '예언서'와 같은 성경이 자신과 함께하였기 때문이라고 고백한 것을 그의 서신을 통해 확인할 수 있다. 그가 유대 율법주의자들과 영지주의자들의 교리를 가장 극명하게 반증하였던 성찬 교리 또한 성경을 바탕으로 기독론과 구원론 그리고 종말론을 제시하며 이단들의 교리가 거짓됨을 증명하였다. 이런 이그나티우스의 성찬 신학은 우리에게 신앙과 신학의 본질을 그리스도의 실체 안에서 찾도록 그 길을 조명해 주고 있다.

교회를 '분파' 가운데 빠뜨렸던 이단들이 제자들의 '어록들'을 제시하며 거짓된 교리의 정당성을 주장할 때 이그나티우스는 진리를 사수하고 신앙을 지켜내기 위해 사도들의 전통에 호소하였다. 그는 사도들의 전통을 교회의 정통으로 세워나갈 때 관용구를 사용한 '교차적 참조' 방식의 변증 도구를 사용하기도 한다. 교부들 가운데 최초로 '일치'와 '연합', '보편교회'라는 단어를 사용했던 그는 은유적인 표현을 즐겨 사용했으며, 관용구를 사용한 최초의 교부이기도 했다.

『내 안에 예수 그리스도가 살아계신다』라는 책의 제목은 이그나티우스의 전부를 한 문장으로 표현하고 있다. 지금까지 이그나티우스에 대한 연구는 그의 서신에 대한 고고학적인 연구가 중심이 되었으며, 그의 서신이 진품인지 진위를 가리는 연구가 대부분이었다. 그런가 하면 로마 가톨릭을 중심으로 자신들의 교리를 방어하고 대변하는 측면에서 '일치'에 대한 연구가 이루어지곤 했다. 그럴 때마다 그들은 이그나티우스를 마치 소모품처럼 사용할 뿐이었다. 정작 그의 신학은 바르게 조명하지 못했으며, 그의 신앙을 말하지 못했다. 『내 안에 예수 그리스도가 살아계신다』라는 이 책은 이그나티우스의 신학과 신앙을 이 시대 앞에 소개하면서 그가 우리에게 어떤 메시지를 던져주고 있는지 조명하고 있다.

안디옥의 빛나는 별이었던 이그나티우스가 찾은 참된 행복은 어디에 있었는지 『내 안에 예수 그리스도가 살아계신다』는 말해주고 있다. 이 책은 이그나티우스와 관련하여 일곱 단락으로 전체 내용을 구성하고 있다. 그 시작은 이그나티우스가 어떤 가치관 속에 세워진 속사도 교부였는지 알아가는 것으로 이루어진다. "내면에서 빛나는 참된 가치관을 찾아서"라는 주제는 그리스도 안에 세워진 그의 가치관이 당면한 갈등을 어떻게 극복해 나갔는지 등불처럼 인도하고 있다. 이를 통해 우리 또한 어떤 가치관으로 세워져야 하는지 돌아보게 하고, 알게 한다.

두 번째 주제는 "성찬 가운데 만나는 그리스도"이다. 유대 율법주의자들과 영지주의자들을 확연히 구별해 낸 교리 가운데 하나가 이그나티우스의 성찬론이다. 그는 성찬 가운데 새겨진 언약을 그리스도 가운데 증거하면서 그리스도의 신성과 인성에 관한 기독론의 교리와 함께 구원론과 부활 그리고 종말론을 증거한다. 이를 통해 다시 오실 그리스도를 바라보면서 영생에 대해 바르게 알고 그리스도인으로서 참된 제자도의 길을 걷도록 한다. 이런 이그나티우스의 가르침은 이단들의 거짓된 교리의 민낯을 드러나게 한다.

세 번째 주제는 "위기를 기회로! 그리스도를 따르자"이다. 위기에 직면하다 보면 이성을 잃어버리거나 잘못된 판단으로 더욱 어려움에 처하는 경우가 종종 있다. 이그나티우스는 자신에게 불어닥친 죽음의 위기 그리고 교회가 당면한 갈등의 문제를 그리스도인의 참된 가치관이라는 신앙으로 정면 돌파하도록 한다. 위기는 또 하나의 기회가 될 수 있다. 고난과 갈등에 사로잡혀 무너짐을 당해서는 안 된다. 그리스도인의 참된 가치관으로 일어나는 계기가 되어야 한다. 이그나티우스는 이것을 그리스도 안에서 길을 찾도록 인도하고 있다.

네 번째 주제는 "창세기의 메아리: 그리스도론의 발자취"이다. 하나님을 향한 신앙은 모든 교부들의 근본이고, 표준이다. 그 가운데 하나님을 향한 이그나티우스의 신앙은 어떤 교부들보다 강력함을 발하고 있었다. 그는 '하나님의 신앙'을 통해 하나님의 공의를 만족시키신 그리스도를 증거하면서 하나님의 은혜와 언약의 성취를 강조하고 있다. 이것은 창세기 3장 15절의 '은혜 언약(원시언약)'과 창세기 3장 21절 이하에 나타나는 공의와 화해, 중보와 사랑 그리고 은혜 등을 떠오르게 한다. 하나님께서 아담과 하와에게 입히신 '가죽옷'을 상기시키고 있다.

다섯 번째 주제는 "내 안에 그리스도가 보인다"이다. 하나님은 우리의 겉을 만드셨을 뿐만 아니라 우리의 속도 만드신 분이다. 이런 하나님께서 우리의 속을 그리스도의 양식으로 채우도록 명하셨다. 그리스도의 양식이 우리를 살리는 생명의 양식이라면 가증한 것들로 가득 채워진 누룩과 같은 이단들의 교리는 '맹독'을 가진 죽이는 음식이다. 이그나티우스는 이런 이단들의 가르침을 '다른 음식'에 비유하고 있다. 교회를 지켜내는 버팀목이 되는 것은 다른 것으로 이루어지지 못한다. 교회는 그리스도의 본질을 밝히는 표지가 되어야 한다.

여섯 번째 주제는 "요한복음을 통해 그리스도를 말하다"이다. 요한과 베드로, 그리고 바울로부터 가르침을 받았던 속사도 교부였던 이그나티우스는 구약의 예언서뿐만 아니라 복음서와 사도서 등에 매우 능했던 인물이다. 그의 서신의 양식은 바울과 베드로의 양식을 많이 따르고 있었으며, 그리스도를 비유 측면에서 증거할 때는 요한복음에서 사용된 단어와 문장을 매우 효율적으로 인용하며 그리스도를 증거하였다. 대표적인 것이 '하나님의 떡'과 '생수', '하나님 아버지의 문' 등이다.

이를 통해 그리스도가 중보자 되심을 특별히 강조하고 있다. 그리고 이단들을 구별하게 하고, 그리스도를 바라보는 신앙으로 인도하였다.

일곱 번째 주제는 "행복을 향한 여정"이다. 행복은 만들어지는 것이 아니다. 세상의 불완전성은 우리에게 진정으로 행복을 줄 수 없다. 행복은 완전하신 하나님 안에서 찾아진다. 이그나티우스는 진정한 행복은 신앙의 가치관에서 찾아진다는 것을 자신이 걸어가는 순교의 길을 통해 증거한다. 십자가의 길은 고난 속에서 참된 행복을 찾는 여정이었다. 이것이 행복의 조건이 되는 것은 행복은 하나님의 자랑거리가 되어가는 과정에 더욱 그 빛을 강력하게 발하기 때문이다. 행복은 찾거나 발견하는 것이 아니다. 이그나티우스는 여기에 대해 우리에게 명확한 답을 주고 있다. 그의 가치관 속에 나타나는 행복론은 이것을 잘 표현하고 있다. '신앙의 가치관', '함께 동역하는 가치관', '참된 고난의 가치관'이 행복으로 가는 열쇠라는 것을 알려준다.

1세기 말부터 2세기 초였다. 교회는 두 세력으로부터 갈등과 위기에 직면해 있었다. 하나는 교회를 영적 갈등 속에 빠뜨렸던 이단의 세력이었다. 또 다른 하나는 교회를 박해하였던 로마였다. 이그나티우스는 서신을 통해 교회가 갈등과 위기로부터 흔들리지 않도록 인도한다. 신앙과 신학 그리고 목회적 성격을 가지고 있는 그의 서신은 사변적이지 않았다. 그의 서신은 성경을 중심으로 하고 있었으며, 신앙으로 반응하는 변증서에 가까웠다. 우리는 이런 이그나티우스의 서신을 통해 그의 신앙을 평가하고, 판단하는 것이 아니라 자신의 신앙과 우리의 신앙의 현주소를 돌아볼 수 있어야 한다. 우리가 그리고 내가 진리의 파수꾼으로 어떤 모습을 해야 하는지 『내 안에 예수 그리스도가 살아계신다』를 통해 비춰볼 수 있어야 한다.

끝으로 『내 안에 예수 그리스도가 살아계신다』라는 책은 지금까지 본인이 이그나티우스에 대해 연구해 왔고, 학회 등에 발표했던 논문들이 중심을 이루고 있다. 이것을 하나의 책으로 묶은 것은 이그나티우스가 어떤 교부였는지 알기 전에 그가 어떤 그리스도인이었는지 알리기 위해 『내 안에 예수 그리스도가 살아계신다』라는 책은 출간되었다. 이그나티우스는 신앙을 삶으로 승화시켜 나갔던 인물이다. 그는 교부이기 전에 한 인간이었다. 사도로부터 가르침을 받은 속사도 교부이기 전에 한 사람의 그리스도인이었다. 그는 신앙을 실천하고, 신앙을 지켜내는 것을 생명보다 더 중요하고, 귀하게 여기고 있었다. 이런 이그나티우스의 내면과 삶 그리고 그의 인격 가운데 비치는 것이 있었다. 바로! 예수 그리스도였다. 그의 일곱 서신을 돌아보면 그의 외치는 음성이 들려질 것이다. "내 안에 예수 그리스도가 살아계신다"

집필하는 서재에서 조운호

1

내면에서 빛나는 참된 가치관을 찾아서

　　죄악 가운데 놓인 세상은 시대를 불문하고 항상 갈등하는 구조 속에 엮여 있다. 때로는 환경적인 문제로, 때로는 세력 간의 이해 차이로, 다양한 갈등의 구조 속에서 대결하고, 분쟁을 일삼는다. 인간의 죄는 '사망'과 함께 갈등을 일으키는 원인이 된다. 이로 인하여 세상은 불완전한 구조 가운데 놓여진다. 갈등은 인간이 살아가는 바탕 위에 항상 공존하게 된다. 인간의 죄 사함에 따른 대속을 불러일으켰던 예수님의 '십자가'와 '부활 사건' 이후 교회가 갈등하는 세상 가운데 세워진다. 초기 기독교의 역사는 이렇게 시작된다.

　　초기 기독교 역사를 대변하고 있는 '초대 교회'는 크게 두 가지의 갈등 구조를 내포하고 있었다. 첫 번째는 영적인 문제로 갈등에 휩싸인다. 여기에 대표적으로 작용하였던 것이 이단의 거짓된 교리였다. 율법적 기독론과 구원론을 가르치는 에비온주의와 죄악 된 육신의 감옥을 죄 없는 영이 탈출하는 것을 구원이라고 가르치는 영지주의 이단이 교회의 근간을 흔들어 놓는다. 두 번째는 박해라는 환경의 문제로 교회는 심각한 갈등에 놓인다. 초기 기독교 역사를 대변하고 있는 유세비우스(Eusebius, A.D. 263-339)에 따르면 이그나티우스(Ignatius of Antioch, A.D. 35-108)는 안디옥 교회의 두 번째 감독(바티스타 몬딘은 이그나티우스를 베드로와 에보디우스에 이어 안디옥의 세 번째 감독으로 보고 있다.)이었다.[1] 그는 예수님의 산 증인이었던 사도 베드로와 요한 그리고 바울로부터 가르침을 받았던 속사도 교부였다. 그는 예수 그리스도를 구세주로 증거한다는 이유로 황제숭배 사상을 내세웠던 로마 정부와 갈등을 빚는다.

황제숭배 사상은 로마 정부 입장에서는 제국을 다스리는 중요한 국가 정책 가운데 하나였다. 그러나 오직 하나님 한 분만을 섬기는 기독교는 우상숭배를 용납할 수 없었다. 로마 정부는 이런 기독교를 로마에 대한 적대세력으로 여기고 박해를 가한다. 그리고 기독교와 관련하여 돌고 있던 거짓된 유언비어는 기독교를 사회의 안녕을 해치는 세력으로 여기게 된다. 특히 성찬을 문제 삼는다. 유대인들을 비롯하여 기독교를 대적하는 세력들 그리고 성찬의 진정한 의미를 알지 못하는 무리에 의해 성찬이 잘못 증거 된다. 로마 정부는 기독교를 '인육'을 먹고 '사람의 피'를 마시는 식인종과 같고, 흡혈귀와도 같은 집단으로 여긴다.

성찬에서 "이것은 내 몸이니"(마 26:26)라며 떡을 나누는 것을 진짜로 사람의 몸을 먹는 것으로 여겼으며, "나의 피 곧 언약의 피니라"(마 26:28)라며 포도주의 잔을 나누는 예식을 진짜로 사람의 피를 마시는 것으로 오해하고 있었다. 이런 이유로 기독교인들이 어린아이들을 납치하여 잡아 먹는다라는 유언비어까지 만들어진다. 급기야 로마 정부는 기독교를 사람의 몸을 먹는 식인종 집단으로 여기고 있었다. 이런 복합적인 일로 인해 로마 정부는 기독교를 탄압하게 된다. 로마 정부는 기독교를 탄압하면서 당시 교회를 이끌었던 중심의 축 가운데 한 사람이었던 이그나티우스를 로마로 압송한다.

이그나티우스는 로마로 압송되는 도중에 일곱 편의 서신을 기록한다. 먼저 서머나에 도착하였을 때 교회를 향해 네 편의 서신을 기록한다. 「에베소 인들에게」, 「마그네시아 인들에게」, 「트랄레스 인들에게」, 「로마 인들에게」 그리고 드로아에서 머물 때 교회와 개인을 향해 마지막 유언서와도 같은 세 편의 서신을 「빌라델피아 인들에게」, 「서머나 인들에게」, 「폴리갑에게」 쓴다.[2] 그가 일곱 편의 서신을 기록한 것은 크게 세 가지의 갈등 구조가 그로 하여금 교회와 개인을 향해 서신을 쓰도록 만들었다. 첫 번째는 교회를 향한 로마의 압제에 따른 갈등이 서신을 기록하게 만든다. 두 번째는 이단으로 불거진 교리적 문제와 교회와 관련한 갈등이었다. 세 번째는 진정한 그리스도인의 길과 관련한 순교에 따른 갈등 등이 이그나티우스로 하여금 서신을 기록하게 만든다.

내 안에 채워야 할 것과 채워진 것

이그나티우스는 일곱 서신에서 자신을 가리켜 "이그나티오스 호 카이 데오포로스"라고 스스로를 소개하고 있다. '데오포로스(Θεοφόρος)'는 '데오스(θεός-하나님)'와 '포로스(φορος-지고 가는 자)'의 합성어이다. 직역하면 "하나님을 지고 가는 자(모시는 자) 저 이그나티우스는"이다. 여기서 문제되는 것은 '하나님을 지고 가는 자'이다. 일반적인 관점으로 봤을 때 유한한 존재인 우리(사람)가 무한하신 하나님을 지고 갈 수는 없다. 유한이 무한을 담을 수 없다. 시릴 리차드슨(Cyril

Richardson, 1909-1976)은 「초기 기독교 교부들」(*Early Christian Fathers*)을 편역하면서 "이그나티오스 호 카이 데오포로스"를 의역하여 "하나님에 의해 영감을 받은 자(God-inspired)"로 번역하였다.[3] 리차드슨이 의역한 것처럼 이그나티우스는 '데오포로스'를 통해 자신의 내면이 어떤 가치관으로 세워져 있는지 강조하고 있다. 그는 자신의 내면이 하나님을 향한 가치관으로 세워져 있다는 것을 이 한 마디를 통해 대변한다.

　로마에 압송되는 이그나티우스가 일곱 서신에서 인사말을 쓸 때 자신을 가리켜 '데오포로스'라고 칭한다. 이것은 매우 의도적인 것을 표현하고 있다. 자신이 보내는 서신에 대한 전반적인 성격을 대변하는 이미지적인 역할을 감당하고 있다. 리차드슨에 의하면 이그나티우스가 '데오포로스'라는 단어를 사용한 것은 단순한 명사적인 측면을 나타내기 위한 것이 아니다. 그가 이 단어를 사용한 것은 전개되고 있는 여러 상황과 밀접한 관계를 가지고 있으며, '데오포로스'는 여기에 대한 예언적 성격을 함축하고 있다.[4]

　이그나티우스는 '데오포로스'라는 호칭을 통해 서신을 읽는 독자들에게 당시의 여러 상황을 대변하고 있다. 특히 자신의 주변에서 전개되고 있는 상황과 관련하여 두 가지를 집중적으로 대변하고 있다. 하나는 갈등과 관련된 문제였다. 로마 정부로 말미암은 갈등, 이단 문제로 인한 갈등, 그리고 교회 안의 갈등이다. '데오포로스'는 이런 문제들을 어떻게 해결할 것인지 전반적인 답을 주고 있다. 갈등은 자신이 그 문제를 해결할 수 있는 능력을 가지고 있지 못하기 때문에 일어나는 현상이다.

다윗은 사울로부터 쫓김을 당하는 처지에 놓이면서 여러 갈등 가운데 놓이게 된다. 자신을 가리켜 "사울이 죽인 자는 천천이요 다윗은 만만이로다"(삼상 18:7)라고 외쳤던 자들이 다윗을 외면한다. 심지어 자신의 신변을 숨기며 '놉'에 있는 제사장 아히멜렉에게 '떡 다섯 덩이'를 구할 정도로 비참한 처지에 놓인다. 자신을 따르던 자들도 떠났으며 먹을 것을 구하기도 쉽지 않았다. 신변의 위협을 느꼈던 다윗은 이방 땅인 블레셋과 모압으로 망명가는 신세가 된다. 갈등에 사로잡혀 분별력을 잃어버린 다윗에게 갓 선지자가 이르러 '유다 땅으로 돌아갈 것'을 권면한다.(삼상 22:5)

다윗의 갈등은 여기서 멈추질 않는다. 사무엘상 25장 10절 이하에 의하면 자신의 생명을 아끼지 않고 대적들로부터 신변과 소유를 지켜 줬던 나발조차 다윗을 외면한다. 갈등이 폭발하여 분노에 이른다. 모든 상황이 갈등의 구조를 형성하고 있을 때 다윗에게 길이 되어준 것은 주변 사람들이 아니었다. 하나님이었다. 이그나티우스는 당면한 갈등의 문제를 하나님과 함께하는 걸음으로 그 길을 헤쳐 나가고 있었으며, 교회로 하여금 이런 길을 걷도록 권면하고 있다. "하나님을 지고 가는 자"라고 자신을 표현한 이그나티우스는 당면한 갈등의 문제를 하나님과 함께하는 신앙의 여정으로 풀어가고 있었다.

'데오포로스'는 로마의 세력으로부터 전능하신 하나님이 자신들을 지켜 주실 것을 증거하고 있다. 그런가 하면 이단과 교리 문제로 일어난 영적 갈등은 하나님을 향한 바른 교리로 해결할 수 있다. 그리고 교회 내부에 일어나고 있는 다양한 문제 또한 교회의 머리가 되시는 그리스도의 길을 따르는 것으로 일치를 이루어 갈등을 해결해 나간다. 이그나티우스와 함께 동시대를 살면서 속사도로서 사명을 감당했던 로마의 클레멘스(Clement of Rome, A.D. 35-110) 또한 교회에서 일어나고 있는 갈등의 문제에 대한 접근을 이그나티우스처럼 제시하고 있다.

여러 당파로 분쟁에 휩싸였던 고린도 교회의 당면한 문제 앞에 클레멘스는 그리스도를 중심에 두는 신앙을 제시하면서 교회 내에 일어났던 갈등의 요소를 풀어갔다. 「클레멘스의 제1서신」에 기록된 제7장 이하는 증거한다. 분쟁 가운데 있는 고린도 교인들을 향해 자신들의 시야를 당파에 두지 말도록 권면한다. '그리스도의 피'에 자신들의 시야를 고정하도록 한다.[5] 그리고 역겨운 경쟁을 선동하지 말고 그리스도 안에서 겸손하게 갈등을 해소하도록 지도하고 있다.[6]

> 사랑하는 친구 여러분, 우리가 이런 어조로 쓴 것은 여러분을 권고하기 위해서만이 아니라 우리 자신에게도 상기시키기 위해서 이 글을 쓰고 있습니다. 왜냐하면 우리는 함께 같은 경기장에 서 있고, 같은 싸움에 연루되어 있기 때문입니다. … 그리스도의 피에 우리의 시선을 고정시키고, 그 피가 우리의 구원을 위해 흘려졌으며 온 세상에 회개의 은총을 가져왔다는 이유로 인해 그분의 아버지께 얼마나 귀중한 것으로 여겨졌는지 깨닫도록 합시다.[7]

외부로부터 일어나는 갈등의 요소 또한 종착지는 내면이다. 갈등은 속이 비어 있는 공허함에서 일어난다. 내면을 채워야 한다. 이그나티우스는 여러 현상 가운데 찾아오는 갈등에 대해 종합적으로 "하나님을 지고 가는 자"로 답을 제시하며 서신을 쓴다. 자신이 그렇게 하고 있는 것처럼 서신을 받아보는 모든 성도들로 하여금 내면을 '하나님의 영'으로 채우도록 권면하고 있다. 그럴 때 전능하신 하나님의 역사하심이 열매로 나타나며, 하나님의 영에 이끌리어 진리의 길을 두려움과 굽힘 없이 달려갈 수 있게 된다. 이것이 갈등을 이겨낼 수 있는 비결이라는 것을 '데오포로스'는 제시하고 있다.

또 하나, '데오포로스'는 로마를 향하고 있는 자신의 모습을 변증하고 있다. 그 중심에는 그리스도가 있었다. 이것을 이그나티우스는 '데오포로스'라는 단어로 표현하였다. 사도들의 뒤를 이어 교회를 이끌었던 속사도 교부들에게는 공통된 특징이 있었다. 그 가운데 하나가 그리스도를 중심에 두는 신앙관이었다. 그리스도를 하나님을 계시하는 분으로 그리고 대속을 이루어 생명을 주신 분으로 교부들은 증거하였다.[8] '하나님을 지고 가는 자' 또는 '하나님에 의해 영감받은 자'를 호칭하고 있는 '데오포로스'는 현실 앞에 놓여 있는 갈등에 대해 무엇으로 자신의 내면을 채우고, 당면한 문제를 어떻게 풀어야 하는지 변증하고 있다.

이그나티우스는 「에베소 인들에게」 보내는 서신의 제3장에서 그리스도를 가리켜 '아버지의 마음'이라고 표현한다.[9] 그리고 제5장에서는 '하나님 아버지와 함께 즐거워하는 자'라고 말한다.[10] 그뿐 아니라 「마그네시아 인들에게」 보내는 서신의 제7장에서는 '그리스도가 아버지와 하나셨다'라고 증거한다.[11] 그리고 「빌라델피아 인들에게」 보낸 서신의 제7장에서는 그리스도가 '아버지 하나님을 본받으신 분'이라고 알린다.[12] 여기에 더하여 「서머나 인들에게」 보낸 서신의 제3장에서는 그리스도를 '아버지 하나님과 영적으로 연합된 분'이라며 다양하게 표현하고 있다.[13] 그리스도를 표현할 때 그리스도 자신을 비추는 것이 아니라 '아버지'와 관련하여 그리스도를 말하고 있다.

이그나티우스는 자신을 호칭하여 '데오포로스'라고 말한다. 그리스도를 닮은 '그리스도인'으로서 여러 가지 당면한 갈등을 자신은 어떻게 이겨가고 있는지 알려주고 있다. 여기서 주목할 것은 그의 언어의 표현과 단어는 비유적이고, 은유적이라는 점이다. 이것은 그가 유대 율법뿐만 아니라 헬라적 바탕과 플라톤 철학에도 능통하다는 것을 짐작할 수 있게 한다. 그러나 이그나티우스는 철학을 겸비한 지식적인 관점에서 자신의 신앙관을 표현하지 않는다. 그의 신학과 신앙은 자신의 내면에 채워져 있는 것을 고백하는 표현이었다. 말씀의 근본 위에 세워진 신앙의 인격을 표현하고 있었다.

이그나티우스는 그리스도를 통해 자신의 신앙을 간접적으로 표현할 때 그리스도는 자신을 비워 아버지(하나님)의 뜻을 실현하는 자로서, 하나님을 계시하는 자로서 그 사명을 감당했다고 말하면서 이를 통해 자신의 내면에 채워진 신앙을 표현하고 있다. 그리고 자신이 지금 걷는 길이 그렇다는 것을 변증한다. '데오포로스'를 통해 자신의 현주소를 설명하고 있다. 그리스도의 복음으로 말미암아 박해를 당하고, 로마를 향하고 있는 순교의 길을 고난과 고통 그리고 피할 길이 아니라 반가이 맞이하는 길이라고 밝히고 있다.

> 나는 단순히 그리스도인이라고 칭함을 받는 것이 아니라 실제로 그리스도인이 되기를 원합니다.(Rom 3:2) … 그러므로 내가 죽었을 때, 나는 누구에게도 짐이 되지 않을 것입니다. 그러면 세상이 더 이상 내 육체를 보지 못할 때 나는 예수 그리스도의 진정한 제자가 될 것입니다. 이러한 수단을 통해 내가 하나님의 산 제물이 될 수 있도록 그리스도께 기도해주십시오.(Rom 4:2)

자신의 내면에 채워진 그리스도를 표현하고, 자신의 신앙에 대한 정당함과 자신이 진리 가운데 세워져 있다는 것을 당면(當面)한 순교 현장에서 표현하기를 갈망하고 있다. 자신의 내면에 채워져 있는 그리스도인의 가치관이 고난과 고통의 순간을 두려움으로 바라보는 갈등 속에 두지 않는다. 그리스도인의 진가를 순교 현장에서 나타내기를 원하고 있다. '하나님을 지고 가는 자' 또는 '하나님에 의해 영감받은 자'는 세상에서 만들어진 갈등을 하나님의 영광을 담아내는 걸음이 되게 한다. 이그나티우스는 '데오포로스'를 통해 절대적 가치관을 증명하고 있다. 그것이 생각에 그치는 이념적 또는 상상적인 가치관이 아니라 살아 움직이는 가치관인 것을 자신의 내면에 채워진 것으로 증명하고 있다. 그것이 '데오포로스'였다.

그리스도 안에서 이룬 참된 가치관

▷ 아버지의 뜻을 따르는 십자가

이그나티우스가 자라온 과정과 성장에 대해 교부학자인 H. R. 드롭너(H. R. Drobner, 1955-현재)는 비잔틴의 '성인전(聖人傳)'을 제시한다. '성인전'은 마태복음 18장 2절에서 말하고 있는 '한 아이'가 이그나티우스였을 것이라고 추측하고 있다. 그러나 연대기를 비교해서 볼 때 이것은 명확하지 않다. 이그나티우스가 태어났을 때가 A.D. 35년경이었다면 예수님의 마지막 지상 사역이었던 십자가 사건은 A.D. 30~33년으로 추측된다. 그럼에도 불구하고 '성인전'이 이그나티우스의 어린 시절을 마태복음 18장 2절의 '한 어린아이'로 추측하고 있는 것은 그의 가정과 주변의 신앙이 그리스도 중심으로 세워졌고 이그나티우스 또한 그런 환경 속에서 자라났다는 것을 대변하고 있다. 이런 이그나티우스의 중심 사상은 '예수 그리스도'와 '십자가'였다.

이그나티우스는 그리스도 안에서 문안하고 그리스도 안에서 자신의 가치관을 나타내었던 사도 바울의 모습을 종종 그려내고 있다. 베드로와 요한 그리고 바울로부터 가르침을 받았던 이그나티우스는 일곱 서신에서 베드로와 바울의 양식을 많이 담아내고 있다. 특히 고난 가운데 놓인 성도들을 위로하는 서신의 인사말은 마치 베드로전서를 보는 것과 같았으며, 자신을 변증하면서 서신을 시작하는 모습은 바울 서신의 특징을 닮았다. 이런 이그나티우스는 「에베소 인들에게」 보낸 서신의 첫 인사말에서 하나님의 영으로 충만한 자신을 가리켜 '데오포로스'로 증거하면서 예수 그리스도 안에서 '참된 고통'을 받고 있는 신앙을 독려한다.[14] 그리고 「마그네시아 인들에게」 보낸 서신에서는 그리스도인의 이름답게 '예수 그리스도 안에서' 일치를 이룰 것을 강조하고 있다.[15] 이런 연결 선상에서 기록한 「트랄레스 인들에게」 보낸 서신에서는 그리스도를 떠나서는 소망

이 없다면서 '그리스도와 연합할 것'을 강조한다.[16]

그리고「로마 인들에게」보낸 서신에서는 '순교'의 진정한 가치를 '그리스도 안에서' 찾도록 문안하며, 격려한다.[17] 그리스도 안에서 생겨나는 가치관은 사람의 생각과 지식의 능력으로 만들어지는 것이 아니다. 자신의 내면에 채워져 있는 진정한 가치관이 그 역할을 발한다. 그리스도의 가치관으로 세워진 이그나티우스의 일곱 서신은 계속해서「빌라델피아 인들에게」보내는 서신으로 발전한다. 그는 서신에서 특이한 사항을 지적하고 있다. 그것은 다름이 아니라 성도들은 교회 가운데 세워진 장로와 감독을 중심으로 일치를 이루도록 한다. 교회 가운데 틈을 노리고 있는 이단들의 거짓된 가르침이 사람의 생각과 철학을 앞세운 것이라면 교회가 인정하고 세운 장로와 감독은 '그리스도의 뜻'에 따라 임명됐다는 것을 강조한다.[18]

계속해서「서머나 인들에게」보낸 서신에서는 진실을 논하기 위해 '그리스도의 이름으로' 교회에 문안하는 것을 볼 수 있다.[19] 그리고 그의 일곱 서신 가운데 유일하게 개인에게 보낸 한 통의 서신이 있다.「폴리갑에게」보낸 서신이다. 이 서신에서 그는 '그리스도를 자신의 감독으로 모시고 있는' 폴리갑(Polycarp, 69-155)에게 문안한다.[20] 사무엘하 7장 1절 이하, 다윗이 성전 세우기를 갈망할 때였다. 하나님을 향한 다윗의 신앙을 한 마디로 표현한다면 하나님은 온 이스라엘을 다스리는 진정한 왕 중의 왕이었다. 성전을 짓고자 했던 다윗의 마음은 하나님을 진정한 왕으로 모시는 신앙의 고백 가운데 나타났다. 이그나티우스가 바라볼 때 폴리갑의 신앙은 마치 하나님을 향한 다윗의 모습과 같아 보였다. 폴리갑의 가치관은 그리스도를 자신의 감독으로 모시고 있었다. 그리스도 안에서 이룬 감독의 가치관을 폴리갑을 통해 조명한다. 그리고 이런 감독을 중심으로 교회가 일치와 연합을 이루도록 권면하고 있다.

이그나티우스의 일곱 서신은 전체적으로 그리스도를 조명하고 있다. 그리고 그리스도를 조명할 때 그리스도의 신성과 인성과 함께 그리스도가 이룬 사역을 비춰낸다. 인사말에서 '데오포로스'가 갈등에 따른 변증의 전반적인 요소를 담고 있었다면 '하나님 아버지'와 '예수 그리스도'의 연결은 사역과 관련하여 갈등에 따른 문제를 '일치'와 '연합'으로 해결하고 있다. 이때 그리스도의 사역은 하나님 아버지의 뜻을 따르는 일치와 연합이었다.

이그나티우스가 인사말에서 강조하고 있는 '그리스도(Χριστός)'는 '기름 붓다(to anoint)'를 뜻하는 '크리오(χρίω)'에서 파생된 단어이다. 이것을 번역하면 '기름 부음을 받은 자'를 뜻한다.[21] '기름 부음을 받은 자'로서 인간의 죄를 대속하기 위한 구속자 '예수'의 사역이 조명되고 있다. 구약성경은 '기름 부음을 받은 자'의 직분에 대해 '왕', '선지자', '제사장' 세 가지로 설명하고 있다. 특히 기름을 붓는다는 것은 하나님께서 그 사람을 '지명하였다'(참고, 대하 22:7)라는 의미를 가지고 있다. 그리고 그 사람에게 권위와 권세가 주어졌다는 것을 의미하고 있다.(참고, 삼상 24:10; 시 105:15) 이 가운데 이그나티우스가 '그리스도'를 통해 특별히 강조하고 있는 직분은 '제사장' 직분이었다. '제사장의 직분'은 예수 그리스도께서 대속의 제물로 자신을 십자가에 드렸던 직분이며, 하나님 아버지의 뜻을 이루는 결정적인 사역이었다.

이그나티우스는 일곱 서신에서 '그리스도'가 이룬 구원 사역을 기억하도록 한다. 그리스도가 하나님 아버지의 뜻을 십자가로 이룬 것처럼 성도의 신앙이 교회 공동체를 중심으로 일치를 이루고, 교회는 하나의 모습으로 연합을 이루도록 십자가를 강조한다. 그는 「에베소 인들에게」 보낸 서신의 제9장에서 십자가를 일치와 연합을 이루며 갈등을 해결해 주는 동력(動力)으로 표현하고 있다.[22] 십자가는 예수님께서 우리의 대속을 이루기 위해 피 흘리시고, 죽으신 형틀이다. 이런 십자가는 더 이상 죽음의 형틀이 아니라 우리의 생명을 회복시키고, 우리의 참된 가치관을 세우는 동력이 된다. 이그나티우스는 이런 십자가의 역할을 '기중기'로 표현하고 있다.

> 어떤 낯선 사람들이 사악한 가르침을 가지고 여러분에게 왔다는 소식을 들었습니다. 그러나 여러분은 그것이 여러분 가운데 유포되는 것을 허락지 아니하였습니다. 여러분은 그들이 퍼뜨린 것을 인정하지 않기 위해 귀를 막았습니다. 하나님 아버지의 건축을 위해 예비 된 하나님의 성전 돌처럼, 여러분은 기중기처럼(그것은 십자가입니다!) 예수 그리스도에 의해 들어 올려지고 있으며, 여러분이 사용하는 밧줄은 성령님입니다. 여러분의 믿음은 여러분을 높이는 것이 되고, 사랑은 여러분이 하나님께로 올라가는 길이 됩니다.(*Ep* 9:1)

아버지의 뜻을 이루는 십자가의 참된 가치는 진리를 지켜내는 견고한 성이 되고 하나님께로 인도하는 길이 된다. 이그나티우스는 이런 십자가를 「에베소 인들에게」 보낸 서신의 제18장에서 '구원'과 '영생'에 따른 갈등을 '생명'으로 인도하는 길로 소개하고 있다.[23] 그리스도가 대속을 이루기 위해 십자가를 지셨기에 십자가는 더 이상 저주의 형틀이 아니라 '생명의 길'이라는 참된 가치를 발하게 되었다. 그리스도 안에서 이룬 십자가는 세상의 어떤 것으로도 이룰 수 없는 근원적인 가치를 가지고 있다. '구원'과 '영생'에 따른 '생명'이다. 이런 그리스도 안에서 이룬 십자가의 참된 가치를 그는 자신의 신앙 안에 완전히 녹이고 있었다.

「트랄레스 인들에게」 보낸 서신의 제11장에서는 십자가를 하나님 아버지께서 심은 나무에 비유한다. 그리고 그리스도인을 가리켜 십자가의 열매를 맺는 '가지'로 표현하면서 그 가지를 통해 맺어진 열매가 죽지 않을 '영생의 열매'라는 것을 가르쳐주고 있다. 하나님 아버지께서 심은 십자가는 「로마 인들에게」 보낸 서신에 의하면 영적 갈등을 해결하기 위한 영적 전투의 '무기'가 되기도 한다.[24]

이그나티우스는 십자가를 통해 하나님 아버지께서 심으신 나무로, 그리스도가 아버지의 뜻에 순종한 결론의 나무임과 동시에 '그리스도의 본성'이 새겨진 것을 강조한다. 우리를 향한 하나님의 사랑이 새겨져 있다는 것을 강조한다. 그는 이 과정을 빌려 십자가를 지는 제사장의 직분으로 하나님 아버지의 뜻을 따랐던 예수님처럼 자신은 이런 걸음을 걷고 있다는 것을 변증한다. 그리고 동시에 자신의 일곱 서신을 읽는 독자들로 하여금 십자가 신앙의 참된 가치관으로 현 상황의 갈등을 이겨 나가도록 신앙으로 독려하고 있다.

▷ '하나님 아버지'와 '예수 그리스도'

그리스도의 신성과 인성에 대한 문제는 예수님 당시 유대 공회의 가장 뜨거운 쟁점 가운데 하나였다. 이후 이 문제는 사도들이 가르침을 주던 그 시대에 더욱 격렬하게 일어난다. 기독교를 형성하던 초기 교회 속에 만연했던 가장 큰 쟁점은 그리스도의 신성을 거부하면서 율법 준행에 따른 구원론을 가르쳤던 거짓 교사들의 문제였다.(이후 이것이 에비온주의로 발전한다) 바울에 의해 기록된 13권의 성경은 여기에 대해 그리스도의 신성과 인성에 대한 가르침과 오직 믿음으로 말미암아 구원에 이른다는 진리의 가르침을 주고 있었다. 이런 사도들의 가르침을 담은 "외아들"과 "우리 주"에 대한 교리는 사도들의 가르침을 따르는 신앙고백으로 발전한다.

「사도신경」은 전해지는 바에 의하면 사도들의 신앙고백을 담은 것으로 주후 2세기 중엽 사도들의 가르침을 따랐던 교부들의 가르침을 중심으로 형성된다.[25] 비록 사도들이 직접 기록하고, 문서화 한 것은 아니지만 사도들의 가르침에 따른 고백을 담고 있었다. 「사도신경」이 공식적으로 받아들이기 전, 구전에 의해 교회는 그 가르침을 따랐다.[26] 베드로로부터 가르침을 받았고, 사도 바울과도 그 맥을 함께하고 있었던 이그나티우스는 사도들의 직접적인 영향 가운데 놓여 있었다.[27] 사도들의 가르침과 고백을 담고 있는 「사도신경」의 첫 고백은 이렇게 시작한다. "전능하사 천지를 만드신 하나님 아버지를 내가 믿습니다." 그리고 이어서 "그 외아들 우리 주 예수 그리스도를 믿습니다." 이 고백은 제자들의 고백이기도 했지만 예수님께서 제자들에게 행하신 중요한 가르침이기도 했다.

'하나님 아버지'와 '예수 그리스도'에 관한 인사말을 통해 이그나티우스는 자신이 사도들의 가르침을 따른다는 것을 강조하고 있다. 사도들의 가르침은 곧 예수님의 가르침이었다. 따라서 '하나님 아버지'와 '예수 그리스도'에 관한 인사말은 자신의 가르침은 사도들의 가르침이며 사도들의 신앙고백과 일치하고 있다는 것을 암시하고 있다. 특히 이그나티우스의 서신에 담긴 인사말은 바울 서신의 인사말을 보는 것 같다. 그리고 믿음과 관련하여 고난 가운데 놓인 성도들을 격려했던 베드로전서의 시작을 보는 것 같다.

고난 가운데 놓인 소아시아의 교회들을 향하여 베드로의 서신은 '산 소망' 가운데 자신들이 놓여 있다는 것을 강조하며 위로하고 격려한다. 이때, "예수 그리스도의 아버지 하나님"을 강조한다. 이그나티우스의 일곱 서신의 인사말은 이런 베드로 서신을 닮았다고 말할 수 있다. 리용 가톨릭대학 교수로서 교의학과 종교학을 가르치며 교부 문헌 총서인 『그리스도교 원전』(Sources chrétiennes)을 발행했던 앙리 드 뤼박(Henri de Lubac, 1896-1991)은 이그나티우스가 「빌라델피아 인들에게」 보낸 서신의 양식을 가리켜 바울의 나열을 자신의 것으로 삼은 것이라고 증거하였다.[28]

「빌라델피아 인들에게」 보낸 서신의 제5장에서 이그나티우스는 로마를 향한 순교의 길에 대해 말한다. 로마로 압송당하는 것은 평탄한 길이 아니었다. 두려움과 고난 그리고 갈등이 이그나티우스에게 예외 없이 엄습한다. 이때 자신에게 위안이 되고 영적으로 치유의 역할을 감당했던 것이 '복음서'와 '사도서'였다고 밝힌다.[29] 교부들의 권위는 성경에 따른 충실한 해석과 사도들의 가르침을 따르는 정통성에 있었다. 「트랄레스 인들에게」 보낸 서신의 제7장에 의하면 사도들의 가르침을 따르는 것은 정통성을 지키는 것만 아니라 이단과의 구별 점이었다. 당시 유대주의 율법적 사고관과 헬레니즘을 바탕으로 한 이단들의 가르침은 교회로 하여금 '그리스도론(기독론)'과 '구원론'에 대한 성경적 가르침을 벗어나도록 만들었으며, 갈등에 휩싸이게 만들었다. 반면 사도들의 가르침은 정통성을 형성하며 잘못된 교리에 빠져서 갈등을 유발하지 않도록 푯대의 역할

을 감당하였다.[30]

　이그나티우스의 특징 가운데 하나는 예수 그리스도와 사도들의 일치, 그리고 사도와 교회의 일치와 연합을 통해 자신의 사역을 증거하고 있다.[31] 유세비우스의 증언에 따르면 그는 이단들을 경계하며, 교회를 향해 격려할 때도 '사도들의 전승'을 벗어나지 않도록 권면하는 '사도전승'의 대변자였다.[32] 여기에 대해 교부학자였던 아달베르트 G. 함만(Adalbert Gautier Hamman, 1910-2000)은 이그나티우스의 신앙을 가리켜 "사도들에게 전해 받은 것을 고백하는 신앙"으로 표현하고 있다.[33] 그리고 또 한 명의 교부학자였던 J.N.D. 켈리(J.N.D. Kelly, 1909-1997)는 이그나티우스에 대해 말하기를 "그는 그리스도 및 사도와 일치하는 것을 이상으로 삼았다"라고 밝힌 바 있다.[34]

　교부들의 권위는 사도들로부터 전해져 온 신앙을 보존하고 바르게 가르치는데 있었다.[35] 이그나티우스가 인사말에서 나타내고 있는 '하나님 아버지'와 '예수 그리스도'에 관한 인사말은 단순한 문장의 나열이나 형식을 갖추는 요식이 아니었다. 그는 '하나님 아버지'와 '예수 그리스도'의 인사말을 통해 교회로 하여금 사도들의 고백이 담긴 신앙을 따라 일치와 연합을 이루도록 신앙을 견인하고 있었다.

▷ 고난과 갈등을 일치된 신앙으로 이겨나가자

안디옥의 감독이었던 이그나티우스는 속사도 교부였다. 예수 그리스도에 관한 복음을 증거했다는 이유로 로마 정부와 갈등을 빚는다. 이 문제로 그는 로마로 압송당한다. 그의 압송은 순교를 예고하고 있었다. 당시 기독교인들의 처형은 로마인들의 노리갯감이 되었다. 원형 경기장에서 짐승들에게 먹잇감이 되었고, 로마인들은 이것을 즐기고 있었다. 이와 같은 사실을 알고 있었던 이그나티우스는 자신의 뼈 하나, 살 한 점도 남김없이 짐승들에게 먹이가 될지라도 그리스도인으로 살아가는 신앙의 절개를 지킬 것을 다짐한다. 신앙을 지키며 짐승의 밥이 되는 순교를 그리스도를 닮아가는 십자가의 길로 그는 여기고 있었다.

로마로 압송당하는 이그나티우스의 신앙은 다니엘과 함께 바벨론에 포로로 끌려갔던 사드락과 메삭과 아벳느고의 모습을 떠올리게 한다. 다니엘 3장 8절 이하에 의하면 느부갓네살왕이 세운 금 신상에 절하지 않는다는 이유로 다니엘의 세 친구가 풀무 불에 던짐을 당하게 된다. 그때 자신들이 불 가운데 던져짐을 당할지라도 하나님 한 분만을 섬기는 신앙을 지킬 것이라고 느부갓네살왕에게 선언하고 선포하였던 장면을 연상시키고 있다.

이그나티우스는 「로마 인들에게」 보내는 서신의 제5장에서 자신의 압송에 대해 이렇게 표현한다. "로마로 가면서 열 마리의 표범들 사슬에 매여 … 맹수들과 싸우고 있습니다."[36] 이 짧은 문장에서 우리는 로마로 압송되고 있는 이그나티우스에게도 영육간에 고통을 수반한 갈등이 있었다는 것을 알 수 있다. 그러나 여기서 발견되는 것은 고통과 두려움이 만들어 낸 갈등에 자신은 무너지지 않았다는 것을 "맹수들과 싸우고 있습니다"라는 과정은 설명해 주고 있다. '싸우고 있다'는 것은 그 환경에 굴복당하거나, 무너지지 않았다는 영적인 상태를 설명하고 있다. 비록 육신은 매여 있는 몸이 되었고, 이들의 포악함이 육신을 두렵게 하고 있었지만 신앙의 절개를 지키며 갈등의 환경을 이겨내고 있다는 것을 "맹수와 싸우고 있습니다"는 증거하고 있다.

그의 일곱 서신은 '이단'과 '일치', '순교' 등의 문제를 다루면서 교회 안팎과 신앙에 따른 갈등의 소재들을 독자들로 하여금 알게 한다. 이때 모든 서신의 인사말에 공통으로 등장하는 것이 있다. "하나님 아버지와 예수 그리스도"였다. '하나님 아버지'와 '예수 그리스도'는 '일치'와 '연합'의 표상(表象)이었으며, 갈등의 요소에 대한 답이었다. 모든 갈등의 근원적인 문제의 해결점은 '하나님 아버지'와 '예수 그리스도'의 모습에서 나타나는 '일치'와 '연합' 안에 그 답이 있었다.「에베소 인들에게」보내는 서신과「트랄레스 인들에게」그리고「빌라델피아 인들에게」보내는 서신의 인사말에는 이런 모습이 더욱 뚜렷하게 부각되고 있다.

> … 여러분의 일치와 선택의 근원은 여러분이 우리의 하나님이신 아버지와 예수 그리스도의 뜻에 의해 받는 진정한 고통입니다. 그러므로 여러분은 행복하다고 여겨질 자격이 있습니다. (*Ep*)

> … 여러분은 예수 그리스도의 아버지이신 그분에게 선택되었으며, 그분의 진정한 자랑거리입니다. 여러분은 우리의 소망되시는 예수 그리스도의 수난으로 온전한 평화를 가지게 되었으며 그분과 함께 연합하여 일어나게 될 것입니다. (*Tral*)

> … 아시아의 빌라델피아에 있는 하나님 아버지와 예수 그리스도의 교회를 향해 '데오포로스'라고 하는 이그나티우스가 예수 그리스도의 보혈 안에서 인사합니다. … 하나님의 자비의 대상이며 경건한 연합으로 단단히 짜여져 있습니다. 여러분이

가지고 있는 기쁨은 우리 주님의 수난 안에서 가지는 깊고 지속적인 기쁨입니다. 그리고 그분의 넘치는 자비에 의해 여러분은 그의 부활을 철저히 확신하고 있습니다.(*Phil*)

이그나티우스가 인사말에서 '예수 그리스도'를 부각시키고 있는 이유는 「에베소 인들에게」 보낸 서신의 제1장에도 잘 드러나고 있다. '고난'과 '희생'이다. 우리를 위한 그리스도의 '고난'과 '희생'은 아버지의 뜻을 일치시키는 것이며, 연합으로 연결된다. 그러므로 그리스도의 길을 걷는 자는 그리스도와 '일치'와 '연합'을 이룰 때 주변과 환경에 따른 갈등에도 넘어지지 않는 '참된 제자'가 된다.

이그나티우스는 복음이 있기까지 먼저 그리스도의 고난과 그 결과의 열매인 부활을 강조한다. 「로마 인들에게」 보낸 서신과 「빌라델피아 인들에게」 보낸 서신에서 이런 사실을 밝히고 있다.[37] 그에 따르면 그리스도의 부활은 그리스도인들에 대한 부활의 원형이었다.[38] 이 신앙이 그리스도와 우리를 일치된 모습으로 이끌어가고 있다. 그리고 그리스도와 일치된 우리의 신앙은 곧 아버지의 뜻을 이루는 것이기에 이 고난과 역경으로 인한 갈등 또한 하나님께서 능히 이겨나가게 할 것을 증언하고 있다.

피할 길이 없는 세 가지 갈등을 이겨내는 가치관

▷ 참된 그리스도의 제자가 되는 가치관

이그나티우스가 안디옥의 감독이었던 그 시기는 기독교에 박해라는 풍랑이 로마 정부로부터 가해져 온다. 당시 로마는 도미티아누스(Titus Flavius Domitianus, A.D. 81-96)의 뒤를 이어 트라야누스(Marcus Ulpius Trajanus, A.D. 98-117)가 나라를 다스리고 있었다. 두 황제가 로마를 다스리던 그 시기는 기독교의 박해가 극에 달하게 된다.[39] 로마 제국의 제1대 황제였던 아우구스투스(Augustus, B.C. 63-A.D. 14) 이후 로마 정부는 각 지역에 주둔해 있던 군단들과 지역을 중앙정부가 집중적으로 다스리기 위해 황제 중심의 권력 구조를 강화하게 된다.

군단은 보통 오천 명을 단위로 하고 있었으며, 초기에는 4개의 군단으로 구성되었다. 제국의 다스림이 점점 넓어지면서 자연스럽게 군단 또한 수가 늘어나 제국 초기에는 20개 이상의 군단이 생겨났다. 중요한 국경 지역에는 더 많은 군단이 주둔하였다. 전성기에는 최대 30개 군단이 운영되었다. 특히 라인강 주변에는 최대 8개의 군단이 주둔하기도 했다. 군단은 징병제로 구성된 것이 아니라 모병제로 구성되었다. 그리고 군단의 병력을 로마 시민만으로 감당할 수 없다 보니 주둔해 있던 지역 출신으로 보조병의 병력이 채워졌다. 이런 가운데 주둔지에 따라 군단들이 다양한 병력의 수와 모습을 가지게 되면서 각 군단의 세력화가 로마 중앙정부에 위협이 되기 시작한다.

주전 49년 율리우스 카이사르에 의해 창설된 '레기오 프리마 아우구스타(Legio Prima Augusta)'는 라인강 국경에 주둔했던 군단이었다. 로마의 주요 정복 전쟁에 참여하여 수많은 전과를 올리며 로마의 중심 세력으로 부상하고 있었다. 그리고 스페인에 주둔했던 '레기오 데시마 클라우디아(Legio X Claudia)'는 주전 58년 창설된 군단으로써 로마가 영토를 확장하는 전쟁에 큰 공로를 세웠으며 다양한 전쟁과 내전에 참여하여 공로를 쌓았다. 각 군단의 역할이 독자적이고, 점점 그 역할들이 커지면서 중앙정부가 위협을 느끼게 된다. 이때 황제가 권력과 종교의 중심에 세워지는 정책이 펼쳐진다. '황제숭배사상'이었다.[40]

'황제숭배사상'은 중앙정부에 대한 충성심과 함께 절대적인 만족은 '로마로부터'라는 등식을 만들어 낸다. 그리고 헬레니즘 문화 속에서 로마의 황제가 세상의 구원자로 등장한다.[41] 이를 위해 많은 신전들이 건립되었으며, 많은 신봉자를 거느리게 된다. 그러나 '황제 숭배'는 집단적 충성심과 신의 제국을 돌본다는 의식 외에는 사람들에게 특별한 것을 제공하지 못하였다. 이런 가운데 로마 황제에 의한 '황제숭배사상'은 우상숭배를 배격하는 기독교와 근본적인 갈등을 겪는다.[42] 여기에 더하여 로마 제국에 급속히 펴져 갔던 기독교의 영향력은 '황제숭배사상'이 주는 것보다 더 큰 만족을 사람들에게 주게 되면서 로마 정부와 이차적인 갈등을 빚어낸다. 지배 세력에 대해 민감했던 로마 정부로부터 기독교는 생명까지 위협받는 탄압의 주요 표적물이 된다.[43] 여기에 덧붙여진 기독교의 성찬 예식과 관련된 거짓된 유언비어는 기독교를 '인육'을 먹고 '사람의 피'를 마시는 집단으로 인식하게 된다. 이로 인하여 로마 사회로부터 박멸되어야 할 대상으로 여겨진다.

 이그나티우스가 안디옥의 감독으로 있던 시대는 로마 정부와 결탁한 유대교에 의해 기독교가 이중고의 핍박을 받던 때였다. 이전의 기독교는 로마 당국의 집중적인 박해 대상이 아니었다. 로마는 기독교를 유대교의 한 분파로 여기고 있었다.[44] 그러나 황제 트라야누스에 의해 기독교는 '반국가적 적대세력', '반인류적인 불법 종교'로 낙인이 찍혔고, 박해를 받는다.[45] 그런가 하면 낙태에 따른 아이의 '유기', 부부관계를 쉽게 종결지었던 로마의 관습 등이 기독교인들의 문화와 충돌을 일으키면서 갈등의 폭은 더욱 깊어져 간다.[46] 로마로 압송되고 있는 이그나티우스는 자신의 모습을 가리켜 "세상의 군주에 의해 유괴되고 있습니다"(*Rom* 7:1)라고 밝힌다. 그리고 자신을 유괴하는 자의 목적이 "나의 경건을 악용하려는 것에 있습니다"(*Rom* 7:1)라며 자신의 압송이 로마 정부와 갈등에 따른 것임을 확인시켜준다.[47]

이그나티우스는 안디옥의 감독이면서 속사도 교부로서 교회의 중심인물이었다. 로마의 입장에서 볼 때 이런 자가 자신들의 입장을 대변하지 않고 상반된 교리를 펼치며 교회를 일치시키고 연합 가운데 이끌어가는 것은 로마를 대적하는 행위로 볼 수밖에 없었다. 제국의 안녕을 위해 그를 용납할 수 없었다. 로마는 이그나티우스를 단순히 제거하는 것으로 마무리하지 않는다. 그의 압송 과정을 공개적으로 진행하면서 이그나티우스만이 아니라 기독교 전체를 향한 선전포고를 하고 있었다.

당시 로마의 고관이었던 가이우스 플리니우스 카이킬리우스 세쿤두스(Gaius Plinius Caecilius Secundus, A.D. 61-113)는 트라야누스에게 보낸 서신에서 기독교인들을 처형하는 과정에 모순이 있다는 것을 발견한다. 그리고 자신의 심령에서 일어나고 있는 갈등을 표출해 낸다. 그는 기독교와 관련된 일련의 일들이 로마의 법을 벗어나지 않았다는 것을 황제에게 알리며 조언을 구한다. 황제는 여기에 대해 두 가지 답을 주며 그의 견해를 묵살한다.[48] 하나는 기독교인에 대해 죄목을 찾을 것이 아니라 기독교인으로 신고되고, 확인되면 무조건 처벌할 것을 명령한다. 또 다른 답은 기독교인이란 것을 포기하고, 후회하며, 용서를 구하는 자는 로마의 자비로 용서해 줄 것을 명령한다.[49]

> … 나는 판결을 내리는데 있어서 … 범죄가 없다 하더라도 단지 그 이름 때문에(그리스도인) 처벌되어야 하는지 … 사형으로 위협하면서 두세 번 물었음에도 불구하고 완고한 자들을 처형하였습니다. … 그들은 어떤 범죄를 행한 것이 아닙니다. 절도, 약탈, 간통 같은 것을 범하지 않았습니다. … 그들의 식사(성찬 예식을 말함)는 죄 없는 평범한 식사였습니다. … 그래서 나는 조사를 연기하고, 황제의 조언을 요청하게 되었습니다.[50]

로마로 압송되는 과정에서 이그나티우스는 여러 곳을 거친다. 이것은 그의 선택이 아니었다. 로마 정부의 선택이었다.

로마 정부는 이 과정을 통해 두 가지 측면의 갈등을 교회를 향해 부추기고 있었다. 첫 번째는 속사도 교부인 이그나티우스의 죽음을 알리면서 교회들로 하여금 절망하도록 만든다. 두 번째는 공포와 절망감에 휩싸이도록 만들어 기독교를 스스로 떠나도록 한다. 이그나티우스가 로마로 압송당하면서 「로마 인들에게」 보낸 서신에는 이런 사실들이 기록되어 있다.

이그나티우스는 자신을 압송하는 군사들의 모습을 가리켜 당장이라도 자신을 잡아먹을 것 같은 '열 마리의 표범들'로 비유하고 있다. 이것은 자신의 압송이 고난과 두려움 가운데 있다는 것을 증명하고 있다. 그러나 자신의 고난이 갈등으로 끝나는 것이 아니라는 사실을 이 과정을 통해 밝히고 있다. 자신은 이 고난으로 그리스도의 '참된 제자'가 되어가고 있다는 중요한 사실을 밝히면서 교회를 향해 격려와 위로를 주고 있었다. 이 같은 그의 고백은 자신을 향한 변증을 넘어 교회를 향한 소망과 희망의 메시지가 되었다. 그의 메시지는 로마의 압제로 인해 갈등 가운데 놓여 있던 교회들을 향해 그리스도의 참된 제자만이 가질 수 있는 가치관을 심어주었으며, 위로와 격려와 힘찬 응원의 메시지가 되었다.

나는 모든 교회들과 서신을 하면서 그들 모두에게 내가 하나님을 위해 자발적으로 죽는 것임을 깨달을 것을 요청합니다.(Rom 4:1) … 나는 열 마리의 표범들의 사슬에 매여 밤낮으로, 땅과 바다를 통해 시리아에서 로마로 가면서 야수들과 싸우고 있습니다. 그러나 그들의 불의로 나는 더 나은 제자가 되어가고 있습니다.(Rom 5:1)

갈등과 관련한 이그나티우스의 일곱 서신에서 우리는 복합적인 측면을 발견하게 된다. 이그나티우스와 교회가 가지고 있는 고난에 따른 갈등의 문제가 복합적인 구조를 형성하고 있다는 것이다. 갈등의 첫 출발은 유대 공회로부터 시작되었다. 이제는 교회 내의 분파를 형성하는 유대주의자들과 가현설을 앞세운 영지주의자들을 뛰어넘어 로마 정부로 이어지고 있다. 여기서 이그나티우스는 갈등의 문제는 피하는 것이 해결점이 아니라 보다 적극적인 신앙의 자세로 문제에 대해 접근해야 한다는 것을 가르쳐주고 있다. 트라야누스 황제의 통치 기간 안디옥에서 있었던 국부적인 박해로 이그나티우스는 순교를 당한다.[51] 이때 순교를 앞두고 있었던 이그나티우스는 로마 정부로부터 가해오는 박해에 따른 갈등을 자신처럼 '참된 제자'가 되는 적극적인 신앙의 자세로 이겨나가도록 권면하고 있었다.

▷ 교회를 바르게 이해하는 가치관

① 그리스도를 바르게 아는 교리

　　사도들에 의해 교회가 세워지고, 그 이후 교회가 세워질 때도 교회는 유대교적 형틀을 크게 벗어나지 못한다. 초기 교회 가운데 일어났던 최초의 이단은 유대 율법적 구원론을 주장했던 에비온주의 이단이었다. 갈라디아서 2장 11절 이하에 의하면 유대 선민사상과 유대 율법주의자들은 예루살렘 교회 가운데 상당한 영향을 끼치고 있었다. 사도 바울을 가장 크게 대적하였던 유대 율법주의자들은 바울의 '이신칭의'에 따른 교리의 가르침을 정면으로 반박하기 위해 그의 사도권을 부정하는 논리적 접근으로 바울의 가르침을 공격하였다. 거짓 사도요, 거짓 교사로 불렸던 유대 율법주의자들은 자신들의 가르침이 교회의 정통성을 가지고 있다고 주장하였다.

　　게바가 안디옥에 이르렀을 때에 책망 받을 일이 있기로 내가 그를 대면하여 책망하였노라 야고보에게서 온 어떤 이들이 이르기 전에 게바가 이방인과 함께 먹다가 그들이 오매 그가 할례자들을 두려워하여 떠나 물러가매 남은 유대인들도 그

> 와 같이 외식하므로 바나바도 그들의 외식에 유혹되었느니라 그러므로 나는 그들이 복음의 진리를 따라 바르게 행하지 아니함을 보고 모든 자 앞에서 게바에게 이르되 네가 유대인으로서 이방인을 따르고 유대인답게 살지 아니하면서 어찌하여 억지로 이방인을 유대인답게 살게 하려느냐 하였노라
> 갈 2:11-14

유대교의 사상 가운데 있었던 율법주의자들의 영향력은 주후 2세기 중반까지 지속된다. 이뿐만 아니다. 기독교 신학에 대한 변증가들이 등장하기 전, 기독교 저술가들의 사상은 여전히 유대적 사상의 틀 가운데 있었다.[52] 이런 초기의 교회는 헬레니즘에 따른 영향으로부터 자유롭지 못했다. 헬레니즘이 낳은 구약성경의 70인 역본은 유대 사회뿐만 아니라 교회 속에서도 동일하게 영향력을 행사하고 있었다. 그리고 플라톤(Plato, B.C. 427-347)에 의한 '이데아 세계'와 '물질의 세계'에 따른 사상들, 윤리적인 측면에서의 스토아적 사상들이 교회 속에 영향을 끼친다.[53] J.N.D. 켈리에 의하면 당시의 철학은 지성을 가진 자들이 선호하는 종교 중의 하나였다.[54]

플라톤주의의 영향을 받은 알렉산드리아의 클레멘스(Clement of Alexandria, A.D. 150-215)는 플라톤의 철학

적 가르침이 히브리인으로부터 비롯되었다며 『티마이오스』의 가르침을 그 예로 든다.[55] 이그나티우스 이후 교부로 활동했던 클레멘스는 헬레니즘적 사상으로 사고했다. 그는 그노시스파에 대해 긍정적 견해(영지주의 이단의 견해를 긍정적으로 받아들인다는 것이 아니다. 영지주의자들은 그노시스를 왜곡되게 이끌었다며 오히려 이들을 비판하였다)를 가지고 있었으며,[56] 플라톤적 철학의 요소를 가지고 기독교 철학의 길을 개척한 교부 가운데 한 명이었다.[57]

이그나티우스 당시 교회에는 내부의 갈등을 조장하는 대표적인 두 세력이 있었다. 하나는 율법적 틀을 통해 교리적 갈등을 일으켰던 유대주의였다.[58] 자로슬라브 펠리칸(Jaroslav Pelikan, 1923-2006)에 의하면 모세가 전해준 율법 준수를 중요하게 여겼던 유대 사상은 기독교 초기뿐만 아니라 그 이후에도 기독교 내부에서 지속적인 갈등을 만들어 간다.[59] 초기 기독교 사상과 함께 발달했던 에비온주의는 유대주의로부터 발생한다. 기독교 최초의 이단이 되었던 이들은 구약에 뿌리를 두며 그리스도의 신성과 동정녀 탄생을 거부한다. 그리고 유대적 율법과 의식을 주장한다.[60] 이들은 그리스도의 메시아관에 대해 인간인 예수가 요단강에서 그리스도의 영을 받았으며 그 후 메시아로 활동하게 되었다는 것을 말한다. 인성으로 계시던 예수께서 하나님으로부터 사명에 따른 능력을 부여받은 것을 메시아관으로 여기고 있었다.

율법주의를 가르쳤던 거짓 교사들은 분파주의자들이었다. 고린도 교회에서 일어났던 파벌의 구성에도 이들은 일조를 했다. 사도 바울의 적대자들이었던 이들은 바리새인의 유형이었다.[61] 이레나이우스(Irenaeus, A.D. 130-202)는 이단을 논박하는 자리에서 교부들 가운데 최초로 에비온주의를 정식으로 거론한다. 그리고 이들을 향해 "인간의 탄생이라는 묵은 누룩 안에 머무는 자들"이라며 그리스도의 신성을 거부하고 있는 이들을 질타한 바 있다.[62]

이단에 대한 기준은 초기 기독교 역사 가운데 크게 세 가지를 거부하는 자들에게 적용되었다. 첫 번째는 삼위일체에 대한 사실을 거부하는 자들이 이에 해당이 되었다. 이것은 사도와 속사도 교부 시대를 지나 교부 시대 때 가장 뜨거운 쟁점으로 부각 되었던 문제였다. 4세기의 아리우스 논쟁이 대표적이라 말할 수 있다. 두 번째는 그리스도에 대한 '신성'과 '인성'의 '두 본성'을 거부하는 자들이었다. 그리스도에 대해 신성만 주장하든지, 인성만을 주장하는 자들이 초기 기독교 이단의 특징 가운데 하나였다.

위의 두 가지 논쟁에 대해 삼위일체와 신성과 인성의 '두 본성'의 교리적 입장을 밝혔던 것이 니케아 신경(A.D. 325)이었다. 세 번째는 오직 예수 그리스도를 구세주로 믿는 믿음 외에 다른 것을 가르치는 자들이었다. 바울은 갈라디아서를 기록하면서 당시 믿음의 구원이 아니라 율법적 구원론을 가르치는 자들을 가리켜 '다른 복음을 전하는 자들'이라고 일침을 가한 일이 있다.

> 다른 복음은 없나니 다만 어떤 사람들이 너희를 교란하여 그리스도의 복음을 변하게 하려 함이라 그러나 우리나 혹은 하늘로부터 온 천사라도 우리가 너희에게 전한 복음 외에 다른 복음을 전하면 저주를 받을지어다 우리가 전에 말하였거니와 내가 지금 다시 말하노니 만일 누구든지 너희가 받은 것 외에 다른 복음을 전하면 저주를 받을지어다
> 갈 1:7-9

그리스도의 신성과 동정녀를 통한 탄생을 거부했던 유대주의 이단과 갈등에 대해 이그나티우스는 「에베소 인들에게」 보낸 서신에서 "우리의 하나님이신 예수 그리스도는 마리아에게서 잉태되셨습니다"라며 교리적으로 사도들의 가르침을 따

르는 분명한 입장에 선다.[63] 그리고 예수 그리스도를 믿는 믿음으로 구원받는다는 교리를 부정하고 율법 준수를 주장하고 있는 유대주의자들을 가리켜 「마그네시아 인들에게」 보낸 서신의 제10장에서는 '상한 누룩'을 증거하는 자들로,[64] 「빌라델피아 인들에게」 보낸 서신의 제6장에서는 '사악한 계교와 속임수'를 사용하는 자들로 여기고 있다.[65] 이런 유대주의 이단은 교회 내에 분파를 일으켰으며, 그릇된 교리를 가르치는 주범이었다. 그러니 이들이 걷는 길은 이그나티우스가 지적하였듯이 '그리스도의 수난과 일치하지 않는 길'이었다.[66]

> 여러분은 진리의 빛의 자녀이므로 분파와 거짓된 교리에서 피하십시오. … 나쁜 목초자를 멀리하십시오. 아버지께서 심지 않으셨으며, 예수 그리스도께서는 경작하지 않으셨습니다. … 만약 누군가 이단의 길을 걷는다면 그는 수난을 인정하지 않는 것이 됩니다.(Phil 2:1-3:3) … 지금 누군가가 당신에게 유대교를 전파한다면, 그에게 주의를 기울이지 마십시오. … 분파를 피하십시오. 예수 그리스도께서 그분의 아버지를 본받으신 것처럼 예수 그리스도를 본받으십시오.(Phil 6:1-7:3)

당시 교회 내부의 갈등을 조장하는 대표적인 두 세력 가운데 또 하나는 영지주의 이단이었다. 이들은 종교 혼합주의의 물결을 타면서 '그노시스(γνῶσις)' 즉, '지식' 또는 '지혜'를 의미하는 구원론을 가르쳤다. 영지주의는 1-4세기 지중해 동부 지역에서 많은 수를 확보하면서 교회를 위협하게 된다.[67] 그리스도의 신성을 강조하며 인성에 대해 가현설을 주장했던 이들은 그리스도의 성육신에 따른 '인성'을 부인하였다. 그리고 죄 사함에 따른 십자가의 죽음과 부활을 허구적인 것으로 여기고 있었다. 물질세계를 부정했던 이들의 주장에 따르면 하나님이 사람으로 세상에 충만히 들어오는 것은 불가능이었다. 가설적인 것에 불과하다고 여겼다.[68]

  영지주의자들이 주장하는 가현설을 교회 입장에서 받아들일 수 없다는 것이 이그나티우스의 견해였다. 이그나티우스는 영지주의자들처럼 '로고스'를 '내재적 이성'에 두지 않았다. 그는 '로고스'를 '선포된 말씀'으로 받아들였다. 자로슬라브 펠리칸의 주장에 따르면 이것은 그가 '로고스'를 철학적 의미로 받아들이지 않고 있다는 것을 증거하는 장면이었다.[69] 이그나티우스는 사도 요한처럼 '로고스'를 '하나님의 아들'로 받아들이면서 그리스도의 성육신에 따른 '참 신성'과 '참 인성'을 제시하고 있었다.[70]

  이그나티우스는 그리스도에 대해 가현설을 주장하는 영

지주의 이단을 특별히 경계했다. 「에베소 인들에게」 보낸 서신의 제7장과 「서머나 인들에게」 보낸 서신의 제1장과 제2장, 그리고 제5장에서 그는 동정녀에 의한 그리스도의 성육신은 부인할 수 없는 사실임을 밝힌다. 이와 함께 그리스도의 '인성'과 구원에 따른 '고난'과 '죽으심'과 '부활'의 사실을 증거하면서 영지주의자들의 가현설을 교리적으로 반박한다.[71] 그리고 「트랄레스 인들에게」 보낸 서신의 제4장에서는 영지주의 이단을 가리켜 '아첨꾼'으로, 제6장에서는 '다른 음식'과 '맹독을 주는 자'로, 제7장에서는 '성전 밖에 있는 사람'으로 묘사하고 있다.[72] 이런 영지주의자들은 교회의 가르침을 벗어난 방식으로 신약을 가감하여 해석하면서 갈등을 고조시켰다.[73]

> 그분은 육신으로는 다윗의 혈통으로 나셨고, 하나님의 뜻과 권능에 따라 하나님의 아들이셨습니다. 참으로 동정녀에게서 나셨고, … 우리를 위해서 그 육신이 못 박히셨습니다. … 그분은 부활하여 그의 성도들과 충실한 신자들을 교회라는 한 지체 안에서 영원히 불러모으는 표준을 세우셨습니다. … 그분의 고난은 가짜가 아니었습니다. 가짜는 바로! 그들입니다.(*Smy* 1:1-2:1)

교부들이 활동하던 시대는 이단들의 활동이 자신들의 정체를 숨기면서 교회 가운데 임한 것이 아니다. 자신들이 펼치는 교리적 주장이 마치 교회의 정통인 것처럼 당당하게 가르쳐 나가고 있었다. 그러나 그들의 가르침은 이사야 28장 7절의 말씀처럼 교회로 하여금 하나님을 향해 바른길을 걸어가는 것이 아니라 게가 앞을 향한다고 하지만 그 걸음이 정면을 벗어나 옆걸음을 치는 것처럼 바른 말씀과 바른 교리로부터 벗어나게 하였다. 초기 교회는 이단과 정통 교회의 가르침이 기독론(그리스도론)과 구원론을 중심으로 쟁점을 이루고 있었다. 그뿐 아니라 교회가 행한 성찬 예식 또한 이단과 정통 교회의 구별 점이 되었다.

성찬 예식은 사도들이 만들어 낸 교회의 예식이 아니다. 성찬이 제정된 역사의 근거는 대속을 이루기 위한 십자가 사건을 앞두고 진행된 마지막 만찬 가운데 있다. 예수님께서 제자들을 향해 떡과 잔을 나누면서 이 예식을 통해 주님을 기념하라고 누가복음 22장 19절에서 명하셨다. '떡'을 몸이라 칭하셨고, '잔'을 피로 세운 '새 언약'이라고 하셨다.(마 26:26-28; 막 14:22-24; 눅 22:19-20; 고전 11:23-29) 그리고 "이것을 행하여 마실 때마다 나를 기념하라"라고 말씀하셨다. 이런 성찬 예식은 주님이 다시 오실 때까지 거행될 예식이었다.

내가 너희에게 전한 것은 주께 받은 것이니 곧 주 예수께서 잡히시던 밤에 떡을 가지사 축사하시고 떼어 이르시되 이것은 너희를 위하는 내 몸이니 이것을 행하여 나를 기념하라 하시고 식후에 또한 그와 같이 잔을 가지시고 이르시되 이 잔은 내 피로 세운 새 언약이니 이것을 행하여 마실 때마다 나를 기념하라 하셨으니 너희가 이 떡을 먹으며 이 잔을 마실 때마다 주의 죽으심을 그가 오실 때까지 전하는 것이니라 고전 11:23-26

그리스도의 신성을 거부하며 율법주의를 앞세운 에비온주의와 그리스도의 인성을 가현설이라고 주장하면서 영으로서 그리스도의 신성만을 주장했던 영지주의자들에게 성찬의 '떡'과 '잔'은 무익한 것이었다. 이들이 성찬 예식을 부정했던 것은 이 예식이 자신들이 주장하는 교리를 부인하게 만드는 예식이었기 때문이다. 그러므로 이들은 성찬 예식을 비판하며 거부하였다. 성찬은 기독교와 유대교 사이를 멀어지게 하는 갈등의 요소가 될 뿐만 아니라 가현설을 주장하는 영지주의 이단과의 구별 점이 되었다.[74]

성찬식에 참여할 수 없는 영지주의자들을 가리켜 「에베소 인들에게」 보낸 서신의 제13장에서는 전복될 '사탄의 권력'

이라고 평하였다.[75] 그리고 「서머나 인들에게」 보낸 서신의 제7장에서는 "성찬으로부터 멀리 떨어져 있는 자들"이란 표현을 사용한다.[76] 성찬은 성육신하신 그리스도, 죄를 대속하신 그리스도, 부활하신 그리스도, 승천하신 그리스도, 심판의 주로 이 땅에 다시 오실 그리스도의 '신성'과 '인성'에 대한 신앙의 고백을 함께 나타내고 있었다. 이그나티우스는 성찬 예식을 그리스도와 교회 그리고 성도들이 흔들리지 않도록 하나로 묶어가는 연결고리로 여기고 있었다. 이런 그의 견해는 에베소 교인들에게 보낸 서신의 제20장 2절에 더욱 분명하게 나타난다.

> 육신으로는 다윗의 혈통에서 나셨고, 사람의 아들이며 하나님의 아들이신 그리스도와 하나가 되어 … 이 모임에서 여러분은 감독과 장로회에 깊게 주의를 기울이고 '불멸의 약'인 빵을 떼고, 죽음을 막고 예수 그리스도와 연합이 되어 지속적인 생명을 얻는 해독제를 획득해야 합니다. (*Ep* 20:2)

성만찬은 신앙을 지켜내는 중요한 요소였다. 이단으로부터 신앙을 지켜내는 파수대와 같았으며 이단과 구별되는 분기점이기도 했다. 이와 같이 이그나티우스는 이단과 정통 교회가 어떤 이유로 하나가 될 수 없는지 감정을 앞세우거나 파벌적 측면에서 설명하며 또 다른 갈등을 유발시키지 않았다. 진리의 말씀을 바탕으로 하고 있는 교리를 자신의 관점에서 재해석하는 것이 아니라 사도들의 가르침을 따르면서 교회를 향해 바른 길을 제시하였다. 이런 이그나티우스의 지도와 권면은 폴리갑에게 보내는 서신에도 드러나고 있었다.

> 겉으로는 믿음직스럽다고 하지만 이단을 가르치는 사람들 때문에 당황해서는 안 됩니다. 망치 아래 모루처럼 당신의 입장을 지키시기 바랍니다. 위대한 운동선수는 승리하기 위해 타격을 받아야만 합니다. 특히 하나님께서 우리를 참으실 수 있도록 하나님을 위해서 모든 것을 참아야만 합니다.(Pol 3:1)

그는 폴리갑으로 하여금 이단을 가르치는 자들에 대해 단호할 것과 경기자의 모습을 잃지 않도록 특별히 독려하고 있었다. 이그나티우스는 자신의 환경과 주변에서 일어나는 갈등을 해결하는 일에 급급하지 않았다. 당면한 문제를 통해 자신이라는 한 개인을 바라보기보다 한발 더 나아가 공동체라는 교회의 현실을 돌아보았다. 그리고 이단과 교리적인 문제로 교회가 혼란에 빠지지 않도록 교리적인 것을 제시할 때도 성경을 풀어서 신앙의 근본을 제시하였고 진리의 길로 인도하며 갈등의 문제를 은혜롭게 해결하였다.

② 그리스도가 세운 감독을 중심으로

이그나티우스의 관심 가운데 하나는 교회를 하나의 모습으로 세워가는 것과 한 명의 감독을 중심으로 그리스도 안에서 하나 된 신앙의 모습을 그려내는 것이었다. 이른바 일치와 관련된 문제였다. 교회 감독에 대한 이그나티우스의 바램은 일곱 서신 모두에 등장하고 있다. 안디옥 교회의 감독이었던 이그나티우스는 "데오포로스"라는 인사의 말로 자신을 소개한다. 이것은 하나님의 뜻을 실현하는 자로서 자신을 변증하면서 동시에 자신이 가지고 있는 감독의 직분에 대한 권위를 함께 표현하고 있다.

「빌라델피아 인들에게」 보낸 서신의 제7장에 의하면 이그나티우스는 "감독을 떠나 어떤 일도 하지 말도록" 강력하게 권한다.[77] 여기서 증거되고 있는 감독은 한 개인의 모습에 비치는 감독을 말하는 것이 아니다. 그렇다고 해서 감독 제도를 옹호하는 입장에서 나온 말은 더욱 아니다. 예수 그리스도 안에서 다스림을 받고 있는 공적인 위치에 세워진 자를 말하고 있다. 예수 그리스도의 가르침을 따르고, 그 가르침을 바르게 증거 하는 사역자로서 감독을 말한다.

로마 가톨릭은 이그나티우스가 강조한 감독 중심에 대한 가르침을 자신들의 입장에서 감독 제도 강화로 유권해석하고 있다. 이그나티우스가 강조하고 있는 본말을 희석시키고 있다. 그가 강조하고 있는 것은 이단의 세력 가운데 있거나 철학과 자신의 사고 속에 있는 감독이 아니라 바른 말씀과 바른 교리 가운데 세워진 자로서 교회를 대표하는 감독이다. 이그나티우스는 자신이 이런 말을 한 것에 대해 "그것은 하나님의 목소리였습니다"라며 그리스도 안에 세워진 감독의 권위가 하나님으로부터 생겨났음을 증거하고 있다.

일곱 서신을 편역했던 시릴 리차드슨은 이 말에 대해 이런 각주를 단다. "'하나님의 영감을 받은' 예언적 발언의 사례입니다."[78] 그리고 헨리 비텐슨(Henry Bettenson, 1908-1979)은 「빌라델피아 인들에게」 보낸 서신의 제7장을 편역하며 '예언자 이그나티우스'라는 소제목을 붙이면서[79] 안디옥 교회를 그리스도의 신앙으로 묶어갔던 이그나티우스가 속사도 교부로서 감독의 역할을 어떻게 감당했는지 단편적으로 설명하고 있다. 감독으로서 그의 권위는 세상에서 말하는 다스리는 위치에서 군림하는 권위가 아니었다. 신앙을 바르게 세워나가는 측면에서 지도하는 권위였다. 그리스도부터 세워진 권위였다.

이그나티우스는 「에베소 인들에게」 보낸 서신에서 감독의 권위에 복종할 것을 가르치고 있다.[80] 「마그네시아 인들에게」 보낸 서신에서는 하나님 아버지의 권위를 존중하듯이 감독의 권위를 존중하도록 한다.[81] 그의 견해에 따르면 감독의 권위를 존중하는 것은 곧 감독에게 권위를 주신 하나님을 향한 존중이었다. 이런 감독을 「서머나 인들에게」 보낸 서신에서는 예수 그리스도가 아버지를 따르셨듯이 따르도록 한다.[82] 이것은 권력을 가진 자의 권위에 복종하는 자가 되라는 '주와 종'의 관계를 말하는 것이 아니다. 신앙의 바른 가르침을 주는 감독의 영향 아래 자신을 두면서 교회 안에 스며드는 '다른 복음'을 전하는 자들과 불어오는 불신앙과 갈등의 요소로부터 자신들의 신앙을 흔들림 없이 지켜가는 길을 제시하고 있었다.

이그나티우스가 감독의 권위를 이와 같이 중요하게 여기고 있었던 이유는 교회의 권위에 따른 갈등의 문제와 무관하지 않다. 로마 정부로부터 가해져 오는 핍박과 이단들로 인한 교회의 갈등이 교회의 권위와 함께 감독직으로 이어지고 있었기 때문이다. 로마 정부로부터 가해져 오는 핍박은 교회의 권위를 짓밟았고, 감독의 권위를 무색하게 만들어버렸다. 그리고 유대주의자들과 영지주의자들로 인한 분파는 교회의 권위를 퇴색

시키며, 감독의 권위를 격감시키고 있었다.[83] 그리스도 안에서 하나를 이루는 신앙을 무너뜨리는 요소가 되었다.

이그나티우스의 로마 압송 과정을 보면 그는 안디옥을 끼고 있는 실루기아에서 지중해를 통해 로마로 가는 직선 코스로 압송되지 않는다. 안디옥에서 육로로 길리기아, 라오디게아, 빌라델피아, 서머나와 드로아를 거쳐 해로로 네압볼리에 이른다.[84] 소아시아를 향한 바울의 제3차 전도 여행 때 사용되었던 코스와 유사하다. 그리고 빌립보와 두레스, 브룬디시움을 거쳐 로마에 도착한다. 바울이 예루살렘에서 로마로 압송되었을 당시 이용했던 지중해의 직선 코스를 사용하지 않는다. 여기에는 소아시아의 주요 교회들로 하여금 이그나티우스가 압송당하는 이유를 공개적으로 알도록 하기 위한 목적을 내포하고 있었다. 로마 정부의 정책과 황제의 권위에 복종하지 않는 교회와 감독의 권위에 대해 경고하는 효과를 노리고 있었다. 당시 이그나티우스가 '열 마리 표범'에 끌려가는 공포 가운데 압송이 이뤄졌다는 것은 이를 간접적으로 증명하고 있다.[85] 그리고 이어지는 이단들의 분파적 행위는 교회의 권위를 손상시키는 치명적인 역할을 하였다.

이그나티우스는 「에베소 인들에게」 보낸 서신의 제5장에서 그리스도와 관련하여 교회밖에는 구원이 없다는 교리를 피력한 바 있다.[86] 이것은 교회에 대해 위기를 조성하고 있는 이단의 모든 세력들을 향해 교회는 그리스도의 권위 아래 있다는 것을 밝히는 대목이었다. 유대주의의 율법적 구원론과[87] 영지주의의 구원론에 대해 「트랄레스 인들에게」 보낸 서신에서는 "예수 그리스도를 떠나서는 우리는 참된 생명을 소유할 수 없습니다"라고 말하면서 교회의 권위를 분명하게 한다.[88] 이런 이그나티우스는 감독의 권위를 말할 때, 그 권위를 개인의 권위가 아니라 그리스도와 관련된 교회의 권위로 연결하여 말하고 있다.

「서머나 인들에게」 보낸 서신에서 "예수 그리스도가 계신 곳에 보편 교회가 있듯이 감독이 없이는 어떤 세례와 애찬도 허용되어서는 안 됩니다"[89]라고 분명히 한다. 특히 영지주의자들이 자신들의 견해를 앞세우며 전통(제자들의 어록)에 호소할 때, 이그나티우스는 감독의 권위로 이들에게 맞섰다.[90] 감독의 권위(사도들의 가르침과 그리스도의 뜻을 따르는 자)에 대한 위협과 갈등은 교회의 권위에 대한 위협과 갈등이었으며, 감독의 권위를 회복시키는 것은 그리스도를 향한 신앙을 지켜내는 영적 회복의 바른 길을 제시하는 것이었다.

③ 그리스도를 향하는 보편 교회의 가치관

사도 베드로의 뒤를 이어 로마의 세 번째 감독이 되었던 클레멘스는 이그나티우스와 동시대 인물이었다. 사도들의 뒤를 이은 교부들의 문헌 가운데 가장 오래된 것은 클레멘스가 기록한 「클레멘스 서신」이다. 서신의 내용은 고린도 교회의 분열과 관련된 내용을 기록하고 있다.[91] 로마의 감독이었던 클레멘스가 고린도 교회의 문제에 대해 지도하고, 관여하는 것은 일반적인 관점으로 볼 때 로마 교회가 고린도 교회를 간섭하는 것이었다. 그럼에도 불구하고 이런 예들이 통념적으로 받아들여졌던 것은 교회는 머리가 되시는 그리스도를 중심으로 언제나 하나를 이루어야 한다는 사도의 가르침(엡 1:22, 5:23; 골 1:18) 영향을 끼쳤고, 속사도들은 이런 개념 속에 교회를 바라보고 있었기 때문이다. 교회는 하나라는 일치에 따른 보편적 개념을 가지고 있었다.

서머나 교회의 감독이었던 교부 폴리갑의 경우도 마찬가지였다. 폴리갑은 「빌립보 인들에게」 서신을 보낸다. 그 서신은 빌립보 교회가 조언을 구한 목회적 차원과 이단에 관한 답장이었다.[92] 답변에는 베드로전서를 비롯한 사도들과 두 교부의 서신이 활용된다. 로마의 클레멘스와 이그나티우스의 서신이었다. 특히 서신에 대한 답변 가운데는 고린도 교회의 분열에 따른 문제를 지도했던 「클레멘스의 제1서신」이 주류를 이룬다.[93] 교부들이 자신이 섬기고 있던 교회가 아닌 다른 교회의 문제에 대해 관여할 수 있었던 것은 당시 교회들이 가지고 있었던 "예수 그리스도" 안에서 하나의 교회라는 보편적 개념이 있었기 때문이다. 이그나티우스가 에베소 교회를 비롯한 여섯 교회와 서머나 감독인 폴리갑에게 목회적 차원에서 서신을 보낼 수 있었던 것 또한 이런 맥락과 연결된다.

　　　사도들의 가르침을 따르며 교회의 일치에 대해 누구보다 민감했던 이그나티우스는 '보편 교회'라는 단어를 최초로 사용하면서 그리스도를 향해 교회가 일치되어야 할 것을 분명히 한다.[94] 여섯 교회를 향한 그의 서신은 타이틀에 기록된 교회만을 위한 것이 아니었다. 그는 서신을 대중성을 가지고 기록한다. 교부학자인 H.R. 드롭너(H.R. Drobner)에 의하면 사도시대 이후, 대략적으로 90년대부터 160년의 시기에 기록된 서신들은 대부분 모든 공동체에 공개적으로 낭독될 것을 전제로 기록되었다.[95] 교회 공동체를 하나라는 일치적 관점에서 보고 있다는 것을 증명한다. 이그나티우스가 각 교회별로 보낸 서신 또한 이런 성격을 가지고 있었다. '보편교회' 속에는 교회의 일

치를 외치는 이그나티우스의 신학적 사상이 새겨져 있었다.[96]

교부시대의 특징은 자극적이고 창의적인 접근을 이루기보다 다수의 현안을 밝히는 것을 중요하게 여겼다.[97] 이런 측면에서 교부들은 전통적인 신앙에 대한 해석자라기보다 사도들의 전통 신앙을 지키는 정통에 따른 증인들이었다.[98] 한 분 하나님, 한 분 그리스도, 그리고 하나 된 교회를 수호하고 증거하였다. 속사도 교부들은 그리스도가 교회의 머리가 되고, 교회가 각각의 몸의 지체를 이루고 있는 측면에서 일치된 교회를 지켜내는 사명자들이었다. 교회의 일치는 이그나티우스의 사변적 개념이 아니었다. 이것은 2세기 기독교의 존망을 가를 수 있는 중요한 문제였다.[99]

이그나티우스의 일곱 서신은 교회를 공격하는 로마 정부와 유대교, 그리고 내부에 도사리고 있는 유대주의 이단과 영지주의 이단으로부터 교회를 지켜내는 일치를 보편을 통해 강조하고 있다. 「마그네시아 인들에게」, 「트랄레스 인들에게」, 「빌라델피아 인들에게」 보낸 서신의 마지막 인사말에 의하면 서간의 형식을 빌려 크게 두 가지를 말한다. 자신은 그리스도 안에 있다는 것과 교회로 하여금 하나가 되어 갈등 속에 빠지지 않을 것을 당부하고 있다.[100] 이런 교부의 모습에는 그리스도 안에서 교회가 보편을 이루어야 할 것과 일치하여 하나의 믿음으로 서로가 연합할 것을 강조하고 있다. 그리고 신앙의 울타리를 세워 교회 내부에서 일어나는 갈등을 물리치고 이겨내도록 지도하고 있다.

▷ 그리스도를 닮아가는 가치관

아달베르 G. 함만에 따르면 이그나티우스는 개종한 이교 집안 출신으로서 철학자들 밑에서 수학하였다. 당시 교육을 받은 지적인 사람들의 사상은 어떤 한 가지 사상을 내포하고 있기보다 혼합된 모습을 하고 있었다. '플라톤화 된 스토아 사상', '스토아화 된 플라톤 사상'의 모습들을 하고 있었다.[101] 이런 환경 가운데 놓여 있었던 이그나티우스는 논쟁을 일삼는 스토아학파의 '디아트리바(diatribe-혹평논법)'에 대해 잘 알고 있었다.[102] 뿐만 아니라 자신에게 다가온 것이 '운명'이라면 품위 있게 '인내'하며 그것을 받아들여야 한다는 보편적인 '스토아 사상'[103]에 대해서도 잘 알고 있었다. 이런 측면에서 볼 때 그의 '순교'는 스토아적 사상과 무관하지 않다고 말할 수도 있다. 그러나 그의 사상에는 이런 철학이 자리하고 있지 않았다. 그의 사상 속에는 철학보다 앞서는 사도들의 가르침이라는 신앙이 자리하고 있었다.

이그나티우스에게 결정적으로 순교의 길을 걷도록 영향을 끼친 것은 플라톤 사상과 스토아 사상이 아니었다. 사도들의 고백이었다. 순교 현장을 향하는 그의 손에 쥐어졌던 위로의 책이 '복음서'와 '사도서'였다는 것은 이런 사실을 대변해 주고 있다. 이그나티우스의 순교는 '복음서'와 '사도서'에 실린 성찬의 특징을 지니고 있었다.[104] 그런가 하면 순교와 관련한 이그나티우스의 견해는 성찬을 논리적인 측면이 아니라 신앙적인 측면에서 교회를 하나로 묶어가는 중요한 역할을 하고 있었다.[105] 「로마 인들에게」 보낸 서신의 제4장에 의하면 자신의 순교는 로마 정부로부터 가해지는 죽음이 아니라 "하나님을 위하여 자발적으로 죽는" 죽음이었다. 이런 자신의 몸을 가리켜 '그리스도를 위한 떡 덩어리'라고 소개하고 있다.

> 나는 모든 교회들에게 서신을 쓰면서 그들 모두에게 내가 하나님을 위해 자발적으로 죽는 것임을 깨달아줄 것을 요청합니다. … 나를 야수들을 위한 먹이가 되게 하십시오. 이것이 내가 하나님께 나아갈 수 있는 방법입니다. 나는 하나님의 밀이니 야수들의 이빨에 갈려져 그리스도를 위한 순수한 떡 덩어리가 될 것입니다. (*Rom* 4:1)

이그나티우스가 생각하고 있는 순교는 예수를 따르는 '그리스도인의 길'이었으며, '제자도'였다. 그리스도를 진정으로 닮아가는 가치관 가운데 세워지는 길이었다. 그러나 물질의 세계는 악하고, 영의 세계는 선하다고 가르쳤던 영지주의자들의 입장에서 그리스도의 '신성'과 '인성'을 동시에 증거하고 있는 십자가 사건은 용납될 수 없는 가설(假說)이었다. 육신을 영의 감옥으로 여겼던 이들은 그리스도의 성육신을 부인할 뿐만 아니라 몸의 희생을 강조하는 십자가 사건을 가치 없는 허상(虛像)으로 여기고 있었다. 그러므로 이들은 순교를 방종으로 여기며 반대하였다.[106] 이그나티우스의 순교 신학과 정면으로 충돌한다.

1945년 '나그 함마디'에서 발견된 초기 영지주의자들과 관련된 문서 「진리의 증언」(*The Testimony of Truth*)에는 순교하는 자들을 가리켜 "바보 같은 사람들"이라고 조소하고 있다.[107] 그러나 순교자의 관점에서 순교는 죽음이 불러오는 고통과 공포의 마지막 순간이 아니었다. 순교는 죄로 인한 '값의 죽음'이 아니라 의를 따르다가 당하는 '죽음'이었다.[108] 그러므로 그 길은 '영광의 길'이었고, '그리스도인의 길'이었다. 이런 순교를 '내적인 기쁨'과 '희망'으로 받아들였던 것이 교부들의 모습이었다.[109] 그리스도가 십자가에서 죽은 사실을 가현적으로 볼 뿐만 아니라 순교를 조롱하였던 영지주의자들에 대해 이그나티우스는 「트랄레스 인들에게」 보내는 서신에서 그들의 말에 귀를 기울이지 말도록 강력한 어조(語調)를 사용한다.

> 그러므로 예수 그리스도가 다윗의 혈통이었고, 마리아에 의해 참으로 태어나셨던 것, 먹고, 마시고, 본디오 빌라도에게 박해를 받으셨으며, 하늘과 땅, 그리고 지하 세계가 보는 앞에서 참으로 십자가에 못 박히시고, 죽으셨다는 것을 묵살하는 이야기에 귀 가울이지 마십시오. (*Tral* 9:1)

자신들의 교리에 의해 순교를 용납할 수 없었던 영지주의자들은 우리가 살아가는 세상을 두 가지 장소로 해석하였다. 하나는 도망쳐야 할 장소였으며, 또 다른 하나는 무시되어야 할 장소였다.[110] 이들이 볼 때 세상은 육신이 거(居)하는 장소로써 영혼이 거하기에는 마땅하지 못한 장소였다. 이런 세상에 교회를 세우는 것과 교회를 지키는 과정에서 일어나는 죽음을 순교로 여기는 것 자체가 이들에게는 이해할 수 없는 대목이었다. 이들이 볼 때 죄의 감옥인 육신의 죽음을 순교로 여기고 있는 교부들의 모습은 어리석음 그 자체였다. 그러나 이그나티우스는 순교에 대한 가치관을 지성에 두지 않았다. 그리스도를 닮아가는 신앙이라는 가치관에 두면서 이것을 하나님의 형상이 지켜야 할 의지에 두었다.[111]

이그나티우스는 순교를 '사도의 길'을 따르는 의지적 결단에서 바라보고 있었다. 왜냐하면 그 과정에는 그리스도를 닮아가는 가치관이 함께하고 있었기 때문이다. 그러므로 순교를 '그리스도의 길'을 따라가는 의지를 수반하는 신앙의 결단으로 보고 있었다. 이와 같이 속사도 교부로서 그리스도를 위한 순교를 신앙으로 받아들였던 이그나티우스를 비롯한 교회는 본질적으로 다른 길을 가고 있는 영지주의 이단들과 더욱 깊은 갈등의 골을 형성하게 된다.[112] 이그나티우스는 여기에 대해 더욱 분명한 신앙의 자세를 취한다. 왜냐하면 그리스도를 닮아가는 가치관으로 신앙의 터를 세우지 않으면 그릇된 이단 사상으로 인해 자신들의 참된 신앙의 모습을 잃어버릴 수 있기 때문이다. 이와 같이 그리스도를 닮아가는 참된 가치관은 환경에서 일어나는 갈등을 이겨내도록 하며, 그릇된 가치관으로 말미암은 영적 갈등의 길을 걷지 않도록 한다.

갈등 앞에 제시된 세 가지의 등불

▷ 첫 번째 등불- 교회를 생각하는 신학

　　교부들에 대한 문헌을 살펴보면 니케아 신경(A.D. 325) 이전의 신학에는 그리스도와 관련한 교리 곧 그리스도론이 중심을 이룬다. 여기서 그리스도로 말미암은 고난과 핍박 그리고 거룩한 삶은 신앙의 근본을 이루는 중요한 열쇠가 된다. 또 하나 그리스도와 관련하여 교회가 그 중심에 세워진다. 교회는 그리스도로 말미암아 충만에 이르게 된 장소였다.[113] 마가 다락방에서 일어났던 성령 충만의 사건 그리고 베드로의 '회개의 복음'은 교회를 중심으로 일어난 중요한 사건들이었다. 이런 중심이 이그나티우스로 하여금 늘 교회를 생각하는 신학을 펼치게 했고, 교회를 생각하는 신앙적 삶을 그려내도록 했다.

　　그리스도와 십자가 그리고 교회가 중심에 있는 이그나티우스는 갈등에 빠진 교회 앞에 교회가 어떤 모습을 가져야 하는지 네 가지를 말하게 된다. 그 네 가지는 교회가 가져야 할 본질적인 속성이었다. 첫 번째는 '하나가 되는 교회'를 제시한다. 이그나티우스는 예수 그리스도를 고백하는 교회와 하나의 통일된 교리를 가르치는 교회를 일치시킨다. 그리스도의 성육신에 따른 기독론을 자신의 중심 신학으로 삼았던 이그나티우스는 '하나가 되는 교회론'으로 갈등에 대해 답을 주고 있다.[114] 「에베소 인들에게」 보낸 서신에 따르면 교회와 그리스도는 별도가 아니다. 밀착된 관계를 가지고 있다.[115] 사도들에 의해 세워졌고, 가르침을 주는 교회는 언제나 '하나의 교회'라는 개념을 가지고 있었다.[116]

'하나의 교회'가 '하나가 되는 교회'로 바르게 세워지기 위해서는 무엇보다 '하나의 머리'가 되시는 그리스도 아래 일치점을 가져야 한다. 이런 사실을 꿰뚫고 있었던 이그나티우스는 여러 가지 문제로 갈등하는 교회 앞에 먼저 하나의 개념을 가지도록 한다. 왜냐하면 문제를 해결하기 위해서는 본질에 대한 바른 이해가 먼저 요구되기 때문이다. 그는 '하나의 교회'가 되기 위해 그리스도 안에 모든 교회가 일치된 '하나의 모습'을 가지도록 한다. 여기서 하나로 기능하는 역할을 교리를 통해 이루어 간다. '하나의 모습'은 겉으로 만들어진 외형의 일치점을 말하는 것이 아니다. 내면의 통일성을 가져야 한다. 그 중심에 '그리스도론'의 교리가 있었다.

두 번째는 '거룩한 교회'를 제시한다. 교회는 죄 사함이라는 그리스도의 피 값으로 세워졌다. 그러므로 교회의 머리는 그리스도가 될 뿐만 아니라 교회는 죄 사함이라는 구원을 담아내는 방주가 되기도 한다. 이런 사실 앞에 이그나티우스는 "교회밖에는 구원이 없다"라는 의미를 에베소 인들에게 보내는 서신의 제5장 2절에서 최초로 피력하였다. 교회를 건물의 기능으로 보지 않았다. 예배 처소로써 교회가 가지는 역할은 그리스도의 값을 드러내는 거룩한 성전이었다. 그는 교회를 벗어난 자들의 신학과 신앙을 사변적이고, 그리스도인의 가치를 발하지 못하는 분열주의자의 행위로 보았으며, 하나님은 이런 자들을 저주할 것이라고 하였다.

> 만약 어떤 사람이 성전 안에 머물러 있지 않다면 그에게는 하나님의 떡이 결핍될 것입니다. 그리고 한 두 사람의 기도가 큰 효력을 가지고 있듯이 감독과 온 교회의 기도는 얼마나 더 하겠습니까? 여러분의 예배에 참여하지 않는 사람은 분열주의자가 된다는 사실을 통해 그들의 오만함을 발견하게 됩니다. 또한 하나님은 교만한 자를 저주하신다고 말씀하고 계십니다. (*Ep* 5:2)

교회의 기능과 역할이 지니고 있는 가장 뚜렷한 특징 가운데 하나는 거룩이다. 이단과 죄악 된 세속이 불러오는 갈등의 문제를 거룩으로 분리시킨다. 거룩은 거짓된 다른 복음을 전하는 이단의 무리와 세속의 사람들이 만들어 낼 수 있는 산물이 아니다. 교회의 거룩은 지식이나 행위로 만들어지지 않는다. 죄 사함에 대해 모든 것을 '다 이루신' 그리스도로부터 주어진다.(요 19:30) 그리스도의 선물인 거룩은 교회뿐만 아니라 교회 구성원들의 속성이 되어야 한다.[117] 이런 측면에서 교부들 또한 거룩하고, 경건한 사람이라는 입증이 뒤따라야만 했다.[118] 여기에 대해 이그나티우스는 이단과 세속의 가치관을 가진 자들로부터 분리를 선포하였다. 그는 교회의 거룩한 속성을 제시하면서 성도들로 하여금 자신들이 세워져야 할 위치가 세상의 가치관이 아니라 교회라는 즉, '그리스도 안에'라는 사실을 깨닫게 한다.

고대 사람들에게 있어서 교회는 구원의 장소였으며, 하나님의 능력이 존재하는 거룩한 장소였다.[119] 이그나티우스의 일곱 서신 가운데 「트랄레스 인들에게」 보낸 서신의 인사말에 의하면 교회는 거룩한 곳이다.[120] '거룩한 교회'는 이단들과 구별되고 세속으로부터 구별된다. 그는 이런 요점을 본 서신을 통해 간접적으로 설명하고 있다. 교회가 이단과 구별되고 세속으로부터 구별되지 못한다면 거룩의 기능을 잃어버리게 된다. 그럴 경우 교회는 더 이상 그리스도를 담아내는 십자가의 방주가 되지 못한다. 이런 현실 앞에 이그나티우스의 신학과 신앙은 분명한 경계의 선(線)을 가지고 있었다.

세 번째는 '보편적 교회'로써의 가치관을 제시한다.「서머나 인들에게」보낸 서신의 제8장에서 이그나티우스는 '보편교회(Καθολική Εκκλησία)'라는 단어를 최초로 사용한다.[121] 인간의 합리적 사고에 따르면 각각의 개(個) 교회는 개별성과 나름의 특징이 있다. 교회의 개별성과 다양성을 주장할 충분한 여력을 가지고 있다. 그러나 그리스도를 중심에 두었던 그의 보편적 교회론은 그리스도 안에서 하나와 일치를 이루어야 한다는 사고를 벗어나지 않는다. 그러나 교회에 대해 '보편'이라는 단어를 적용시킨 것은 이그나티우스의 독단적인 신학의 발단이 아니었다. 이것은 사도들의 가르침이기도 했다.[122]

교회라고 말할 때, 그 교회 앞에는 지역 또는 나름의 이름이 붙여진다. 예를 들면 '안디옥 교회', '에베소 교회'라는 이름 등이 붙여진다. 이름이 각각이라고 해서 교회 또한 각각의 모습이 되어야 한다는 것을 말하는 것은 아니다. 사도들의 가르침에 의하면 교회는 머리가 되시는 그리스도에게로 연결된 몸이다. 그러므로 교회는 그리스도를 향해 있어야 한다. 각각의 지체를 구성하고 있는 교회는 각각의 모습이 아니라 그리스도를 중심으로 연합과 일치를 이루어야 한다.

이런 교회를 향해 그는 '보편성'을 강조하였다.[123] 보편은 교회의 진정한 가치가 어디에 있는지 가르쳐주고 있다. 그리스도 안에서 연합하여, 하나를 이루고 일치를 이룰 때 진정한 가치를 발한다는 것을 보편성'을 통해 피력하고 있다.

> 어느 누구도 감독의 승인없이 교회와 관련된 일을 해서는 안 됩니다. 성찬식은 감독이나 그가 승인한 사람에 의해 집행되는 것을 유효한 것으로 간주해야 합니다. 예수 그리스도가 있는 곳에 보편(가톨릭) 교회가 있는 것처럼 감독이 있는 곳에 회중이 모이게 해야 합니다. (*Smy* 8:1-2)

이그나티우스는 교회의 '보편성'으로 이단과 세속을 구별하는 측량의 기준과 중심을 제공한다. 그리고 교회의 보편성으로 갈등에 따른 문제를 해결한다. 주후 2세기 이단의 출현으로 일어난 갈등에 대해 이그나티우스는 '보편 교회'의 가치관을 제시한다. '보편 교회'는 '사도들의 참된 전승'을 소유한 외적인 기관으로 이해되었다. 지역 교회는 '보편 교회'의 일부로 인식되었으며, '보편 교회'의 인식을 가지며 일치의 개념을 가진 지역 교회를 '참된 교회'로 여기고 있었다.[124] 이런 교회의 개념은 교회의 가치관이 그리스도 안에서 빛을 발하게 된다는 것을 이그나티우스는 가르쳐주고 있었다.

네 번째는 '사도적 교회'를 제시한다. 이단들이 극성을 부리던 기독교의 초기 시대는 교회의 정체성을 사도적 선포를 따르는 것에서 찾았다. 예수님의 가르침을 따랐던 사도들의 가르침을 계승하는 교회를 가리켜 '사도적 교회'라고 한다. 유대주의 이단들이 율법적 구원론을 주장한 것은 교회를 유대교의 분파 또는 유대교의 발전적 관점에서 바라봤기 때문이다. 이그나티우스는 '사도적 교회'로서 교회의 특징을 제시하면서 교회는 유대교의 발전적 과정에서 생겨난 것이 아니라 예수 그리스도의 십자가로 세워진 별도의 존재라는 것을 분명히 한다. 교회는 그리스도의 역사를 통해 존재하게 되었으며, 그리스도로 말미암아 형성되었다. 이그나티우스는 이런 사실을 통해 유대주의 이단들로 인한 교회 내의 근원적 갈등에 대해 해답을 주고 있었다.[125]

교회는 유대교의 가치관에서 빚어진 조직 또는 분파가 아니니다. 교부학자인 카를 수소 프랑크(Karl Suso Frank, 1933-2006)는 교회의 시작은 인간의 죄를 대속하여 십자가에서 죽으시고, 부활하신 예수를 믿는 자들이 예루살렘에 모인 것으로부터 시작되었다라고 자신의 저서 『고대 교회사 개론』에서 밝힌다.[126] 사도들은 예수로부터 가르침 받았던 것을 교회를 통해 가르쳤으며 교부들은 이런 사도들의 가르침을 교회를 통해 전승(傳承)시킨 증인이었다.

「마그네시아 인들에게」 보낸 서신에서 이그나티우스는 "기독교가 유대교를 믿는 것이 아니라 유대교가 기독교를 믿었다"라며 사도들에 의해 세워진 교회는 유대교와 완전히 별개라는 사실을 강조하였다. 이를 통해 유대교로 인한 교회 안의 갈등에 대해 답을 주었다.[127] 교회는 유대교의 '상한 누룩'이 될 수 없으며, 그리스도와 사도들의 명령에 따라 굳게 세워져야 한다는 완전한 구별 점을 제시하였다.[128] 이것을 「마그네시아 인들에게」 보낸 서신의 제10장과 제13장에서 밝히고 있다.[129]

> 그러므로 상한 누룩을 제거하십시오. 눅눅하고 떫은 나쁜 누룩을 내버리고 새로운 누룩, 곧 예수 그리스도로 변화되십시오. 그분 안에서 소금으로 절여지십시오. 그리하여 여러분 중 어느 누구도 썩지 않도록 하십시오. 왜냐하면 여러분의 냄새가 여러분의 정체를 밝힐 것이기 때문입니다. 예수 그리스도를 이야기하면서 유대인처럼 산다는 것은 어처구니 없는 일입

니다. 왜냐하면 기독교가 유대교를 믿은 것이 아니라 유대교가 기독교를 믿었기 때문입니다. 각 방언의 사람들이 기독교를 믿게 되었고, 하나님 안에서 함께 연합하게 되었습니다.(*Mag* 10:2-3)

이그나티우스는 교회의 근본과 본질을 예수 그리스도 안에서 설명하면서 교회의 근본과 본질을 되새기고, 깨닫게 한다. 교회가 가지는 속성을 제시하면서 유대적 관점에 사로잡히거나, 이런 사고를 유발시키는 무리들의 가르침에 대해 갈등하지 않도록 한다. 이그나티우스는 항상 교회를 먼저 생각하는 신학을 펼쳐나갔다. 왜냐하면 교회를 먼저 생각하는 신학은 예수 그리스도와 십자가를 떠날 수 없기 때문이다. 이그나티우스의 신학이 빛나는 별과 같은 것은 예수 그리스도와 십자가를 떠나지 않는 교회 중심의 신학을 이루고 있었기 때문이다.

▷ 두 번째 등불- 감독 중심의 교회로 일치와 연합

초기 교회는 교회의 조직과 제도가 완전하지 못하던 때였다. 조직과 제도 등을 만들어가던 초입(初入)의 시기이다 보니 이로 인하여 여러 가지 문제가 발생하기도 했다. 교회 역사가인 윌리스턴 워커(Williston Walker, 1860-1922)의 연구에 의하면 초기의 교회는 완전한 제도에 따른 직분자들이 존재하지 않았다. 교회 사역에 따른 직분은 이그나티우스를 비롯한 속사도 교부 이후, 교부들의 시대로 이어지는 2세기 중반에 그 유형들이 드러났다. 교회의 조직이 제대로 자리를 잡지 못하고 있던 초기 교회는 어떤 종류의 직임이 중요한지를 놓고 논쟁이 벌어지기도 했다. 이런 모습은 교회 속의 갈등으로 이어졌다. 이 기회를 이단들은 놓치지 않았다. 교회의 조직에 직접 관여하며 자신들이 원하는 조직을 만들어갔다.[130] 여기에 대해 이그나티우스는 감독직을 사도들의 전통을 이어가는 중심으로 여기며 대응한다. 감독 중심의 위계 제도가 안디옥의 이그나티우스에 의해 분명해지기 시작한다.[131]

감독 중심과 관련한 그의 서신의 첫 출발은 가장 긴 21장의 본문을 가진 「에베소 인들에게」 보낸 서신에서 시작된다. 본 서신의 제1장에서 그는 순교의 길을 가고 있는 자신을 격려하기 위해 사람을 파송한 에베소 교회에 대해 감사의 인사를 전한다. 그리고 오네시모를 감독으로 세운 에베소 교회가 복되다며 말문을 연다.[132] 제1장과 맥을 이어 제2장과 제3장, 제4장, 제5장, 제6장에서 그는 감독의 필요성과 중요성을 제시하면서 감독 중심론을 펼쳐나간다. 여기서 이그나티우스는 그리스도께 하듯이 감독에게 순종하여 그리스도 안에서 연합과 일치를 이루도록 한다. 신앙과 교리 문제로 갈등을 빚어내고 있는 분파주의자들로부터 교회를 지켜내기 위해 하나의 감독과 장로회를 중심에 두도록 한다. 그리고 교회 공동체는 감독의 지도에 따라 일치와 연합을 이루며 신앙과 교리에 대한 문제를 해결하도록 권한다.[133]

> … 오네시모, 부르로, 유플로와 프론토니 … 그들 안에서 나는 여러분들을 보았고, 여러분들 모두를 사랑했습니다.(*Ep* 2:1) … 그러므로 여러분이 연합하고 순종하고 감독과 장로회에 복종하면 진정한 성인들이 될 것입니다.(*Ep* 2:2) … 세계 모든 곳에서 임명된 감독들이 예수 그리스도의 마음을 비추고 있는 것처럼 아버지의 마음이 예수 그리스도를 반영합니다.(*Ep* 3:2) 그러므로 반드시 여러분은 감독과 뜻을 맞추어 행동해야 합니다. 여러분의 장로회는 실제 하프의 현들이 연결되어 있는 것처럼 감독과 밀접하게 연결되어 있습니다.(*Ep* 4:1) … 그러므로 여러분이 영원토록 하나님에 속한 자가 되길 원하신다면 흠잡을 데 없는 일치 가운데 머물 필요가 있습니다.(*Ep* 4:2) … 그러므로 감독에 대한 저항을 진심으로 피하여 하나님께 복종하도록 합시다.(*Ep* 5:3) … 그러므로 우리는 분명히 감

독을 주님처럼 간주해야 합니다.(*Ep* 6:1) … 참으로 오네시모는 여러분이 진리에 따라 살아가고 있는 것과 분파주의가 자리 잡지 못하도록 한 것을 매우 칭찬하였습니다.(*Ep* 6:2)

핍박과 영적 충돌이 갈등을 유발하고 있을 때일수록 "그리스도를 중심으로 일치와 연합을 이루어야 한다"라는 신앙의 원리는 매우 중요한 경계선을 형성하게 된다. 이그나티우스가 살아가던 교부들의 시대는 지금처럼 교리에 대해 확정적인 모습을 취하지는 못했지만 '전통'과 '일치', '거룩한 삶'과 '순교에 대한 열정'은 대단했다. 신앙의 정결을 지켜내고 그리스도를 중심에 두길 원하는 신앙의 자세는 어느 시대보다 뜨거웠다. 이런 가운데 그리스도의 신성을 거부했던 에비온주의 사상에 이은 가현설주의자들에 의한 그리스도의 인성을 거부하는 교리는 교회 가운데 세워진 순수한 신앙의 열정에 찬물을 끼얹고 있었다. 이로 인해 교회는 분파에 따른 갈등 속에 빠져든다.

분파는 신앙과 교리에 대한 갈등의 요소를 만들었다. 여기에 대해 이그나티우스는 감독을 교회의 지도적인 위치에 놓고 문제에 대한 해법을 찾는다.[134] 거짓 교사들이 전한 그릇된 교리가 분파를 만들어내고 이것이 발전하여 하나의 세력과 사상을 이루면서 교회를 어려움 가운데로 몰고 갔을 때 이그나티우스는 교회의 거룩성을 잃어버리지 않고 바른 교리 가운데 교회를 세우기 위해 감독의 중요성을 피력한다. 그는 영적으로 건강한 교회의 교리를 지켜내고 교회의 통일성과 일치를 이끌어내기 위해 교회의 감독을 중심으로 조직과 가르침이 이루어지도록 자신의 서신을 통해 이런 사실을 밝힌다.

감독을 중심으로 교회가 일치를 이루도록 「에베소 인들에게」, 「마그네시아 인들에게」, 「트랄레스 인들에게」, 「빌라델피아 인들에게」, 「서머나 인들에게」, 「폴리갑에게」 보낸 서신의 곳곳에서 증거하고 있다. 일곱 서신 가운데 순교에 초점이 맞추어져 있는 「로마 인들에게」 보낸 서신을 제외한 여섯 가지 서신은 이런 문제를 동일하게 다루고 있었다. 감독 제도를 교회 공동체의 중심에 두고 있던 이그나티우스는 감독을 다양한 모습으로 묘사하였다. 그럼에도 불구하고 그는 감독에 대해 단수인 '한 명'을 기록하면서 단일 감독 체계를 강력하게 추구하고 있었다.[135]

「마그네시아 인들에게」 보낸 서신의 제3장에서는 하나님 아버지를 존중하듯이 감독의 권위를 인정하며, 순종할 것을 요구한다. 「트랄레스 인들에게」 보낸 서신의 제3장에서는 감독을 '하나님 아버지의 역할자'로 지칭(指稱)하고 있다. 그런가 하면 「빌라델피아 인들에게」 보낸 서신의 제1장에서는 감독의 사역을 '예수 그리스도의 사랑의 덕분으로 이뤄진 사역'으로 묘사하였다. 「서머나 인들에게」 보낸 서신의 제8장에서는 감독의 권위를 인정하는 것이 '보편 교회'의 모습이라고 강조하였다. 여기에서 한 명의 감독을 두는 것과 그를 돕는 규정을 이그나티우스가 처음으로 논하며 일치를 주장한다. 그는 감독을 한 분이신 하나님의 대리인으로 여기고 있었다.[136] 성찬의 집례를 감독직에 두면서 이단들로 인한 갈등에 종지부를 찍도록 한다. 그리고 감독직에서 교회의 일치에 따른 감독론을 전개한다.

> 해악의 근원인 분파로부터 벗어나야 합니다. 예수 그리스도께서 아버지께 하셨듯이 감독을 따라야 합니다. … 어느 누구도 감독의 승인없이 교회와 관련된 일을 해서는 안 됩니다. 성찬식은 감독이나 그가 승인한 사람에 의해 집행되는 것을 유효한 것으로 간주해야 합니다. 예수 그리스도가 있는 곳에 보편(가톨릭) 교회가 있는 것처럼 감독이 있는 곳에 회중이 모이게 해야 합니다. 감독이 없는 곳에는 애찬이 허락되지 않습니다. 다른 한편으로, 그가 승인한 것은 하나님을 기쁘시게 합니다.

그런 식으로 여러분이 하는 모든 일은 안전하고 유효할 것입니다. (Smy 8:1-2)

이그나티우스는「폴리갑에게」보내는 개인 서신에서 감독을 '하나님의 경기자'로 묘사하고 있다.[137] 감독에 관한 이그나티우스의 생각과 애정은 사도적 전통을 이어가는 교회를 지키는 핵심적 요소였고, 필요에 있어서는 절대적인 직분이었다. 그는 폴리캅에게 감독의 의무에 대해 주의를 주면서 감독직을 수행하는데 있어서 어떤 박해도 굴하지 말고 갈등을 이겨내도록 독려하고 있다.[138] 그가 주장하는 감독 중심주의는 감독의 절대 권력화를 꾀하는 것이 아니었다. 감독을 통해 갈등에 놓여 있는 교회를 지켜내고, 사도적 교회로서 일치를 이루는 것에 염두를 두고 있었다.

해리 O. 마이어(Harry O. Maier)는 「신학저널」(*The Journal of Theological Studies*), Vol. 55에서 이그나티우스의 「에베소 인들에게」 보낸 서신의 제6장 1절을 중심으로 감독의 침묵을 다룬다. 여기서 그는 이그나티우스가 감독의 침묵을 귀하게 여긴다는 것에 주목한다.[139] 대표자로서 감독의 침묵은 묵음(默音) 속에서 보는 이로 하여금 많은 일들을 해낸다. 말로 표현했을 때 일어날 수 있는 또 다른 갈등을 감독이라는 위치에서 침묵으로 해결하고 있다. 이그나티우스에게 있어서 감독은 교회 공동체의 상징이었으며, 사도적 전통을 전달하는 자였다. 그리고 교회 공동체를 파괴하고자 하는 이단에 대한 갈등의 보호막과 같은 존재였으며, 교회 공동체에 대한 교리의 대표자였다.[140]

▷세 번째 등불- 참된 그리스도인의 길을 걷는 신앙

속사도 교부들이 중심이 되었던 2세기는 교리가 체계적으로 완성을 이루지는 못했다. 그럼에도 불구하고 그리스도 중심으로 신학이 구성되었고, 신앙이 세워져 있었다. 이런 가운데 그리스도가 이룬 화해 사역은 신학과 신앙에 중요한 포인트가 된다. 이것을 신학적으로 구별 짓는다면 기독론이 중심을 이루며, 그리스도가 이룬 제사장 직분의 사역이 그 터 위에 올려진다. 이런 바탕 위에 가르침이 주어지고, 그 가르침을 따르는 사역들이 전개된다.

이그나티우스의 가르침은 사도들이 가르쳤던 것처럼 그리스도의 사역이 중심을 이룬다. 사도들 이후 교부들이 교회를 이끌어가던 그 시대 교회의 권위는 다른 것으로 이루어지지 않았다. 그리스도를 증거하고 있는 '사도들의 가르침'으로부터 나왔다. 유세비우스의 증언에 따르면 이그나티우스는 베드로의 후계자였으며, 안디옥 교회의 두 번째 감독이었다.[141] 그는 베드로뿐만 아니라 바울과 요한의 제자이기도 했다. 순교자로 널리 알려진 서머나의 감독이었던 폴리갑이 「빌립보 인들에게」 보낸 서신의 제9장에 의하면 이그나티우스는 로마에서 사도들의 길을 따라 순교하였다. 그의 죽음은 "주님의 고난에 참여하는 것"이었다. 폴리갑의 증언에 의하면 이그나티우스의 사역과 그의 마지막 모습은 고난 가운데 놓여 있는 빌립보 인들로 하여금 갈등을 이겨내고, 신앙으로 그리스도를 바라보게 하는 하나의 동력이 되었다.

> … 축복받은 이그나티우스, 조시무스, 루푸스 … 이들은 모두 헛되이 달음질한 것이 아니라 신앙과 의로움 안에서 달렸으며, 그들이 주님의 고난에 참여했다는 것과 주님과 함께 마땅한 자리에 있다는 것을 확신해야 합니다. … 그들은 이 세상을 사랑하지 않았기에 우리를 위해 죽으시고, 우리를 위해 하나님께서 일으키신 그분을 사랑했기 때문입니다. (Phil 9:1-2)

이그나티우스의 신학은 이론과 논리를 앞세운 신학이 아니었다. 신앙을 고백하는 신학이었으며, 실천하는 신학이었다.

참된 그리스도인에 대한 그의 견해 또한 그리스도를 닮아가는 신앙의 실천이 함께하는 것을 말하고 있었다. 이그나티우스가 바라볼 때 십자가의 길은 고난과 고독이 되새겨지는 외로운 길이 아니었다. 그리스도가 동행하는 길이었고, 그리스도를 닮아가는 것으로, 그리스도인의 참된 모습을 그려내는 길이었다. 이런 이그나티우스의 신학을 가리켜 '사도적 기독론'이라 말할 수 있고, 참된 그리스도인을 조명하는 측면에서 '삶으로 고백하는 기독론'이라 말할 수도 있다.

그리스도를 통해 하나님을 기억하는 신학을 논했던 폴 A. 하르톡(Paul A. Hartog)은 임박한 순교에 직면했던 이그나티우스의 고통을 가리켜 "그리스도의 완전한 제자로서 그분과 함께하는 고통이었다"라고 평하였다.[142] 교부들이 그리스도의 사역 가운데 중요하게 여겼던 것은 고난과 죽음을 통한 구원이었다.[143] 교부들은 이런 점을 생각하면서 참된 그리스도인의 길을 걷는 것이야말로 참된 가치를 얻는 것으로 믿고 있었다. 이것을 근현대신학으로 바라보게 되면 '행위적 구원론'을 말하게 된다. 그러나 이런 시각은 매우 적절하지 못하다. 왜냐하면 초기 교회의 신학이 가지고 있는 '통전적 신학'에 따른 가치관을 생각하지 못했기 때문이다.

「에베소 인들에게」 보낸 서신에서 그는 육신을 따라 행동하는 자, 하나님의 신앙을 타락하도록 가르치는 자가 갈 곳은 영원한 불못이라고 했다. 그리스도인의 참된 신앙의 길을 걷는 것이야말로 참으로 복된 길을 걷는 것이었다.[144] 「트랄레스 인들에게」 보내는 서신의 제9장에서 그는 "그리스도에 대해 다르게 말하는 것에 귀를 막으십시오"라고 증거하고 있다.[145] 그리스도의 성육신과 고난 그리고 십자가에서 죽으심에 대한 기독론의 전개와 함께 그리스도로 말미암은 부활 신앙을 그리스도인의 참신앙으로 제시하였다.

　　이그나티우스는 그리스도의 동정녀 탄생 교리에 대해 마태와 누가를 제외하고 속사도 교부들 가운데 유일하게 이 사실을 「에베소 인들에게」, 「서머나 인들에게」 보낸 서신에서 증거한 인물이었다. 그는 참된 그리스도인의 길을 걷는 신앙을 감정적인 것에 의지하여 표현하거나 주장하지 않았다. 그는 신앙을 이성으로 분별하고, 판단할 수 있도록 예수님이 산상수훈을 통해 천국에 관한 가르침을 줬던 것처럼 접근하고 있다. 신앙이 옆걸음치지 않도록 그리스도의 참된 인성을 확실하게 하면서 영지주의자들과 같은 이단들이 만들어내고 있는 신앙의 갈등에 대해 일침을 가하였다.

　　… 예수 그리스도를 칭송합니다. … 그리스도의 피에 의해

> … 동정녀에게서 태어나 하나님의 뜻과 능력을 따라 … 십자가에 못 박히셨다는 것을 확신하고 있습니다. 따라서 그분은 그분의 부활에 의해 유대인이든 이방인이든 관계없이 교회의 한 지체 안에서 영원히 불러모으기 위해 충실한 표준을 세우셨습니다. (Smy 1:1-2)

이그나티우스의 구원론과 관련한 참신앙의 모습은 "새 생명과 불멸성이 우리에게 들어오게 해주시는 그리스도와의 연합에 있었다"라고 J.N.D. 켈리는 속사도 교부 시대를 통해 밝히고 있다.[146] 그의 연구 결과에 의하면 신앙의 길을 걸어갔던 이그나티우스에게는 네 가지 그리스도의 모습이 그의 신앙의 근본을 이루고 있었다. 첫 번째는 '그리스도의 죽음'이었다. 두 번째는 '그리스도의 부활'이었다. 세 번째는 '그리스도의 승천'이었다. 네 번째는 '그리스도의 심판에 따른 재림'이었다.[147] 이를 통해 이그나티우스는 그리스도를 우리의 모든 갈등을 치료하는 의사로 표현하고 있다.[148]

> … 그들에게 물린 상처는 치료하기 어렵기 때문에 여러분들은 그들을 경계해야만 합니다. 거기에는 오직 한 분의 의사가 있을 뿐입니다. 그분은 우리의 주님이신 예수 그리스도입니다.

> 그분은 육체를 입으셨으나 영에 속한 분이셨습니다. 그분은 태어나셨지만 출생하지 않고 독립적으로 존재하시는 분이며 성육신하신 하나님이십니다. 죽음 가운데서도 참 생명이시며 하나님뿐만 아니라 마리아에게서 나셨습니다. 먼저 고난을 받으시고 그 다음에는 고난을 벗어나셨습니다. (*Ep* 7:1-2)

참된 그리스도인의 길을 걷는 신앙은 그리스도가 어떤 분인지 온전히 아는 신앙 가운데 나온다. 그리스도를 모든 갈등을 치료하는 의사로 여겼던 이그나티우스의 표현을 빌리면 십자가는 신앙과 현재의 상황에 따른 갈등을 해결하고 그리스도께로 인도하며, 그를 높여주는 '기중기'와도 같은 것이었다. 「에베소 인들에게」 보낸 서신의 제9장 1절에서 이와 같이 증거한다. "하나님 아버지의 건축을 위해 예비 된 하나님의 성전 돌처럼, 여러분은 기중기처럼(그것은 십자가입니다!) 예수 그리스도에 의해 들어 올려지고 있으며, 여러분이 사용하는 밧줄은 성령님입니다." 그는 에베소 인들을 향해 자신은 구원과 영생을 의미하는 "십자가를 위해 생명을 내어 놓았다"라고 말하면서 십자가 신앙의 중요성을 피력하고 있다.[149] 트랄레스 인들에게는 십자가를 가리켜 "하나님 아버지께서 심으신 가지로서 죽지 않는 열매를 맺을 것"으로 증

거한 바 있다.[150]

　신앙을 위해 목숨을 바친다는 것은 가벼운 결정이 아니었다. 갈등을 가질 수밖에 없다. 이런 순교가 2세기에 들어와서 '순교자'를 공경하는 것으로 그 모습이 나타난다. 그리고 그리스도의 증인으로서 죽음을 나타내는 순교는 순교 신학으로 발전한다.[151] 참된 그리스도인의 길을 걷는 신앙 가운데 자신을 세웠던 이그나티우스는 예수 그리스도를 "우리의 하나님"이라고 부르기를 좋아했다. 그가 제시하고 있는 순교는 고난에 따른 갈등을 떨쳐버리기 위해 선택되는 도피의 성격을 가진 회피의 수단이 아니었다. 갈등을 해결하는 사후의 영예에 대한 약속이었으며, 보장이었다.[152]

갈등을 참된 가치관으로 회복시킨 신앙

　이그나티우스는 당시의 교부들이 가지고 있었던 교회에 대한 '하나'의 개념을 '그리스도'의 관점으로 더욱 발전시킨 교부였다. 그는 교회와 감독의 일치를 몸의 지체(肢體)적인 측면에서 바라보았다. 이런 가운데 그리스도는 머리로서 몸을 이루고 있는 교회와 일치를 이룬다. 그리스도를 중심으로 한 그의 신학과 사상은 핍박에 따른 고난과 교리적 갈등에 대한 답이었다. 그리고 세속 가운데 휘둘림을 당하지 않고 신앙 안에서 갈등에 따른 문제를 해결하는 연결점이었다. 「서머나 인들에게」 보낸 서신에서 밝혔던 '보편교회'에 대한 직접적인 언급은 아우구스티누스(Augustinus, A.D. 354-430)보다 앞선 교회론의 교리적 제시였다.[153] 그 핵심은 '그리스도'였다.

일곱 서신의 인사말에 공통으로 등장했던 '데오포로스'는 '그리스도'를 변증하고 있었다. 그가 일곱 서신에서 '그리스도'를 유독 강조하고 있었던 이유는 그의 신앙과 신학의 근거가 '그리스도'였기 때문이다. 그리스도는 자신의 전부였고, 자신의 참된 가치관을 대변하고 있었다. 그가 그리스도를 참된 가치관의 중심에 두고 있는 중요한 이유 가운데 하나는 「에베소 인들에게」 보낸 서신의 제7장에서도 밝혔듯이 그리스도는 우리의 모든 갈등을 치료하는 '의사'였다. 그의 이런 고백은 고대 사회 가운데 자리 잡고 있었던 샤마니즘적 요소에서 발생 된 것이 아니다. 이것은 그리스도가 하나님이라는 분명한 신성의 교리를 고백하는 신앙이었다. 예레미야 14장 19절의 '영혼을 치료하시는 하나님', 출애굽기 15장 26절의 '질병으로부터 치료하시는 하나님'에 대한 고백의 신앙을 담고 있었다.

그리스도의 직분 가운데 고난과 희생 그리고 헌신을 대변하고 있는 '제사장의 직분'을 강조했던 이그나티우스에게 또 하나 중요한 것은 십자가와 관련한 '순교 신학'과 '성찬'이었다. '성찬'은 '순교 신학'과 '감독직'과 연결된다. '성찬'은 영지주의 이단과 갈등에 따른 구별 점이기도 했다. 영지주의자들은 자신들이 사도적 전승을 이어가는 자들이라고 호도하며 교회 가운데 갈등을 일으켰다. 이때 이그나티우스는 감독론으로 여기에 대한 갈등을 봉합한다. 감독은 사도들에게 거슬러 올라가는 보증이었다. 사도들은 영지주의자들이 거부하는 성찬의 집례자였으며, 감독은 교회 가운데 성찬을 집례하는 적격자였다.

그는 율법을 앞세운 유대주의 이단과 영지주의 이단이 교회 속에서 일으키고 있는 갈등에 대해 그리스도와 관련된 기독론을 제시한다. 그리스도의 고난과 죽으심을 아버지의 뜻에 순종하는 중보자의 모습으로 비춰낸다. 그리고 부활은 십자가에서 모든 것을 이루신 것에 대한 결론이었음을 증거한다. 이런 그리스도를 따르는 참된 신앙의 가치관으로 본연의 갈등을 이겨내도록 한다. 교부학자였던 J.N.D. 켈리는 자신의 저서 『초기 기독교 교부들』에서 영지주의가 기독교의 전통을 휩쓰는 선두에 있었음에도 불구하고 교회 속에서 성공하지 못한 이유를 이렇게 설명한다. "하나님의 아들이 진정으로 사람이 되었다는 가르침을 흔들림 없이 고수했기 때문입니다."[154] 여기에 대해 가장 두드러진 예가 이그나티우스에 의해 제시되고 있었다고 J.N.D. 켈리는 증언한다.[155]

교리에 따른 이단과의 갈등, 일치를 이루기 위한 갈등, 로마 정부로부터 가해져 오는 갈등, 이 모든 갈등은 교회와 관련되어 있었다. 이 사실을 누구보다 잘 알고 있었던 이그나티우스는 '그리스도'를 중심에 두면서 갈등에 대한 답을 주고 있었다. 특히 「에베소 인들에게」 보낸 서신의 제5장에서 거론되고 있는 "교회밖에는 구원이 없다"라는[156] 교리적 제시는 그리스도를 향한 신앙의 본질을 그대로 표현하고 있었다. 이런 신앙의 터 위에 제시되었던 '교회의 속성'과 '감독 중심', 그리고 '참된 그리스도인의 신앙'에 대한 제시는 갈등을 봉합하는 수준이 아니라 갈등을 이겨나가는 길이었고 해답이었다.

이그나티우스의 일곱 서신에 나타난 갈등은 넘어지는 자의 표상이 아니었다. 그가 밝히고 있고, 제시하고 있는 갈등의 문제는 그리스도 안에서 승화시켜 나가야 할 신앙이었고, 신학이었다. 이것을 그는 통전적인 '그리스도론'을 통해 제시하고 있었다. 그는 갈등 앞에 '그리스도론'을 제시하면서 우리의 신앙과 근본에 대해 질문하고 있었다. 그리고 상황적인 요소에 대해 타협하여 합의점을 찾는 것이 아니라 진리를 끝까지 추구하며 갈등을 해소해 나가도록 독려하고 있었다. 이 시대 만연해지고 있는 편법적인 신앙과 신학에 대해 경종을 울려주고 있다.

2

성찬 가운데 만나는 그리스도

안디옥의 이그나티우스(Ignatius of Antioch, 35-108)는 교회 가운데 일어나고 있는 에비온주의(Ebionism)와 가현설(Docetism)을 바탕으로 하고 있는 영지주의자(Gnostics)들과 빚어진 교리적 갈등을 표면화시킨 최초의 속사도 교부였다. 그는 교회 중심의 신학과 신앙을 강조했으며, 에비온주의자들 그리고 영지주의자들과 불거진 교리적 갈등을 성찬론을 통해 해결할 때도 교회를 중심으로 그 내용을 펼쳤던 최초의 신학자였다.

교회는 그리스도의 피 값으로 세워졌다. 교회는 오신 그리스도를 증거하고, 다시 오실 그리스도를 전하는 사명을 함께 감당하고 있다. 이런 교회는 언약의 성취를 말하고 있는 그리스도를 전해야 할 목적을 가지고 있었다. 그러나 교회 속에 자리를 잡고 있었던 이단 세력들은 교회를 훼방하며 교회의 순수한 기능과 역할을 왜곡되게 만들어 갔다. 에비온주의는 율법의 준수(특히 할례를 강조)를 강조하였으며, 영지주의자들은 그리스도의 가현설을 주장하면서 몸의 감옥을 벗어나는 영의 구원을 가르치며 교회의 본질과 기능을 희석시키고 있었다.

초기 교회 가운데 발생했던 영지주의는 헬라와 플라톤 철학 그리고 유대주의 사상의 일부까지 거론하면서 주변의 이단 사상들을 흡수하는 통합력을 발휘하게 된다. 이런 영지주의는 어떤 한 분류로부터 시작된 것이 아니라 여러 분파와 다양성을 가지며 교회 가운데 영향을 끼치게 된다. 이레나이우스의 「이단 반박서」에 의하면 영지주의의 시작은 사도행전 8장 9~25절에 등장하는 마술사 시몬(Simon Magus)으로부터 일어난 것으로 전해진다. 그리고 그의 추종자들에 의해 마르키온 이단이 등장하게 된다.[157] 여기에 대해 순교자 유스티누스(Justinus, 100-165)는 자신의 「제1변증서」에서 이레나이우스 보다 먼저 이 사실을 지적하였다.

마술사 시몬은 사마리아인들을 비롯한 다소의 사람들에 의해 신으로 고백 되고, 숭배되기까지 했다. 그의 추종자들은 시몬을 하나님보다 더 위대한 신으로 추앙했으며, 뱀을 위대한 상징과 신비로 묘사하기까지 했다.[158] 다른 한편에서는 사도행전 6장 5절에 등장하는 일곱 집사 가운데 한 명인 니골라를 영지주의를 일으킨 우두머리로 보기도 한다.[159] 이런 가운데 영지주의는 중기 플라톤 철학과 함께 혼합된 영지사상이 발렌티누스(Valentinus, 100-160/180)에 의해 발전하게 된다.

사도 이후 교부들이 이끌었던 2세기의 교회는 교리가 체계적으로 세워지지 못한 약점을 가지고 있었다. 영지주의자들은 이런 교회를 자신들의 교리로 점령하기 시작했으며 교회 가운데 심각한 교리적, 영적 갈등을 유발시킨다. 이들은 '영적 그리스도'를 통한 '영적 구원'을 추구하고 있었다. 영지주의자들은 교회의 신자들을 거짓된 교리로 사로잡는다. 이 사실을 누구보다 잘 알고 있었던 이그나티우스는 순교를 당하기 위해 로마로 향하면서 서신을 통해 교회가 영지주의자들로부터 어떻게 구별되어야 하는지 증거한다. 이때 이단들과 교리적으로 확연한 구별 점을 가지고 있었던 성찬 문제를 집중적으로 거론하면서 그리스도와 관련된 진리를 전한다.

이그나티우스의 성찬론은 사도들의 가르침을 배경으로 하고 있었다.[160] 그는 성찬을 통해 사도들의 신학을 대변하면서 영지주의자들의 거짓된 교리에 반증한다. 그리고 교리적으로 갈등을 겪고 있는 교회를 향해 세 가지의 처방을 성찬을 통해 내린다. '구원의 효력'과 '부활의 참된 진리' 그리고 '참된 일치와 연합'이다. 이그나티우스의 성찬론은 사도들의 신학이 어떤 것인지 알려주고 있으며, 다시 오실 주님을 바라보는 신앙의 눈을 가지게 한다. 이런 가운데 그의 성찬론은 갈등하는 문제 앞에 '예언의 성취'와 '영생에 대한 확신', '참된 제자관'을 제시하고 있다.

「서머나 인들에게」 보낸 서신의 제7장 1절에 따르면 이그나티우스의 성찬론은 크게 세 가지 점을 인정하면서 출발한다. 첫 번째는 그리스도의 '참된 신성'과 '참된 인성'이다. 두 번째는 그리스도의 '참된 죽음'이며, 세 번째는 '참된 부활'이다.[161] 이그나티우스의 성찬론은 오신 그리스도와 다시 오실 그리스도를 인격적으로 만나게 한다. 그리고 영생의 소망을 더욱 믿음으로 바라보며 갈등이라는 풍랑을 신앙으로 뚫고 나가도록 한다.

하나님의 구원하심과 그리스도의 몸과 피

▷ 성찬에 담긴 언약

창세기 3장 15절은 아담의 죄로 인하여 사망 가운데 놓인 인류를 하나님께서 어떻게 회복시킬 것인지에 대한 언약의 내용을 담고 있다. 이런 창세기 3장 15절을 가리켜 '원시 복음'이라고 부르고 있으며 '은혜 언약'이라고 말하기도 한다.[162] 그러나 이와 같은 '언약'을 실현하기 위해서는 아담과 관련하여 두 가지 점이 먼저 선결되어야만 했다. 언약은 성취만을 말하고 있는 것이 아니다. 회복을 말하는 언약을 성취하기 위해서는 아담과 관련하여 먼저 선결되어야 할 문제가 있었다.

첫 번째는 언약을 이루기 위해서는 반드시 죄를 범한 아담 당사자가 소환이 되어야 한다는 점이다. 창세기 2장 17절에 의하면 아담이 범한 죄는 "반드시 죽으리라"라는 사망을 낳게 된다. 로마서 6장 23절은 말하기를 "죄의 삯은 사망"이라고 하였다. 창세기 5장 5절에 의하면 죄를 범한 아담은 '구백삼십세'를 살고 죽었다. 죄로 말미암아 인류는 사망의 그늘 아래 놓이게 된다. 아담이 살아 있을 때도 아담은 죄로 인하여 이미 죽을 존재가 되었다. 사망으로부터 회복을 말하였던 언약 안에는 아담 당사자가 죄에 대해 값이 되어야 한다는 점이 성립되어야 한다. 그러나 아담은 죄로 인하여 형벌 상태에 놓여 있었기 때문에 근본적으로 죄의 문제를 해결할 수 없는 상태였다. 그렇다고 해서 아담이 지은 죄를 다른 존재(모두 죄악 가운데 놓여 있었다) 또는 다른 피조물이 대신할 수는 없었다. 아담의 죄에 대한 완전한 해결은 아담 당사자만이 가능했기 때문이다.

두 번째는 대표성과 머리에 따른 아담의 문제가 반드시 해결되어야만 한다는 점이다. 왜냐하면 아담의 죄가 원죄가 되고, 그 죄가 인류 가운데 전가된 것은 아담이 범한 죄는 인류의 대표성과 머리의 자격으로 범한 죄였기 때문이다. 세상 가운데 죄가 들어온 것은 아담이 세상에 대해 대표성과 머리로서(왕직) 그 역할을 감당했기 때문이다. '가시와 엉겅퀴'(창 3:18)에 대한 문제 또한 이 가운데 놓여 있었다. 그러니 언약을 이루기 위해서는 무엇보다 아담 당사자로서 대표성과 머리로서의 문제가 해결되어야만 했다.

> 그러므로 한 사람으로 말미암아 죄가 세상에 들어오고 죄로 말미암아 사망이 들어왔나니 이와 같이 모든 사람이 죄를 지었으므로 사망이 모든 사람에게 이르렀느니라 롬 5:12

이그나티우스는 그리스도가 동정녀를 통해 성육신한 것과 하나님의 구원계획 안에서 '다윗의 씨'로 잉태된 사실을 「에베소 인들에게」 보낸 서신의 제18장 2절과 제19장 1절에서 제시하고 있다. 이것은 다음과 같은 사항을 충족시킨다. 첫 번째는 죄 없는 '참 아담'의 조건을 충족시킨다. 동정녀를 통한 성육신은 그리스도가 아담의 '육'과 '혈'을 가진 상태에서 태어난 '참 아담'이라는 사실을 증명하고 있다. 그리고 그리스도가 "성령으로부터 나셨다"라는 것과 "자신의 수난으로 물을 깨끗하게 하기 위하여 태어나셨다"라는 것은 죄의 전가 가운데 태어난 것이 아니라는 것을 말하고 있다. 이그나티우스는 그리스도가 성육신한 것은 참 아담의 모든 조건을 충족시킨 것으로, 죄 없는 상태의 '참 인성'을 말한다. 이 땅에 오신 아담으로서의 그리스도를 증거하고 있다.

> 우리의 하나님이신 예수 그리스도는 마리아에 의해 잉태되었으며, 하나님의 구원계획 안에서 다윗의 씨로부터 그리고 성령으로부터 나셨습니다. 그분은 자신의 수난으로 물을 깨끗하게 하기 위하여 태어나셨고, 세례를 받으셨습니다. 마리아가 동정녀였던 것과 그녀가 아기를 낳은 것이 그랬듯이 주님의 죽음은 이제 이 세상의 군주의 시야를 피했습니다. …(Ep 18:2-19:1)

두 번째는 인류의 대표성과 머리로서 조건을 충족시킨다. 첫째 아담에게 부여된 '왕'과 '선지자' 그리고 '제사장'의 직분은 대표성과 머리의 성격을 대변한다.[163] 마찬가지로 그리스도는 단순한 명칭이 아니다. '기름 부음을 받은 자'로서 '왕', '선지자', '제사장'의 직분을 명시한다. 이것은 그리스도에게 대표성과 머리로서 직분이 주어졌다는 것을 의미한다. 그러므로 그리스도는 대속의 제물임과 동시에 아담의 당사자였으며, 대표성을 지닌다.[164] 창세기 3장 15절의 '은혜 언약'은 그 성취가 동정녀의 몸을 통해 잉태한 '씨'로 이루어질 것이며, 이사야 7장 14절은 이것을 보다 더 구체적으로 '임마누엘'이라 계시하고 있다. 그리고 그 '씨'가 '다윗의 계보'를 통해 이뤄질 것을 하나님께서 언약하셨다(삼하 7:12 참조). 예수님의 제자였던 요한은 증거한다. "성경에 이르기를 그리스도는 다윗의 씨로 또 다윗이 살던 마을 베들레헴에서 나오리라 하지 아니하였느냐 하며"(요 7:42).

이그나티우스는 서신에서 '언약'이라는 단어를 직접 사용하지는 않는다. 그러나 서신들을 면밀하게 살펴보면 그는 사도들이 가지고 있었던 언약적 관점에 서 있었다는 것을 알 수 있다. 당시 에비온주의와 영지주의로 인한 갈등은 교회를 향해 교리적으로 답을 제시하지 않을 수 없게 만들었다.[165] 이런 측면에서 이그나티우스의 성찬론은 단순한 교리적 제시에 머물지 않는다. 영지주의자들과 교회 사이에 생겨난 교리적 갈등에 대한 사도적 입장을 대변하고 있었다. 사도적 입장을 대변했다는 것은 사도들이 성찬에 대해 어떤 의미를 부여하고 있었는지 교리적 입장과 사상에 대해 확실한 것을 알고 있었다는 것을 말하고 있다.

초기 유대교 연구가인 헤르만 리히텐베르거(Hermann Lichtenberger, 1943-현재)에 의하면 사도들은 성찬을 크게 두 가지 관점에서 바라보고 있었다. 하나는 하나님의 통치를 현실화하는 것으로 여기고 있었다. 또 하나는 예수 그리스도의 피와 관련하여 언약적 관점으로 성찬을 바라보았다.[166] 성찬과 관련하여 마태복음 26장 28절에서는 예수의 피를 '대속'과 '언약의 피'로 증거하고 있다. 그런가 하면 바울은 고린도전서 11장 25절에서 그리스도의 피를 가리켜 '새 언약'이라고 하였다.

> 식후에 또한 그와 같이 잔을 가지시고 이르시되 이 잔은 내 피로 세운 새 언약이니 이것을 행하여 마실 때마다 나를 기념하라 하셨으니 너희가 이 떡을 먹으며 이 잔을 마실 때마다 주의 죽

으심을 그가 오실 때까지 전하는 것이니라 고전 11:25-26

　베드로와 요한 그리고 바울의 직접적인 영향 아래 있었던 이그나티우스는 그리스도의 피를 성찬과 연결한다. 그는 이 과정을 통해 사도들이 그리스도의 피를 언약의 관점에서 바라보고 있었다는 것을 표현한다. 그가 이단들의 거짓됨을 증거하기 위해 성찬을 주제로 들고나온 이유는 사도들이 가르쳤던 성찬의 교리가 영지주의자들과 율법주의자들이 가르치는 교리를 정면으로 거부하고 있었기 때문이다. 사도들이 가르쳤던 성찬론에는 하나님의 구원하심이 그리스도와 연결되어 있었으며, 죄사함의 교리를 담고 있었다. 그리고 다시 오실 그리스도를 믿음으로 바라보는 언약에 따른 구원의 완성이 새겨 있었다. 이런 사실은 영지주의와 율법적 구원론을 주장하였던 에비온주의자들의 교리와 차이를 가지고 있었으며, 이들의 주장을 정면으로 거부하는 입장 가운데 서 있었다.

　「에베소 인들에게」 보낸 서신의 제18장 2절과 제19장 1절에서 이그나티우스는 그리스도가 '다윗의 씨'였다는 것과 마리아가 '동정녀'였다는 사실을 부각시킨다. 이것은 창세기 3장 15절에 따른 '은혜 언약'과 그 언약의 성취에 따른 언약론을 제시하고 있다. 「웨스트민스터 대요리문답」(The

Westminster Larger Catechism, 1648) 제35문에 의하면 '은혜 언약'이 신약에서 시행된 것은 "말씀의 설교와 세례, 그리고 성찬의 시행으로 시행되었으며" 앞으로도 계속될 것이라고 가르치고 있다.[167] 그러나 영지주의자들과 에비온주의자들은 이런 '언약론'을 배격하고 있다.

「서머나 인들에게」 보낸 서신의 제6장에서 이그나티우스는 그리스도의 '참된 인성'을 믿지 못하는 영지주의자들을 가리켜 '심판'이라는 강한 어조를 사용하며 자신의 감정을 표출하기도 한다. "… 만약 '그리스도의 피'를 믿지 못한다면 이들 또한 심판입니다. … 우리에게 주어진 예수 그리스도의 은혜에 대해 잘못된 견해를 가지고 있는 자들을 특별히 주의하셔야 합니다."[168] '그리스도의 피'는 구원에 따른 언약의 성취를 이루고 있다.

영지주의자들과 관련된 교리적 갈등에 대한 접근을 이그나티우스는 성찬과 긴밀하게 연결시키고 있다. 「서머나 인들에게」 보낸 서신의 제7장 1절에서는 그리스도의 '참된 인성'과 '참된 죽음', '참된 부활'을 거부하는 자들을 가리켜 "성찬으로부터 멀리 떨어져 있는 자들"이라고 칭하였다.[169] 그는 영지주의자들을 '언약과 멀어진 자', '언약과 관련 없는 자'로 여기고 있었다. 영지주의자들의 문헌집인 나그 함마디(Nag

Hammadi library)에 따르면 세계는 힘의 세력에 의해 각각의 자손이 세워진다. 보이지 않는 세계에서 시작하여 보이는 세계가 지어진다.[170] 이런 영지주의자들의 교리는 언약을 논하지 않는다. 그들의 교리는 구원을 영의 회복과 육체(감옥)로부터 탈출을 말하고 있다.

> 그들은 성찬식이 우리의 죄를 위해 고난 당하고, 아버지께서 [죽은 자 가운데서] 살리신 우리 구주 예수 그리스도의 몸이라는 것을 인정하지 않기 때문에 성찬식과 기도의 예식을 멀리 합니다. (*Smy* 7:1)

그리스도의 참된 인성이 거부되었던 영지주의자들과의 논쟁에서 이그나티우스는 언약의 성취를 이루기 위해 이 땅에 오신 그리스도를 성찬과 긴밀하게 연결하고 있다. 그는 성찬과 관련된 '그리스도의 피'에 대해 두 가지를 설명한다. 「에베소인들에게」 보낸 서신의 제1장 1절에서는 그리스도의 피를 '하나님의 피'라는 표현을 사용하여 그리스도의 '신성'을 강조한다. 그리고 같은 서신 제20장 2절과 「트랄레스 인들에게」 보낸 서신의 제9장 1절에서는 '다윗의 혈통'에 대한 표현을 빌려 그리스도의 '인성'과 함께 언약의 성취를 부각시키고 있다.

그리스도의 참된 인성을 거부하며, 언약적 관점을 밀어내는 교리로 교회를 갈등의 위기 가운데 몰아가고 있었던 영지주의자들의 가르침에 대해 이그나티우스는 '다윗의 씨'와 '다윗의 혈통'을 제시한다. 이를 통해 '동정녀 마리아'에게서 태어난 '그리스도의 언약'을 비춰낸다. 그리고 이것을 성찬으로 이어간다. 이그나티우스가 「에베소 인들에게」 보낸 서신의 제18장 2절에 의하면 그리스도가 '성령으로부터' 나셨다는 것은 그리스도가 완전한 대속을 이룰 제물의 모습을 갖추었다는 것을 말한다. 둘째 아담으로서 첫째 아담의 완전함을 담아낸 '참된 인성'임과 동시에 죄 없는 상태로 태어난 그리스도의 모습이다. 그는 이런 것들을 「에베소 인들에게」 보낸 서신의 제13장 1절과 「서머나 인들에게」 보낸 서신의 제7장 1절에서 논하면서 영지주의자들의 교리가 어떻게 모순되었는지 지적하고 있다.

> 더 자주 모여서 하나님의 성찬을 거행하고 찬양하도록 노력하십시오. 여러분이 자주 만날 때 사탄의 권력은 전복되고 그의 파괴성은 여러분의 만장일치된 믿음에 의해 심판되기 때문입니다. (*Ep* 13:1)

성찬은 단순한 예식이 아니다. 하나님의 구원하심이 새겨진 예식이며, 구원의 완성을 바라보면서 다시 오실 메시아를 믿음으로 바라보게 한다. 이런 성찬에는 그리스도의 신성이 인성을 취하여 성육신한 것이 담보되고 있다. 이그나티우스는 성찬 교리를 통해 율법적 구원론을 주장하며 그리스도의 신성을 거부하는 무리들과 그리스도의 성육신에 따른 인성을 거부하며 가현설을 주장하는 영지주의자들의 영적 구원론의 허구성을 반박하는 것에 머물지 않는다. 「에베소 인들에게」 보낸 서신에서도 밝히고 있듯이 "더 자주 모여 하나님의 성찬을 거행하고 찬양하도록 노력하십시오"라고 권면한다. 성도들로 하여금 성찬을 통해 우리를 향한 하나님의 구원하심의 확신을 돌아보도록 한다. 그리고 성찬식을 통해 그리스도의 몸과 피에 연합된 언약적 신앙을 굳게 지켜나가도록 독려하고 있다.

▷ 십자가를 가까이하라

이그나티우스는 그리스도와 십자가를 헬라적 또는 플라톤적인 철학의 관점에서 바라보지 않는다. 사도들의 가르침에 충실했던 그는 여기에 대해 교과서와도 같은 신학적 자세를 가지고 있었다. 「서머나 인들에게」 보내는 서신의 제1장 1절에서 '신자'가 어떤 존재이고, 어떤 상태에 놓여 있는 자인지 "영과 몸이 그리스도의 십자가에 못 박혀 있는 자"라는 한 문장으로 된 모범 답안을 제시한다. 그리스도의 십자가 사건을 가현설로 폄하하고 있는 영지주의자들을 겨냥하여 그리스도의 십자가와 관련하여 '영'과 '몸'을 제시하고 있다.[171] 여기서 우리는 이그나티우스가 무엇 때문에 '영'과 '몸'을 '그리스도의 십자가'와 연결하고 있는지 두 가지 측면에서 그 이유를 찾아볼 필요가 있다.

첫 번째 이유는 「서머나 인들에게」 보낸 서신의 제2장과 제3장에 잘 나타나 있다. 영지주의 이단들은 그리스도의 인성을 거부할 뿐만 아니라 십자가에 못 박힌 그리스도에 대해 가현설을 주장하고 있었다. 이들은 구세주를 신성이 인성을 취하여 '한 인격'을 이룬 성육신의 그리스도에게서 찾지 않는다. 이들은 구세주를 '영'의 그리스도에게서 찾고 있었다. 구세주의 역할은 영혼을 안식으로 인도한다는 것이 그들의 교리였다.

나그 함마디에 기록된 「진리의 복음」에 의하면 그리스도가 십자가에 못 박힌 것은 실제 몸이 아니었다. 가현적인 것이며, 성부에 대한 지식의 열매였다.[172] 영지주의자들의 견해에 따르면 십자가에 있었던 육체의 모습은 하나의 위장술이었다. 십자가에서 흔적을 남기고 죽은 것처럼 보이도록 위장한 이유는 신의 악한 창조를 도우는 아르콘들(Archons)을 속이기 위한 전략의 일환이었다.[173] 아르콘의 사명은 영혼을 육체의 감옥에 가두는 일이었다.[174] 그러므로 십자가에 못 박힌 그리스도의 모습을 보고 진짜로 죽었다고 여기고 있는 자들을 영지주의자들은 비웃고 있었던 것이다. 이런 가현설을 반박하기 위한 교리적 제시가 이그나티우스로부터 주어진다. 그는 그리스도가 '영'과 '육'의 모습으로 십자가에서 대속을 이루며 우리의 구원을 위해 진정으로 고난받으신 것을 강조하면서 그리스도의 신성과 인성을 동시에 부각시키고 있다.

> 그분(그리스도)께서 우리를 위해 이 모든 고난을 겪은 것은 우리를 위해서였으며, 이것은 우리를 구원하기 위해서였습니다. … 진정으로 고난을 받으셨습니다. … 그분의 수난은 가짜가 아니었습니다. 가짜는 그들(영지주의자들)입니다! … 부활하신 후에도 그분이 육신으로 계신 것을 확신하고, 믿습니다. 그들(제자들)은 그분의 몸을 만졌고 그분의 호흡을 느끼면서 확신했습니다. … 더욱이 부활 후에 그분은 영적으로는 아버지와 연합되었지만 실제 인간으로서 그들과 함께 먹고 마셨습니다. (*Smy* 2:1-3:2)

우리의 '영'과 '몸'을 '그리스도의 십자가'와 연결하는 두 번째 이유는 인간의 형성에 대한 '영혼'과 '육체'에 대한 이분설의 입장과 함께 그리스도가 십자가에 못 박힌 것이 우리의 '영혼'과 '육체'의 죄에 대한 대속이란 점을 증거하기 위해서였다. 바울과 베드로의 가르침을 따랐던 이그나티우스는 사도적 가르침을 한순간도 떠나지 않았다. 그는 바울과 베드로의 가르침을 따라 우리의 구원과 관련해 세 가지 중요한 교리를 함축하여 제시한다.

첫 번째 제시는 그리스도가 십자가에서 이루신 사건을 아담의 대속에 따른 대표성으로 설명하고 있다. "사망이 한 사람으로 말미암았으니 죽은 자의 부활도 한 사람으로 말미암는도다. 아담 안에서 모든 사람이 죽은 것 같이 그리스도 안에서 모든 사람이 삶을 얻으리라"(고전 15:21-22). 두 번째 제시는 그리스도 안에서 신자는 새로운 피조물이 된다는 것을 증거하고 있다. "그런즉 누구든지 그리스도 안에 있으면 새로운 피조물이라 이전 것은 지나갔으니 보라 새 것이 되었도다"(고후 5:17). 세 번째 제시는 구원에 대해 육신뿐만 아니라 영혼의 구원이 있다는 것을 가르친다. "믿음의 결국 곧 영혼의 구원을 받음이라"(벧전 1:9).

사도들은 성찬 예식을 중요한 교리 가운데 하나로 여기고 가르쳤다. 사도들의 가르침을 따랐던 이그나티우스의 신학은 영지주의자들을 반박하기 위해 그리스도와 함께 제시되는 십자가의 교리를 성찬론과 연결하여 논한다. 「트랄레스 인들에게」 보낸 서신의 제11장 2절에서는 십자가를 '가지'로 설명하고 있다. 여기서 우리는 이그나티우스의 십자가 신학이 교리적으로 어디에 바탕을 두고 있는지 발견하게 된다. 그는 십자가를 「에베소 인들에게」 보낸 서신의 제9장 1절에서는 '기중기'로 설명하면서 십자가의 역할을 '들어 올리는 것'에 비유했다면 「트랄레스 인들에게」 보낸 서신에서는 십자가를 연결하는 '가지'로 비유한다. 가지는 나무와 연결하여 열매를 맺는데 있어서 중보적 역할을 하고 있다. 그리스도가 달리신 십자가를 생명의 열매를 맺는 중보적 역할과 위치로 보고 있었다.

십자가는 죽지 않는 열매를 맺게 하는 '가지'이며, 그리스도께서 신자를 부르는 도구가 된다.[175] 십자가 신학을 대변하고 있는 루터(Martin Luther, 1483-1546)는 십자가를 가리켜 교회가 끝까지 붙들어야 할 '판결문'이라고 말한 바 있다. 「트랄레스 인들에게」 보낸 서신의 제6장 1절에서 주장하고 있는 것처럼 십자가는 영지주의 이단과 구별 짓는 그리스도인의 양식을 제공하는 구별 점이었다. 이런 십자가가 그의 성찬 신학을 통해 그대로 증거되고 있었다. 「서머나 인들에게」 보낸 서신의 제7장 1절과 2절에서 성찬을 십자가에서 이루신 그리스도의 사건과 연결한다. 그리스도의 '몸'을 논하면서 십자가와 관련하여 가현설의 거짓됨을 증거하고 있다.

> 그들은 성찬식이 우리의 죄를 위해 고난 당하고, 아버지께서 [죽은 자 가운데서] 살리신 우리 구주 예수 그리스도의 몸이라는 것을 인정하지 않기 때문에 성찬식과 기도의 예식을 멀리합니다. 그러므로 하나님의 선물에 대해 논쟁하고 이의를 제기하는 자들은 죽음에 직면하게 됩니다. … 거기에서 우리는 수난에 대한 분명한 이해를 하게 되고 부활이 실제로 일어났음을 보게 됩니다. (*Smy* 7:1-2)

이그나티우스는 「로마인들에게」 보낸 서신의 제7장 3절에서 그리스도의 몸을 가리켜 '빵'으로, 그리스도의 피를 '음료'로 표현하고 있다.[176] 십자가에서 그리스도의 '몸'과 '피'로 이룬 대속을 성찬에서는 '빵'과 '음료'를 통해 십자가의 결실이 가져오는 그리스도 안에서의 새로운 피조물과 구원에 따른 영생을 증거하고 있다. 이런 성찬론에는 '새 언약'에 대한 확신이 담겨 있었다. 로마 가톨릭의 교회사학자인 한스 큉(Hans Küng, 1928-2021)에 의하면 이그나티우스는 성찬에 대해 '유카리스티아(εὐχαριστία, 성찬)'라는 단어를 사용하면서 하나님의 구원의 행위에 대해 감사를 표현하고 있다.[177] 그리고 성찬에 담긴 언약이 '십자가의 열매'였다라는 사실을 고백하고 있다.

이그나티우스는 「에베소 인들에게」 보낸 서신의 제13장 1절과 제21장 1절 그리고 「빌라델피아 인들에게」 보낸 서신의 제4장 1절, 제6장 3절, 제11장 1절, 「서머나 인들에게」 보낸 서신의 제6장 2절, 제8장 1절, 제10장 1절에서 성찬의 의미가 그리스도의 실재적 행위를 담고 있음을 '유카리스티아'를 통해 증거하였다. 그리고 이를 통해 십자가의 가현설로 교리적 갈등을 조장하고, 성찬을 거부하도록 이끌어가고 있는 영지주의자들의 교리가 거짓되다는 것을 밝히면서 항상 십자가의 그늘 아래 머무는 신앙이 되도록 지도하고 있다.

▷ 그리스도를 조명하라

성자는 아담의 대속을 이루는 측면에서 값을 치루기 위해 그리스도로 이 땅에 오셨다. 이때 성자 하나님은 신성이 인성을 취하여 '한 인격'을 이룬 성육신을 한 여인의 몸을 통해 이룬다. 일명 성령으로 잉태한 신비적 사건이었다. 구원의 완전함을 이루기 위해 신성이 인성을 취한다. 그 이유는 하나님의 진노에 따른 값이 있었고, 죄의 값인 사망이 있었기 때문이다. 이것을 이그나티우스는 그리스도론에서 증거하고 있다.「에베소 인들에게」보낸 서신과「트랄레스 인들에게」,「빌라델피아 인들에게」,「서머나 인들에게」보낸 서신에서 그리스도를 '인간의 아들이신 그리스도', '하나님의 아들인 그리스도'와 함께 '성육신한 그리스도', 우리의 죄를 대속하기 위해 '고난받으신 그리스도', '대속하신 그리스도', '부활하신 그리스도', '승천하신 그리스도'를 제시하면서 이런 사실을 증거하고 있다.[178]

이그나티우스의 신학은 전체적으로 그리스도를 조명하며, 변증하고 있다.[179] 이런 그의 그리스도론은 성만찬과 긴밀하게 연결되어 있다.「로마 인들에게」보낸 서신에 의하면 성만찬은 하나님의 '진노의 값'과 '죽음의 값'을 완전하게 성취한 사건을 재현하고 있다. '몸'이 '하나님의 빵'으로, 그리고 '피'가 '음료'로 주어지는 장소가 성만찬이었다.[180] 성만찬에서 주어진 '빵'은 영생에 따른 '불멸의 약'이었다. 그리스도를 통해 이런 성만찬을 조명하면서 죽음을 막아주고, 지속적인 생명을 얻는 '해독제'를 획득하는 것으로「에베소 인들에게」보낸 서신의 제20장 2절에서는 밝히고 있다.

> 이 모임에서 여러분은 감독과 장로회에 깊게 주의를 가울이고

불멸의 약인 빵을 떼고, 죽음을 막고 예수 그리스도와 연합이 되어 지속적인 생명을 얻는 해독제를 획득해야 합니다.(*Ep* 20:2)

영지주의자들의 그리스도론은 신성과 인성이 '한 인격'을 이루어 아담의 죄에 대해 완전한 대속의 값이 되었다는 것을 말하지 않는다. 영지적인 그리스도론을 말할 뿐이다. 앞에서 이미 논했듯이 구원에 있어서 그리스도가 육신의 몸을 입은 것은 가현이었으며, 위장술이었다. 영혼을 구원하기 위해 아르콘의 세력들에게 눈에 띄지 않도록 임시 방편적인 측면에서 취한 조치였다는 것이 이들의 해명이다.[181] 여기에 반해 이그나티우스의 성찬론은 영지주의자들의 가현적 제시에 대해 그리스도의 실재론과 그리스도로 말미암아 이루어질 언약의 실제를 변증하고 있다.

이그나티우스는 이단과 교리적 갈등에 대한 문제를 지적할 때 자신의 판단에 따른 주장으로 대결 구도를 형성하지 않는다. 그럴 경우 또 다른 분열과 분쟁을 일삼기 때문이다. 영지적인 그리스도론에 대해 성만찬으로 접근한다. 왜냐하면 그리스도의 신성과 인성에 대한 사실과 그에 따른 언약을 성만찬은 조명하고 있기 때문이다. 그리스도와 관련된 사실과 언약을 조명하면서 영지주의자들의 헛된 주장을 반박함과 동시에 교회와 성도들을 진리 가운데 바르게 세우는 방식이 성만찬에 따른 접근이었다. 이런 그의 접근 방식은 마치 에베소 교회와 고린도 교회를 향한 사도 바울의 모습과 같았다.

그리스도 중심의 신학과 신앙을 성찬에 적용하고, 이것을 토대로 영지주의자들에게 신학적으로 일침을 가했던 최초의 교부가 이그나티우스였다. 그는 「빌라델피아 인들에게」 보낸 서신의 제8장 2절에서 그리스도는 자신의 마음의 근본을 이루고 있다고 밝힌 바 있다. 그리스도와 관련된 십자가와 죽음, 부활은 이그나티우스의 신앙과 신학의 바탕이 되었으며, 성찬론으로 이어지는 연결고리였다.

> 나는 여러분에게 촉구합니다. 파벌 지어 말하지 마시고 그리스도의 제자답게 행동하십시오. … 나의 마음의 근본은 예수 그리스도입니다. 지울 수 없는 흔적들은 그분의 십자가와 죽음과 그분의 부활과 그분에 의해 생겨난 신앙입니다. 내가 의롭게 되기를 원하는 것은 이러한 일과 여러분의 기도를 통해서입니다. (*Phil* 8:2)

나그 함마디에 수록된 「빌립의 복음」은 예수님 자체를 성찬으로 여기며, 세상을 십자가에 못 박으려고 오신 분으로 증거하고 있다.[182] 그리고 「발렌티안의 설명」은 그리스도가 죽을 때마다 순결한 음식과 음료를 모든 사람들에게 제공한 것으로 논한다. 이것은 그리스도의 실체를 논하는 성찬과 십자가에 따른 구원론을 말하는 것이 아니다. 지식에 따른 구원론이며, 영적인 의미를 내포하고 있다. 영지주의자들의 교리에 따르면 그리스도는 악한 세상에 갇혀 있는 인간을 이 세상으로부터 탈출시키기 위해 '알려지지 않은 신'으로부터 보내진 사자였다. 이그나티우스는 이런 영지주의의 가현적 실체론을 '몸'과 '피'를 통한 실재의 실체론인 성만찬으로 증거해냈다. 그리고 이것을 '인간의 아들이신 그리스도', '하나님의 아들인 그리스도', '성육신한 그리스도', '고난받으신 그리스도', '대속하신 그리스도', '부활하신 그리스도', '승천하신 그리스도'와 연결하여 변증하였다.

▷ 그리스도 안에 거하라

영지주의자들의 구원 교리 앞에 제시된 이그나티우스의 성찬론은 변증적이었다. 그의 성찬론은 교회론과 관련하여 구원론으로 긴밀하게 연결되고 있었다. 여기서 그의 교리적 제시는 제한적이면서 '선택적 구원론'을 논하였다. 이런 '선택적 구원론'에 대해 영지주의자들 또한 '선택된 자'의 구원론을 제시하고 있다. 이들의 '선택론'은 '선택된 자'는 영지주의자로 태어난다는 것이 이들의 교리였다. 선택에 따른 운명론을 말하고 있다. 이들의 '선택론'은 그리스도가 십자가에서 죄의 값을 대속한 교리를 인정하지 않는다. 아담의 '원죄론' 자체를 거부한다. 영지주의자들은 아담의 '죄'로 말미암아 하나님의 선한 창조 세계에 '가시와 엉겅퀴'가 나고, 악이 세상 가운데 들어오게 되었다는 교리를 거부한다. 나그 함마디에 수록된 「세상의 기원」에 따르면 창조의 기원은 어둠을 지배하는 세력의 등장이며 그 뒤를 이은 '무한한 혼돈'에 의한 생성이었다.

> 세상과 인류의 산들이 혼돈 이전에 존재하지 않았다고 말하는 것은 혼돈의 근원 또는 그 뿌리의 정통함을 알지 못하기 때문에 일어난 착각입니다. … 그러나 그것의 외관은 어둠으로서 '흑암'이라는 이름으로 불려집니다. 그것으로부터 흑암을 지배하는 세력이 나타났습니다. 그리고 그 뒤를 이은 세력은 어둠을 '무한한 혼돈'이라고 불렀습니다.(*CODEX*. XIII)[183]

영지주의자들은 구원에 대해 선택적 교리를 펼치고 있다.

선택된 자는 영으로 이미 결정돼 있으며, 그리스도의 말씀은 이 영들을 깨우는 측면에서 복음이었다. 선택된 자는 오직 영지주의자 자신들뿐이었다. 이런 영지주의자를 찾는 작업이 말씀에 따른 구원의 복음 선포였다.[184] 영지주의자들이 기록한 「예수 그리스도의 지혜」에 따르면 하나님 나라에 대한 예수님의 가르침인 '산상수훈'은 선택된 자들인 영지주의자들의 영을 일깨우는 '예수의 지혜'였다.[185]

이그나티우스가 「에베소 인들에게」 보낸 서신의 제5장에 의하면 '교회'와 '예수 그리스도'는 불가분의 관계이며, 긴밀한 관계에 놓여 있다. 그는 이를 통해 선택된 자에 대한 교리를 간접적으로 설명한다.[186] 그리고 이것을 성찬과 연결하여 교회 감독에게 잘못된 교리로 저항하는 영지주의자들의 오만함과 교만함이 분파를 일으키고 있다는 것을 지적하고 있다.

> … 교회가 예수 그리스도와 함께, 예수 그리스도께서 아버지와 함께 즐거워하듯이 여러분이 감독과 친밀한 관계에 있다면 내가 축하하지 않겠습니까? … 만약 어떤 사람이 성전 안에 머물러 있지 않다면 그에게는 하나님의 빵이 결핍될 것입니다. … 여러분의 예배에 참여하지 않는 사람은 분열주의자가 된다는 사실을 통해 그들의 오만함을 발견하게 됩니다. 또한 '하

나님은 교만한 자를 저주하신다'고 말씀하고 계십니다. 그러므로 우리가 하나님께 복종하기 위해서는 감독에게 저항하는 것을 진심으로 피해야겠습니다.(*Ep* 5:1-2)

성찬은 '그리스도 안에 거하는 자'에게만 주어지는 특권이었다. 성찬은 그리스도를 상징하고 있다. 성찬에 참여하는 자들은 그리스도 안에서 택함을 받은 자들로서 성전의 안뜰에 머물 자격을 가진 자들이다. 반면 '그리스도 안에' 거하지 않는 자들은 성전 바깥뜰에 있는 자들이다. 이방인들(영지주의자들)은 성찬에 참여할 자격을 가지지 못한다. 이그나티우스는 이런 자들을 가리켜 '하나님의 빵'이 결핍될 것이라고 강조하였다. 이것은 성찬을 통해 두 가지를 교리적으로 설명하고 있다. 첫 번째는 교회 밖에 있는 자들(그리스도 안에 거하지 않는 자들)에게는 '하나님의 은혜'가 결여될 것을 간접적으로 증거하고 있다. 두 번째는 교회와 성찬을 하나로 연결하여 '그리스도 안에 거하지 않는 자들'은 그리스도가 십자가에서 이룬 대속에 참여할 자격을 가지지 못한다는 '선택적 교리'를 피력하고 있다.

결과적으로 영지주의자들은 구원받을 자로 택함을 받지 않았다는 것을 이그나티우스는 성찬론에서 강조하고 있다. 그는 계속해서 「에베소 인들에게」 보낸 서신의 제7장에서 가현설을 반박한다. 그리스도의 참된 성육신과 고난과 죽음을 가리켜 필연적 사건이며, 택함을 받은 우리를 위한 대속의 값이었다는 것을 변증한다. 그리고 우리를 회복시키기 위한 구원이 오직 그리스도 안에서 이루어진다는 사실을 다음과 같이 알린다. "거기에는 오직 한 분의 의사가 있을 뿐입니다. 우리의 주님이신 예수 그리스도입니다."[187]

내가 만난 그리스도

▷ 구원의 효력을 증거

영지주의자들의 신론은 다신론이다. 사람의 창조에 대해서도 아담과 하와가 아니라 다양한 사람들이라는 복수의 창조에 초점이 맞춰져 있다. 구약에 등장하는 창조주 하나님을 악한 신으로 묘사했던 마술사 시몬(행 8:9)의 교리는 영지적인 사변을 계속해서 낳는다.[188] 이런 영지주의자들은 무에서 태초를 논하는 것이 아니라 존재한 것에서부터 태초를 논한다. 이들의 주장에 따르면 불멸의 존재들과 관련된 '소피아(*Sophia*,

지혜'는 세상의 기원에 있어서 중요한 역할을 한다. 초기 영지주의자였던 메난드로스(Menandros)의 제자 사투르니누스(Saturninus)는 창조에 대해 두 가지 이론을 만들어낸다. 하나는 '알지 못하는 신'에 의한 '천사들'의 창조이다. 또 다른 하나는 일곱 천사를 통한 세상의 창조와 미완에 따른 인간의 형체를 만든 일이다.

영지주의자들이 주장하는 창조 기사를 보면 천사들에 의해 미완성된 인간이 만들어진다. 그리고 하나님께서 미완성된 인간을 불쌍히 여기시고 그를 바르게 세워 생명을 누리게 했다라고 말한다.[189] 메난드로스의 또 다른 제자인 바실리데스(Basilides)는 구원을 위해 이 세상에 보내진 그리스도의 이름을 '지성'이라 부르고 있다.[190] 이런 영지주의 사상은 그리스도의 인성을 참된 인간의 영역에 두지 않는다. 이들은 그리스도가 우리의 구원을 이루기 위해 인성으로 고난을 당하고, 십자가에서 이룬 대속의 죽음을 잘못된 가르침이라고 주장한다.[191] 다양한 사상을 가지고 있는 이들의 견해에 따르면 세례는 우리에게 계시 된 지식의 요소를 충만하게 하는 수단이다. 그리고 성찬은 영적 은사에 참여하는 행위로 보고 있다.[192] 이런 영지주의자들의 거짓된 교리가 교회 속에 갈등을 불러일으킨다. 여기에 대해 이그나티우스는 베드로의 가르침을 따라 구원은 '그리스도의 보혈의 값'으로 말미암는다는 것을 성찬을 통해 증거한다.

이그나티우스는 바울과 베드로의 직접적인 영향력 아래에 있었던 속사도 교부였다.[193] 베드로후서 2장 1절은 영지주의자들의 거짓된 구원 교리를 반박한다. 여기서 베드로는 우리의 구원은 '영지'로 이뤄지는 것이 아니라 우리의 죄를 대속하신 그리스도의 보혈로 말미암는다라는 교리에 대해 말한다. 베드로는 그리스도가 십자가에서 우리의 죄를 대속하여 이루신 보혈의 사건을 '자기들을 사신 주(톤 아고라산타 아우투스 데스포텐-τὸν ἀγοράσαντα αὐτοὺς δεσπότην-Lord who bought them)'로 표현하고 있다. 베드로는 이런 진리를 부인하며 자신들의 영지적 교리를 가르치는 자들을 가리켜 '거짓 선생들' 또는 '임박할 멸망을 스스로 취하는 자들'이라고 불렀다.

> 그러나 백성 가운데 또한 거짓 선지자들이 일어났었나니 이와 같이 너희 중에도 거짓 선생들이 있으리라 그들은 멸망하게 할 이단을 가만히 끌어들여 자기들을 사신 주를 부인하고 임박한 멸망을 스스로 취하는 자들이라 여럿이 그들의 호색하는 것을 따르리니 이로 말미암아 진리의 도가 비방을 받을 것이요 그들이 탐심으로써 지어낸 말을 가지고 너희로 이득을 삼으니 그

들의 심판은 옛적부터 지체하지 아니하며 그들의 멸망은 잠들지 아니하느니라^{벧후 2:1-3}

    이그나티우스는 「트랄레스 인들에게」 보내는 서신의 제4장과 제6장, 그리고 제7장에서 영지주의자들을 가리켜 '다른 음식', '맹독을 주는 자', '성전 밖에 있는 사람'으로 부르고 있다.[194] 그는 「에베소 인들에게」 보낸 서신의 제7장 2절에서 구원을 논하면서 우리를 죄악으로부터 건져 치료하는 '의사'로 표현하고 있다. 그리고 「에베소 인들에게」 보낸 서신의 제20장 2절에서는 그리스도를 가리켜 자신의 보혈의 값으로 우리를 사신 분이라고 말한다. 성만찬은 이런 그리스도를 만나는 자리였다. 그리고 그리스도의 몸을 상징하는 '성찬의 빵'을 가리켜 '불멸을 위한 약'이라고 말하였다. 구원의 효력이 성만찬을 통해 확인되고 있다.

    그는 '성찬의 빵'과 '잔의 음료'를 가리켜 죽음을 막고 그리스도와 연합하여 지속적인 생명을 얻는 '해독제'라고 말하였다. 이런 이그나티우스의 표현은 베드로후서 2장 1절에서 증거하고 있는 "멸망하게 할 이단"을 상기(想起)시키고 있다.[195] 영지주의 이단이 멸망에 이르게 하는 독초와 같다면 그들로부터 구별되게 하고, 신앙을 지켜내는 측면에서 성만찬은 '불멸을 위한 약'이고, 죽음을 막는 '해독제'의 역할을 한다.

이그나티우스는 「빌라델피아 인들에게」 보내는 서신의 제4장과 제5장에서 예수 그리스도의 보혈의 값으로 '사신 바 된' 신자들을 영지주의 이단과 구별되는 성찬에서 찾도록 한다. 그리고 '하나만의 성찬식'을 준수하도록 한다. 이렇게 권면하는 자신 또한 성만찬과 관련된 '예수님의 몸 안에서'라는 구원의 효력으로 위안받고 있다고 고백하였다. 로마로 향하는 걸음을 순교라는 개념을 넘어 그리스도와 하나를 이루는 모습으로 바라본다. 그는 성만찬의 효력 안에서 자신의 이런 모습을 발견한다. 로마로 향하는 걸음이 비록 죽음의 걸음이라 할지라도 그 걸음은 소망이 있는 걸음이었다. 왜냐하면 다시 생명으로 살아나는 부활이 기다려지는 걸음이었기 때문이다. 그러니 구원의 효력을 증거하고 있는 성만찬은 영지주의자들과 구별되는 교리가 될 뿐만 아니라 자신에게 진실로 위로가 되고 있었다.[196]

> 그러므로 하나의 성찬식을 지키도록 유념하십시오. 마치 장로와 동료 종들인 집사들과 함께 한 명의 감독이 있는 것처럼, 우리 주 예수 그리스도의 한 몸과 우리를 하나 되게 만드는 그분의 한 잔의 피, 그리고 하나의 제단이 있습니다. … 그러

나 하나님을 향한 여러분의 기도는 저를 온전하게 만들 것입니다. 그래서 제가 예수님의 몸 안에서 위안을 얻듯이 '복음서'와 교회의 장로회에서 위안을 얻듯이 '사도서'에서 위안을 얻으며 제가 자비롭게 최후를 맞이할 수 있도록 해줄 것입니다.(*Phil* 4:1-5:1)

「에베소 인들에게」 보낸 서신의 제20장 2절에서 이그나티우스는 성만찬과 관련하여 구원의 효력에 대해 두 가지의 교리를 증거한다. 첫 번째는 '영생불멸'의 교리이다. 이그나티우스는 성찬의 '빵'을 '불멸을 위한 약'으로 표현하고 있다. 그리고 이것이 죽음을 막는 효력을 가지고 있다고 증거한다. 그리스도께서 이루신 구원의 완성이 우리에게 그대로 전해지며, 성찬의 '빵'을 통해 신자들에게 효력이 전가된다고 밝힌다. 두 번째는 모든 죄악으로부터 씻음을 받는 '죄 사함'의 교리이다. 성찬은 신자가 그리스도와 '하나의 연합'을 이루는 예식이다. 이그나티우스는 이것을 단순히 연합만으로 보지 않는다. "연합이 되어 지속적인 생명을 얻는 해독제"로 연결하고 있다.

요한계시록 20장 11절의 '백보좌 심판대'는 종말에 있을 신자와 불신자를 구별하는 심판대이다. 영·육이 부활한 상태에서 각자의 행위대로 하나님의 공의에 입각해서 심판을 받는다.

여기에 대해 우리(구원함을 받은 자)의 모든 행위는 그리스도께서 이미 값이 되어주셨다. 이로 인하여 '생명의 책'에 우리의 이름이 기록되었다. 십자가에서 "다 이루었다"라고 말씀하신 요한복음 19장 30절의 의미를 담고 있다.[197] 성찬이 '해독제'가 되는 것은 그리스도가 십자가에서 이루신 죄 사함의 교리를 함축하고 있다. 이런 구원의 효력을 이그나티우스는 성찬을 통해 통전적으로 증거하였다. 그는 「에베소 인들에게」 보낸 서신의 제13장에서 이런 성찬을 행하기 위해 더 자주 모이도록 노력할 것을 강력하게 권고하고 있다.

▷ 부활의 참된 진리를 증거

성만찬은 부활과 관련하여 이그나티우스가 어떤 신앙을 가졌는지 가장 잘 확인할 수 있는 장면이다. 「로마 인들에게」 보낸 서신의 제5장 3절에 따르면 자신의 순교가 예수 그리스도께로 가는 길임을 상기시킨다. 그는 자신의 내면에서 일어나는 두려움의 갈등과 외면에서 일어나는 상황적 두려움의 갈등을 그리스도를 향한 신앙의 걸음으로 극복하려 한다. "불, 십자가, 야수와 싸우는 것, 뼈를 비틀고, 팔다리를 찢고, 온몸을 부수고, 잔인한 고문을 당하는 것들, 나로 하여금 오직 예수 그리스도께로 나아가게만 하십시오!"[198] 이 장면은 죽는 것을 통해 두려움을 지우려는 것이 아니다. 여기에 대한 답은 곧 이어지는 「로마 인들에게」 보내는 서신의 제7장 3절에서 찾아볼 수 있다.

그는 그리스도의 길을 따르는 순교를 성만찬의 관점에서 바라본다. 그러니 순교는 죽음이 아니라 '영원한 애찬'이었다. 자신이 진정으로 원하는 것은 '하나님의 빵'인 그리스도의 몸이었으며, 그리스도의 피였다.[199] 이런 그리스도의 몸과 피와 연합을 이루는 성만찬의 진정한 효력을 순교하는 과정을 통해 이루길 원했다. 성만찬의 진정한 효력은 죽음을 맞이하는 것에 있지 않다. 부활에 있으며, 영생에 그 효력이 함께하고 있다. 그러니 이런 성만찬의 효력을 만끽하는 순교를 로마 교회로 하여금 막지 말도록 호소하고 있었다.

> … 내가 그리스도 예수를 위하여 갇힌 자로서 너희에게 문안하노니 만일 내가 죽는 것이 하나님의 뜻이면 합당하리라. 일이 잘 시작되었습니다. 내가 방해 없이 최후를 맞이할 수 있는 행운을 갖게 되길 빕니다! 내가 두려워하는 것은 나에게 해를 끼칠 수 있는 여러분의 관대함입니다. 여러분은 자신이 원하는 것을 쉽게 할 수 있습니다. 여러분이 나를 가만히 두지 않으면

나는 하나님께 가기가 어렵습니다. (*Rom* 1:1-2)

이그나티우스는 성만찬을 가리켜 「에베소 인들에게」 보낸 서신의 제20장 2절에서 '불멸의 약'으로 칭하고 있다. "이 모임에서 여러분은 감독과 장로회에 깊게 주의를 기울이고 '불멸의 약'인 빵을 떼고, 죽음을 막고 예수 그리스도와 연합이 되어 지속적인 생명을 얻는 해독제를 획득해야 합니다." 이그나티우스는 진정한 성찬의 모습에 자신을 담아내고 있다. 그리고 고난으로부터 오는 두려움의 갈등을 극복시켜 나간다. 이것은 어떤 감정적인 차원이 아니다. 부활의 확신과 연결되는 그의 신학과 신앙을 토대로 하고 있다. 그러나 나그 함마디에 기록된 「진리의 증언」에 따르면 영지주의자들은 순교를 가리켜 "예수 그리스도를 증거하는 것이 아니라 자신에 대해 증거하는 것이며, 공허한 것, 무익한 것"으로 폄하(貶下)하고 있다. 심지어 순교를 육신의 주인인 아르콘들과 어울려 노는 것으로 비하하였다.[200]

로마로 압송당하고 있는 이그나티우스 앞에는 유대교와 영지주의자들이 일으킨 교리적 갈등에 따른 싸움의 두 전선(유대교 VS 교회, 영지주의자 VS 교회)이 형성되어 있었다. 영지주의자들의 교리는 혼합을 이루며 교회를 더욱 갈등에 빠뜨린다. 이그나티우스는 그리스도의 피를 가리켜 「서머나 인들에게」 보낸 서신의 제6장 1절에서 이렇게 강조한다. "그리스도의 피를 믿지 못한다면 그들 또한 심판"이라며 가현설을 주장하는 영지주의자들을 반박하였다. 이런 증거는 제7장 1절 '성찬식'으로 그 내용이 이어진다. 여기서 이그나티우스는 두 가지의 가치관을 주장하게 된다. 하나는 그리스도의 피가 이룬 대속이었다. 또 다른 하나는 부활의 참된 가치관이었다.

부활의 참된 가치관을 증거하고 있는 '성찬식'을 영지주의자들은 회피하였다. 성만찬의 '몸'과 '피'를 인정하는 것은 곧 자신들의 교리가 거짓이라는 것을 스스로 증명하는 꼴이 되었다. 영지주의자들은 인간의 요소를 설명할 때, '공의의 영혼'을 중심에 두며 '영', '정신', '물질(육체)' 세 요소를 설명한다.

그리고 영적인 발달에 따라 인간을 '영적인 인간', '정신적인 인간', '물질적인 인간', 셋으로 구분한다. 이 세 분류 가운데 '영적인 인간'만 구원을 성취할 수 있다고 주장한다. 그러면서 '영적인 인간'과 '정신적인 인간'만 '지식(그노시스)'을 가질 수 있다는 것이 이들의 논리였다. 특히 '정신적인 인간'이 더 높은 단계인 '영적인 인간'에 도달하기 위해 '지식'이 필요하다는 것을 가르쳤으며, '물질적인 인간'은 '그노시스'에 도달할 수 없다는 것을 강조하였다. 이들의 주장에 따르면 '물질적인 인간'은 물질에 너무 몰입해 있어서 더 높은 차원의 실체가 있다는 것을 인지하지 못한다. 이런 가운데 '영혼'의 윤회설과 함께 '영'의 구원을 주장하였다. 나그 함마디에 기록된 「세상의 기원」에 따르면 육체는 영을 가두어 놓는 감옥으로 비유하고 있으며 버려질 것, 벗어나야 할 것으로 여겨졌다.[201]

물질적인 세계를 악한 것으로 여겼던 영지주의자들의 구원론은 물질세계에 갇혀 있는 영혼을 해방시키는 것에 있다.[202] 그들은 물질에 대해 비물질인 영혼과 대립하는 헬라적 이원론의 관점을 가지고 있었다.[203] 여기에 대해 이그나티우스는 우리의 구원이 '영혼'과 '육체' 모두에 있다는 것을 성만찬을 통해 반증한다. 우리를 살리신 그리스도의 몸을 인정하지 않는 영지주의자들을 가리켜 "성찬식으로부터 멀리 떨어져 있는 자"로 여기고 있었다.[204] 그리고 교회로 하여금 이런 잘못된 구원관에 사로잡혀 갈등에 빠지지 않도록 경고하였다. 그는 부활의 참된 진리를 증거하고 있는 성찬의 진정한 의미를 교회로 하여금 소홀히 여기거나 잊지 않도록 경고하고 있다.

▷ 참된 일치와 연합을 증거

안디옥의 희망이자 교회의 횃불과 같은 존재였던 이그

나티우스는 「에베소 인들에게」 보낸 서신의 제13장 1절에서 성찬을 위해 자주 모이기를 더욱 힘쓰도록 한다. 여기에는 두 가지 이유가 있었다. 첫 번째는 이단들로부터 일어났던 교리적 갈등을 이겨내는 길이 성찬의 참된 의미 가운데 있었기 때문이다. 성찬은 그리스도와 우리가 참된 일치와 연합을 이루는 길이었다. 성찬은 교회로 하여금 그리스도의 가치관으로 일치와 연합을 이루어 이단의 문제로 불거진 갈등을 이겨낼 수 있도록 길을 제시하고 있었다. 여기에 대해 분명한 견해와 교리적 입장을 가지고 있었던 이그나티우스는 성찬을 사탄의 권력을 전복시키는 길로 여기고 있었다.

두 번째는 성찬을 만장일치(滿場一致)된 신앙의 터를 형성하는 길로 여기고 있었다. 이그나티우스는 성찬을 일치된 신앙으로 교리를 세워나가는 중요한 동기로 보고 있었다. 「빌라델피아 인들에게」 보낸 서신의 제4장 1절에 의하면 '하나만의 성찬식'을 준수하도록 한다. 「서머나 인들에게」 보낸 서신의 제7장과 제8장에 따르면 성찬은 분파주의 이단들로부터 교회를 지켜내고, 교회의 일치를 이끌어가는 중요한 역할을 하였다. 즉 '보편교회'로 이끌어가는 조건이 되었다.

그들은 성찬식이 우리의 죄를 위해 고난당하고, 아버지께서

[죽은 자 가운데서] 살리신 우리 구주 예수 그리스도의 몸이라는 것을 인정하지 않기 때문에 성찬식과 기도의 예식을 멀리합니다. … 해악의 근원인 분파로부터 벗어나야 합니다. … 감독이나 감독이 권위를 부여한 자가 집행하는 성찬식을 정당한 것으로 간주해야 합니다. 예수 그리스도가 계신 곳에 '보편교회(The Catholic Church)'가 있듯이 감독이 있는 곳에 회중이 모이게 해야 합니다. 감독이 없는 곳에는 세례나 애찬이 허락되지 않습니다. (*Smy* 7:1-8:2)

「마그네시아 인들에게」 보낸 서신의 제7장 1절과 2절은 하나를 이룰 것을 강조한다. '하나의 기도', '하나의 청원', '하나의 마음', '하나의 소망', '하나의 성전', '하나의 제단'을 이루는 것은 지식으로 되는 것이 아니었다. 성찬은 그리스도 안에서 '하나'를 이루게 하면서 동시에 교리적, 환경적 갈등으로부터 야기되는 요소들을 제거하는 원동력이 되었다. 이그나티우스가 하나의 감독론을 제시할 때도 하나를 이루는 감독의 주요한 기능 가운데 하나가 성찬의 집행이었다. 그러나 교회 내에 분파적 갈등을 일으켰던 영지주의 세력은 교회의 일치를 자신들 안에서 찾도록 한다.

나그 함마디 제11권에 기록된 「지식의 해석」에 따르면 세상은 불신앙의 장소며 동시에 죽음의 장소이다.[205] 따라서 세상 가운데 세워진 교회는 진정한 교회가 될 수 없다는 것이 이들의 논리였다. 영지주의자들은 자신들로 말미암아 교회가 본연의 모습을 발할 수 있다는 것을 주장한다. 영지주의자들은 교회를 그리스도의 '신비의 체(體)'로 여기고 있으며, 이것을 자신들에게 적용시키고 있다. 그리스도가 빛을 발하여 교회를 볼 수 있게 하신 것처럼 자신들을 통해 진정한 구원의 교회를 비춰낼 수 있다는 논리였다.[206]

성찬을 통한 이그나티우스의 구원과 부활의 교리에 이어 일치와 연합은 교회의 참된 가치의 회복과 함께 교회의 존속을 담아내고 있었다. 그리스도의 몸과 피, 그리스도의 수난과 육체와 영적 부활이 살아 움직이는 것이 성찬이라면, 여기에 덧붙여 하나님과 연합 그리고 교회의 일치된 교리적 연합이 성찬이 주는 의미 가운데 있었다. 가현설을 주장하는 영지주의자들에 대해 많은 부분을 할애했던 「서머나 인들에게」 보낸 서신의 제12장에서 이그나티우스는 이렇게 말문을 이어가며 서신을 마무리한다.

> **여러분의 감독**(그는 하나님께 자랑거리입니다)과 **훌륭한 장로회** 그리고 나의 동료 집사들, 그리고 여러분 모두에게 예수 그

리스도의 이름으로 그분의 몸과 피로, 그분의 수난과 육체적 그리고 영적 부활, 그리고 하나님과의 연합과 여러분의 연합 안에서 인사합니다. … 나는 하나님의 다스림 아래 여러분에게 작별을 고합니다. 나와 함께 있는 필로가 여러분에게 인사를 전합니다.(*Smy* 12:2-13:1)

성찬은 그리스도를 인격적으로 만나는 장소였다. 그곳에서 그리스도와 하나가 되고, 교회가 하나가 되고, 성도들이 하나가 되었다. 이그나티우스는 참된 일치와 연합이 무엇을 말하는지 그 의미를 성찬론으로 증명하고 있다. '떡'을 떼고 '잔'을 나누는 성만찬은 요식(要式) 또는 종교적인 행위가 아니었다. 참된 진리를 표현하고, 참된 신앙의 고백이 함께하고 있었다. 그런가 하면 거짓 교사들의 가르침에 넘어진 교회로 하여금 그리스도를 향하여 바르게 서도록 사도 바울이 지도할 때 성만찬의 제정에 대해 가르침을 줬던 것처럼(고전 11:17-34) 이그나티우스 또한 성만찬을 통해 교회를 바르게 세워나간다.

이그나티우스는 성만찬이 거행되는 교회를 그리스도와 만나는 신앙의 장소요, 그리스도 앞에 자신을 세우는 신앙고백의 장소요, 장차 도래할 소망과 희망을 바라보는 장소라는 확신을 가지고 있었다. 그리고 그리스도를 만나는 성만찬은 그리스도를 중심으로 참된 일치를 이루고 연합을 이루는 제단이 된다는 것을 교회로 하여금 깨닫도록 한다.

다시 오실 그리스도를 바라보며

▷ 참된 예언의 성취

2세기와 3세기에 왕성하게 활동했던 영지주의는 "구원받을 자는 영지적 상태에서 태어난다"라는 그들의 선택적(운명론적) 교리가 가지고 있는 한계를 극복하지 못하고 세력은 점점 쇠퇴하게 된다. '선택된 영'의 계수는 '정해진 영'의 계수를 말하고 있었다. 그러므로 시대가 흐를수록 그 수는 줄어들 수밖에 없다는 논리적 한계에 부딪히면서 영지적 구원론은 힘을 잃어가게 된다. 그럼에도 불구하고 영지주의가 가지고 있는 사상은 시들지 않는다. 이후 영지주의는 삼위일체론을 부인했던 아리우스뿐만 아니라 다양한 모습으로 이단의 교리에 영향을 끼친다.

영지주의가 왕성한 시대를 살아갔던 이그나티우스의 영지주의에 대한 교리적 반박은 영지주의의 민낯을 드러내는 일에 일조하게 된다. 이그나티우스 이후 교부였던 이레나이우스는 「이단 반박서」에서 영지주의에 대한 논박을 조직신학적인 측면에서 내용을 다루면서 교회로 하여금 교리적 갈등으로부터 벗어나게 한다. 이후 영지주의자들은 점점 설 자리를 잃어가게 되며 교회 내에서 그 명칭이 사라지기 시작한다. 그러나 바빙크(Herman Bavinck, 1854-1921)도 지적하였듯이 영지주의는 그 명칭만 사라졌을 뿐, 아리우스주의(Arianism) 등에 대해 지속적으로 영향을 미친다. 영지주의는 다양한 방법의 길을 통해 영적으로, 교리적으로 접근하며, 신자들의 영적 갈등과 시대 앞에 갈등의 요소를 만들어갔다.[207]

> 이제 이 영지주의적 요소가 고대 교부들, 특히 아타나시우스와 아우구스티누스에 의해 신학적으로 거부되었지만 그 요소는 신학에서 계속해서 등장합니다. 이 사상의 근원은 이원론적으로, 정신과 물질 그리고 하나님과 세상 사이에 다소 첨예하게 대립하고 있었습니다.[208] … 유대주의적 사상과 영지주의적 사상은 중세에 전파되었고, 16세기에도 그 영향을 미쳤습니다.[209]

초대교회 당시 지식층을 중심으로 그 세력을 형성했던 영지주의자들은 엘리트 의식 가운데 놓여 있었다. 자신들은 '영적인 자들'로서, 이성과 육체의 능력을 넘어선 특별한 재능의 소유자로 여기고 있었다.[210] 이런 영지주의 사상이 이 시대 앞에 또 다른 사색과 교리로 접근하고 있다. 1945년 나그 함마디의 한 동굴에서 발견된 영지주의의 교리와 사상전집은 문화적 차원에서 그리고 사람들의 또 다른 관심적 접근에 의해「다빈치 코드」와 같이 성경을 왜곡하는 자료로 사용되었으며, 거짓된 교리로 성경적 교리를 반박하는데 활용되었다.[211] 영지주의는 하나님을 말하고, 그리스도를 말하면서 인간 스스로를 돌아보게 한다. 그들은 절대주권자 되시는 하나님의 계시를 바라보기보다 인간 스스로의 깨달음과 인식의 요소를 돌아보게 한다. 이런 과정을 통하여 인간을 향한 하나님의 창조목적을 흩어놓는다.

성찬이 의미하는 바를 바르게 알리는 것은 매우 중요하다. 이그나티우스는 성찬을 통해 성육신을 특별히 부각시키고 있다. 왜냐하면 성육신이 거부되는 구원론은 가증스러운 교리에 불과하기 때문이다. 그는 성찬 교리를 펼치면서 강조한 것이 있다. 그 가운데 하나가 영지주의자들의 가현설을 반박하는 '성육신'의 실체였다.[212]「서머나 인들에게」보낸 서신의 제7장 1절에서 그리스도의 참된 성육신을 거부하는 자는 성찬으로부터 멀어질 뿐 아니라 둘째 사망에 이르는 "죽음에 직면하게 될 것"이라고 심판에 따른 교리적 입장을 취하였다.[213]

이그나티우스의 성찬 신학은 그리스도의 인성을 증거하면서 영지주의자들의 가현설을 반박하는 것에 멈추지 않았다. 그의 성찬 신학은 우리를 구원의 길로 인도하는 하나님의 예언의 성취를 함께 다루고 있었다.[214] 「서머나 인들에게」 보낸 서신의 제3장과 제7장 1절, 「빌라델피아 인들에게」 보낸 서신의 제8장 2절에서 십자가와 죽음, 부활을 논한다. 그리고 「에베소 인들에게」 보내 서신의 제1장 1절과 제18장 1절에서 우리의 대속을 이룬 십자가를 증거하고 있다. 특히 「서머나 인들에게」 보낸 서신의 제7장 1절은 성만찬의 효력에 대해 그리스도의 '몸'에 대한 '실재설'을 처음 신학적으로 주장하였다. 그리고 이것을 하나님의 언약의 성취를 이루기 위한 것임을 예언서와 복음서와 연결하여 이해시키고 있었다.

> 그들은 성찬식이 우리의 죄를 위해 고난당하고, 아버지께서 [죽은 자 가운데서] 살리신 우리 구주 예수 그리스도의 몸이라는 것을 인정하지 않기 때문에 성찬식과 기도의 예식을 멀리합니다. 그러므로 하나님의 선물에 대해 논쟁하고 이의를 제기하는 자들은 죽음에 직면하게 됩니다. … 예언서 그리고 무

엇보다 복음서에 주의를 가울여야 합니다. 거기에서 우리는 수
난에 대한 분명한 이해를 하게 되고 부활이 실제로 일어났음
을 보게 됩니다.(Smy 7:1-2)

이그나티우스는 예언의 성취를 성찬과 연결한다. 이를 통해 부활하신 그리스도가 이루신 완전한 죄 사함의 자리로 우리를 인도하고 있다. 그는 「트랄레스 인들에게」 보낸 서신의 제2장 1절에서 "우리를 위해 죽으신 예수 그리스도의 방식으로 살아갈 것"을 권면한다. 여기서 우리는 예수 그리스도의 방식으로 살아간다는 것이 무엇인지 되물어보게 된다. 이그나티우스는 여기에 대한 답을 성만찬을 통해 종합적으로 제시하고 있다. 고난과 순종 그리고 대속을 이루신 그리스도의 모습을 통해 예언의 성취를 바라보게 한다. 그리고 이 가운데 우리를 향한 하나님의 사랑하심이 되새겨있다는 것과 다시 오실 주님을 믿음으로 바라보게 한다.

그는 성찬론을 통해 우리로 하여금 최종적으로 요한계시록 20장 15절의 '생명의 책'에 기록되는 하나님의 예언의 성취를 바라보게 한다. 그리고 참된 소망 가운데 살아가도록 격려와 독려를 하고 있다. 이를 통해 거짓된 교리로 인한 영적 갈등을 근본적으로 극복하도록 길을 조명해주고 있다.

▷ 영생에 대한 바른 이해

　　니케아 공의회(325) 이후 서방교회를 이끌어갔던 중요한 신학자 가운데 한 명이었던 히에로니무스(Hieronymus-제롬, 347-420)는 구약 성경을 라틴어로 번역하는 등, 한 시대를 이끌었던 상징적인 인물이었다. 그는 한때 은둔하며 수도에 전념하는 등 성경과 그에 따르는 신학 연구에 몰두하였다. 그는 초기 기독교 역사에도 많은 관심을 가지고 있었다. 이런 히에로니무스의 견해에 따르면 이그나티우스는 요한의 제자였다.[215] 그러나 이그나티우스의 신학과 신앙에 따른 삶과 그가 기록한 서신의 양식 등을 빌려볼 때 그는 사도들의 모습을 통전적으로 담아내는 속사도 교부였다. 요한뿐만 아니라 베드로와 바울 사도의 가르침이 그의 일거수일투족(一擧手一投足)에 새겨 있었다. 사도들의 분신과도 같았던 이그나티우스에게 십자가는 단순한 사건이 아니었다.[216]

　　십자가는 죄사함에 따른 예언의 성취였으며, 성찬은 이것을 증명하는 자리였다. 요한복음 6장 54절은 예수님께서 하신 말씀을 이렇게 기록하고 있다. "내 살을 먹고 내 피를 마시는 자는 영생을 가졌고 마지막 날에 내가 그를 다시 살리리니" 십자가에서 이루신 대속이 곧 우리에게 영생으로 그 효력이 발생한다는 사실을 말씀한다. 그러나 성찬에 대한 의미를 유대적 관점에서 바라보면 이것은 율법을 범하는 죄가 된다.[217] 레위기 17장 10~12절과 19장 26절은 "무엇이든지 피째 먹는 것"을 금하고 있다. 피는 두 가지 의미를 가지고 있다. 피는 '생명의 근원에 대한 의미'를 가지고 있다.(창 9:4; 레 17:11 참조) 그리고 '죄를 속하는 의미'를 가지고 있다.(레 17:11 참조) 이런 피를 마시는 것을 성경은 철저히 금하고 있다.

유대적 관점의 일부를 혼합하였던 영지주의자들은 성경적 근거로 성찬을 거부한다. 그들은 예수님의 '참된 인성'을 거부하면서 '피'를 먹어서는 안 된다라는 유대적 관점으로 교회에서 실행하고 있는 성만찬을 공격하였다. 그러나 예수님께서 성만찬에서 먹고, 마시도록 허락한 '살'과 '피'는 실질적인 '살'과 '피'를 먹고, 마시는 것이 아니라 '살'은 '떡'이 대신하였고, '피'는 '포도주'가 대신하며 그 의미를 되새기고 있었다. 누가복음 22장 20절에서도 증거하였듯이 예수님께서는 '피'를 대신하는 '잔'을 제자들에게 나누면서 "이 잔은 내 피로 세우는 '새 언약'이니 곧 너희를 위하여 붓는 것"이라고 말씀하셨다. '피'는 예수님께서 십자가에서 당하실 죽음을 말하고 있었고, 그 죽음은 대속을 이루는 언약의 성취를 나타내고 있었다.

성만찬의 '살'과 '피'는 대속만을 의미하는 것이 아니었다. 죽었다가 살아난 부활을 의미하고 있었다. 성만찬의 '살'과 '피'는 일시적인 효력이 아니라 대속의 완전함을 이루는 언약의 성취를 의미하고 있었다.(마 26:28 참조) 이그나티우스는 「에베소 인들에게」 보낸 서신의 제18장 1절과 제19장 3절, 「트랄레스 인들에게」 보낸 서신의 제2장 2절을 통해 십자가에서 이루신 예수님의 죽음이 구원과 영생을 가져오게 되었다는 것을 말한다.[218] 「폴리갑에게」 보낸 서신의 제2장 3절에서는 그리스도가 십자가에서 이루신 공로로 말미암아 우리는 이미 '불멸'과 '영생'에 이르게 된 자라며 로마의 압제로부터 오는 두려움의 갈등으로부터 해방되도록 격려하였다. 그는 그리스도께서 이루신 십자가의 성취를 성찬을 통해 그 효능을 재확인한다. 그리고 영생에 대한 바른 교리로 영지주의자들이 주장하는 교리적 갈등을 이겨내고 사도들로부터 전해오는 신앙에 대한 확신을 가지도록 한다.[219]

이그나티우스가 말하는 영생은 '영·육이 부활한 상태'에서 영생이었다. 이와 달리 육체를 영혼의 감옥으로 여기고 있었던 영지주의자들은 감옥인 육체를 '영'이 벗어난 상태를 영생으로 설명하고 있다. 그들의 구원은 '정화된 영'의 충만함으로 이뤄진다.[220] 그러므로 충만한 인식에 이르지 못한 '영혼'은 구원받지 못한 상태로 다른 육체의 감옥 속으로 윤회되어 또 다시 갇히게 된다. 그리고 '영'의 충만함을 이뤄내기를 기다린다. 이런 사상을 가지고 있었던 영지주의자들은 '영생'을 두 가지 측면에서 해석한다. 첫 번째는 '영'의 충만함으로 영생은 이뤄진다고 믿고 있었다. 두 번째는 육체의 감옥을 다스리고 있는 아르콘이 발명한 시간으로부터 벗어나는 것을 영생으로 여기고 있었다.[221]

영지주의자들의 영생 개념은 '영의 충만한 상태'에서 아르콘이 다스리는 육신과 시간으로부터 탈출하는 것이었다. 그러나 사도들의 직접적인 영향 아래에 있었던 이그나티우스는 성찬을 통해 영생을 설명할 때, 요한복음 6장에서 강조하고 있는 영·육간의 부활과 영생을 피력하고 있다. 육체를 등한시하는 그릇된 영지주의의 교리는 육신의 또 다른 타락을 방관하게 만든다. 그러나 이그나티우스의 성찬 신학은 육체와 영혼을 통해 회복된 '하나님의 형상'을 바라보게 하는 교리를 세운다.[222] 이런 모습은 사도들의 가르침을 따랐던 교부들의 신학적 모습이었다.

'황금의 입'으로 불렸던 요한 크리소스토무스(Johannes Chrisostomus, 349-407)는 성찬을 통해 그리스도의 사역을 설명한다. 여기서 그는 제사장 직분을 강조하면서 그리스도가 이룬 '하나님 형상'의 회복을 거론한다.[223] 이그나티우스는 성찬을 통해 요한복음이 증거하고 있는 6장 54절의 "내 살을 먹고 내 피를 마시는 자는 영생을 가졌고 마지막 날에 내가 그를 다시 살리리니"라는 '영·육간의 회복'에 따른 '하나님 형상'의 회복을 말하고 있다. 그리고 이를 통해 영생의 진정한 가치관으로 영지주의가 주장하고 있는 '영'에 대한 거짓된 교리적 갈등을 해소하고 있다.

▷ 그리스도인의 참된 제자도

로마로부터 가해져 오는 위협은 영적, 육적 갈등을 불러일으켰다. 순교를 앞두고 로마로 압송당하는 이그나티우스에게 다가오는 것은 두려움과 갈등이었다.[224] 여기에 더하여 영지주의자의 그릇된 교리로 인한 교회의 분열은 이그나티우스로 하여금 뼛속까지 갈등하게 만든다. 영지에 따른 구원론을 펼쳐나갔던 영지주의자들에 따르면 순교는 어리석은 자의 길을 도모할 뿐이다. 그러나 이그나티우스에게 있어서 순교는 참된 그리스도인의 길을 걷는 것이며, 그리스도를 닮아가는 참된 제자도의 길이었다.[225]

이그나티우스에게 있어서 순교는 단순한 죽음의 길이 아

니었다. 그리스도와 일치와 연합을 이루며 부활과 영생으로 이어지는 신앙의 확신을 근거로 하고 있었다.「로마 인들에게」 보낸 서신의 제4장 1절에 의하면 자신은 뼈 한 조각도 남기지 않고 야수들의 먹이가 되길 원한다. "나는 하나님의 밀이니 야수들의 이빨에 갈려져 그리스도를 위한 순수한 떡 덩어리가 될 것입니다."[226] 여기서 부각되고 있는 것은 '야수의 먹이'로 주어지는 육신이 아니다. '그리스도를 위한 떡 덩어리'이다. '떡 덩어리'는 십자가로 이룬 부활에 참여하는 것을 말한다.

이그나티우스의 신학에서 빼놓을 수 없는 것 가운데 하나는 순교 신학이다. 순교는 그가 주장하고 있는 '참된 제자도'와 긴밀하게 연결되고 있다. 그리고 그가 중요하게 여기고 있는 순교는 성찬의 특징을 가진다.[227] 순교가 중심에 서서 한쪽에서는 '참된 제자도'를 설명하고 있고, 또 다른 한쪽에서는 '성찬'을 설명하고 있다. 이런 순교와 '참된 제자도' 그리고 '성찬'은 가현설을 주장하는 영지주의와 갈등을 만들어내는 분쟁 거리가 아니었다. 신자들로 하여금 바른길에 들어서도록 인도하는 구별 점이었다.[228]

「에베소 인들에게」 보낸 서신의 제1장 2절에 따르면 순교는 '참된 제자'가 되는 적극적 길이다. 그리고 성찬은 '참된 제자도'를 알아가게 한다. 이그나티우스는 성찬을 통해 그리스도의 고난을 바라보면서 그리스도를 닮은 길을 걷는 '참된 제자도'를 보게 한다. 그리고 신앙으로 갈등 가운데 놓여진 교회를 하나로 묶어간다.[229] 성찬은 신성과 인성으로 '한 인격'을 이루며 성육신하신 그리스도를 근거로 하고 있다.[230] '참된 제자도'는 인지적 능력으로 이루어지는 것이 아니라 신앙으로 만들어진다.

「에베소 인들에게」 보낸 서신의 제13장 1절과 「서머나 인들에게」 보낸 서신의 제8장 2절에 의하면 성찬은 신자로 하여금 신앙으로 교회 가운데 하나로 모이게 하는 중요한 요소였다. 마태복음 16장 24절은 '참된 제자도'가 어떤 신앙으로 세워져야 하는지 말씀을 준다. "누구든지 나를 따라오려거든 자기를 부인하고 자기 십자가를 지고 나를 따를 것이니라" 사도들의 가르침에 주목했던 이그나티우스는 성찬을 강조하면서 이 점을 주목하고 있었다. 그는 십자가를 지고 순교의 길을 걷는 것을 '참된 제자도'로 여기고 있었으며, 이것을 성찬을 통해 피력하고 있었다.

갈등이 아니라 구별

　초기 교회는 여러 면에 있어서 어려운 길을 걷는다. 특히 교회의 태동과 성장을 자신들의 기존(既存) 신앙과 공동체를 위협하는 세력으로 여겼던 유대교로부터 공격은 위협적이었다. 그리고 교회의 일원이 되었지만 여전히 유대교로부터 벗어나지 못한 성도들의 모습은 교회를 매우 혼란스럽게 만드는 주요 요인이 되었다. 이런 유대적 사상은 교회 가운데 에비온주의라는 율법적 구원론을 가르치며 유대인화를 이끌어갔던 초기 교회 최초의 이단을 형성하는 모태가 된다. 그리고 헬라와 플라톤 철학을 가미한 영지주의는 교회의 새로운 갈등의 근원지로 등장한다. 여기에 더해진 로마로부터 가해져 오는 외부의 핍박은 교회를 붕괴 위기 직전까지 몰고 간다. 이때 신앙의 절개를 지키는 것을 생명보다 더 중요하게 여겼던 이그나티우스의 신앙과 신학은 교회를 향해 꺼지지 않는 등불로서 역할을 한다.

　사도들의 가르침을 바탕으로 하고 있었던 이그나티우스는 위기와 갈등의 소용돌이 한 가운데 놓인 교회를 향해 마치 '다림줄'과 같은 가르침으로 교회를 영적으로 지켜낸다. 순교를 예고하며 로마로 압송되던 이그나티우스가 기록한 일곱 편의 서신은 그의 신앙과 그가 가지고 있는 신학적 토대가 어디에 있는지 엿볼 수 있게 한다. 그의 일곱 서신에서 가장 많은 비중을 차지하고 있는 그리스도론은 영지주의와 관련된 교리적 갈등에 대한 답이었다.

당시 영지주의자들의 기독론과 구원론은 가현설을 중심으로 일어났다. 여기에 대해 교리를 확고하게 세우지 못했던 교회는 혼란이라는 갈등의 구조 속에 빠진다. 로마로 압송당하고 있었던 이그나티우스는 일곱 편의 서신을 기록한다. 예수 그리스도의 성육신에 따른 신성과 인성의 교리와 함께 그리스도가 이룬 십자가의 대속이 가현이 아니라 사실이란 것을 증거한다. 그리고 이런 사실을 성찬론과 연결하여 부활과 구원에 따른 영생 교리를 펼친다. 속사도 교부들이 사역하던 시대에 일어났던 영지주의자들과 교리적 갈등은 교회를 심각하게 위협하게 된다. 이런 상황에서 이그나티우스가 성찬론을 교리적 논쟁에 들고나온 것은 매우 의도적인 신학적 발상이었다.

「로마 인들에게」 보낸 서신의 기록에 따르면 자신은 '열 마리의 표범들 사슬'에 매여가고 있었다. 상황으로 볼 때 서신을 기록할 만한 시간적 여유를 가질 수 없었다는 것을 짐작할 수 있게 한다. 그가 기록한 서신들의 내용이 짧은 것은 압송에 따른 상황의 긴박함도 함께 작용하고 있었다. 따라서 짧은 시간에 영지주의자들의 교리를 전체적으로 반박하면서 가장 효과적으로 변증할 수 있는 것이 성찬론이었다.

이그나티우스는 성찬론의 교리적 전개를 통해 의도한 것이 있었다. 성찬론은 당시 에비온주의자들과 함께 영지주의자들을 확연하게 구별해 내는 교리였다. 성찬론의 '몸'과 '피'는 이들이 거부하고 있는 그리스도의 '참된 신성'과 '참된 인성'을 전제로 하고 있었다. 그리고 「트랄레스 인들에게」 보낸 서신의 제7장에 의하면 사도들의 가르침을 따르고 있는 성찬론은 대속에 따른 '그리스도론'과 '구원론'에 대한 이단들과 구별 점이기도 했다.[231]

이그나티우스는 성찬론을 통해 갈등이 아니라 교회로 하여금 구별 점을 갖도록 한다. 그는 영지주의자들의 거짓된 교리로 갈등하고 있는 교회로 하여금 성찬론의 처방을 통해 사도적 가르침 안에서 일치점을 이루게 한다. 그리고 성찬론이 주는 부활의 참된 의미를 통해 예수 그리스도의 십자가에 따른 구원의 확신을 가지도록 한다. 그는 성찬론을 펼치면서 그리스도의 '참된 신성'과 '참된 인성'으로 가현설을 반박한다. 그리고 십자가를 통한 대속과 함께 구원에 따른 택한 자의 교리를 증거하면서 영지주의자들이 주장하고 있는 교리의 모순을 반박하고 있다. 이런 이그나티우스의 성찬 교리는 '참된 성육신'

과 '예언의 성취' 그리고 '영생에 대한 확신'과 그리스도인이 가져야 할 '참된 제자관'을 제시하고 있다. 그리고 우리로 하여금 신학과 신앙에 대해 세 가지 측면을 돌아보게 한다.

첫 번째는 신앙과 신학은 지식과 논리로부터 일어나는 것이 아니라 하나님을 향한 바른 믿음으로부터 일어나야 한다는 것을 깨닫게 한다. 하나님을 향한 근본으로부터 벗어난 지식의 신학과 신앙을 따라가서는 안 된다. 영적 갈등은 다양한 요소에서 일어난다. 그러나 그 근원을 찾아가다 보면 문득 마주치는 것이 있다. 그것은 하나님에 대한 근본으로부터 벗어나 있다는 것을 발견하게 된다. 르네상스와 계몽주의와 같이 이성 중심과 인본주의를 앞세운 신앙과 신학이 인간의 가치관을 새롭게 하는 것처럼 보였다. 그러나 하나님을 밀어내고 인간 중심이 되어버린 신앙과 신학에는 생명력이 없었다. 지식만 난무할 뿐이었다. 영적 타락과 갈등의 골은 끝을 알 수 없을 정도였다.

두 번째는 신학과 신앙은 예수 그리스도를 근거로 해야 한다는 것을 가르쳐주고 있다. 이 시대 앞에 성찬은 하나의 요식행위가 되어버리지 않았는지 되돌아봐야 한다. 초기 교회뿐 아니라 종교 개혁을 일으켰던 16세기에도 성찬은 매우 중요한 기능을 하고 있었다. 성찬 가운데 나타나는 그리스도론은 구원의 십자가를 바라보게 한다. 동시에 오실 주님을 바라보는 구원의 완성, 여기에 따른 새 하늘과 새 땅을 믿음으로 바라보게 한다. 영적으로 갈등 가운데 놓인 교회 앞에 이그나티우스의 성찬 신학은 신앙의 바른길을 교리적으로 제시하면서 신앙의 눈을 뜨게 하고 이를 통해 신앙과 교회를 지켜낸다.

세 번째는 부활과 영생의 신학과 신앙은 언약의 확신으로 이루어져야 한다는 것을 일깨워 주고 있다. 영지주의자들이 주장하고 있는 지식에 따른 영의 구원론으로 말미암은 교리적 갈등에 대해 이그나티우스는 성찬론에 관한 교리로 '진검'을 든다. 그리스도의 '몸'과 '피'를 근거로 한 언약의 성취였다. 부활과 영생에 대한 확신은 바른 교리를 수호하는 측면에서 매우 중요하였다. 그뿐 아니라 부활과 영생에 대한 확신은 육신 가운데 다가오는 로마의 박해를 이겨내는 근원이 되기도 했다. 이그나티우스는 부활과 영생을 바라보는 성찬 예식을 통해 하나님께서 약속하신 언약을 바라보게 한다. 그리고 성도와 교회로 하여금 그리스도 안에서 진정으로 하나를 이루는 일치와 연합을 이끌어 내고 있었다.

3

위기를 기회로! 그리스도를 따르자

안디옥의 이그나티우스는 순교자로 잘 알려져 있다. 그가 순교 당하기 위해 로마로 향하던 도중에 기록한 일곱 편의 서신은 속사도 교부였던 그의 신앙뿐만 아니라 그 당시 교회와 성도들의 모습을 읽을 수 있는 중요한 고증자료가 되고 있다. 이그나티우스의 서신은 초기 교회와 성도들이 에비온주의(Ebionism)와 영지주의(Gnosticism) 이단과 어떤 쟁점 가운데 있었는지, 주요 쟁점은 무엇이었으며, 로마 정부로부터 가해오는 박해로 인해 교회는 어떤 상태에 놓여 있었는지 중요한 근거를 제공해 주고 있다.

2세기에 기록되었던 이그나티우스의 서신이 중요하게 여겨지고 있는 것은 그의 서신이 단순한 역사적 기록물에 머물러 있거나 개인적 신앙을 논하는 수준에 머물러 있지 않기 때문이다. 그가 기록한 일곱 서신은 초기 교회 당시 일어났던 신학적 주요 쟁점과 이단의 기준이 어디에 있었는지 근거를 제공해 주고 있었다. 그리고 로마로부터 가해오는 박해라는 위기 앞에 그는 교회와 성도들을 어떻게 지도하였는지, 속사도 교부라는 이그나티우스의 위치가 교회의 주요한 공적 입장을 대변하는 역할을 하고 있었다. 사도들로부터 가르침을 받았던 속사도 교부인 이그나티우스는 당면한 위기에 대해 교회와 성도들을 어떻게 이끌어갔는지 일곱 서신은 그 장면을 밝혀주고 있다.

이그나티우스의 가르침은 크게 두 가지의 유형을 가지고 전개되었다. 하나는 성경을 바탕으로 한 가르침이었다. 그리고 또 한 가지는 위기를 신앙을 극대화하는 계기로 삼는 가르침이었다. 교회를 향한 그의 일곱 서신은 당시 수면 위에 떠 올랐던 세 가지의 갈등 구조를 해결하고, 교회를 이끌어가는 것에 책임을 다하는 속사도 교부로서의 '지도(指導) 서신'이었으며, 지도력을 겸비한 조언의 성격을 가진 서신이었다. 특히 이그나티우스의 서신에 나타나는 가치관은 그리스도와 사도들의 가르침이 제1원인으로 작용한다.

디모데후서 3장 14절에 의하면 바울이 디모데를 교훈할 때 이렇게 권면한다. "배우고 확신한 일에 거하라" 이그나티우스의 가치관은 자신을 이 순간까지 이끌어 준 사도들의 가르침이었다. 그리고 사도들의 가르침에는 그리스도가 제1원인으로 작용하고 있었다. 바울의 가르침대로 그리스도를 중심에 세운 사도들의 가르침이 이그나티우스의 가르침이 된다. 그의 서신은 위기 앞에 갈등하고 있는 교회와 성도들을 견인하며 답을 준다. 일률적이며 분명한 방향을 제시하고 있는 그의 가르침은 여러 부분에 있어서 귀추가 주목되고 있다.

 2세기, 교회가 위기 가운데 흔들린다. 그 위기는 이단과 로마 정부로부터 일어난다. 당면한 문제는 위기를 만들어내었고 갈등을 일으키며, 쓰나미처럼 교회를 덮친다. 마귀가 우는 사자처럼 삼킬 자를 두루 찾아다니는 것과 같았다. 이그나티우스는 이런 교회를 세 가지 관점에서 이끌어가고 있다. 첫 번째는 '가치관'을 회복시키는 지도력을 펼친다. 두 번째는 사고를 전환 시키는 지도력을 펼친다. 세 번째는 목자로서 양들을 돌아보는 지도력을 펼친다. 위기는 또 하나의 전환점이 될 수 있다. 순교를 앞두고 있는 이그나티우스는 자신의 모습만으로도 무너지기에 충분했다. 그러나 자신의 모습을 교회를 향한 전화위복의 동기로 삼는다. 이런 이그나티우스의 지도력은 그리스도를 따르는 길을 제시하면서 교회를 향해 새로운 동력을 제공하고 있다. 그리고 교회를 영적으로 일으키는 계기를 마련하게 된다.

위기 앞에 빛을 발하는 잠재적 가치관

▷ 그리스도인의 참된 가치관으로 깨어나도록 해야 한다

이그나티우스의 뛰어난 지도력은 그 사람의 잠재적 가치관을 깨어나게 하고, 그 가치관을 가지고 위기 앞에 신앙으로 반응하도록 만드는 데 있다. 신앙으로 깨어난 가치관은 위기 앞에 자신을 담대하게 서도록 하며, 당당하게 맞서도록 한다.「서머나 인들에게」 보낸 서신에 보면 이런 모습이 역력(歷歷)히 드러나고 있다. 그리스도인이라는 이유로 서머나 교인들은 로마 정부로부터 핍박을 당한다. 그리고 이어지는 고통과 공포, 두려움은 이들을 절망이라는 갈등의 구조 속에 빠져들게 만든다.

그러나 이그나티우스는 그리스도인이라는 이유로 무너짐을 당하고 있는 서머나 교인들을 책망하거나 원망하지 않는다. 오히려 격려하면서 자신들이 알지 못하고 있는 그리스도인의 참된 가치관을 발견하도록 한다. 그는 자신이 발견한 서머나 교인들의 참된 가치관에 대해 말한다. "(서머나 교인들은) 그리스도의 피와 사랑에 뿌리를 내리고 있으며, 이런 가운데 흔들리지 않는 믿음을 가지고 있는 것을 보았습니다."[232] 은유적인 표현을 즐겨 사용했던 이그나티우스는 서머나 교인들로 하여금 자신들이 깨닫지 못했던 그리스도인에 대한 참된 가치관을 발견하도록 한다. 그들의 가치관은 '그리스도의 피'와 '사랑'에 뿌리를 내리고 있었다. 이 사실을 발견한 그는 마치 땅에 묻혀 있는 보석의 원석을 발견한 것처럼 기쁨으로 서머나 교인들에게 다가서고 있다. 자신들이 어떤 가치를 가진 존재인지 일깨워준다. 그리고 믿음의 열매답게 흔들리지 않는 신앙의 모습으로 반응하도록 격려한다.

신앙의 참된 가치관은 심리 또는 역사적 사실에 기초하지 않는다. 진리에 기초한다.[233] 리처드 백스터(Richard Baxter, 1615-1691)는 『기독교 생활 지침』에서 '새 신자들의 신앙 성장을 돕는 법'을 다룬다. 여기서 그는 "진리와 경건의 탁월함을 취하지 않고 새로움이나 명성을 택하게 되면 새로움과 명성이 사라질 때 그 사람의 신앙 또한 사라지게 될 것"을 조언하였다.[234] 신앙을 통해 그 사람의 가치관을 발견하도록 만들어야 한다.

이그나티우스는 자신의 사례(事例)를 소개하면서 죽음을 정복한 그리스도의 부활 사건이 만약 가짜라면 자신이 쇠사슬에 매여 로마로 압송당하는 것이 얼마나 허무한 것인지 「서머나 인들에게」 보낸 서신에서 '가짜의 모습'에 비유하며 밝히고 있다. 그러나 자신이 걸어가는 그 길은 그리스도에 속한 자의 걸음이었으며, 부활의 주님에 속한 자의 걸음이었다. 그러니 죽음 앞에 놓인 두려움이 자신의 영혼을 갈등적 구조 속으로 몰아갈 수 없었던 것이다. 이를 증거하며 서머나 교인들이 가지고 있는 그리스도에 속한 그리스도인의 참된 가치관이 얼마나 소중한지 신앙의 눈으로 밝혀보도록 한다.

> 만약 우리 주님께서 하신 것이 가짜라면 사슬에 묶인 내 존재도 가짜입니다. 그렇다면 내가 어찌하여 죽음과 불과 칼과 들짐승에게 나를 온전히 내주었겠습니까? … 야수들과 함께 있다는 것은 하나님과 함께 있다는 것을 의미합니다. 그러나 모든 것이 예수 그리스도의 이름으로 이루어져야 합니다.(Smy 4:2)

이그나티우스는 그리스도인의 참된 가치관이라는 신앙으로 위기 앞에 반응하는 것이 얼마나 중요한지 가르침을 준다. 이것을 자신이 당하고 있는 순교의 모습에 비춰 설명하기도 한다. 그리스도인의 참된 가치관으로 반응하는 것이 왜 중요한지 일곱 편의 서신은 곳곳에서 증거하고 있다. 에베소 인들을 향한 서신에서도 밝힌다. 자신이 로마의 야수들 앞에 놓여 순교 당하는 것이 두렵지 않았던 것은 "그 길이 그리스도인으로서 주님의 '참된 제자'가 되기 때문"[235]이었다. 그리스도의 피로 만들어진 그리스도인의 참된 가치관은 그 사람의 삶과 자세를 변화시킨다.

그리스도인의 가치관은 '모든 것을 다 이루신'(참고, 요 19:30) 그리스도의 십자가에 의해 그 가치가 더 높여진다. 이그나티우스는 그리스도인의 가치관을 증거해내고 있는 십자가를 가리켜 '기중기'에 비유하였다.[236] '기중기'는 들어 올리는 역할을 한다. 그리스도가 우리의 죄를 대속하기 위해 매달리셨던 십자가는 더 이상 죄의 형벌을 집행하는 도구가 아니었다. "다 이루었다"라고 주님께서 말씀하신 것처럼 주님의 보혈이 묻은 십자가는 구원의 길로 인도하는 문이 될 뿐만 아니라 그리스도인의 가치를 더 높여주는 '기중기'로써 역할과 기능을 하고 있다.

이그나티우스는 환난과 고난이 겹친 현실이지만 그 현실에 굴복당하지 말고 그리스도인의 참된 가치관으로 일어서도록 격려한다. 그리고 신앙으로 반응하는 자에게 나타나는 참된 가치관을 바라보게 한다. 그리스도인의 참된 가치관을 높이고, 되찾게 만드는 그의 신앙의 지도는 절망을 소망과 희망의 신앙관으로 바꿔놓고 있었다. 그리스도인이라는 존재를 알게 하고, 가치관을 새롭게 세워가는 그의 지도력은 고난에 사로잡혀 갈등하는 성도들을 땅에 묻힌 원석으로 머물러 있지 않게 한다. 참된 진가를 발하는 보석으로 새롭게 태어나도록 만들어가고, 가꾸어가고 있었다.

▷ 동역의 참된 가치관을 깨닫게 해야 한다

이그나티우스는 교회와 성도들의 '일치'와 '연합'을 매우 강조하였다. 환난의 때를 견뎌내는 것은 혼자의 모습이 아니라 서로가 '일치'와 '연합'을 이룰 때 그 효력은 더욱 강력하게 나타난다. 교리가 말씀과 '일치'를 이루고, 신앙과 삶이 말씀과 '일치'를 이룰 때 믿음은 강력한 역사를 일으킨다. 하나님의 인도하심과 지키심과 보호하심이 출애굽기 14장에 등장하는 홍해 사건과 같은 강력한 역사를 일으킨다. '일치'와 '연합'을 이룬 신앙으로 반응하는 동역은 그리스도의 지체로서 참된 가치관을 발한다.

스테판 차녹(Stephen Charnock, 1628-1680)은 하나님의 능력을 '하나님의 단순성'과 연결한다. 삼위일체가 이루는 속성에 따른 일치성을 반영하고 있다. 이를 통해 하나님께서 이루심이 세 가지가 아니라 하나로 그 뜻이 펼쳐짐을 강조한다.[237] '하나의 교회'와 성도가 하나로 동역을 이룬다는 것은 사람의 자발적인 발상 또는 의지만으로 되지 않는다. 본질을 '하나로' 묶어내는 것으로부터 출발을 이뤄야 한다. 이그나티우스의 두드러짐은 자신을 드러내는 것에 있지 않다. 그는 오히려 자신을 부족한 자로, 형제들이 함께 동역을 이뤄줘야 할 존재로, 심지어 자신은 서신을 받아보는 성도들의 지도가 필요한 존재라는 점을 인정하며 동역의 필요성을 상대로 하여금 함께 인식하도록 만든다.

> 나는 여러분에게 내가 중요한 사람인 것처럼 명령하지 않습니다. 나는 그 이름을 위하여 갇힌 자이지만 아직 그리스도인의 온전함에 이르지 못했습니다. 나는 이제 막 제자가 되기 시작했습니다. 때문에 나는 여러분을 동료 학생들이라 부릅니다. 나는 믿음, 격려, 감내, 인내에 있어서 여러분의 지도가 필요했습니다. (*Ep* 3:1)

이그나티우스는 비록 몸은 떨어져 있지만 영적으로 자신은 에베소 교인들과 함께하고 있다는 것을 알리며 이를 통해 동역을 이끌어낸다. 에베소 인들에게 보낸 서신의 말미에 보면 자신은 서신을 받아보는 이들과 함께 동역하고 있다는 마음을 전하고 있다. 그리고 '일치'되는 가치관으로 서로를 연합하여 하나로 묶어낸다. "나는 여러분과 여러분이 하나님의 영광을 위하여 서머나로 보내신 자들을 위해 내 생명을 바칩니다. … 예수 그리스도께서 여러분에게 하시는 것처럼 저를 기억하십시오."[238] 동역은 한마음을 품게 하고, 하나를 이루는 사역을 만들어낸다. 그는 교회와 성도를 일치와 연합으로 이끌어낼 때 지배적 개념이라는 군림하는 방식 또는 상부 하달 방식의 명령 체계를 강조하지 않는다. 그리스도인이라는 신앙의 형틀 안에서 동역을 이루며, 머리가 되시는 그리스도 한 분 안에서 한 지체로 일치와 연합을 이루게 한다.

특히 이그나티우스의 일곱 서신에 나타나는 인사말에는 그의 특유한 지도력이 숨겨져 있다. '데오포로스(하나님에 의해 영감을 받은 자)'라는 단어다. 이 단어는 서신을 받아보는 수신자보다 자신이 영적으로 상위에 있다는 것을 말하지 않는다. 교회사학자인 시릴 리차드슨(Cyril. C. Richardson)의 지적에 의하면 "이 단어는 명사적 의미에서 사용된 것이 아니다. 예언적 성격을 나타내는 측면에서 자신을 칭하는 별명 또는 별칭"[239]이었다. 명사보다 예언적 성격을 가진 이 단어는 자신의 사역을 변증하면서 두 가지 측면을 발견하게 한다.

첫 번째는 로마 정부로부터 가해오는 핍박에 따른 고난과 이단의 거짓된 교리 앞에서 갈등하고 있는 교회와 성도들을 '그리스도의 중심'에 세우는 동역을 이끌어내고 있다. 두 번째는 모든 것의 가치관에 '그리스도를 중심에 두는 신앙의 자세'를 가지도록 한다.[240] 그러므로 '데오포로스'는 자신을 자랑삼는다든지, 자신의 생각을 주장하는 방식의 '자기 드러냄'이 아니었다. 그리스도인의 참된 가치관으로 동역을 이끌어내는 신앙의 노크였다. 상대가 가지고 있는 참된 가치관을 알게 하고, 깨어나게 하는 십자가의 효력을 발하는 영적 무기였다. 이그나티우스의 지도력이 뛰어나다고 말할 수 있는 것은 이런 점들이 그의 특징을 이루고 있었기 때문이다.

▷ 고난이 의미하는 참된 가치관을 알도록 해야 한다

영국의 청교도 설교자이자 신학자였던 토머스 브룩스(homas Brooks, 1608-1680)는 40년이 넘는 목회를 이어가면서 하나님의 말씀을 전할 때마다 놓치지 않는 주제가 있었다. 그의 강력하고 설득력 있는 설교는 항상 성경에 기반하였으며, 그리스도인으로 살아가는 삶에 대해 '하나님의 주관하심'을 잊지 않도록 하였다. 심지어 환난이 자신에게 닥칠 때도 여기에 대해 하나님이 주권자로서 주관하고 계시며, 하나님의 명하심이 이 가운데 있다고 강조하였다.²⁴¹ "인내는 연단을, 연단은 소망을 이루게"(롬 5:4) 한다. 하나님께서는 고난이라는 과정을 통해 우리로 하여금 하나님께 복종하게 만든다. 그리고 고난이 주는 참된 가치관을 알도록 한다.

이그나티우스는 그리스도인으로서 받는 고통의 원인을 피해를 제공하는 쪽에서 찾는 것이 아니라 그 고통이 의미하고 있는 바에서 근본을 찾는다. 그의 상황을 살펴보면 로마로 압송당하는 과정에 있었다. 「로마 인들에게」 보낸 서신의 제5장 1절에 의하면 '열 마리의 표범'에 의해 '사슬에 매여' 끌려가고 있다. 그의 표현을 빌리면 이그나티우스는 두려움과 고통 가운데 놓여 있다. 그러나 그의 일곱 서신은 고통 가운데 무너지고 있는 자신의 모습을 보게 하는 것이 아니다. 이 과정을 통해 상대로 하여금 그리스도를 발견하게 만들고, 그리스도인의 참된 가치관을 찾는 길로 인도하고 있다. 「에베소 인들에게」와 「트랄레스 인들에게」 보낸 서신의 인사말에서 신앙에 따른 고난은 무너짐을 말하는 것이 아니라 그리스도와 함께 참된 행복의 가치관 속으로 들어가는 것이며, 동시에 그 가치관 속에 세워지는 것이라고 말한다.

여러분의 일치와 택하심으로 여러분은 우리의 하나님이신 아버지와 예수 그리스도의 뜻에 의해 참된 고난을 받고 있습니다. 그러므로 여러분은 행복하다고 여겨질 만한 자격이 있습니다.(*Ep*, Text)

여러분은 택함을 받은 자들이며, 예수 그리스도의 아버지이신 하나님께 사랑을 받고 있으며, 그분의 진정한 자랑거리입니다. 여러분은 우리의 소망이신 예수 그리스도의 수난으로 인해 온전히 평안을 누리고 계십니다. 이는 우리가 그리스도와 연합하여 다시 살아날 것(부활)이기 때문입니다.(*Tral*, Text)

이그나티우스는 에베소의 성도들로 하여금 "그리스도의 영 안에서 그분을 사랑하고 그분과 같기를 기도"하도록 권면한다.[242] 그리고 빌라델피아의 성도들에게는 '연합을 소중히 여길 것'과 '그리스도께서 아버지 하나님을 본받으신 것'을 돌아보면서 동일한 가치관에 세워지도록 권면한다. 그는 파벌을 지어 일하지 말고, 그리스도의 제자답게 행동하도록 촉구한다. 자신이 교회를 향해 이렇게 말할 수 있는 것은 자신의 마음의 근본을 이루고 있는 것이 예수 그리스도였기 때문이다. 이런 사실을 스스로 고백하기도 한다.[243] 만약 누군가가 그리스도인의 근원에 대해 물었다면 그는 '그리스도의 피'와 '그리스도의 십자가'에 있다라고 한 치의 망설임도 없이 말했을 것이다. 왜냐하면 그의 내면에 채워져 있는 것이 '그리스도의 피'와 '그리스도의 십자가'였기 때문이다.

    헤르만 바빙크(Herman Bavinck, 1854-1921)는 '기독교 세계관'을 통해 가치관을 논하면서 "모든 속성들과 작용에 관한 원리는 뿌리를 둔 본성에서 이루어진다"[244]라고 피력한 바 있다. 이그나티우스에게는 로마에서 당할 순교라는 극단적인 순간이 기다려지고 있었다. 그럼에도 불구하고 여기에 대해 두려움과 공포를 말하기보다 그리스도를 닮아가는 길에 서 있는 자신의 모습을 기억하며, 교회로 하여금 성도들로 하여금 그리스도인의 가치관 앞에 서도록 오히려 독려하고 있다. 신앙으로 반응했음에도 불구하고 고난이 자신에게 임하였다면 여기에는 하나님의 특별한 일하심이 있다는 것을 그는 알고 있었다. 이런 그의 신앙은 고난이 의미하는 참된 가치관을 바르게 알도록 교회와 성도들을 영적으로 깨우는 역할을 감당하고 있었다.

        다만 내가 육신의 강건함을 얻어 [순교에 대해] 말할 뿐만 아니라 진정 원할 수 있도록 기도해 주십시오. 나는 단순히 그리스도인이라고 칭함을 받는 것이 아니라 실제로 그리스도인이 되기를 원합니다.(*Rom* 3:2)

… 그러므로 내가 죽었을 때, 나는 누구에게도 짐이 되지 않을 것입니다. 그러면 세상이 더 이상 내 육체를 보지 못할 때 나는 예수 그리스도의 진정한 제자가 될 것입니다. 이러한 수단을 통해 내가 하나님의 산 제물이 될 수 있도록 그리스도께 기도해주십시오.(*Rom*, 4:2)

… 불이여, 십자가여, 야수들과 싸우는 것이여, 뼈를 찢는 것이여, 사자를 자르는 것이여, 온몸을 으스러뜨리는 것이여, 마귀의 잔혹한 고문이여, 나를 오직 예수 그리스도께 나아가게만 하라!(*Rom* 5:3)

자신의 죄로 인한 값에 따른 고난이 아니라 신앙 가운데 일어난 고난은 자신을 무너뜨리는 괴물이 아니다. 하나님의 시간 안에 들어 있는 희망을 알리는 메시지와도 같다. 「폴리갑에게」 보낸 서신에 따르면 거친 풍랑이 몰아칠 때 항구가 필요하듯이 고난은 영혼들을 하나님께로 나가길 갈망하게 만드는 도구가 된다. 이그나티우스는 당하는 고난 앞에 소망을 잃지 말고 지금보다 더욱 열성적으로 하나님께서 허락하신 시대를 바라보도록 한다.[245] 그는 폴리갑(Polycarp, 69-155)이 감독으로 있던 서머나 교인들에 대해서도 당하는 고난을 두려워하여 굴복당할 것이 아니라 인내를 갑옷으로 삼고 이겨나가도록 한다.[246]

> … 그들과 함께 나도 하나님의 상을 받을 수 있기를 바랍니다! 여러분의 어려운 훈련을 함께 나누십시오. 하나님의 청지기로서, 사정관으로서, 보조자로서 함께 씨름하고, 함께 달리고, 함께 고난을 받고, 함께 자고, 함께 일어나십시오. 여러분은 그분의 군대에서 복무를 하고 있으며, 그분으로부터 보수를 받고 있습니다. 그분을 만족시켜 드리십시오. 여러분 중 누구도 탈영병이 되지 않도록 하십시오. 여러분의 세례가 여러분의 병기가 되도록 하십시오. 여러분의 믿음은 여러분의 투구가 되게 하십시오. 여러분의 사랑은 여러분의 창이 되게 하십시오. 여러분의 인내는 여러분의 갑옷이 되게 하십시오. 여러분의 행위를 예금으로 삼아 결국 상당한 저축액을 돌려받게 하십시오. 그러므로 하나님께서 여러분과 함께하심과 같이 서로 인내하며, 서로 온유하게 하십시오. 나는 여러분들로 인해

항상 행복할 수 있길 바랍니다!(*Pol* 6:1-2)

　　절대 주관자 되시는 하나님의 일하심을 발견하며, 고난 속에서도 무너짐을 당하지 말고 고난이 가져오는 참된 가치관을 영적으로 직시하도록 권면한다. 그리스도를 닮아가는 신앙의 여정이 결국은 '하나님 보시기에 좋았더라'의 결실이라는 열매를 맺게 된다는 것을 믿음으로 바라보게 한다. 그러니 신앙으로 반응하는 가운데 일어나는 고난과 환난은 우리로 하여금 그리스도를 더욱 닮아가게 만든다. 고난에 대한 참된 가치관을 알고 여기에 대한 분명한 신앙으로 위기를 이겨내도록 이끌어가는 이그나티우스의 모습 속에는 '십자가 신앙'이 무엇을 말하는지 참된 가치가 빛처럼 펼쳐지고 있었다.

생각에 머물지 않고 행동하는 신앙

▷ 그리스도를 닮아가는 신앙의 여정

　　이그나티우스의 신앙은 사도적 모습 속에 있다. 그리고 사도들의 신앙은 그리스도가 그 안에 새겨져 있다. 속사도 교부로서 자신의 위치를 지켜갔던 이그나티우스는 권위주의로 자신을 세우지 않았다. 그리스도의 십자가를 신학과 신앙 그리고 삶 가운데 녹였던 그는 교회를 바르게 세우고, 이끌어가야 할 감독과 장로들에게 두 가지 점을 명심시킨다. 첫 번째는 "하나님을 대신하여 주재"하는 모습이 되도록 한다. 두 번째는 "사도적 공의회를 대신"하도록 한다.[247] 특히 「마그네시아 인들에게」 보낸 서신에서는 사도적 표상(表象) 위에 세워진 감독과 지도자를 교회로부터, 성도들로부터 분열시키는 그 어떤 세력들도 용납하지 말 것을 강력하게 촉구한다.[248]

사도들의 가르침과 명령은 육체와 영혼을 바르게 이끌어가는 표상이 되었으며, 그들의 능동적 사고와 바른 섬김의 본은 그리스도를 향하도록 이끌어갔다. 이그나티우스는 이런 사도들의 가르침을 바탕으로 예수님과 성부와 성령께 경의를 표했던 것처럼 감독과 서로들에게도 경의를 표하도록 지도하였다.[249] 권위주의가 아니라 영적으로 건강한 신앙의 공동체를 만들어낸다. 영적으로 건강한 교회의 감독과 장로를 거짓 교사들과 비교되는 사도적 표상으로 비춰보도록 한다.[250] 흔히 배운 것을 가르친다고 한다. 이그나티우스는 자신이 교회를 향하는 마음과 성도들을 돌아보는 마음을 가리켜 '사도적 방식'

이라고 「트랄레스 인들에게」 보낸 서신에서 밝힌다.[251] J.N.D. 켈리에 따르면 그는 그리스도와 바울을 이상으로 삼는 속사도 교부였다.[252] 아달베르 함만(Adalbert Gautier Hamman, 1910-2000)은 이그나티우스의 신앙을 가리켜 "사도들에게 전해 받은 것을 고백하는 신앙"[253]이라고 증거하였다.

순교를 앞두고 로마로 향하던 이그나티우스 또한 두려움이라는 갈등으로부터 자유할 수 없었다. 이런 사실은 "순교의 최후를 맞이할 수 있도록 위안이 되었던 것이 '복음서'와 '사도서'였습니다"[254]라고 밝힌 「빌라델피아 인들에게」 보낸 서신의 제5장이 증명하고 있다. 두렵고, 떨리는 죽음의 공포로부터 가해오는 압박감과 무게를 짐작할 수 있게 한다. 이런 이그나티우스를 영적으로 붙잡아주는 것이 있었다. 그것은 다름 아닌 그리스도를 담아내고 있는 '복음서'와 '사도서'였다. 이것이 그리스도를 닮아가는 신앙의 여정을 위로하고 있었고, 참된 가치관과 진리 가운데 달려가고 있는 그리스도인으로서의 모습을 위로받게 하였다.

이그나티우스는 그리스도가 중심에 새겨있는 '사도의 표상' 가운데 세워진 한 사람이었다. '사도의 표상'은 성도들을 자신의 제자로 만들어가는 발상(發想)을 계획하지 않는다. 그리스도의 제자로 성도들을 세워나간다. 교회의 머리가 그리스도인 것을 깨닫게 한다. 사도들의 신앙을 돌아보면서 그리스도를 돌아보게 하는 그의 발상은 자신이 걸어가는 순교의 길을 다른 사람 또한 열렬히 갈망하게 만든다. 그리스도를 닮아가는 신앙의 여정이 또 다른 결실의 열매를 맺는 살아 있는 신앙이 된다.

이그나티우스로부터 많은 영향을 받았던 서머나의 초대 감독이었던 폴리갑은 로마 정부로부터 핍박을 당한다. 그는 서머나의 감독이었지만 빌라델피아 교인 12명과 함께 '사도의 수(數)'에 맞춰 화형당하는 순교의 길을 걷는다.[255] 그 또한 이그나티우스처럼 사도의 길을 따르기를 기뻐했으며, 이런 자신을 사도들과 같은 반열에 올려놓지 못하도록 철저히 경계하였다.[256] 이와 같이 '사도의 표상'을 제시하는 이그나티우스의 사도적 발상은 그리스도를 사고(思考)하게 만든다. 그리고 그리스도를 '열렬히 갈망하는 자리'에 올려놓는다.

그리스도를 닮아가는 신앙의 걸음을 걸었던 그는 굴욕적인 자세를 취하며 순교를 모면하려는 모든 행위를 거부하였다. 순교를 통해 그리스도께로 가는 길을 열렬히 선택하였다. 로마인들을 향한 서신에는 이런 사실이 더욱 분명하게 드러나고 있었다. "광활한 땅과 이 세상의 왕국이 내게는 아무 소용 없습니다. 땅끝을 다스리는 것보다 '나는 차라리 죽고' 예수 그리스도께로 나아가겠습니다."²⁵⁷ 이런 이그나티우스의 갈망이 로마 교회 성도들의 신앙을 이끌어낸다.

그는 순교 현장을 통해 자신을 바라보는 사람들로 하여금 죽어가는 한 사람의 시신을 목격하는 자리로 만들지 않았다. 그는 자신이 짐승에게 먹혀 뼈 한 조각, 살 한 점도 남겨지기를 원하지 않았던 것처럼 순교 현장을 그리스도를 닮은 십자가 신앙으로 지배하게 된다. 자신의 죽음을 통해 그리스도의 십자가를 담아내길 원했던 순교 현장은 그리스도를 닮아가는 자리가 된다. 그것은 이그나티우스 자신만이 아니었다. 그의 순교 현장을 목격하고 있는 사람들에 이르기까지 참된 그리스도인을 바라보게 만든다. 그리고 순교의 현장을 성도들로 하여금 그리스도를 닮아가기를 갈망하는 열망의 자리가 되게 한다. 그리스도를 닮아가는 그의 순교가 이런 결실을 맺는다.²⁵⁸

▷ 능동적 신앙으로 반응

이그나티우스는 이단들로 인한 교리적 갈등과 교회를 향한 로마의 박해를 성숙한 신앙의 모습으로 이겨내도록 한다. 그리스도가 십자가에서 최후의 승리를 거두기까지 그 과정을 인내하였던 것처럼 에베소 교회의 성도들을 향해 성숙한 신앙의 자세를 가지도록 다음과 같이 권면한다. "여러분이 연합하고 순복하며 감독과 장로회에 복종할 때 여러분들은 진정한 성인이 될 것입니다."[259] 특히 성숙한 신앙의 위치에 서려면 자신의 위치와 현주소에 대해 확신이 있어야 한다. 이그나티우스는 「마그네시아 인들에게」 보낸 서신의 제4장에서 이런 답을 준다. "우리는 그리스도인이라고 불릴 뿐만 아니라 그리스도인이 되어야 합니다."[260]

존재에 대한 확신은 다음 단계의 비전을 만들어간다. 그러므로 자신이 어떤 존재가 되어야 하고, 어떤 위치에 서야 하는지 분명함이 있어야 한다. 이런 측면에서 세워진 믿음 있는 신앙의 모습은 시편 1편에서 말하고 있는 것처럼 시냇가에 심은 나무와도 같다. "그는 시냇가에 심은 나무가 철을 따라 열매를 맺으며 그 잎사귀가 마르지 아니함 같으니 그가 하는 모든 일이 다 형통하리로다" 믿음 있는 신앙의 모습은 사고와 신앙에 대해 자발적이고 능동적인 자세를 취하게 한다. 이때 작동되는 인간의 의지에 따른 동기는 하나님의 섭리적 활동과 분리되지 않는다.[261] 아우구스티누스는 『자유의지론』에서 하나님께서 인간에게 자유의지를 주신 것은 자신의 뜻대로 행하는 것을 목표로 삼는 것이 아니라 하나님의 선하신 뜻을 이루는 측면에서 작동되어야 할 의지라고 설명하고 있다.[262] 이런 인간의 의지에는 분명한 동기부여가 있다.

    그리스도인에 대한 확신을 고취 시키고 있는 이그나티우스의 신앙은 자기 안에 머무는 고인 물이 아니었다. 그 물이 흘러 주변을 변화시켰던 비손과 기혼과 힛데겔과 유브라데의 강과 같았다. 그의 확신 있는 신앙의 모습은 고난과 역경을 뚫고 나가도록 길을 밝히는 인도자의 역할을 한다. 갈등이라는 깊은 터널에 빠져 갈 길을 찾지 못하고 있는 교회와 성도들에게 신앙으로 반응하도록 영적인 동력을 부여주고 있었다. 고난을 동반한 역경에 무너지지 않고 강하게 일어서도록 의지에 동기를 부여하는 신앙의 매개체가 되었다.

    자신이 고난의 역경을 이길 수 있었고, 순교에 대해 두려움이 아니라 장차 이뤄질 것을 소망 가운데 바라볼 수 있었던 것은 그리스도가 십자가를 통해 이룬 부활에 대한 확신이 있었기 때문이다. 그는 「에베소 인들에게」 보낸 서신의 제20장 1절과 「빌라델피아 인들에게」 보낸 서신의 인사말과 본문의 제8장 2절과 제9장 2절 그리고 「서머나 인들에게」 보낸 서신의 제1장 2절과 제3장 1-2절, 제5장 3절과 제7장 2절, 제12장 2절에서 그리고 「폴리갑에게」 보낸 서신의 제7장 1절에서 그리스도인의 열매인 '부활'을 다룬다.[263] 자신이 확신하고 있는 부활의 신앙을 교회와 성도들로 하여금 확신하도록 능동적인 신앙의 반응을 일으키고 있었다.

신앙으로 반응하도록 이끌어갔던 이그나티우스의 지도력은 자신이 알고 있던 플라톤적 사고에 근거를 두거나 지식에 의지하지 않았다. 그리스도의 가르침대로 반응했던 사도들의 신앙이었으며, 자신이 걸어가고 있는 확신에 따른 그리스도와 십자가 신앙이었다. 그는 이것을 모본으로 제시하고 있다. 이론이 아니라 사실에 따른 가르침으로 접근하는 그의 방식은 또 하나의 능동적 신앙을 만들어내는 근원이 되었다. 성도들로 하여금 확신과 용기를 가지며, 주어진 상황 앞에 당당하게 서도록 한다. 능동적 사고 속에 그리스도를 닮은 신앙의 담대함으로 반응하게 한다.

서머나의 감독이었던 폴리갑은 이그나티우스로부터 받은 개인 서신(「폴리갑에게」)과 함께 그가 '부활'의 확신에 대해 가장 많은 가르침을 주었던 「서머나 인들에게」 보낸 서신을 접하게 된다. 이런 폴리갑은 자신이 받은 영향력을 빌립보 교인들에게 그대로 담아낸다. 신앙으로 반응하는 신앙 있는 능동적인 모습은 신앙의 또 다른 열매를 맺어 가는 데 매우 적극적인 모습을 취하게 된다. 왜냐하면 거기에 대한 확신을 가지고 있었기 때문이다. 이런 모습은 폴리갑이 빌립보에 있는 교인들에게 보낸 서신에 그대로 묻어나고 있었다.

> 이제 나는 여러분에게 의의 말씀에 순종하고, 축복받은 이그나티우스와 조시무스와 루푸스뿐 아니라 여러분들 가운데 있는 다른 사람들, 그리고 바울과 나머지 사도들에게서 여러분의 눈으로 직접 본 것과 같은 최대한의 끈기 있는 인내를 발휘하기를 권고합니다. 이 모든 분들이 "헛되이 달음질하지 아니하고" 신앙과 의로움 가운데 달린 것이요, 한때 그들이 주님의 고난에 동참했던 것과 같이 이제는 주님과 함께 그들이 합당하게 차지할만한 처소에 있음을 확신하십시오.(Phil 9:1-2)

'교회밖에는 구원이 없다'라는 이그나티우스의 교회론과 구원론은 교회의 존재와 가치 그리고 필요성에 대한 확신과 함께 교회를 중심으로 일치와 연합을 이루어야 할 이유를 제시하고 있다.[264] 교회를 중심으로 세워지는 그리스도와 십자가에 대한 능동적인 신앙의 자세는 예수 그리스도와 함께하는 신앙으로 분파주의를 이겨나가게 한다. 그리스도와 십자가에 대해 능동적으로 반응하는 신앙은 그리스도 안에서 살아가는 것이 참된 삶이라는 가치의 확신을 심어준다. 그리고 그리스도 안에서 하나를 이루는 동기를 부여한다. 뿐만 아니라 고난으로 말미암아 두려움에 사로잡힌 자들을 그리스도를 향한 열렬한 신앙으로 그 모습을 변화시키는 촉매제의 역할을 감당하게 된다.

▷ 자아상을 회복시키는 격려와 독려

이그나티우스의 서신에는 상대의 생각과 행동에 대해 열렬함과 적극성을 이끌어내는 특별한 지도력이 발견된다. 그 대표적인 것들 가운데 하나가 격려와 독려를 통한 동기유발이다. 격려는 상대에게 용기를 북돋아 주고, 힘을 준다면, 독려는 어떤 일을 권장할 때 칭찬과 지지에 따른 도움의 역할을 한다고 볼 수 있다. 격려가 상대의 마음을 변화시키는 데 초점이 있다면 독려는 행동에 이르는 변화에 초점이 맞춰져 있다. 이런 모습이 그가 보낸 서신에 고스란히 묻어나고 있었다. 「에베소 인들에게」 보낸 서신에서 데살로니가전서 5장 17절의 말씀을 인용하면서 다른 사람을 위해 "쉬지 말고 기도"할 것을 권면한다.[265] 여기에는 인내가 함께 요구되고 있었다. 이그나티우스는 이것이 그들을 하나님께로 인도하는 기회가 될 뿐만 아니라 이런 성도들의 모습이 상대로 하여금 보고 배우게 하는 과정이 될 것이며, 완악한 그들의 모습을 변화시키는 역사를 일으키게 될 것이라고 격려하고, 독려한다.

존 오웬(John Owen, 1616-1683)에 따르면 장로와 목사에게는 성도들을 온전하게 이끌어가고 세워갈 온갖 책임과 의무가 있다.[266] 이그나티우스는 교회에 대해 책임과 의무를 가지고 있는 감독과 장로들에게 그리고 성도들에게 사역과 사명을 그리스도인의 인내를 통해 이루도록 한다. 여기에는 책임과 사명만을 강조하고 있는 것이 아니다. 이그나티우스는 이를 위해 격려하고, 독려하면서 그리스도인의 삶의 가치를 이루어 가도록 지도하고 있다.

이그나티우스는 그리스도인의 인내가 종말을 이겨내고, 대적을 이겨내는 중요한 도구가 되도록 격려하고, 독려한다.[267] 사도 바울을 닮은 이그나티우스의 서신에는 '하나님 아버지와 예수 그리스도 안에서'라는 인사말과 '하나님에 의해 영감받은 자'가 연결되어 등장한다. 그리고 이것이 고난과 고통, 교리적 갈등 속에 놓인 교회와 성도들을 격려하고 독려하는 위치에 선다.[268] 이런 과정을 통해 이그나티우스는 성도들의 자아상을 회복시키고 있다.

(인사말)하나님 아버지와 예수 그리스도 안에서 "하나님에 의

해 영감받은 자" 이그나티우스가 메안데르 강변에 있는 마그네시아에 있는 교회에 행복을 빕니다. 우리 구주이신 그리스도 예수 안에서 나는 그분과 연합함으로 인해 하나님 아버지의 은총을 받는 교회에 문안합니다. … (본문)나는 그들이 우리의 영원한 생명이신 예수 그리스도께서 육을 영과 연합시키셨다는 것을 고백하기를 원합니다. 나는 그들도 그들의 신앙을 사랑으로 연합하기를 원합니다. 그보다 더 나은 것은 없습니다. 무엇보다 예수님과 아버지의 연합을 고백하기를 원합니다.(*Mag* 1:2)

이그나티우스는 성도들로 하여금 교회의 감독을 따르도록 독려할 때도 "하나님 아버지의 권위를 존중하듯 그들을 존중해야 하며, 우리를 사랑하셨던 예수 그리스도의 명예를 위해 우리 또한 꾸밈없이 감독에게 순종해야 할 것"[269]을 권면한다. 이런 과정을 통해 그리스도가 교회의 머리가 되며, 우리는 그리스도의 몸의 지체로서 그리스도 안에서 일치와 연합을 이루어야 한다는 것을 더욱 분명하게 한다. 마치 바울의 에베소서를 보는 것 같다. 이와 같이 사람에게 만족을 주는 기복적인 신앙이 아니라 하나님을 기쁘시게 하는 신앙과 자세를 길러내도록 독려하는 그의 모습은 자신의 순교와도 연관이 있다. 왜냐하면 자신의 순교가 교회를 지키고, 신앙을 지켜내는 길이었으며, 이것이 참 그리스도인의 모습이었기 때문이다.

이그나티우스는 이런 격려와 독려를 통해 성도들의 자아상을 회복시켜 나간다. 그리스도인의 참된 모습으로 생각하는 사고를 길어낸다. 그리고 믿음 있는 적극적인 신앙의 행동을 유발시킨다. 그는 그리스도인으로서 당하는 고난을 가리켜 '그리스도에 의해 해방되는 것', '그리스도와 연합되어 다시 살아나는 것', '자유롭게 되는 것'이라고 하였다. 그는 이를 통해 능동적 사고와 그리스도를 향한 열렬한 의지적 발동을 불러일으키는 동기를 부여하고 있다.[270] 뿐만 아니라 독려와 격려를 곁들인 신앙의 지도는 상대의 인격을 존중함과 동시에 상대로 하여금 인격적으로 그리스도 안에 세워지도록 이끌어가는 역할을 감당하고 있었다.

고난과 갈등을 여과시키는 신앙의 필터

▷ 건강한 신앙의 인격과 십자가

신앙은 생물과도 같다. 어떤 신앙 가운데 세워졌느냐에

따라 매우 다양한 결론의 열매를 맺는 것을 볼 수 있다. 창세기 5장 24절의 '하나님과 동행'했던 에녹의 신앙은 이 땅에서 죽음을 맛보지 않고 천국의 결실을 맺었다. 반면 창세기 4장 19절 이하에 등장하는 라멕의 인본주의 신앙은 인류 최초로 인간 우상화를 만들었으며, 하나님을 멸시하고, 대적하는 멸망이라는 걸음을 걷는다. 신앙이 건강하지 못하면 영적 질병에 노출당하게 된다. 신앙이 건강하지 못하면 신앙은 영적으로 고장난 모습이 되어 제대로 된 기능을 발하지 못한다. 신앙이 건강해야 영적으로 불의와 타락 그리고 고난과 갈등을 걸러주는 필터의 역할을 하게 된다.

이그나티우스는 「에베소 인들에게」 보낸 서신에서 "세상 군주의 가르침에 생포된 자가 되어 자신의 삶을 강탈당하지 않도록 예수 그리스도이신 '하나님의 지식'을 받아들이도록"[271] 한다. 영적으로 무너짐을 당하지 않도록 '하나님의 지식'을 통해 '자아상'과 관련된 자신의 '의식'을 회복 받도록 한다. 신앙이 필터의 역할을 해주지 못하면 환경이 주는 갈등과 고난이라는 과정에 인간의 연약성은 쉽게 무너짐을 당하게 된다.

이그나티우스는 에베소 교인들을 건강한 신앙의 인격체로 만들기 위해 전심으로 다가선다. 진리는 이론에서 나오는 것이 아니다. 완전하신 하나님으로부터 주어진다. 구원의 참된 진리로부터 벗어난 신앙은 인본주의로 기울거나 하나님을 향해 '게걸음'을 치게 된다. 구원과 관련하여 그리스도 외에는 어떤 길도 하나님께서 허락한 사실이 없다는 것을 에베소 교인들에게 분명하게 심어준다. 그는 이것을 다윗의 언약을 통해 가르치고, 부활을 통해 역설한다. "마리아에 의한 성육신과 부활을 무시하는 어떤 이야기에도 귀를 기울이지 마십시오."[272] 신앙이 진리 가운데 바르게 세워지지 못하면 신앙이 가질 수 있는 필터의 효력이 역반응을 일으키게 된다는 것을 누구보다 잘 알고 있었던 이그나티우스는 신앙의 필터를 진리를 바르게 아는 건강한 신앙의 인격으로 세워가도록 견인하고 있다.

S. F. 스트로슨(Peter Frederick Strawson, 1919-2006)과 같은 철학자는 '자아'를 '지각'에서 발생하는 것으로 본다.[273] 반면 앤서니 A. 후크마(Anthony A. Hoekema, 1913-1988)는 '자아'를 존재와 역할에 있어서 '인격'과 관련된 것으로 보고 있다. 따라서 '자아상'의 회복은 '하나님의 형상'을 회복시켜 나가는 칭의와 성화와 긴밀한 관계를 가진다.[274] 이그나티우스는 에베소 교인들을 '하나님으로 말미암은 참된 지식'에 이르도록 가르침을 준다. 이런 그의 가르침은 영적 회복을 이루고 있었으며, 성도들의 '자아상'을 건강하게 만들어가는 역할을 하고 있었다. 그의 '자아상'의 회복은 부패하고, 무력한

죄의 노예가 아니라 창조 회복이라는 칭의와 성화에 따른 '새 창조'를 돌아보게 한다.[275] 이것은 다른 것으로 말미암을 수 없다. 요한복음 19장 30절에서 "다 이루었다"라고 증거하고 있는 그리스도와 십자가로 말미암아 이루어진다.

십자가와 관련하여 마이클 고먼(Michael Gorman, 1955-현재)은 자신의 저서 『삶으로 담아내는 십자가』를 통해 십자가를 본받는 삶의 능력을 피력한다.[276] 그는 이 자리에서 바울은 십자가를 통해 자신의 약함과 고난 속에서 하나님의 능력을 발견했다고 밝힌다. 십자가의 '참된 지식'을 통해 '자아상'이 회복된 바울에게 나타났던 삶의 가장 큰 변화는 유대교 전통과 다양한 철학적 관점에서 살아왔던 모습에서 진정으로 인류를 바라보는 가치관의 전환이라는 변화가 일어났다.(유대인 우월주의에서 나타난 선민사상에서 하나님의 형상을 바라보는 가치관으로 바뀌게 된다) 그리고 십자가에 못 박힌 그리스도가 곧 하나님의 능력이라는 사실을 깨닫게 되며, 사도의 길을 걷게 된다.

건강한 교회와 건강한 성도를 세우기 위한 이그나티우스의 처방전은 '그리스도의 십자가'였다. 「트랄레스 인들에게」 보낸 서신에 보면 성부께서 성도들을 위해 심은 것과 얻도록 한 것이 무엇인지 '참 지식'에 대한 가르침을 준다. 거기서 그는 이런 말을 한다. "아버지께서 심으신 것은 십자가의 가지들이며", 얻도록 한 것은 "그 십자가의 가지들을 통해 죽지 않는 열매를 맺는 것이었습니다."[277] 참된 목자의 역할은 자신에게 맡겨진 양들을 인도하는 것에만 있지 않다. 잘 보살피는 목양에까지 이른다. 백스터는 거짓된 십자가를 지는 목자들을 가리켜 겉으로는 양 떼를 치지만 속으로는 "그 양 떼들을 긍휼히 여기기를 매우 싫어하고 있다"[278]라고 말하였다.

목자로서 양들의 '자아상'을 바르게 세우는 것은 매우 중요한 과제 가운데 하나다. 왜냐하면 무엇으로 이들의 '자아상'을 일깨우느냐에 따라 이들이 바라보는 가치관이 달라지기 때문이다. 십자가에 대한 하나님의 '참된 지식'을 깨달은 '자아상'은 십자가를 통해 저주의 형틀을 바라보지 않는다. 저주로부터 해방을 바라보며, 자유한 자가 된 자신의 모습을 돌아본다. 그리고 하나님의 크신 은혜를 기억한다. 십자가의 건강한 신앙의 인격이 필터로 작용하는 그리스도인의 걸음은 자신 앞에 놓인 수많은 고난과 역경을 자신이 지배당할 철옹성으로 보지 않는다. 여호수아 14장 12절에서 말했던 갈렙의 모습이 된다. "그 날에 여호와께서 말씀하신 이 산지를 지금 내게 주소서 당신도 그 날에 들으셨거니와 그 곳에는 아낙 사람이 있고 그 성읍들은 크고 견고할지라도 여호와께서 나와 함께하시면 내가 여호와께서 말씀하신 대로 그들을 쫓아내리이다 하니" … 능히 이기고도 남을 승리의 순간을 바라보게 한다.

하나님의 '참된 지식'을 알아가는 데는 여러 가지 도구들이 사용된다. 그중에 십자가는 하나님의 '참된 지식'을 알아가는 특별한 도구였다. 이그나티우스의 일곱 서신은 '그리스도론'이 전체 서신의 특징을 담고 있다. 이와 관련된 '십자가'는 그의 신학적 요소 및 가르침에 이르는데 있어서 중심이 된다. 「에베소 인들에게」 보낸 서신에 따르면 '십자가'는 한 마디로 '구원과 영생'이었다. 여기에 대한 '참된 지식'이 있었기에 그에게 있어서 순교는 두려움이 아니라 진정한 가치를 찾는 감격의 길이 될 수 있었다.[279]

'십자가'는 죽음을 불러오는 저주의 형틀이 아니었다. '부활'과 '새 생명'을 증거하고 있다. 이그나티우스는 '십자가'의 '참된 지식'으로 건강한 가치관의 '자아상'을 만들고, 깨우고 있다. 그리고 교회로 하여금, 성도들로 하여금 '십자가의 증인'이 될 뿐만 아니라 '십자가의 길'을 걷는 참 그리스도인이 되도록 신앙을 건강하게 지켜내고 있다. 그는 십자가의 신앙을 인격으로 세워 영적인 건강을 지켜내는 필터의 역할을 감당하도록 견인하고 있다.

▷ 그리스도인으로 살아가는 것

　1세기 말과 2세기 초를 그리스도의 증인으로 살아갔던 이그나티우스는 마치 그리스도의 그림자와 같은 삶을 살았다. 그의 삶의 흔적은 그의 신학과 신앙이 어떠했는지 대변해 주고 있다. 그 시대로 돌아가서 이그나티우스에게 그리스도인으로 살아가는 것에 대해 질문을 하였다면 그는 망설임 없이 이렇게 말했을 것이다. "그리스도의 그림자가 되는 십자가의 삶을 살아가십시오!" 그가 속사도 교부로 활동했던 때는 플라톤적 사상이 가미된 헬레니즘의 영향 아래에 있었다. 교회와 성도는 율법적 사고 속에 교리적 충돌을 일으켰던 에비온주의와[280] 플라톤 철학과 헬레니즘의 영향을 받은 영지주의자들의 구원 교리의 악영향 아래 있었다.

　그리스도의 인성을 부인하면서 영혼의 구원과 함께 플라톤 사상의 영향을 받은 '몸이 영혼의 감옥'[281]이라는 영지주의자들의 가르침은 영적으로 민감한 반응을 일으키게 된다. 이들의 가르침은 성도들을 영적으로 심각한 갈등 가운데 놓이게 만든다.[282] 극단적 금욕주의가 생기는가 하면, 정반대 양상인 성적 방종(放縱)주의가 조성되기도 한다. 이런 현상들로 인해 교회 내부가 분열하는 조짐을 보이기도 한다. 이그나티우스의 일곱 서신 가운데 가장 긴 21장의 내용을 구성하고 있는 「에베소인들에게」 보낸 서신의 제13장에서는 짧은 본문을 통해 강력한 메시지를 전하고 있다. 그는 가현설을 보급하고 있는 영지주의 이단의 교리적 반박을 '성찬'을 통해 피력한다. 그리고 만장일치된 믿음으로 이겨나가도록 가르침을 주고 있다. 여기에 대한 이그나티우스의 어조는 매우 강하고 단호했다.

> 하나님의 성찬을 거행하고 그분을 찬양하도록 더 자주 함께 모이기를 애쓰십시오. 왜냐하면 여러분들이 빈번히 만날 때 사탄의 권세는 무너지고 그의 파괴성은 여러분의 만장일치된 믿음으로 전복되기 때문입니다. 하늘과 땅의 모든 분쟁을 없애는 평화보다 더 좋은 것은 없습니다.(*Ep* 13:1-2)

마그네시아와 트랄레스 교인들을 향한 이그나티우스의 가르침에 따르면 성도는 죄 사함과 관련해서는 '그리스도로 말미암은 자'이다. 그리스도로 말미암아 '새 생명'으로 거듭난 자이다. 그리고 이 땅에 남겨진 목적과 관련해서는 그리스도의 증인 된 삶을 살아가야 할 '그리스도의 제자'이다. 그리스도의 제자로서 '그리스도인'이 되었다는 것은 '그리스도인'으로 사는 법을 배워야 한다는 것을 말하고 있다. 그렇지 않은 자들은

'다른 이름을 가진 자'로서 '다른 음식'을 먹게 된다. 하나님께 속한 자가 아니다.[283] 이그나티우스에 의하면 '다른 음식'은 이단들의 그릇된 가르침을 따르는 것을 말하며, 먹으면 죽는 '맹독'으로 비유된다.[284]

백스터는 "신앙의 문제에 있어서 무지에 이르거나 근거가 없는 것으로 말미암는 잘못된 확신은 스스로가 속는 이유가 될 뿐"[285]이라며 자신의 신앙을 바른 교리로 세워나가는 것이 기독교 신앙에 있어서 얼마나 중요한지 논한다. 이그나티우스는 그리스도의 신성과 인성에 따른 동정녀 탄생을 받아들이지 않는 이단들의 교리적 갈등에 대해 망설임 없는 교리적 자세를 취한다. 자칫 또 다른 구덩이에 빠질 수 있는 교리적 갈등의 소용돌이 속에 있는 교회와 성도들로 하여금 그릇된 교리 앞에 선택적 요소를 제시하지 않는다. 권면을 넘어선 강력한 조치의 결단을 보인다.[286]

이그나티우스의 일곱 서신에는 교훈적이고, 지도하는 면이 함축되어 있다. 이런 특징적인 요소는 그리스도인이라는 신앙의 관점 안에서 제시되고 있다. 때로는 격려를 통해, 때로는 권면을 통해 이런 부분들이 제기되기도 한다. 그러나 교리와 같이 근본을 바르게 세워야 할 부분에 있어서는 아주 단호하고 강력한 메시지를 담아내면서 그리스도인으로 살아가는 것의 구별 점을 말한다. 「빌라델피아 인들에게」 보낸 서신은 거짓된 교리를 '나쁜 목초지'에 비유하면서 반드시 피할 것과 멀리할 것을 경고한다.[287] 이들은 베드로전서 5장 8절에서 증거하고 있는 것처럼 자신이 삼킬 자를 두루 다니며 찾고 있는 마귀의 세력들이다.

사도 바울은 고린도 교회를 향한 서신에서 밝힌다. "내가 너희 중에서 예수 그리스도와 그가 십자가에 못 박히신 것 외에는 아무것도 알지 아니하기로 작정하였음이라"(고전 2:2) 교리적 문제에 대한 이그나티우스의 입장은 마치 바울의 단호한 모습을 보는 것 같다. 바울이 그랬던 것처럼 이그나티우스는 '그리스도'와 '십자가'를 자신의 신앙의 인격으로 삼는다. 뿐만 아니라 이것을 이단들과 같은 거짓된 무리들 앞에 교회와 성도들이 흔들림 없이 세워야 할 근원이요, 다림줄이 되도록 한다. 이때 이그나티우스는 단호함을 넘어 결단의 의지까지 내세우는 것을 에베소 인들에게 보낸 서신의 제13장 1절과 2절에서 발견할 수 있다.

그리스도인으로 살아간다는 것은 교훈적인 측면에서 "그렇게 살아가는 것이 좋겠습니다"라는 권면이 아니다. 그리스도인으로 살아간다는 것은 눈에 보이지 않는 영적 전투가 자신 앞에 놓여 있다는 것을 말한다. 에베소서 2장 2절과 베드로전서 5장 8절의 말씀처럼 마귀의 세력인 '불순종의 아들들'이 자신들이 삼킬 자를 두루 찾아다니며 '맹독'이라는 거짓된 교리를 퍼뜨리고 있다. 이런 세계 속에 그리스도인으로 살아간다는 것은 그리스도의 군사 된 자로서 삶을 살아가야 하는 것을 말한다. 에베소서 6장 11절은 이렇게 증거하고 있다. "마귀의 간계를 능히 대적하기 위하여 하나님의 전신 갑주를 입으라"

그리스도인으로 살아가는 신앙은 자신 앞에 불어닥치는 고난과 갈등을 이겨내고, 위기를 극복하고, 그 위기를 기회로 만들어가는 강력한 필터의 역할을 하게 된다. 그리스도인의 신앙으로 자신을 만들어갈 때 사탄의 권세는 무너지고, 전복된다고 이그나티우스는 에베소 교인들을 향해 목소리를 높이고 있다.

▷ 그리스도의 가슴으로

순교 신학을 낳았던 이그나티우스의 중심에는 '그리스도'와 '십자가'가 인격적으로 작동하고 있었다. 그의 이런 모습은 바울로부터 가르침을 받았던 영향뿐 아니라 그의 신앙의 성장 과정이 강하게 작용하였던 것으로 여겨진다. 이그나티우스의 성격은 매우 이성적이면서도, 영적인 부분이 자리 잡고 있었다. 교부 학자인 H. R. 드롭너의 추측에 의하면 그는 어려서부터 성장 과정이 예수 그리스도의 그늘 아래 있었다. 그러니 순교 현장을 향하던 도중에도 그의 관심사는 '그리스도'와 '십자가'와 관련된 '교회'와 '성도'였다. 이런 이그나티우스는 주님의 가슴을 가진 목회자였다. '다른 복음'에 대해서는 칼 같은 진리로 대응하며 마치 전사와 같은 모습을 취하였다. 그러나 로마 정부로부터 가해져 오는 고난과 갈등 가운데 놓여진 교회와 성도들을 향해서는 그리스도의 가슴으로 다가선다. 영·육이 지쳐있는 성도들을 일으킬 때도 진리에 따른 양식과 함께 칭찬으로 이들의 자긍심을 먼저 회복시킨다.

> 나는 여러분이 책망할 것이 없고 시련 속에서도 변함없는 성품을 가지고 있다는 것을 알고 있습니다. … 하나님과 예수 그리스도의 뜻에 따라 그는(폴리바우스) 서머나에서 나에게 와서 예수 그리스도를 위해 갇힌 사람이 된 것에 대해 나를 진심으로 축하하였으며, 그 안에서 여러분 전체의 회중을 나는 보았습니다. 그때 나는 그를 통해 나에게 전달한 여러분의 경건한 선의를 받아들였고, 내가 들은 바대로 여러분이 하나님을 따르고 있다는 것을 발견하고 감사드렸습니다.(*Tral* 1:1-2)

순교를 당하기 위해 로마 호위병들에게 끌려가는 자신의 모습을 가리켜 "열 마리의 표범들에 의해 사슬에 매여 끌려가고 있습니다"라고 말한다. 이그나티우스의 표현 속에는 잔인함과 고통이 함께하고 있다는 것을 짐작하게 한다.[288] 그러나 이런 과정에서도 그는 자신을 돌아보는 것이 아니라 교회를 돌아보고 성도를 돌아보면서 위로와 격려가 섞인 칭찬을 아끼지 않는다.「로마 인들에게」보낸 서신의 인사말에 담긴 그의 목회적 돌봄은 칭찬을 통해 자긍심을 불러일으키는 주님의 가슴을 느끼게 한다.

> 여러분은 하나님의 자랑거리입니다. 여러분은 여러분의 명성을 누릴 자격이 있으며 축하를 받아야 합니다. 여러분은 칭찬받고 성공을 누릴 자격이 있으며 흠이 없는 특권을 가지고 있습니다. 그렇습니다. 여러분은 그리스도의 법에 충실하고 아버지의 이름으로 날인되었으며, 사랑 안에서 첫 번째 자리에 위치해 있습니다. (*Rom*, Test)

칭찬을 통해 자긍심을 불러일으키는 이그나티우스의 관심은 특정한 한 교회만을 향하지 않는다. 비록 그의 서신에 어떤 일정한 교회의 이름이 지목되어 있을지라도 그것은 그 교회만의 내용이 아니었다. H. R. 드롭너에 의하면 당시 서신이 가지고 있는 특징 가운데 하나는 공개적인 서신은 모두가 함께 회람하는 성격을 가지고 있었다.[289] 이런 사실은 폴리갑이 빌립보 교인들에게 보낸 서신에도 나타난다. "우리는 여러분들이 요청한 대로 이그나티우스가 우리에게 보낸 편지와 우리가 가지고 있는 다른 편지를 보내드립니다. 이 서신에 이것들을 동봉합니다."[290] 그리스도의 가슴으로 다가서는 이그나티우스의 마음이 온 교회 가운데 전달된다.

「서머나 인들에게」 보낸 서신에도 이런 이그나티우스의 마음이 고스란히 전달되고 있다. "여러분은 믿음과 사랑이 넘치고 은사에도 부족함이 없습니다. 여러분은 하나님에게 굉장한 자랑거리이며, 참된 성인들입니다."[291] 고난이 낳은 갈등에 사로잡힌 자의 모습을 하고 있었던 교회와 성도들에게 그리스도의 가슴으로 다가서고 있다. 그의 칭찬은 고난에 따른 두려움과 갈등을 자긍심으로 바꾸고 있었으며, 영적으로 건강을 회복시키고 있었다. 그리고 그리스도인으로서 당면한 문제 앞에 담대하게 서도록 이끌어가고 있었다.

그리스도를 중심에 두는 신앙의 효력

▷ 일치와 연합의 참된 가치관을 알게 한다

초기 교회 가운데 싹을 피웠던 이단들은 교회 내부를 분열시키는 역할을 한다. 이그나티우스는 분파주의를 이끌고, 그릇된 교리를 가르치는 자들(이단들)을 가리켜 '가면을 쓴 이리', '나쁜 목초지'라고 표현하였다. 어떤 모습으로도 교회 가운데 유익을 주지 못하는 존재들이다. 반면 그리스도가 자신의 중심에 세워진 참된 신앙은 회개 가운데 자신을 두며, 성도들 가운데 연합하고, 머리가 되시는 그리스도 안에서 일치를 이루는 신앙이 된다. 이런 가운데 교회는 연합의 터 위에 세워진다. 이그나티우스는 이런 사람들을 가리켜 '하나님께 속한 자들'이라 칭하였다.

그는 신앙을 그려낼 때 항상 그리스도를 중심에 두고 모든 것을 전개해 나갔다. 이것은 그의 사상이 그렇기 때문이 아니다. 그것은 사도들의 가르침이었다. 그리고 머리 되시는 그리스도를 교회의 중심에 두는 것은 바울의 가르침(엡 1:22, 5:23; 골 1:18)을 명심하는 모습이었다. 이그나티우스는 교회의 존재와 역할이 무엇인지에 대해 분명한 신앙과 신학을 가지고 있었다. 그러므로 교회 안에 세워지는 규례와 규범 그리고 예식의 모든 절차에 대해 '그리스도의 방식'을 중심에 두도록 가르쳤던 것이다. 특히 그리스도가 중심에 세워진 성찬의 준수를 통해서는 이단과 구별되는 교리의 차이점을 가르쳤다. 그리고 그리스도의 이름으로 교회 가운데 세워진 '한 명의 감독'으로 인한 성찬의 집행을 통해서는 그리스도 안에서 하나의 연합을 이루도록 지도하였다.[292]

팀 켈러(Timothy Keller, 1950-2023)에 의하면 반목과 갈등의 문제는 필시 신앙과 연결된다. '거짓 신'의 문제로 인한 내적 갈등은 다른 사람들을 억압하는 외적 갈등으로 그 모습이 발전한다.[293] 그리스도를 중심에 두는 신앙이 얼마나 중요한지 증거하고 있다. 그리스도라는 신앙의 형틀 안에서 하나의 중심을 그려내고 성도와 교회를 일치와 연합으로 이끌어내는 이그나티우스의 가르침은 성소에 놓여진 두 가지 성전 기구와 성막을 감싸는 '성막의 널판'을 통해 나타난다.

하나는 '등잔대'이다.(참고, 출 25:31~35) '순금 덩이' 하나로 등잔 일곱이 떨어지지 않는 연합을 이루어 만들어진다. 모양도 일치를 이룬다. 하나의 줄기에서 연결되는 연합과 같은 모양 그리고 같은 기능, 같은 역할이라는 일치의 모습을 만들어낸다. 그리스도라는 '순금 덩이' 하나가 중심을 이루어 교회를 일치와 연합으로 이끌어내는 이그나티우스의 가르침은 마치 성소에 놓여진 '등잔대'의 모습과 역할 그리고 기능을 연상시킨다.

또 다른 하나는 '떡상(진설병상)'이다.(참고, 출 25:23~30) '떡상'에는 '턱'이 있다. 이스라엘 열두지파를 상징하는 '열두 진설병'이 땅에 떨어지지 않도록 '떡상'의 사면에 '턱'이 보호의 역할을 한다. 단순하게 보이는 '턱'이지만 '상'과 연결되어 연합을 이루어 '진설병'이 땅에 떨어지지 않도록 도움의 역할을 한다. '순금 덩이'와 같이 하나의 줄기를 이루는 일치와 연합의 신앙이 있는가 하면, '떡상'과 '떡상의 턱'이 보여주고 있는 것처럼 각각의 성격을 가졌지만 서로가 연합하여 하나라는 일치를 이루어 떡이 땅에 떨어지지 않도록 중요한 역할을 하게 된다. 그리스도를 중심에 두는 신앙이 이것을 가능하게 한다.

일치와 연합은 성막의 기구들과 함께 중요한 기능을 하고 있는 성막을 둘러치는 '성막의 널판'에서도 나타난다.(참고, 출 26:15~29) 성소를 외부로부터 지키는 역할을 하는 '성막의 널판'은 재료가 '조각목'이며, 모두 48개(남쪽, 동쪽- 각 20개; 서쪽-6개; 모퉁이 쪽-2개; 이것은 남녀의 갈비뼈를 합한 수와 같다)의 조각으로 구성하도록 한다. 그리고 그 크기는 동일하게 길이는 '열 규빗', 너비는 '한 규빗 반'이다.(일치) 세워진 널판이 벽으로서 기능과 역할을 하도록 서로 맞물리도록 연결한다. 그리고 널판이 무너지지 않는 벽이 되도록 널판을 하나처럼 이어주는 '띠'를 조각목으로 만들도록 한다.(연합) 이와 같이 일치와 연합은 무너지지 않는 하나의 근원이 된다. 그리스도를 중심에 두는 신앙이 이런 것들을 가능하게 한다.

「서머나 인들에게」 보낸 서신에서 "그리스도가 고난을 겪으신 것은 우리를 구원하기 위해서"[294]라는 사실을 밝힌다. 이런 참된 생명이신 예수 그리스도의 이름 안에 있어야만 그분의 수난을 함께 나누게 되고, 그분으로부터 우리는 능력을 얻게 된다.[295] 토마스 보스톤(Thomas Boston, 1676-1732)은 '인간의 본성'을 다루면서 "인간의 갈등적 구조는 인간이 가지고 있는 본성의 부패함을 숨기기 위함이고, 그리스도 안에 있는 하나님의 은혜를 숨기는 측면에서의 발단이다"[296]라고 말한 바 있다. 일치와 연합은 단순히 그리스도께 속한 것만으로 그치는 것이 아니다. 갈등의 구조를 신앙 중심으로 이길 능력을 함께 준다. 이그나티우스는 여기에 대해 확신을 심어준다. 폴리갑은 이와 같은 이그나티우스의 서신이 어떤 영향력을 끼쳤는지 여기에 대해 직접 증언하고 있다.

우리는 여러분들이 요청한 대로 이그나티우스가 우리에게 보낸 편지와 우리가 가지고 있는 다른 편지를 보내드립니다. 이 서신에 이것들을 동봉합니다. 여러분은 그 서신들로부터 큰 유익을 얻을 수 있을 것입니다. 그 서신들은 신앙과 인내, 그리고 주님과 관련된 모든 교회들과의 관계를 가지고 있기 때문입니다.[297]

폴리갑의 증언에서도 밝혀졌듯이 그리스도를 신앙의 중심에 두도록 하는 이그나티우스의 가르침은 교회와 성도들로 하여금 시냇가의 뿌리 깊은 나무와 같이 흔들리지 않는 신앙의 중심을 만들어간다. 그의 가르침은 성전의 '등잔대'처럼 교회를 그리스도께로 묶어가는 일치와 연합의 효력을 발한다. 그리고 성전의 '떡상'처럼 '상'과 '턱'의 역할을 통해 서로를 연결하여 하나님께 드려지는 '떡상' 그리고 그 위에 올려진 흔들리지 않는 신앙의 '진설병'이 되게 한다. 그런가 하면 '성막의 널판'을 하나의 든든한 벽이 되도록 '띠'로 서로를 묶어 연합을 이루는 것처럼 그리스도 안에서 일치와 연합된 참된 신앙의 가치관으로 무너지지 않는 견고한 '신앙의 성(城)'을 쌓게 한다.

▷ 보편의 참된 가치관을 만들어간다

이그나티우스의 가르침의 효과는 진리를 깨닫게 하는 것에 멈추지 않는다. 이를 통해 서로를 돌아보게 하고, 하나님의 사랑 안에 머물게 한다.[298] 「서머나 인들에게」 보낸 서신에서는 '보편교회(카돌릭케 엑클레시아, καθολικὴ ἐκκλησία)'라는 단어를 사용하면서 성도들로 하여금 신앙으로 서로를 돌아보게 한다. 그리고 하나님의 사랑 안에 하나가 되도록 한다. 그의 견해에 따르면 예수 그리스도가 계신 곳에 '보편교회'가 있다.[299] '보편'은 동일한 가치관에서 출발한다. 가치관이 다르다는 것은 보편성을 이룰 수 없다는 것을 말한다. 이그나티우스는 교회와 성도들로 하여금 그리스도를 중심에 두면서 보편적 가치관으로 통일된 하나의 획일점을 가지도록 한다. 여기에는 신앙과 삶이 연결될 뿐만 아니라 서로를 흔들리지 않도록 묶어주며, 하나님의 사랑 안에 머물게 하는 작용이 있다.

> 예수 그리스도가 계신 곳에 '보편교회(The Catholic Church)'가 있듯이 감독이 있는 곳에 회중이 모이게 해야 합니다. 감독이 없는 곳에는 세례나 애찬이 허락되지 않습니다. (*Smy* 8:2)

그리스도를 중심에 두는 이그나티우스의 가르침은 '보편 교회' 안에서 '한마음'으로 서로를 돌아보게 하고, '한마음'으로 하나님의 사랑 안에 머물게 한다. '한마음'은 감정의 요소로 말미암는 것이 아니다. 일치된 교리, 그리스도인의 참된 가치관, 그리고 사도의 표상이 만들어내는 결론이다.[300] 파벌을 짓는 것은 '보편'을 이룰 수 없다. 파벌은 '한마음'이 아니라 '다른 마음'으로부터 출발한다. 본질이 다르다. 그는 「빌라델피아인들에게」 보낸 서신에서 "분파와 나쁜 감정이 있는 곳은 하나님이 계실 자리가 없습니다."[301]라고 단호한 입장을 취한다. 복음은 분파를 말하지 않는다. 분파는 선하심의 속성 가운데 있는 하나님의 근원으로부터 나올 수 없다. 이그나티우스에 따르면 그리스도를 중심에 두고 있는 '보편'의 가치는 파벌이나 분파가 아니라 서로를 돌아보게 하고, '한마음'으로 하나님의 사랑 안에 머무는 기쁨을 알게 한다.

> 그러므로 이 세상 군주의 사악한 속임수와 올무를 피하십시오. 그렇지 않으면 그의 제안이 여러분을 지치게 하고 여러분의 사랑이 흔들리게 할 것입니다. 그렇게 되지 않도록 하십시오. 그럴수록 더욱 한마음으로 여러분 모두가 함께 모이십시오. (*Phil* 6:2)

이그나티우스는 그리스도를 중심으로 하여 서로를 응원하는 '한마음'을 가지게 한다. 그리스도가 중심에 세워진 '보편'의 참된 가치관을 깨달았을 때 빌라델피아 교인들뿐 아니라 로마 교인들을 비롯한 모든 성도들은 그리스도의 참된 제자가 되는 열정 안에서 '한마음'을 이루게 된다. 이그나티우스는 '보편'을 다른 원인에서 찾지 않았다.「빌라델피아 인들에게」보낸 서신의 제8장 2절에서도 밝히고 있듯이 '그리스도의 십자가'와 '죽음' 그리고 '그리스도의 부활' 가운데서 찾고 있었다. 그는 이것을 '문서의 원본'이라고 하였다.

　　리차드슨은 이그나티우스가 「로마 인들에게」보낸 서신을 편집하면서 "누구도 이 서신이 가진 강렬한 진심이나 주님과 함께 고난을 받고자 하는 제자의 용감한 열정을 놓치지 않을 것이다"[302]라고 피력한 바 있다. 서로를 돌아본다는 것은 공통점이 있어야 가능하다. '보편'의 참된 가치관을 통해 '한마음'을 이끌어낼 때 사도들의 표상(表象)을 넘어 그리스도를 비춰낸다. 이를 통해 서로를 돌아보는 것을 가능하게 한다. 그리고 서로를 돌아보면서 하나님의 사랑 안에 머물게 한다.

▷ 소망과 희망을 바라보게 한다

　　이그나티우스의 기독론과 구원론 그리고 교회론에 대해 가장 큰 영향을 끼쳤던 사도는 바울이었다. 물론 베드로와 요한의 가르침 또한 바울의 신학과 마찬가지로 그의 모든 서신의 요소요소에 드러나고 있다. 사도들로부터 가르침을 받았고, 그런 사도들의 가르침에 충실했던 이그나티우스는 교회와 성도들에게 임하는 갈등의 구조를 세 가지 관점에서 파악하고 있었다. 첫째는 이단과 관련된 교리로부터 불거진 갈등이다. 이 부분은 교회를 향한 이그나티우스의 일곱 서신의 가장 많은 분량을 차지하고 있었다. 두 번째는 이중적인 박해였다. 로마 정부의 권력뿐 아니라 유대 사회로부터 미운 오리털이 되어버린 기독교는 로마 정부만이 아니라 유대교로부터 이중적인 박해 가운데 놓여 있었다.

　　세 번째는 그리스도인의 신앙과 관련된 갈등이었다. 이그나티우스가 활동하던 그 시대는 플라톤 철학의 불멸 사상과 이데아 세계에 관한 관점이 영혼 구원과 접목을 이루고 있었다. 이런 철학적 사상을 바탕으로 하고 있었던 영지주의 교리에 교회가 휘둘림을 당하고 있었다. 그리고 헬레니즘은 스토아 철학의 윤리와 금욕주의를 더하여 여러 각도에서 신앙을 재해석하는 길을 열어놓게 된다. 그리고 유대교의 전통이 복합적으로 교회 가운데 다양한 견해를 만들고 있었다. 이것은 이단의 침투와는 다른 또 하나의 영적인 문제였다. 사도 바울 당시 고린도 교회 가운데 일어났던 당파의 유형 또한 이런 유형 가운데 하나였다. 이그나티우스는 이런 복합적인 문제를 그리스도라는 하나의 획일점으로 잠재우게 된다.

이그나티우스 이후 교부로서 '영지(Gnosis)'와 '거짓 영지'를 조직신학적으로 최초로 구분하였던 이레나이우스는 창조와 구원에 대해 이중적 입장을 펼치고 있는 영지주의자들의 교리에 대해 창조와 구원의 주는 오직 한 분이신 하나님으로부터 말미암았다라는 것을 증거해낸다. 그 중심에 그리스도가 세워진다. 그의「교회의 신앙」에 의하면 그리스도의 구원의 역사는 '창조'에서부터 시작한다. 그리고 그리스도의 공로를 통한 구원의 역사로 마무리된다. 이런 그리스도 중심적 사상이 신학적으로 자리를 잡고 중심에 세워지기까지 그 출발은 사도들의 가르침으로부터 시작되었다. 그렇지만 이것을 교회를 향해 직접 영향을 끼치며 그 영향이 후기에 이르기까지 연결되는 접목점의 역할을 한 것은 이그나티우스였다는 것이 여러 각도를 통해 발견되고 있다.

이레나이우스(Irenaeus, 130-202)의 '로고스 기독론'은

유스티누스(Justinus Martyr, 약100-약 165)의 영향을 받는다. 유스티누스는 사도행전과 사도들의 서신을 통해 초기 기독교 공동체의 삶과 가르침을 이해하였다. 그는 사도들의 가르침과 더불어 교부들의 저술을 읽고 연구하였다. 이 가운데 이그나티우스가 존재하고 있었다. 그리스도론이 중심에 세워진 이그나티우스의 신학과 신앙의 삶은 당시 그가 서신을 보낸 교회와 그 이후 세대에 이르기까지 고난과 핍박이 함께하던 시대에 소망과 희망을 바라보게 하는 등불이 되었다.

갈등에 따른 구조적 분석이 분명했던 이그나티우스의 가르침은 문제에 대해 짧고도 분명한 해법을 제시한다. '일치'와 '연합' 그리고 '보편'과 '한마음'을 가지도록 이끌어갈 때, 그의 주제는 '그리스도 안에서' 그 길을 찾았고, 제시하였다.[303] 이런 모습은 '사도의 표상'을 제시할 때도, 십자가를 넘어 자긍심을 불러일으키는 그의 목자적 가르침에도 동일하게 작용하고 있었다. '그리스도'라는 분명한 획일점을 통해 간략하면서도 강렬함의 메시지를 전하고 있었다. 이런 구조 속에서 그의 가르침은 교회와 성도들로 하여금 갈등을 넘어 소망과 희망을 바라보게 하였다. 「트랄레스 인들에게」 보낸 서신의 서문에서 그는 이렇게 소망을 되새긴다. "그리스도의 수난으로 인해 평안을 누리고, 우리가 그분과 연합하여 다시 살아날 것입니다"[304]

'십자가'의 일반적 형틀이 저주와 죽음의 고통을 동반한 무너짐을 제시하고 있었다면 '그리스도의 십자가'는 갈등을 이겨내는 근본이 되고, 동력이 되었다.[305] 이그나티우스의 가르침에는 십자가를 지신 제사장 직분으로서 아버지의 뜻을 따르는 그리스도가 부각된다.[306] 「로마 인들에게」 보낸 서신의 제4장 1절에 보면 자신의 죽음을 가리켜 로마에 의해 집행되는 죽음이 아니라 '자원하는 죽음'이라고 증거한다. 강한 자에 의해 약한 자가 당하는 수모 또는 패배주의에 입각한 수모의 죽음이 아니라 신앙을 지켜내는 승리의 죽음이라는 사실을 밝히며 당하는 죽음을 바라보면서 승리가 기다려지는 부활의 영광을 소망과 희망 가운데 바라보게 한다. "나는 하나님의 밀이니 야수들의 이빨에 갈려져 그리스도를 위한 순수한 떡 덩어리가 될 것입니다."[307]

그리스도가 지신 그 십자가로 이루신 것이 자신에게 효력으로 작동되며, 그것이 '부활'이라는 사실을 알게 한다. 죄악 된 소망은 바라는 것들의 실상이 아니라 대항해야 할 이유를 가진다.[308] 반면 그리스도의 십자가를 통한 진리는 영생의 소망과 희망을 바라보게 한다. 아우구스티누스가 『그리스도교 교양』에서 남긴 말처럼 "우리의 모든 선은 하나님으로부터 온다"³⁰⁹ 성부의 일하심은 성자를 통해 이루심이다. 예수님께서는 빌립을 향해 "나를 본 자는 아버지를 보았다"(요 14:9)라고 말씀하셨다. 하나님의 선하심을 이루는 것은 '그리스도로 말미암아'라는 제1의 원리가 작용된다.³¹⁰ 그리스도를 향한 신앙은 갈등과 당하는 위기 앞에서 오히려 소망과 희망을 보게 한다. 이그나티우스의 신학과 신앙은 논리가 아니다. 그의 신학과 신앙은 지금도 살아계셔서 역사하시는 그리스도를 발견하고, 그리스도를 바라보게 한다.

신앙의 정체성을 바르게 세워야 한다

그리스도를 중심에 세우고, 그리스도를 따르는 신앙 가운데 자신을 두었던 이그나티우스는 로마를 향하는 자신의 순교를 강자에게 굴복당한 패자의 모습으로 그려내지 않는다. 그는 로마를 향하는 순교를 승리자의 걸음으로 되새기고 있었다. 「로마 인들에게」 보낸 서신을 읽어가다 보면 가슴에 뜨거움이 샘솟음 치는 것을 느낄 수 있다. 그리고 찬송가 461장(십자가를 질 수 있나)이 마치 로마를 향하고 있는 이그나티우스의 모습을 상기시키는 것처럼 느껴진다.

로마로 압송되는 도중에 기록한 「에베소 인들에게」 보낸 서신에서부터 「폴리갑에게」 이르기까지 일곱 편의 서신은 간결하면서도 분명한 메시지를 전하고 있다. 고난과 핍박 그리고 이단으로 말미암은 위기를 오히려 교회를 바르게 세우고, 성도들을 굳건하게 세워나가는 기회로 삼는다. 갈등하는 구조 속에 전하는 답답한 심정의 하소연을 담은 서신이 아니라 그리스도를 바라보고, 그리스도를 따르게 하는 반전(反轉)의 메시지가 서신에 담겨 있다.

그의 서신은 크게 세 가지 측면에 구조를 형성하면서 교회와 성도들을 영적으로 이끌어가고 있다. 첫 번째는 그리스도인으로서 가치관을 회복시키며, 갈등의 구조로부터 벗어나고 이겨나가게 한다. 두 번째는 사고의 구조적 전환을 통해 신앙의 열렬함을 이끌어낸다. 세 번째는 교회와 성도들로 하여금 그리스도를 중심에 두면서 십자가로 말미암은 승리의 순간을 바라보게 한다. 위기와 갈등을 신앙으로 승화시켜 가는 그의 메시지는 불의하고 악한 것들을 통해서도 그 뜻을 이루시는 하나님의 절대적 주관하심에 대한 확신을 보게 한다.

이그나티우스는 위기의 순간을 기회로 바꾸어 놓는다. 절망과 패배주의를 바라보는 것이 아니라 이 순간을 회복시켜 주실 그리스도를 바라보게 한다. 오히려 그 사건을 그리스도의 신앙관으로 바라보게 하고, 그리스도의 신앙으로 이끌어내는 방식을 취한다. 그리고 자신이 그 신앙의 정점에 있다는 것을 함께 증거한다. 그의 신학과 신앙은 말을 앞세우는 것이 아니라 자신을 그리스도 안에 녹여 가는 신학과 신앙이었다. 이런 모습이 갈등이라는 위기 속에서도 '그리스도 안에서' 소망과 희망을 바라보게 한다. 그리고 그리스도를 갈망하는 자리로 성도들을 이끌어가면서 당면해 있는 우리의 현실 가운데 몇 가지의 메시지를 던져주고 있다.

첫 번째는 그리스도를 중심에 세워 그리스도인의 참된 가치관과 신앙의 정체성을 찾도록 한다. 위기의 순간 앞에 나타나는 가장 큰 당면의 문제는 신앙의 무너짐이다. 그리스도를 중심에 세워나가는 신앙은 그리스도를 닮아가는 신앙의 여정을 돌아보게 한다. 환난 가운데 자칫 잃어버릴 수 있는 신앙의 정체성을 동여매게 만든다. 무엇보다 성령께서 인격적으로 자신에게 다가오심을 영적으로 분별할 수 있게 한다. 그리고 그리스도인의 참된 가치관으로 고난을 통한 하나님의 일하심을 알게 하고 그 순간들을 이겨나가게 한다.

두 번째는 바른 말씀과 바른 교리를 지켜내는 신앙에 대한 의식과 자세를 가지도록 한다. 이그나티우스의 강조점 가운데 하나는 '그리스도론'의 바른 교리적 가르침이다. 그리고 '동기부여'이다. 그리고 이것을 바른 신앙관으로 지켜내도록 한다. 구슬이 서 말이라도 꿰어야 보배가 된다. 아무리 뛰어난 교리적 가르침이라도 그것을 지켜 준행하지 않는다면 그것은 신앙이 될 수 없다. 하나의 교훈적 이야기 또는 종교적 권면에 불과한 것이 된다. 신앙은 살아 움직이는 생물과 같다. 신앙은 반응하는 것이다. 생각에 머무는 이론은 신앙이 아니다. 신앙에는 능동적인 움직임이 있어야 한다. 이그나티우스에 따르면 그리스도인으로 살아간다는 것은 하나님께서 언약하신 것을 이루는 가장 복된 길이다. 그는 이런 사실을 자신의 실례를 통해 함께 증거하고 있었다.

세 번째는 머리가 되시는 그리스도를 중심으로 일치와 연합을 이루도록 한다. 이그나티우스는 한 교회의 칭찬을 통해 시기와 질투를 만들어내는 것이 아니라 다른 교회로 하여금 본이 되고, 격려가 되도록 한다. 그리고 교회 간의 경쟁이 아니라 그리스도가 머리가 되고, 지교회들이 지체를 이루며 '한 몸'과 같은 개념 안에서 서로를 돌아보게 한다.

교회와 성도는 경쟁 대상이 아니다. 자신의 뛰어난 점을 내세우면서 자신을 중심으로 묶어가는 일치와 연합이 아니라 그리스도의 참값으로 교회와 성도들이 일치와 연합을 이루도록 해야 한다. 이런 신앙의 여정은 성령의 역사를 일으킨다. 한 교회를 중심으로 세력을 규합하는 것은 일치와 연합이 아니다. 그것은 또 하나의 유사한 교권주의를 양성하는 변형된 형틀에 불과하다.

교회는 크든 작든 각각의 기능이 있다. 교회의 중심은 '성장학'이 아니다. 교회는 세워지는 시대가 있었는가 하면, 성장을 꾀하는 시대가 있었다. 지금의 현실은 성장과 기능과 역할이 함께 병합을 이루어 가야 하는 시대이다. 세상적인 매뉴얼에 맞춰 수적 성장을 교회의 성공학으로 여기는 것은 하나님의 일하심을 역행하는 것이 될 수 있다. 우리는 이그나티우스의 가르침에 주목해야 한다. 교회는 각 기능과 역할이 나누어져 있다. 동일한 스타일과 색깔로 모방 된 사역이 아니라 그리스도를 중심으로 각각의 기능과 역할을 실천해 나가며 주어진 시대의 문을 열어야 한다. 손이 가지고 있는 기능이 있는가 하면, 다리가 가지는 역할과 기능이 있다. 입의 기능이 있는가 하면, 귀의 기능이 있고, 눈의 기능이 있다. 이처럼 교회와 성도는 머리가 되시는 그리스도를 중심으로 각각의 기능과 역할 속에 일치와 연합을 이루어 가야 한다.

4

창세기의 메아리: 그리스도론의 발자취

이그나티우스가 순교를 당하기 위해 로마로 압송된다. 압송 도중 드로아에서 기록한 3편의 서신 가운데 「빌라델피아 인들에게」 보낸 서신의 제5장에 의하면 그는 "예수님의 몸 안에서 위안을 받듯이 '복음서'에서 그리고 교회의 장로회에서 위안을 얻듯이 '사도서'에서" 위안을 얻는다. '복음서'와 '사도서'가 자신의 위로가 되고 위안이 되고 있다는 점을 통해 그의 손에 사도들과 관련된 성경이 함께하고 있다는 것을 짐작할 수 있다. 특히 사도들의 신학을 계승하고 있는 이그나티우스의 신학은 사도들로부터 전해 받은 것을 신앙으로 고백하는 형태를 취하고 있다.[311] 이런 그의 일곱 서신은 전반적으로 '그리스도

론'을 변증하며, 증거하고 있다.[312]

이그나티우스의 그리스도론은 사도들의 신학을 변증하고 있을 뿐만 아니라 구약에서 나타나는 그리스도론의 예표를 근거로 하고 있다. 그는 「빌라델피아 인들에게」 보낸 서신의 제8장에서 자신이 증거하고 있는 그리스도론과 자신이 걸어가고 있는 십자가의 길이 구약의 예언을 담아내고 있다는 사실을 힘주어 강조한다. "만약 원본(구약) 안에서 그것을 발견하지 못한다면 나는 복음을 믿지 않습니다. … 그러나 그것은(그리스도에 관한 것) 거기에(구약의 예언서) 기록되어 있습니다"[313]

순교를 앞두면서 펼쳐진 그의 그리스도론의 근원을 찾는다면 그가 가지고 있는 언약 사상에 있다. 그리고 그 근원은 창세기 3장 21절의 내용이 주목을 받는다. 죽음을 향해 나가는 길은 누구든지 육신의 한계가 주는 갈등을 겪게 된다. 신인양성의 위격적 연합으로 성육신하신 그리스도 또한 예외가 아니었다. 십자가에서 이루실 대속은 고통과 죽음을 수반하고 있었다. 장차 당할 육신의 고통과 두려움 앞에 예수님께서 이렇게 기도한다. "내 아버지여 만일 할만하시거든 이 잔을 내게서 지나가게 하옵소서"(마 26:39)

이그나티우스는 당할 순교 앞에 육신이 주는 두려움과 고통 그리고 이로 말미암은 갈등을 피할 수 없었다. 이것은 부인할 수 없는 사실이었다. 이때 이그나티우스로 하여금 순교의 최후를 기쁨으로 맞이할 수 있도록 그를 이끌어갔던 것이 있다. '복음서'와 '사도서'였다. 그리고 구약의 예언에 대해 확신을 주는 '예언서'였다.[314] 「빌라델피아 인들에게」 보내는 서신에서도 증언된 바 있듯이 그의 신학적 바탕은 구약의 '예언서'와 무관하지 않으며 그 중심에 그리스도론이 있었다.[315] 사도들의 가르침을 따르고 있는 그의 그리스도론은 사도들의 변증서이기도 했지만 예언의 확신에 대한 자신의 신앙고백을 담고 있었다. 이런 측면에서 창세기 3장 21절에 나타나는 '가죽옷'의 사건과 이그나티우스의 그리스도론은 유사한 점을 가지고 있다는 것을 발견할 수 있다.

　이그나티우스는 성경에 능통한 교부였다. 그럼에도 불구하고 다른 교부들처럼 주석을 남긴다든지 어떤 신학적인 자료를 남긴 일은 없다. 그는 그리스도를 통해 펼쳐지는 하나님의 약속의 말씀을 믿으며, 여기에 대한 확신으로 살아갔다. 그의 그리스도론에는 사도들의 가르침과 함께 그의 신앙의 관점이 묻어 있었다. 특히 그의 일곱 서신을 보면 사도들에 의해 작성된 성경 본문과 그의 그리스도론은 긴밀히 연결되어 증거되고 있다. 제자들의 신학을 변증하고 있는 이그나티우스의 신학은 그리스도의 세 직분 가운데 제사장 직분을 유독 강조하고 있다.[316] 이런 그의 일곱 서신에서 증거하고 있는 그리스도론의 성격은 창세기 3장 21절의 '가죽옷'을 상기시킨다.

'하나님의 신앙'이 증거하고 있는 두 가지

▷ 아담으로서 그리스도를 증거

안디옥의 이그나티우스는 로마로 끌려가는 와중에 「에베소 인들에게」라는 서신을 서머나에서 기록한다.[317] 여기서 그는 교회를 돌아본다. 그리고 서신을 통해 교회로 하여금 교리적 갈등 가운데 놓이게 만든 가현설을 주장하는 영지주의 이단의 교리에 대해 반박한다. 구원이 육체의 감옥에 갇혀 있는 영을 구출하는 것으로, 거짓된 '영적 구원론'을 펼치는 영지주의자들은 그리스도의 성육신을 거부한다.[318] 그리고 그리스도의 십자가 사건을 가현적 장면으로 매도한다. 그러나 이그나티우스가 볼 때 십자가는 철학과 지식을 앞세우며 교만을 떠는 자들의 주장이 거짓이라는 것을 역사 가운데 증명한 사건이었다.

십자가에 대한 영지주의자들의 그릇된 교리에 대해 이그나티우스는 죄 사함에 따른 영육간의 구원론을 펼친다. 여기서 그는 그리스도가 죄의 문제를 해결할 당사자로서 아담이었다는 교리를 「에베소 인들에게」 보낸 서신에서 간접적으로 표명(表明)한다. 「에베소 인들에게」 보낸 서신에서 그리스도가 십자가에 못 박히신 이유를 가리켜 "하나님의 신앙"이라는 용어를 사용한다.[319] 이것은 이그나티우스의 서신에 나타나는 특징 가운데 하나이다. 그는 은유적 용법을 즐겨 사용했을 뿐 아니라 간결한 단어의 사용을 통해 자신이 증거하고자 했던 교리적 측면을 대변하곤 했다.

    이그나티우스의 일곱 서신 가운데 하나인 「에베소 인들에게」 보낸 서신의 제16장에 따르면 "하나님의 신앙"은 두 가지를 수식하고 있다. 첫 번째는 육체를 따라 행동한 자의 '죽음'과 하나님 나라를 상속받지 못하게 만든 '타락한 신앙'과 연결된다.[320] 그는 그리스도께서 십자가에 못 박히신 이유가 타락에 대한 '신앙'의 값이었다는 것을 증거한다.[321] 두 번째는 '구원과 영생'으로 연결된다. 「에베소 인들에게」 보낸 서신의 제18장 1절에 의하면 그리스도의 십자가는 불신자들에게는 '걸림돌'이었으며, 우리에게는 '구원과 영생'을 의미하고 있다. 여기에서 '우리는' 아담의 불신과 불순종이라는 신앙의 문제로 죄인 된 우리를 말한다. 이그나티우스가 보낸 서신 가운데 하나였던 「에베소 인들에게」 보낸 서신에서 나타나는 '신앙'은 아담이 하나님을 불신하고, 불순종했던 것과 관계가 있다.

> 나의 형제들이여 명심하시기 바랍니다. 간음하는 자들은 하나님 나라를 상속받지 못합니다. 그러므로 육체를 따라 행동하는 자들은 죽음을 경험할 것인데, 하물며 예수 그리스도께서 십자가에 못 박히신 것에 대한 하나님의 신앙을 그릇되게 가르친 사악한 자들은 얼마나 더하겠습니까? 그런 비열한 자는 그의 말을 듣는 사람과 함께 꺼지지 않는 불에 들어갈 것입니다.(Ep 16:1-2)

> 나는 불신자들을 걸림돌이라고 여겼지만 우리에게는 구원과 영생을 의미하는 십자가를 위해 내 생명을 내어놓습니다. 지혜 있는 자가 어디 있습니까? 변론자가 어디 있습니까? 지성을 가졌다고 여겨지는 자들의 자랑하는 것이 어디에 있습니까?(Ep 18:1)

특히 "하나님의 신앙"은 이그나티우스의 서신이 가지고 있는 특징을 대변하고 있다. 이런 특징적 요소는 그의 일곱 서신의 인사말에 두 가지의 단어를 의도적으로 사용하는 것으로 나타난다. 첫 번째는 "하나님을 지고 가는 자"라는 뜻을 가진 '데오포로스(Θεοφόρος)'와 관련이 있다. 시릴 리차드슨의 연구에 의하면 이그나티우스가 이 단어를 사용한 것은 단순한 명사적 의미가 아니라 예언적 성격을 나타내기 위해 사용되었다.[322] 그 출발은 구약성경이었으며, 우리의 구원과 관련된 언약이었다.

두 번째는 '하나님 아버지' 그리고 '예수 그리스도'와 관련이 있다. 그는 일곱 서신의 인사말에 이 단어를 사용하여 세 가지의 일치와 연합을 변증한다. 먼저, 하나님의 뜻을 따르는 십자가와 관련한 일치와 연합이다. 여기서 이그나티우스의 강조는 제사장 직분을 감당하는 '그리스도'로서의 사역이다. 자신이 십자가를 지는 순교를 예수님과 일치와 연합을 이루는 길로 보고 있었다. 그리고 순교를 하나님 아버지의 뜻을 이루기 위해 그 길을 걸어가는 것임을 밝히고 있다.

또 한 가지는 사도들의 고백적인 신앙을 증거하는 일치와 연합이다. 교부 학자인 아달베르 함만(Adalbert Gautier Hamman, 1910-2000)과 J.N.D. 켈리의 견해에 따르면 '하나님 아버지'와 '예수 그리스도'에 관한 인사말과 문장의 나열은 사도였던 베드로와 바울의 서신 형식을 상기시키고 있다.[323] 이런 형식을 통해 이그나티우스는 교회로 하여금 사도들의 고백이 담긴 신앙으로 일치와 연합을 이루고자 하였다.

마지막으로 고난과 갈등을 이겨내는 일치와 연합이다. '하나님 아버지'의 뜻을 순종하였던 '예수 그리스도'의 길에는 고난이 있었고 갈등이 있었다. 그러나 예수님은 아버지의 뜻을 이루는 것으로 이 모든 것을 이겨낸다. "내 아버지여 만일 할 만하시거든 이 잔을 내게서 지나가게 하옵소서 그러나 나의 원대로 마시옵고 아버지의 원대로 하옵소서"(마 26:39). "하나님의 신앙" 안에는 예수님께서 이루셔야 할 두 가지의 언약이 함축되어 있었다. 하나는 창세 전의 '구속 언약'이다. 하나님께서는 창조의 역사를 이루기 전, 아담이 범할 죄를 이미 아시고 구원에 따른 창조 회복을 계획하신다. 하나님의 뜻에는 창조 회복에 따른 하나님 아버지의 계획하심인 '예정'이 있었다.

또 다른 하나는 창세기 3장 15절의 '은혜언약(원시언약)'이다. 예수님께서는 자신이 중보자로서 성부의 뜻을 성취할 것을 말씀하고 있다. 창세기 3장 15절에서 증거되고 있는 것처럼 뱀이 여자의 후손의 '발꿈치'를 상하게 하는 것은 십자가 사건만이 아니었다. 그 가운데는 뱀으로 인한 고난의 사건들이 함께 설명되고 있었다. 이 모든 것들이 아담의 대속을 이루기 위한 값이었다. "하나님의 신앙"은 그리스도가 아담으로서 대속을 이룰 이 모든 값을 함축하고 있었다.

성경에 능하며, 사도들의 신앙을 모판처럼 여기고 있었던 이그나티우스의 신앙은 이런 사도적 신앙으로부터 벗어나지 않는다. 그러니 로마로 향하고 있는 순교는 "하나님의 신앙"을 되새기며 고난과 역경을 이겨내는 십자가의 걸음이 되었던 것이다. '하나님 아버지'의 뜻을 이루었던 '예수 그리스도'의 길을 걷는 자는 그리스도와 일치와 연합을 이룰 뿐만 아니라 여러 환경적 요소로부터 오는 갈등에서 넘어지지 않는 '참된 제자'가 된다는 것을 강조하고 있다.[324] 이와 같이 "하나님의 신앙"이라는 용어는 의도된 이그나티우스의 단어에 대한 사용이었다.[325]

이그나티우스는 「에베소 인들에게」 보낸 서신의 제17장에서 몸과 연결된 머리로서 그리스도를 설명한다.[326] 그리스도가 머리가 된다는 것은 몸과 일체를 이룬다는 것을 말한다. 우리의 죄는 인류의 대표와 머리가 되는 아담으로부터 말미암은 것이다. 그러므로 우리의 머리가 되시는 그리스도 또한 아담과의 관계에서 우리를 죄 사함으로 이끌어간다는 것을 말한다.[327] 특히 이그나티우스가 「에베소 인들에게」 보낸 서신의 제16장 2절에서 말한 "하나님의 신앙"은 아담의 죄로 말미암은 사건의 전반적인 것을 함축하고 있다. 그리고 그리스도의 십자가 사건이 아담과 관련된 사건이라는 것을 조명하고 있다. 이와 관련하여 그리스도는 아담의 당사자가 되었다는 것이 증거된다.

　　이그나티우스 이후 영지주의자들과 논증(論證)에서 최초로 조직신학적 접근을 이뤘던 이레나이우스는 그리스도에게 최초로 '아담'이라는 단어를 직접 적용한다.[328] 당시 교부들의 특징 가운데 하나는 '사도적' 가르침을 따르는 것에 있다. 한스 큉에 따르면 '사도적'이라는 말은 '보편'이라는 단어와 함께 이그나티우스에 의해 최초로 사용되었다.[329] 바울 사도는 그리스도를 가리켜 '교회의 머리'가 된다라고 가르친다.(참고, 엡 1:22, 5:23; 골 1:18) 이그나티우스뿐 아니라 사도의 가르침을 따랐던 교부들은 교회의 머리가 되시는 그리스도 아래로 일치를 이룰 것을 강조한다.

　　어떤 서신이 비록 특정한 한 교회를 향한다고 할지라도 그 서신은 대부분의 교회가 통용하며 회람하는 형태를 가지고 있었다.[330] 그리고 당시의 서신들의 특징 가운데 하나는 '한 지역' 또는 '교회의 삶'과 '어떤 특정한 이슈'를 반영하고 있었다.[331] 폴리갑이 빌립보 교인들에게 편지를 쓸 때였다. 폴리갑은 빌립보 교인들이 요청한 내용에 응답한다. 이때 자신이 이그나티우스로부터 직접 받은 서신과 함께 자신이 회람한 서신을 동봉하여 그들에게 보낸다. 그리고 서로 소식(특정한 이슈 등)을 공용하도록 한다.

> 우리는 여러분들이 요청한 대로 이그나티우스가 우리에게 보낸 편지와 우리가 가지고 있는 다른 편지를 보내드립니다. 이 서신에 이것들을 동봉합니다. 여러분은 그 서신들로부터 큰 유익을 얻을 수 있을 것입니다. 그 서신들은 신앙과 인내, 그리고 주님과 관련된 모든 교회들과의 관계를 가지고 있기 때문입니다. 이그나티우스 자신과 그와 함께하고 있는 사람들에 대해 알고 있는 신뢰할만한 소식이 있으면 우리에게 알려주십시오.[332]

이그나티우스의 일곱 서신 가운데에는 사도 요한의 제자였던 폴리갑에게 보낸 서신이 있다.[333] 서신은 일반적으로 서로의 안부를 묻는 수단이었다. 하지만 폴리갑의 서신에서도 나타난 것처럼 초기 교회 당시의 서신은 교회가 신학적으로 일치를 이루는 일에 중요한 기능을 함께 감당하였다. 이런 측면에서 볼 때 이레나이우스가 그리스도를 가리켜 '아담'이라는 단어를 사용한 것은 그의 독단적인 형태의 신학이 아니었다. 그가 제시한 '아담(둘째 아담)'이라는 신학적 제시는 속사도 교부였던 이그나티우스를 비롯한 교부들에게 이미 포괄적으로 그 개념이 나타나고 있었으며, 이레나이우스는 이것을 신학적으

로 제시했던 교부였다.[334]

창세기 3장 21절에는 아담과 하와와 관련하여 '가죽옷'이 등장한다. 사도들의 신학을 따랐던 교부들은 창세기 3장 21절에 나타나는 '가죽옷'을 죄의 값인 '죽음'으로 대부분 주석하였다. '가죽옷'은 죽은 짐승의 것이다. 여기에 대해 오리게네스(Origenes, 185-254)는 『레위기 강해』에서 '가죽옷'을 "죄인들이 입을 수밖에 없는 옷이며, 죽을 수밖에 없는 인간의 운명을 상징하는 것"으로 설명한다.[335] 아우구스티누스 또한 『삼위일체론』에서 21절의 '가죽옷'을 인간이 "죽을 수밖에 없는 운명이 된 것"으로 정의하고 있다.[336] '가죽옷'은 아담과 하와가 창세기 2장 17절의 행위언약에 따른 죄의 값으로 죽는 것을 예고한다.[337]

'가죽옷'은 아담과 하와가 지어서 입은 것이 아니다. 하나님께서 지어 입히신 것이다. 여기에는 '옷'을 통해 두 가지 측면이 크게 설명된다. 하나는 보호의 기능으로써 옷이 입혀졌다는 것을 말한다. 또 다른 하나는 '옷'을 통해 자신들의 모습과 상태를 돌아보게 한다. 그것은 불순종 이전과 불순종 이후를 돌아보게 한다. 불순종 이전에는 벌거벗었음을 알지 못했기에 '옷'이 필요치 않았다. 그러나 하나님을 향한 불순종 이후 그들은 자신이 벌거벗었음을 알고 수치를 가리려고 한다. 따라서

'가죽옷'은 자신들의 죄를 상기시키고 있다.[338] 이런 측면에서 '가죽옷'은 하나님을 향한 부끄러운 '신앙의 모습'을 논하고 있다. 이그나티우스는 「에베소 인들에게」 보낸 서신의 제16장에서 그리스도가 십자가에 못 박히신 것을 '신앙'으로 설명하고 있다. 그리스도가 십자가에 못 박히신 것은 아담의 죄를 대속하는 측면에서 그리스도가 아담의 당사자가 되었다는 것을 증거한다.

> 나의 형제들이여 명심하시기 바랍니다. 간음하는 자들은 하나님 나라를 상속받지 못합니다. 그러므로 육체를 따라 행동하는 자들은 죽음을 경험할 것인데, 하물며 예수 그리스도께서 십자가에 못 박히신 것에 대한 하나님의 신앙을 그릇되게 가르친 사악한 자들은 얼마나 더하겠습니까? 그런 비열한 자는 그의 말을 듣는 사람과 함께 꺼지지 않는 불에 들어갈 것입니다. (*Ep* 16:1-2)

언약의 불이행에 따른 죽음은 당사자의 죽음을 증거한다. '가죽옷'은 짐승이 죽어서 만들어진 것이다. 죽음을 의미하는 '가죽옷'이 아담과 하와에게 입혀졌다. 이것은 아담과 하와가 죽음에 이르는 존재가 되었다는 것을 말한다. 아담과 하와의 행위가 언약을 범하였고 그 결과 죽음에 이르게 되었다는 것을 '가죽옷'은 증거하고 있다. 그러므로 교부들은 '가죽옷'에 대한 주석을 아담과 하와의 죄에 따른 값으로 주석하였다. 그리고 이그나티우스는 이것을 「에베소 인들에게」 보내는 서신의 제16장에서 '신앙'이라는 관점으로 설명하였다.

칼빈(John Calvin, 1509-1564)은 창세기 3장 21절의 '가죽옷'을 논하면서 "모세는 이 옷을 통해 하나님이 주권자 되심"을 설명하고 있다고 말하였다. 그런가 하면 이 부분에 있어서 교부들의 전반적인 주석을 따르고 있었던 칼빈은 '가죽옷'이 말하고 있는 '죽음'을 '신앙'이라는 관점으로 긴밀하게 연결하고 있는 것을 엿볼 수 있다. 그는 '가죽옷'을 가리켜 하나님께서 아담과 하와로 하여금 "자신들의 타락을 직접 목격하고 죄에 대해 다시 한번 상기시키려고 의도하신 것"이라고 견해를 밝힌 바 있다.[339]

그리스도가 십자가에서 죽으신 죽음이 '신앙'이라는 것은 그 죽음은 제3자의 위치에서 성립될 수 없는 죽음이라는 것을 말한다. 대리적 위치에서의 죽음은 그 값이 될 수 없다.[340] 그러므로 이그나티우스가 증거하는 "하나님의 신앙"은 십자가에서 죽으신 그리스도의 죽음은 당사자로서 아담의 죽음을 가리킨다. 여기에 더하여 「에베소 인들에게」 보낸 서신의 제18

장과 제20장, 「트랄레스 인들에게」 보낸 서신의 제9장과 「서머나 인들에게」 보낸 서신의 제1장 등을 통해 그리스도가 '다윗의 씨'와 혈통으로, 그리고 동정녀를 통해 나셨음을 강조한다.[341] 이그나티우스는 교부들 가운데 마리아의 신학적 중요성을 최초로 제시한 교부였다. 그는 마리아의 육신을 통한 그리스도의 나심을 '신성'과 '인성'을 통해 증거하며 그리스도가 아담 당사자로서 값이 되었다는 것을 간접적으로 말한다.[342]

> … 하나님의 뜻과 능력에 따라 하나님의 아들이셨으며, 실제로 동정녀에게서 태어나셨고, 요한에게 세례를 받으셨으며, 본디오 빌라도와 분봉왕 헤롯에 의해 육체 가운데서 우리를 위해 십자가에 실제로 못 박히셨다는 것을 여러분들은 확신하고 있습니다.(우리는 그분의 가장 축복된 고난으로부터 자라난 그분의 결실의 열매의 일부분입니다.)(*Smy* 1:1-2)

메이천(J. Gresham Machen, 1881-1937)은 자신의 저서 『그리스도의 동정녀 탄생』에서 '동정녀 탄생'과 관련하여 2세기에 나타났던 두 가지 부분의 특이한 점을 지적한다. 하나는 2세기에는 '동정녀 탄생'을 통해 그리스도의 인성에 대한 교리적 입장이 역사적으로 증명되었다는 점이다.[343] 2세기의 교부들은 '동정녀 탄생'을 통해 "그리스도의 동정녀 탄생을 증명한 것이 아니라 그리스도의 실질적 탄생"을 역사적인 것에 대입시켜 증명하고 있었다. 두 번째는 그리스도의 동정녀 탄생은 모든 속사도 교부들이 언급한 것이 아니라 이그나티우스에 의해 적극적으로 변증되었다는 점이다.[344] 이그나티우스가 특히 이런 부분을 중요하게 여겼던 것은 영지주의자들의 가현설에 따른 그리스도의 참된 인성을 증명하기 위해서였다.[345]

창세기 3장 21절의 '가죽옷'이 아담과 하와 당사자에게 입혀졌다. 성자 하나님께서 그리스도로 성육신할 때, 사람(아담)의 '혈'과 '육'을 취하셨다. 그 이유는 자신이 참 아담(둘째 아담)이 되어 아담(첫째 아담)이 불신과 불순종으로 입은 죽음의 '가죽옷'을 입는 당사자가 되어야 했기 때문이다. 이그나티우스의 서신에 나타나는 "하나님의 신앙"은 아담이 하나님께 범하였던 죄와 그리스도가 둘째 아담으로서 첫째 아담의 죄를 대속하는 내용들을 포괄적으로 담고 있었으며, 창세기 3장 21절의 '가죽옷'이 의미하는 것을 상기시키고 있었다.

▷ 하나님의 공의를 만족시키는 그리스도를 증거

이그나티우스는 「서머나 인들에게」 보낸 서신에서 짤막한 인사와 함께 본론을 전개한다. 이때 제일 먼저 제1장을 통해 십자가에서 죽으신 그리스도의 피로 인해 "우리가 사랑 안에 뿌리를 내리게 되었다"라는 것을 밝힌다. 그리고 그 죽음이 "우리를 위해"라고 대속을 증거하고 있다. 제7장에서는 그리스도의 가현설을 주장하는 영지주의 이단들을 반박하는 자리에서 성찬을 통해 그리스도가 당한 고난은 "우리의 죄를 위한 것"이며, 그리스도의 죽으심은 성부의 공의를 만족시킨 사건이었다는 것을 피력(披瀝)한다.

찰스 하지(Charles Hodge, 1797-1878)에 의하면 이그나티우스는 초기의 교부들 가운데 성만찬을 특별히 중요하게 여겼던 교부였다. 그가 증거하였던 성만찬에는 그리스도의 육체의 죽으심과 부활하심에 따른 특별한 내용이 전개되고 있었다.[346] 이그나티우스가 성찬을 중요하게 여기고 있었던 것은 이것이 영지주의 이단들과 큰 구별 점이었기 때문이다.[347] 그리스도의 성육신에 따른 나심과 죽으심 그리고 부활하심이 참 인성과 관련하여 가현이 아니라는 것을 증거하고 있었다. 그리스도의 죽으심은 참 인성에 따른 희생의 제물이었다. 죄 없으신 분이 우리를 위해 죽으신 것이니 그 죽음은 "우리로 하여금 그 안에서 '하나님의 의'가 되게 하려 하심"(고후 5:21)이었다.[348]

> 나는 그런 지혜를 주신 하나님, 예수 그리스도를 찬양합니다. 나는 여러분의 영과 몸이 주 예수 그리스도의 십자가에 못 박히고, 그리스도의 피로 인해 사랑 안에 뿌리내리고, 흔들리지 않는 믿음에 있음을 발견했습니다. … 그리고 본디오 빌라도와 분봉왕 헤롯의 치하에서 우리를 위해 육신으로 십자가에 못 박히셨습니다. …(Smy 1:1-2)

> 그들은(가현설을 주장하는 이단들) 성찬식이 우리의 죄를 위해 고난 당하고 아버지께서 [죽은 자 가운데서] 살리신 우리 구주 예수 그리스도의 몸이라는 것을 인정하지 않기 때문에 성찬식과 기도의 예식을 멀리합니다.(Smy 7:1)

이그나티우스가 「트랄레스 인들에게」 보낸 서신의 제2장에 따르면 그리스도의 죽으심은 "우리를 위해서" 죽으신 대속이었다.[349] 베드로와 요한 그리고 바울 사도로부터 많은 영향을 받았던 이그나티우스의 손에는 '복음서'와 '사도서'가 함께

하고 있었다.[350] 그는 죄와 죽음에 따른 것을 '우리'를 통해 설명하면서 그 죄가 한 개인의 단순한 범죄가 아니라 아담의 죄와 연결되었다는 것을 포괄적으로 드러낸다. 헤르만 바빙크는 그리스도의 십자가 죽음에 대해 크게 두 가지를 증거한다. 하나는 아담(우리)의 당사자로서 그 자리에 세워진 것을 말한다. "그리스도가 우리의 자리에 세워지고, 우리의 죄의 형벌을 담당하는 것"으로 여긴다. 또 하나는 그리스도가 십자가에서 이루신 것이 하나님의 의를 충족시키는 조건이 되었으며, 우리의 구원을 획득하는 자리가 되었다는 것을 말한다.[351]

이그나티우스는 「에베소 인들에게」 보낸 서신의 제18장에서 우리의 구원을 설명한다. 여기서 그는 대속을 이룰 그리스도를 통해 우리의 죄가 아담으로 말미암은 죄라는 것을 포괄적으로 설명하고 있다. 그는 고린도전서 1장 18절에서부터 25절의 말씀을 인용하면서 "십자가는 불신자들에게는 걸림돌이지만 우리에게는 구원과 영생을 의미합니다."[352]라고 말한다. 이런 방식의 포괄적 신학은 신앙을 신학과 접목하여 설명하고 제시했던 초기 교부들의 신학적 특징이기도 했다.[353]

고린도전서 15장 47절에 따르면 첫 사람(아담)은 땅에서 났고, 둘째 사람(아담으로서 그리스도)은 하늘에서 나셨다. 이그나티우스가 구원에 대해 논할 때 그는 바울의 이런 가르침을 염두에 두고 서신을 기록했다고 볼 수 있다. 창세기 3장 21절은 '가죽옷'을 통해 아담의 죄와 관련한 죽음을 설명한다. 이런 '가죽옷'에 대해 매튜 헨리(Matthew Henry, 1662-1714)는 창세기를 주석하면서 아담과 하와가 죽을 운명에 처하게 되었다는 것과 함께, 희생의 제물로 드려진 제물이라는 두 가지 측면을 설명하고 있다. 그리고 '가죽옷'을 가리켜 인간의 수치를 가려줄 '그리스도의 의'를 예고하는 모형으로 주석하였다.[354]

이그나티우스는 「에베소 인들에게」 보낸 서신의 제19장과 제20장 그리고 「서머나 인들에게」 보낸 서신의 제1장에서 그리스도를 가리켜 '완전한 인성'과 '완전한 신성'으로 동정녀를 통해 나셨음을 증거한다.[355] 특히 그리스도의 '신성'과 '인성'에 관한 이그나티우스의 그리스도론은 '동일본질'에 대한 신학적 기초를 제공해주고 있다. 뿐만 아니라 그리스도의 '신성'에 따른 '선재'는 '영 그리스도론(Spirit Christology)'에 대한 토대를 낳고 있다.[356] 이그나티우스의 그리스도에 대한 초자연적인 잉태의 교리는 사도들의 가르침이자 당시 모든 복음전도자들의 가르침이기도 했다.[357] 그는 여기서 그리스도와 관련된 '마리아의 동정성(童貞性)', '출산', '죽으심'에 대한 세 가지가 세상의 군주에게는 비밀이었다고 가르친다.[358]

마태복음 2장에 의하면 예수님의 출산에 대한 것이 헤롯

왕에게 비밀로 지켜진다. 에베소서 2장 2절과 베드로전서 5장 8절에 따르면 '공중의 권세 잡은 자'인 마귀가 "우는 사자 같이 두루 다니며 자신이 삼킬 자를 찾는다"라고 하였다. 그리스도의 성육신과 죽으심은 죄를 범한 아담의 대속에 따른 '하나님의 공의'에 대한 값이었기에 "삼킬 자를 찾는" 마귀에게는 비밀함이었다.

  이그나티우스는 그리스도의 죽음을 가리켜 "우리를 위해서"라고 말한다. 이때 '우리'는 제3자의 입장에서 논하는 '우리'가 아니다. '당사자'의 입장이 되는 '우리'를 설명하고 있다. 죄인에 대해서는 아담의 당사자로서 죽는 죽음의 값이었으며, 또 한편에서는 대속의 죽음을 통해 죄인의 수치를 가려주면서 우리로 하여금 하나님의 사랑 안에 거하게 하는 하나님의 공의를 만족시키는 길이었다. 「트랄레스 인들에게」 보낸 서신의 제2장과 「서머나 인들에게」 보낸 서신의 제6장은 "우리를 위해서" 죽으신 그리스도의 죽음의 값인 '피'와 그 죽음을 믿는 자가 죽음을 면하게 될 것을 설명한다. 하나님의 공의에 대한 만족의 값에 대한 효력을 증거하고 있다.[359]

  창세기 3장 21절의 '가죽옷'은 아담의 죄에 따른 죽음의 값을 나타내고 있을 뿐만 아니라 피 흘린 짐승의 희생과 함께 그 짐승의 가죽이 옷이 되어 하나님 앞에서 죄인의 수치를 가려주고 있다. 그 가려줌은 단순히 수치를 가려주는 것이 아니다. 이런 수치의 가려줌이 있었기에 창세기 3장 23절의 "그를 내보내어"가 성립이 된다. '내보낸다'는 것은 하나님의 공의와 사랑을 함께 담아내고 있다. "그를 다시 돌아오게 할 것"을 예고하고 있다. 이것은 죄악에 대해서는 용서가 없는 심판을 나타내고 있는 24절의 "쫓아내시고"와는 대조되는 모습을 그려낸다.

'가죽옷'이 아담의 죄를 당사자 입장에서 설명하고 있다면, 다른 한편에서는 대속을 이끌어낼 하나님의 공의의 만족의 값을 드러낸다. 아담의 죄의 수치를 가려주는 대속으로서 값이다. 그 '값'은 오리게네스 또는 닛사의 그레고리우스(Gregorius of Nyssa, 335-394)가 주장하는 마귀에 대한 '배상설'과는 다른 값을 말하고 있다.[360] 이그나티우스는 십자가의 그리스도를 통해 하나님의 공의를 만족시키는 그리스도를 증거하고 있다. 그 공의는 창세기 3장 21절의 '가죽옷'과 관계하여 죄로 인한 죽음이었다. 그리고 죄의 수치를 가려주는 희생의 제물로서 공의의 만족을 채우는 값이었다.

하나님의 전적인 은혜와 언약의 성취가 되는 그리스도

▷ 하나님께서 입혀주신 은혜의 옷

이그나티우스의 그리스도론은 하나님의 은혜를 필연적으로 설명하고 있다. 그의 십자가 신학은 인간의 죄로 인한 값을 말하면서 동시에 하나님의 은혜와 관련된 언약의 성취를 말한다. 창세기 3장 21절의 '가죽옷' 또한 죄로 말미암은 죽음과 함께 대속을 통한 창세기 3장 15절의 은혜 언약의 성취를 예고하고 있다. 창세기 3장 15절에서 뱀이 여자의 후손의 발꿈치를 상하게 하는 것이 십자가 사건이라면 이 십자가 사건은 여자의 후손이 뱀의 머리를 상하게 하는 사건이 된다. 따라서 요한복음 19장 30절, 예수님께서 십자가를 통해 "다 이루었다"라고 말씀하신 것은 이런 언약의 성취를 확정 짓는 순간이었다.[361]

세속으로부터 자신을 구별해내었던 은수자(隱修者, hermit)인 시리아의 에프렘(Ephrem, 306-373)은 창세기 3장 21절의 '가죽옷'을 주석할 때 "가죽옷은 짐승의 죽음을 통해 아담과 하와가 죽는다는 것을 말하는 것"이라고 했다. 계속해서 '가죽옷'을 가리켜 "자신들(아담과 하와)의 알몸을 가리는 것"을 함께 논하면서 '가죽옷'에 담긴 하나님의 은혜를 설명한다.[362] 몸을 가린 것은 아담과 하와의 행위에 따른 것이 아니었다. 하나님께서 입히신 '가죽옷'이었다. 여기에는 아담과 하와의 수치를 가려주기 위해 죽은 짐승이 있었다는 것을 계시하고 있다. 그리고 아담과 하와의 수치를 가려주기 위해 생명의 주관자 되시는 하나님께서 짐승의 죽음을 허락하셨다는 것을 함축하고 있다. 하나님의 전적인 은혜가 필연적으로 부각되고 있다.

'언약'과 '은혜' 그리고 '성취'에 대해 분명한 사도적 신앙관을 가지고 있었던 이그나티우스는 말씀에 대해 알레고리적인 적용보다 복음서를 풀어 설명하기를 원했다. 그는 다윗을 돌아볼 때도 역사적인 한 위대한 인물이 아니라 하나님께서 그를 통해 이루고자 하셨던 언약을 먼저 떠올렸던 교부였다. 이런 그의 언약적 사상은 다윗을 그리스도를 통해 이해하기를 원했다. 언약의 성취를 염두에 둔 것이다. 그리고 진정한 그리스도인의 모습을 그리스도의 형상을 통해 설명하며, 그리스도인의 부활을 종말론과 연결하고 있다.[363]

「에베소 인들에게」 보낸 서신의 제18장에 의하면 그리스도는 "하나님의 계획을 따라 다윗의 씨"로 나셨다. 언약이 어떻게 실현되었는지 설명하는 자리에서 '하나님의 계획하심'과 하나님의 계획하심에 따른 '나심'이 강조되고 있다. 구원론과 관련하여 하나님의 '예정'과 '작정'과 '섭리'가 부각 되고 있다. 그리스도의 성육신을 부인하면서 이것을 가현설로 여겼던 영지주의자들의 주장과 율법주의자들의 구원론을 정면으로 반박하는 교리적 근거를 언약의 성취를 통해 제시하고 있다. 그런가 하면 언약의 성취는 그리스도의 '수난사'와 함께하는 하나님의 은혜에서 찾고 있었다. 이것을 「마그네시아 인들에게」 보낸 서신의 제9장에서 증거하고 있다.

> 우리 하나님이신 예수 그리스도께서는 하나님의 계획을 따라 마리아에게 잉태되셨으며, 다윗의 후손으로, 성령으로부터 나셨습니다. 그분은 고난을 통해 물을 정화시킬 수 있도록 태어나셨고 세례를 받으셨습니다. (*Ep* 18:2)

> 그들은 안식일을 지키는 것을 중단하였고 주님의 날에 따라 살았으며, 그분과 그분의 죽음을 통해 우리와 그들의 생명도 빛을 발하게 되었습니다. … 우리가 어떻게 그분 없이 살 수 있겠습니까? (*Mag* 9:1-2)

「트랄레스 인들에게」 보낸 서신의 제9장 1절에서는 '다윗의 혈통'이라는 언약의 성취와 마리아에게서 나심이라는 '참된 인성'에 따른 '성육신'을 무시하는 어떤 소리에도 귀를 기울이지 말 것을 강력한 어조로 명하듯 말한다. "다윗의 혈통에서 나시고 마리아에 의해 나신 예수 그리스도를 무시하는 어떤 이야기에도 귀를 기울이지 마십시오" 그리고 2절에서는 "예수 그리스도를 떠나서는 참된 생명을 얻을 수 없습니다"라며 구원에 따른 '새 생명'은 그리스도를 통해 얻어진다는 '은혜의 그리스도론'을 강조한다.

바빙크는 자신의 『개혁교의학』 제4권에서 칭의를 다루면서 "구원에 있어서 믿음이 필수"였다면 클레멘스(Clement of Rome, 35-110)와 이그나티우스, 테르툴리아누스(Tertullianus, 160~220), 아우구스티누스는 "은혜를 첫 번째 자리에 올려놓았다"라고 말한 바 있다.[364] 아우구스티누스가 '가죽옷'을 통해 『삼위일체론』에서는 인간이 "죽을 수밖에 없는 운명이 된" 것을 논했다면 『고백록』의 제13권 제15장에서는 죄를 지어 죽게 된 아담과 하와에게 입혀준 옷으로, 은혜론을 부각시키고 있다.[365]

창세기 3장 21절의 '가죽옷' 역시 아담과 하와를 향해 하나님의 은혜가 없이는 그들에게는 죽음만이 존재한다는 것을 증거하고 있다. 빅터 해밀턴(Victor P. Hamilton, 1941-현재)

은 창세기 3장 21절의 '가죽옷'을 창세기 3장 7절의 '무화과나무 잎'과 연결하여 설명한다. 그에 따르면 "무화과나무 잎은 이들이(아담과 여자) 스스로 덮으려는" 행위가 강조된 반면, '가죽옷'은 "다른 대상(하나님)에게서 덮임을 받은 것"이 강조된다.[366] 아담과 하와가 할 수 없는 것을 하나님께서 이들을 위해 해주신 '은혜'가 부각되고 있다.

'가죽옷'에는 짐승의 '피 흘림'이 존재한다. '피 흘림'의 '가죽옷'을 하나님께서 입히신 것이 동산에서 이들을 쫓아낸 것보다 앞선다. 이것은 "하나님의 은혜의 행위가 심판의 행위보다 앞선다는 것을 말하는 것"이라고 해밀턴은 강조하였다.[367] 이런 '가죽옷'은 '희생' 가운데 '은혜'가 함께 하고 있다는 것을 말하고 있다. 이그나티우스는 「빌라델피아 인들에게」 보내는 서신의 인사말에서 "이그나티우스가 예수 그리스도의 피 안에서 인사드립니다"라며 그리스도의 십자가에는 피 흘림이 있었다는 것을 강조한다. 그리고 우리가 부활에 대해 확신을 가지는 것은 "그분의 자비에 의한 것"이라고 말한다.[368]

창세기 3장 21절의 '가죽옷'은 그리스도의 피 흘림을 통한 은혜의 성취를 언약하고 있다. 이그나티우스는 「서머나 인들에게」 보낸 서신의 제4장에서 그리스도의 피 흘림에 따른 은혜 언약을 부인하는 가현설 이단자들과 로마 정부로부터 가해져 오는 현실적 고난에 따른 갈등을 '그리스도 안에' 거하며 은혜 언약을 기억하고 이 모든 것들을 이겨나가도록 한다. 특히 이단들의 교회 분리에 대해서는 그리스도의 피로 연합을 이끌어내면서 「서머나 인들에게」 보낸 서신의 제6장 1절에서 이렇게 증거한다. "그리스도의 피를 믿지 않는다면 그들도(이단들) 끝장(심판)입니다"[369] 그리고 그는 계속해서 증거한다. "예수 그리스도의 은혜에 대해 잘못된 견해를 가진 자들을 특별히 주의하십시오"[370]

▷ 화해와 중보를 예표

하나님을 향한 아담의 불신과 불순종은 하나님께 죄를 범하게 된다. 이때 아담에게 임한 형벌은 죽음이 그 값이었다. 소망과 희망이 끊어진 상태였다. 여기에 대해 창세기 3장 21절의 '가죽옷'은 두 가지의 상태를 설명한다. 첫째는 죄로 말미암은 '죽음'이다. 두 번째는 옷을 '입힌 것'을 통해 하나님과 사람 사이에 화해를 이룰 중보자를 예표하고 있다. 아담의 불신과 불순종은 하나님과 교제를 즉시 단절시켰다.[371] 칼빈의 제2차 제네바교회 교리문답서(1542)의 제43문에 의하면 그리스도는 첫째 아담의 불신과 불순종으로 인해 단절된 하나님과 사람 사이에 제사장으로서 '화해의 중보자'가 되어 주셨다.[372] 크리스 채너티 투데이(Christianity Today)의 간행물에 수록된 사무엘 J. 미콜라스키(Samuel J. Mikolaski, 1923-현재)의 「예수 그리스도- 선지자, 제사장, 왕」에 의하면 "중보의 근거는 의와 은혜, 진노와 사랑, 심판과 자비의 관계에서 연합적으로 살펴보아야 한다."[373]

이그나티우스는 그리스도의 제사장 직분을 강조한다. 「트랄레스 인들에게」 보낸 서신의 제2장에서 "우리를 위해 죽으신 그리스도"를 통해 화해자로서, 중보자로서 그리스도를 부각시킨다.[374] 매튜 헨리의 창세기 주석에 따르면 '가죽옷'은 희생을 당한 짐승과 관련하여 두 측면이 예표 된다. 하나님을 향해서는 "자신을 향기로운 제물로 드린" '희생의 제물'로서 '죽임당할 어린양'인 그리스도가 예표 되며, 아담과 하와에게는 수치를 가려준 '그리스도의 의'가 예표 된다.[375] 그리스도의 제사장직은 화해와 중보의 두 측면을 동시에 가진다. 이그나티우스는 「마그네시아 인들에게」 보낸 서신의 제5장에서 신자들은 예수 그리스도를 통해 '하나님 아버지의 인'을 지니게 된다고 밝힌 바 있다. 이때 '하나님 아버지의 인'을 신자가 지니게 되는 것은 그리스도가 이룬 화해와 중보의 두 측면을 통해 일어난다.

예, 모든 것에 종말이 임하고 있습니다. 우리는 죽음과 생명의 선택 앞에 서 있습니다. 모든 사람이 각자의 자리로 갈 것입니다. 두 개의 주화가 있습니다. 각각의 주화는 고유한 인을 가지고 있습니다. 하나는 하나님의 것이고, 다른 하나는 세상의 것입니다. 불신자들은 '세상의 인'을, 신자들은 예수 그리스도를 통하여 사랑 안에서 '아버지 하나님의 인'을 지닙니다. 그리고 만약 우리가 예수 그리스도의 수난과 연합하여 기꺼이 죽지 않는다면 우리 안에는 그분의 생명이 없을 것입니다. (*Mag* 5:1)

그리스도가 중보자 되는 것은 단순히 서로를 연결하는 중보적 차원의 중보자가 아니다. 연합을 이루고 하나가 되어 당사자로서 그 값을 다하는 '화해의 중보자'이다. 창세기 3장 21절의 '가죽옷'은 '화해의 중보자'를 예표 할 뿐 아니라 이것을 언약하고 있다. 이그나티우스는 「빌라델피아 인들에게」 보낸 서신의 제5장에서 자신이 구약을 무시하고 그리스도만을 증거한다고 비난하는 유대주의자들의 주장에 대해 반증한다. 순교 현장을 향하는 자신에게 위안을 주는 것은 "복음서와 사도서이며, 자신은 예언서를 사모한다"라고 고백하였다. 구약이 자신과 함께하고 있다는 사실을 밝힌다.[376] 그는 자신이 증거하고 있는 그리스도론이 구약에 근거하고 있지 않다고 주장하는 유대주의자들의 주장에 대해「빌라델피아 인들에게」보낸 서신의 제8장에서 자신의 그리스도론과 그에 따른 복음은 철저히 구약에 근본을 이루고 있다고 반증한다.

> 나는 여러분에게 권합니다. 분열을 일으키는 것에 함께하지 말고 그리스도의 제자로서 행동하십시오. 어떤 사람들이 "만약 원본(구약) 안에서 그것을 발견하지 못한다면 나는 복음을 믿지 않습니다"라고 말합니다. 그때 나는 그들에게 "그러나 그것은(그리스도에 관한 것) 거기에(구약의 예언서) 기록되어있습니다"라고 대답했습니다. 그들은 반박했습니다. "그것이 바로 문제지요" 내 마음의 원본은 예수 그리스도입니다. 범할 수 없는 기록물은 십자가와 죽음과 그분의 부활과 그분으로 인한 믿음입니다. …(Phil 8:2)

리차드슨은 이그나티우스의 서신 가운데 하나인「빌라델피아 인들에게」보낸 서신을 편집하면서 제8장 2절에서 이그나티우스는 자신의 복음에 대해 폄하(貶下)하는 자들에게는 구약성경을 원본으로 제시하였다라고 각주를 달았다. 그리고 이그나티우스는 논쟁의 막바지에 이르게 되면 「빌라델피아 인들에게」 보낸 서신의 제8장 2절과 같이 '복음의 전통'을 권위로 내세웠기 때문에 마치 구약을 얕보고 있는 것처럼 느낌을 줬다는 것이다. 이것이 유대주의자들에게 비난의 기회가 되었다고 말한다.[377] 그럼에도 불구하고 이그나티우스는 그리스도를 구약의 예언과 연결하여 언약의 성취를 증거하고 있다. 이런 바탕 위에 유대 에비온주의와 가현설을 앞세운 영지주의 교리의 모순에 대한 지적을 성찬을 통해 밝히면서 그리스도의 중보자 되심과 중보적 효력이 가져다주는 실효(화해)를 논하였다.[378]

이그나티우스는 「마그네시아 인들에게」 보낸 서신의 제9장에서 그리스도의 죽음이 '주님의 날'에 우리를 '생명'으로 빛나게 해줄 것을 말하며 언약의 성취에 따른 최종적인 모습을 그려낸다.[379] 헨리 비텐슨은 『초기 기독교 교부』를 다루는 자리에서 이그나티우스의 서신에 대한 주요 부분들을 편집한다. 이때 「마그네시아 인들에게」 대한 서신의 제8장과 제9장에 대해 "예언의 성취이신 그리스도"라는 타이틀을 소제목으로 제시한다.[380] 그리스도에 의한 예언의 성취는 그리스도의 죽으심과 살아나심이 우리를 위한 중보자로서 화해를 이끌어낼 것과 이것이 우리의 효력이 될 것에 대한 예언의 성취였다.

이그나티우스는 그리스도를 향한 믿음을 가리켜 「서머

나 인들에게」 보낸 서신의 제1장에서 "그의 몸과 영이 그리스도의 십자가에 못 박히는 것"으로 여기고 있다. 창세기 3장 21절의 '가죽옷'이 입혀진 것은 그 옷의 가죽과 피가 아담과 하와에게 못 박히는 것을 말한다. 그리고 '가죽옷'과 피는 중보자의 희생이 불러올 화해를 예언하고 있으며, 그리스도는 그 예언에 따른 성취자로서 화해의 중보자가 된다. 그러므로 우리가 살아가면서 당하는 고난과 환난의 모든 것은 그리스도 안에 있어야만 그 해결점을 찾게 된다라고 이그나티우스는 「서머나 인들에게」 보낸 서신의 제4장에서 증거한 바 있다.[381]

그리스도를 따르는 신앙의 걸음

▷ 그리스도와 연합이 주는 효력

이그나티우스는 「트랄레스 인들에게」 보내는 서신에서 그리스도와 연합이 가지는 효력에 대해 두 가지를 설명한다. 첫 번째는 연합하여 다시 살아나는 효력이다. 「트랄레스 인들에게」 보낸 서신의 인사말에 의하면 그리스도가 우리의 소망이 되는 것은 죽은 자와 같은 우리가 그분과 연합하여 "다시 살아날 것"이기 때문이다.[382] 모든 신자는 그리스도와 연합한다. 그리스도가 다시 살아나는 모든 신자에 대해 언약의 머리가 되는 것은 믿음을 통해 신자와 그리스도가 하나로 연합되기 때문이다.

두 번째는 연합하여 영생하게 되는 효력이다. 이그나티우스는 가현설의 교리를 통해 교회를 갈등으로 몰아가고 있는 '이단의 양식'을 가리켜 "꿀과 포도주가 섞인 맹독"으로 표현하고 있다.[383] 이 양식을 먹는 자에게는 파멸에 따른 죽음(심판)만이 존재할 것이라고 「트랄레스 인들에게」 보낸 서신의 제6장에서 밝히고 있다.[384] 그는 교회 속에 침투한 유대주의 세력인 에비온주의를 비롯한 영지주의적 기독론에 대해 십자가에 달려 죽으시고, 부활하신 예수 그리스도를 신앙고백으로 내어놓는다.[385] 그는 「트랄레스 인들에게」 보낸 서신의 제2장에서 우리가 "영생을 얻는 것"은 십자가에 달려 죽으시고, 부활하신 예수 그리스도와 연합으로 이뤄진다고 밝힌다.[386]

> 여러분이 예수 그리스도께 하듯 감독에게 순종할 때 여러분은 단순히 인간적인 방식이 아니라 예수 그리스도의 방식으로 살아가는 것이 됩니다. 여러분이 우리를 위해 죽으신 예수 그리스도를 믿는 것은 여러분 자신이 죽는 것을 면할 수 있도록

> 우리를 위해 죽으신 예수 그리스도의 방식으로 살아가는 것을 말합니다. … 그분은 우리의 소망이며, 지금 그분과 연합하여 산다면 영생을 얻게 될 것입니다.(*Tral* 2:1-2)

이그나티우스가 「마그네시아 인들에게」 보낸 서신의 제5장에 의하면 성도들이 '하나님 아버지의 인'을 가질 수 있는 것은 "그리스도를 통해서"라는 필연적 과정 안에서 성립된다. 이 과정 안에서 그리스도와 연합하게 되고 우리 안에 '그리스도의 생명'이 전가된다.[387] 이것이 '영생'이라는 것을 그는 「트랄레스 인들에게」 보낸 서신의 제2장에서 밝힌다. "지금 그분과 연합하여 산다면 영생을 얻게 될 것입니다." 앞에서도 이미 밝혔던 것처럼 아담과 하와의 수치를 가려주기 위해 죽은 짐승의 피 흘림이 묻은 '가죽옷'은 하나님의 공의의 만족을 채우는 역할을 한다. 우리의 죄를 대속하는 그리스도의 십자가 죽음은 '의'가 되며 그를 영접하는 모든 사람에게 '구원의 보증'이 된다.[388]

창세기 3장 21절에서 아담과 하와가 '가죽옷'을 입은 것은 그 옷과 하나가 된 상태를 말한다. '가죽옷'이 지어져서 이들에게 입혀지기까지 과정에는 짐승의 죽음이 있었다. 짐승의 죽음에는 아담과 하와가 하나님을 향한 불신과 불순종의 값으로 인해 죽음을 맞이하게 될 것과 불신과 불순종과 전혀 상관없는 짐승의 희생에 따른 죽음이라는 두 가지 측면이 설명되고 있다. 매튜 헨리는 '가죽옷'과 관련하여 죽임을 당한 짐승은 먹을 '양식'을 위해 죽은 것이 아니라 '희생의 제물'로 죽임을 당했으며, 이는 인간의 대속을 이룰 그리스도의 모형을 이루는 장면이라고 주석하였다.[389]

'가죽옷'이 입혀졌다는 것은 아담과 하와가 '가죽옷'이 가지는 운명의 모습이 되었다는 것을 말한다. 그러므로 '가죽옷'은 연합에 대한 의미를 함께 가지고 있다. 그리고 '가죽옷'은 오직 아담과 하와의 수치를 가리기 위해 죽은 짐승을 말하기에 그리스도의 죽음이 '의'에 이를 것을 예표하고 있다. 그리고 이 '의'가 우리를 영생의 길로 인도하게 된다.[390] 창세기 3장 21절의 '가죽옷'은 그리스도의 '의'를 예표하며, 창세기 3장 23절의 "그를 내보내어"를 통해 증거되고 있는 것처럼 '돌아오게 할 것'을 언약하고 있다. 이런 공의의 만족이 이루어진 곳이 바로 십자가였다. 이그나티우스는 이것을 「에베소 인들에게」 보내는 서신의 제18장에서 밝힌다.

이단의 거짓된 교리로 갈등하는 그리스도인들을 향해 그는 이렇게 강조한다. "불신자들은 십자가를 걸림돌이라 여기지만 우리에게는 구원과 영생을 의미합니다"[391] 그리스도의 십자가는 이그나티우스의 신학에 있어서 매우 중요한 부분을 차지하고 있다. 그는 십자가를 통해 "하나님의 뜻을 따르는 십자가", "일치와 연합을 이루는 십자가", "사도의 고백적인 신앙을 증거하는 십자가", "고난과 갈등을 이겨내는 십자가"의 신학을 이끌어낸다.[392] J.N.D. 켈리에 따르면 이그나티우스의 이런 교리적 표현은 사도와 일치하는 것을 이상으로 내세우는 것이었다.[393]

    이그나티우스가 강조하고 있는 일치와 연합은 그의 독단적인 신앙과 신학적 사고의 표현이 아니었다. 그것은 교회를 향한 바울의 가르침이었으며, 이런 사도의 가르침을 더욱 분명하게 나타내는 표현이었다. 그리스도가 교회의 머리가 되고 교회와 성도는 이런 그리스도 안에서 일치와 연합을 이룬다는 것은 신앙의 근본이었다. 바울은 에베소서 4장을 통해 이런 가르침을 주고 있었다. 이그나티우스의 서신은 이런 바울의 가르침을 연장선상에 올려놓은 산물(産物)과 같았다.

    자신이 걸어가는 순교의 길을 그리스도와 관련하여 논하였던 이그나티우스는 「로마 인들에게」 보내는 서신의 제1장에서 순교를 열망하는 자신의 길이 방해받지 않길 원한다.[394] 그는 순교를 그리스도와 하나가 되는 참 그리스도인의 길로 여기고 있었다.[395] 알렌 브렌트(Allen Brent)는 자신의 논문 「안디옥의 이그나티우스 그리고 황제숭배」(Ignatius of Antioch and the Imperial Cult)에서 순교를 향한 이그나티우스의 모습을 가리켜 "목표를 달성하기 위해 마치 야수들과 싸우는 불타오른 모습과 같았다"라고 묘사하였다.[396]

이그나티우스는 그리스도의 이름으로 당하는 고난을 두려움이 아니라 그리스도와 연합하는 것으로 보고 있었다.[397] 창세기 3장 21절의 '가죽옷'이 연합에 따른 효력으로, 영생으로 인도하는 것을 예표하고 있듯이 고난 가운데 있는 자신의 모습은 그리스도와 연합하여 해방의 효력을 일으킬 것이며, "다시 살아나 자유롭게 될 것"을 확신하고 있었다.[398] 「폴리갑에게」 보낸 서신에서 그를 격려할 때도 그리스도와 연합을 이룬 모습 속에는 '불멸'과 '영생'이 있다는 것을 확신하도록 한다.[399] 그러므로 그리스도와 연합이 주는 효력을 바라보면서 사역에 흔들림이 없도록 폴리갑을 권고하고 있었다.

▷ 진리와 함께하는 참사랑

하나님께서 아담과 하와에게 짐승의 희생을 통해 '가죽옷'을 입혀주신 것은(창 3:21) '공의의 값'과 함께 '하나님의 무한하신 사랑'을 대변하고 있다. '값'은 하나님을 향한 불신과 불순종에 따른 신앙의 결과물이다. 죄는 어떤 모습으로도 하나님으로부터 용서받지 못한다는 것이 죽음이라는 '공의의 값'이 증거하고 있다. 반면 '하나님의 형상'을 향한 하나님의 사랑이 '가죽옷' 가운데 스며든다. 요한복음 3장 16절은 "하나님이 세상을 이처럼 사랑하사 독생자를 주셨으니"라고 말씀하고 있다. 마이클 호튼(Michael S. Horton, 1964-현재)의 『언약과 구원론』에 의하면 은혜 언약은 구속 언약에서 드러난 사랑의 결과물이었다.[400]

바울은 에베소서 4장 15절에서 머리가 되시는 그리스도 안에서 진리와 사랑은 분리되지 않고 서로 보완적이라는 가르침을 준다. 사랑이 없는 진리는 삭막하고 능력이 없으며, 진리가 없는 사랑은 연약하고 그 효력이 일시적이다. 「에베소 인들에게」 보낸 서신의 제21장에서 이그나티우스는 서신을 마무리하면서 자신이 현재 머물고 있는 서머나에 위로자를 보내준 에베소 교회의 성도들과 위로자들을 위해 기꺼이 자신의 목숨을 내어놓을 수 있다라고 말한다. 그는 진리를 파수하는 동역자를 사랑하는 그리스도의 가슴을 가진 에베소 교회를 잊을 수 없었다. 그리고 '열 마리 표범'과 같은 파수꾼들을 두려워하지 않고, 자신을 위로하고 동행하는 형제들의 참사랑을 바라보며 위안을 받고 있었다. 이런 동역자들을 위해 자신의 목숨을 내어놓는다는 것 자체가 하나님께 영광이 되고, 자신에게도 기쁨이 된다고 고백한다.

> 나는 여러분을 위해 그리고 여러분이 하나님의 영광을 위해 서머나(내가 있는 곳)로 보내주신 아들을 위해 나의 생명을 드립니다. 나는 그곳에서 주님께 감사를 드리면서 폴리갑과 여러분들 역시 나의 사랑 안에서 포옹하며 편지를 쓰고 있습니다. 예수 그리스도께서 여러분들을 그렇게 하셨던 것처럼 여러분도 나를 마음에 간직해주십시오. … 우리의 공통된 소망이 되시는 예수 그리스도 안에서 작별을 고합니다. (*Ep* 21:1-2)

이그나티우스의 일곱 서신 가운데 하나인 「마그네시아 인들에게」 보낸 서신의 인사말에는 "하나님 아버지의 특별한 사랑으로 축복받은 자"를 거론하고 있다. 이때 하나님 아버지의 특별한 사랑의 근거는 그리스도 안에서 이룬 연합을 근거로 하고 있다.[401] 벌코프(Louis Berkhof, 1873-1957)는 자신의 저서 『조직신학』에서 '그리스도의 직분'을 다루면서 '속죄의 원인과 필요성'을 제사장 직분과 관련하여 언급한다. 여기서 그는 "속죄의 동인(Moving Cause)은 죄인을 구원하시려는 하나님의 기쁘신 뜻에서 발견된다"[402]라며 여기에 부합되는 성경 구절로써 요한복음 3장 16절의 "하나님이 세상을 이처럼 사랑하사 …"를 제시한다. 그에 따르면 속죄가 오직 공의만을 기초했을 때 그것은 보복설에 가깝다. 그렇다고 하나님의 사랑만으로 말하게 되면 공의의 진실성이 결여된다. 그러므로 속죄는 하나님의 공의와 사랑이 함께 작동되어야만 한다.[403]

피조물의 창조와 보존은 자연발생적인 것이 아니다. 하나님의 의지에 따른 것이다.[404] 이그나티우스의 「트랄레스 인들에게」 보낸 서신의 제8장에 의하면 우리가 새로운 피조물이 되는 것은 오직 그리스도를 향한 믿음과 우리의 죄를 대속한 '그리스도의 피'로 말미암는다. 이때 발생한 '그리스도의 피'는 단순한 희생의 피를 의미하지 않는다. 하나님의 의지가 결부되어 있는 피를 말한다. 그것이 공의의 값과 함께 우리를 향한 '하나님의 사랑'으로 나타났던 것이다.[405]

케빈 J. 밴후저(Kevin J. Vanhoozer, 1957-현재)는 「속죄」라는 주제의 논문에서 예수 그리스도의 십자가를 다룬다. 여기서 그는 예수 그리스도의 십자가를 하나님을 달래는 단편적 사건으로 보지 않는다. 그는 십자가 사건을 세 가지의 의미를 담아서 설명한다. 무죄한 자의 피 흘림과 우리를 위해 죽으신 것과 이로 말미암아 새롭게 되는 법적 효력을 가지게 되는

것 그리고 "우리를 위해 이루신 일"에 초점이 맞춰지길 원하고 있다.[406]

창세기 3장 21절의 '가죽옷'은 아담과 하와를 향한 '신앙'과 '하나님의 사랑'을 표현해내고 있다. 특히 창세기 3장은 심판의 집행이라는 죽음과 함께 구속 언약의 효력이 즉각적으로 발생하는 것을 볼 수 있다. 이때 구속 언약의 즉각적인 효력은 다른 것으로 말미암는 것이 아니라 전적인 하나님의 계획하심에 따라 이루어진다.[407] 창세기 3장 23절의 "그를 내보내어"라는 말씀은 수치 상태에서 내보낸 것이 아니다. 수치를 가린 상태에서 내보냄이었다. 여기에는 '공의의 값'이 뒤따른다. 그리고 '가죽옷'과 '입히고', '내보내고' 속에는 자녀를 향한 아버지의 마음이 실려 있었다. 이 모든 바탕 위에는 하나님의 사랑이 함께하고 있었다.

사무엘 미콜라스키에 따르면 "죄는 반드시 그 값이 뒤따른다. 그러나 하나님의 은혜는 임할 심판 가운데 흐르며, 신적 사랑은 심판하는 능동적 구속을 통해 계시 된다."[408] 「서머나인들에게」 보낸 서신의 제1장에 의하면 서머나 교인들이 가현설을 주장하는 이단에 흔들림을 당하지 않고 믿음 가운데 서 있을 수 있었던 것은 십자가에 못 박힌 '그리스도의 피'로 말미암은 사랑이 뿌리를 내리고 있었기 때문이다.

> 나는 여러분에게 지혜를 주신 하나님, 예수 그리스도를 칭송합니다. 왜냐하면 나는 여러분들이 흔들리지 않는 믿음을 가지고 있고, 영과 육이 주 예수 그리스도의 십자가에 못 박히고, 그리스도의 피로 인해 사랑 안에 뿌리를 내리고 있음을 발견했기 때문입니다.(*Smy* 1:1)

「서머나 인들에게」 보낸 서신의 제6장에 실린 증언에 따르면 '그리스도의 피'는 창세기 3장 21절의 '가죽옷'처럼 '공의의 값'을 대변하는 '신앙'과 '사랑'을 함께 증거하고 있다. 그가 '그리스도의 피'를 '신앙'과 '사랑'으로 이끌어가고 있는 장면은 자신의 순교와도 무관하지 않다. 「로마 인들에게」 보낸 서신의 제3장에 의하면 순교는 "단순히 그리스도인으로 칭함을 받는 것이 아니라 실제로 그리스도인이 되는 길"이었다.[409] 한스 큉은 이그나티우스가 기록하고 있는 성만찬에 대해 이렇게 논한다. "안디옥의 이그나티우스는 아가페(agape)라는 개념을 사랑의 만찬에 사용했습니다."[410] 그리스도의 피와 연합을 이룬 '신앙'과 함께 '하나님의 사랑'과 '하나님을 향한 사랑'이 증명되는 장면이 순교였다. 그러니 '그리스도의 피'를 믿지 못하는 이단들에게는 '신앙(진리)'과 '하나님의 사랑'이 발견될 수

없고 '끝장(심판)'이라는 멸망이 비춰질 뿐이었다.[411]

참된 그리스도인의 발자취

속사도 교부였던 이그나티우스는 '보편'과 '연합', '일치' 그리고 '성찬'과 '십자가' 및 '그리스도론' 등에 대해 다음 세대의 교리적 토대를 놓는다. 그의 일곱 서신은 포괄적 신학을 통해 신앙을 변증하는 특징을 가진다. 그리고 사도들의 가르침과 사도들의 신학적 사상을 변증한다. 이런 이그나티우스의 신학에는 그리스도론이 중심을 이루어 십자가를 증거하며, 교회의 일치와 연합을 이루기 위한 교리를 제시한다.[412] 이때 교리적 제시는 신학적인 것을 전면에 내세우기보다 신앙을 바탕으로 한 포괄적 모습을 가지게 된다. 특히 일곱 서신의 특징 가운데 하나는 유대적 관습에 대한 타파와 함께 이단과 교리적 갈등에 대한 문제를 집중적으로 다루고 있다는 점이다.[413] 그의 서신에 나타나는 그리스도론과 구원론 또한 가현설을 앞세운 영지주의 이단의 거짓된 교리에 대한 변증이라 말할 수 있다. 그러므로 그의 그리스도론은 크게 세 가지 측면에서 문제에 대한 접근을 이룬다.

첫 번째는 '당사자로서의 그리스도론'이 증거된다. 이것은 죄 사함에 따른 구원을 거부하며, '영적 구원'을 주장하는 영지주의 이단의 가현설을 반박하며 전개되었던 교리였다. 여기서 이그나티우스는 그리스도를 가리켜 직접 '아담'으로 칭하지는 않는다. 그렇지만 "하나님의 신앙"을 위해 십자가에 달리게 되었다는 것을 통해 그리스도가 '아담'의 값으로 하나님의 공의를 만족시키는 대속을 이루었다는 것을 간접적으로 증거한다. 이때 이그나티우스가 증거하고 있는 값에 따른 그리스도론은 창세기 3장 21절의 '가죽옷'이 가지는 짐승의 죽음을 떠오르게 한다. '가죽옷'이 아담과 하와에게 입혀진 것은 "자신들의 죄로 인해 죽는다"는 것을 계시하고 있었다.

특히 이그나티우스의 그리스론을 창세기 3장 21절에 비춰보는 것은 그의 그리스도론이 제사장의 특징적 요소를 강조하면서 신성과 인성에 따른 문제 등을 다루고 있었기 때문이다. 따라서 이그나티우스가 「에베소 인들에게」 보낸 서신의 제16장에서 증거하고 있는 "하나님의 신앙"은 그리스도가 아담의 당사자로 성육신하여 십자가에서 아담의 죄를 대속하여 죽으실 것을 예표하고 있었다. 그리고 그 죽으심은 제3자의 모습이 아니라 하나님의 공의를 만족시키는 당사자로서의 죽음이라는 것을 간접적으로 증거하고 있었다.

두 번째는 '언약의 성취에 따른 그리스도론'이 증거된다. 아담의 범죄 이후 발생하는 모든 언약은 하나님의 은혜를 근거로 하고 있다. 그리고 언약의 성취를 위해서는 중보자가 필연적이었다. 아담의 불신과 불순종의 행위는 하나님과 언약을 파기하였기에 다시는 하나님과 언약을 맺을 당사자의 조건을 가지지 못한다. 왜냐하면 아담은 '죽은 자'이기 때문이다. 마가복음 12장 27절에 의하면 하나님은 '죽은 자의 하나님'이 아니라 '산 자의 하나님'이다. 이그나티우스가 「트랄레스 인들에게」 보낸 서신의 제2장에서 증거하고 있는 그리스도는 죽은 자의 모습을 하고 있는 아담과 하와의 수치를 덮었던 창세기 3장 21절의 '가죽옷'을 상기시킨다. 그리스도가 아담의 죄를 대속하기 위해 십자가에서 흘린 피의 대속은 하나님의 전적인 은혜를 나타내고 있다. 이때 십자가에 달리신 그리스도는 제사장으로서 중보자였으며, 하나님과 사람 사이에 화해를 이루는 언약의 중보자였다.

세 번째는 '연합을 이루는 그리스도론'이 증거된다. 그리스도와 연합은 영생을 이루며, 우리를 신앙으로 이끌어낸다. 그리고 하나님의 사랑을 증거 한다. 「서머나 인들에게」 보낸 서신의 제6장은 '그리스도의 피'가 창세기 3장 21절의 '가죽옷'처럼 우리와 연합을 이루어 '신앙'과 '사랑'을 이끌어낸다는 것을 증거하고 있다. 그리스도와 하나가 되는 연합을 말하고 있는 이그나티우스의 그리스도론은 창세기 3장 21절의 '가죽옷'을 '입힌 것'과 동일한 의미를 가지고 있다. '입힌 것'은 피 묻은 '가죽옷'과 그것을 입은 자가 동일한 상태에 놓인다는 것을 말한다. 이그나티우스가 강조하고 있는 그리스도와 연합 교리는 서로 다른 개체가 어떤 연결고리를 통해 이어진 상태를 말하는 것이 아니다. 그리스도와 우리가 하나를 이루었다는 점을 강조하고 있다.

창세기 3장 21절의 '가죽옷'을 상기시키고 있는 듯한 이그나티우스의 그리스도론은 이 시대 앞에 그리스도인으로서 세 가지의 가치관을 우리에게 조명해주고 있다. 첫 번째는 공의의 값으로 살아가는 참된 그리스도인의 가치관이다. 이그나티우스는 그리스도인답게 살아가는 것을 생명보다 중요하게 여겼다. 그는 자신의 순교를 그리스도와 하나가 되는 참된 그리스도인의 과정으로 여겼다. 껍데기만 그리스도인이 아니라 참된 그리스도인이 되어야 한다. 마태복음 5장 13절부터 15절은 증거하기를 소금은 녹아서 제맛을 발해야 하며, 등불은 등경 위에 올려져야 전체를 밝히는 제대로 된 가치를 발하게 된다.

창세기 3장 21절의 '가죽옷'은 죄에 대해서는 죽음이 값이라는 것을 알게 한다. 우리는 신앙적인 측면에서 하나님을 향한 나의 모습을 돌아봐야 한다. 그리스도인으로서 가치를 발하기 위해 먼저 내 자신이 참 그리스도인으로서 하나님의 공의를 발할 수 있어야 한다. 우리는 죄악을 멀리하고, 하나님의 법도와 규례를 지켜내는 공의의 값으로 세상을 살아가는 참 그리스도인의 가치관을 가져야 한다.

두 번째는 희생과 헌신의 삶으로 하나님의 때를 이루어가는 그리스도인의 가치관이다. 창세기 3장 21절의 '가죽옷'은 아담과 하와의 수치를 가려주는 역할을 하기 위해 짐승의 '피 흘림'이라는 희생이 뒤따랐다. 이그나티우스는 「빌라델피아인들에게」 보내는 서신의 인사말에서 그리스도의 '피 흘림'을 논하면서 우리가 부활의 길에 들어서기까지 그리스도의 희생과 헌신이 그 중심에 있었다는 것을 잊지 말도록 한다.[414] '가죽옷'의 희생은 다시 돌아올 것을 예고하고 있는 창세기 3장 23절의 "내보내어"를 성립시키고 있다. 먼저 신자가 된 우리는 세상의 영혼들이 하나님께로 돌아오도록 자신을 기도의 제물로 드리는 영적 희생과 헌신의 모습을 가져야 한다. 이런 기도는 세상을 주님의 가슴으로 품는 마음을 만들어낸다. 그리고 자신의 삶의 십일조를 영혼을 구원하는 사역에 드리는 희생과 헌신의 자세를 만들어간다.

세 번째는 하나님으로부터 받은 은혜를 잊지 않는 그리스도인이 되어야 한다. 요한복음 14장 6절은 증거하고 있다. "내가 곧 길이요 진리요 생명이니 나로 말미암지 않고는 아버지께로 올 자가 없느니라" '가죽옷'과 같은 그리스도의 자기 드려짐의 희생이 십자가에서 이루어지지 않았다면 우리는 사망의 골짜기를 헤맬 수밖에 없는 모습이었다. 이그나티우스의 그리스도론과 창세기 3장 21절의 '가죽옷'은 찬송가 310장을 떠올리게 한다. "아 하나님의 은혜로 이 쓸데없는 자 왜 구속하여 주는지 난 알 수 없도다" …

이그나티우스는 순교의 현장을 통해 절망을 보는 것이 아니라 자신을 그리스도께로 더욱 가까이 다가서게 하는 하나님의 은혜를 발견하게 된다. '가죽옷'이 입혀졌다는 것은 하나님의 은혜가 한순간의 효력 또는 효과를 나타내는 것으로 끝나는 것이 아니라는 것을 말하고 있다. 하나님의 자녀와 언제나 그리고 늘 함께한다는 것을 가르쳐주고 있다. 참된 그리스도인의 발자취는 그 사람이 걸어오면서 남겼던 흔적이 아니라 그리스도가 걸어갔던 걸음을 그림자처럼 따라가는 신앙의 걸음을 말한다. 이그나티우스는 참된 그리스도인의 발자취를 십자가의 길을 따르는 걸음 가운데서 발견하게 된다. 그는 이 사실을 일곱 서신을 회람하는 당시와 이 시대 위에 세워진 교회로 하여금 깨달아 알게 하고 있다.

5

내 안에 그리스도가 보인다

　성경은 하나님의 말씀이다. 성경의 진정한 해석자는 하나님 자신이다. 성령께서 깨달음을 주지 않는다면 우리는 성경이 의미하는 바를 바르게 알 수 없다. 전통적으로 교회가 성경해석에 대해 권위를 가지고 있다고 주장한다. 그럼에도 불구하고 성령의 영감으로 작성된 성경은 하나님께서 그 장막을 열어주셔야만 해석될 수 있다. 성경을 해석하기 위해서는 무엇보다 말씀이 증거하고 있는 바를 바르게 알아야 한다. 하나님은 성경해석에 대해 제1원인이 된다. 이런 하나님께서 사람을 세운다.

　이스라엘 역사에 있어서 제사장이면서 사사로 세움을 받았던 사무엘은 하나님의 말씀을 증거하는 선지자의 역할을 동시에 감당했던 유일한 사람이었다. 사무엘은 사무엘상 12장 23절에 의하면 사울을 왕으로 세우고 자신은 백성을 위해 기도하고, 가르치는 사역에 전력할 것을 공포한다. 그리고 '라마 나욧'에 선지 학교를 세워 말씀을 전하고, 말씀을 가르칠 생도들을 훈련시킨다. 사무엘로부터 가르침을 받았던 생도들의 역할은 주로 하나님의 말씀을 증거하는 가운데 주어진 사역을 감당한다. 성경을 해석하여 가르치는 역할은 크게 부각 되지 않고 있다. 성경을 해석하여 가르치는 사역이 성경 가운데 조명되고 있는 것은 에스라가 바벨론 포로로부터 예루살렘으로 귀환하여 펼쳤던 사역 가운데 급부상(急浮上)한다.

성경에 의하면 성경을 해석하여 사람들을 가르쳤던 최초의 성경 해석자는 느헤미야 8장 7절과 8절에 등장한다. 에스라에 의해 세워진 레위인들이었다. 이들은 에스라가 말씀을 증거할 때 군중들 속에서 그를 도와 성경을 해석해 주었다. 이후 유대인들의 성경해석은 서기관들과 랍비들이 중심이 되어 모세오경을 가르치는 속에 진행되었다. 가르침의 중심에는 유대인의 존재에 대한 가치관과 정체성이 함께 자리를 하였다. 이것을 종교적 측면에서 보존하고, 지켜내는 것을 전제로 해석이 작용(作用)하게 된다. 특히 이방인과 구별되는 일종의 '선민사상'이 주류를 이루는 가운데 해석에 대한 방향이 주어진다. 이것이 사도 시대로 넘어오면서 구약을 근본으로 하여 예수 그리스도가 메시아 되심과 그분께서 다시 오실 것을 '새 시대'의 관점에 비추어 해석하게 된다.[415]

여기서 주목할 것은 일반적으로 고대 종교와 관련된 연구는 종종 문자에 대한 해석 또는 다른 분야에서 가져온 모델과 연계하여 진행되어왔다는 점이다.[416] 특히 용어에 대한 해석은 그 시대를 가름할 수 있는 중요한 도구가 된다. 이런 점에서 사도 시대는 해석에 있어서 분수령적인 위치에 서게 된다. 주요 관점은 종전의 '유대인의 해석 방향'에서 '그리스도인의 해석'으로 전환이었다.[417] 3세기 초, 성경해석은 교리문답 방식을 이끌었던 알렉산드리아 학파의 영향을 받는다.[418] 그 이전, 사도 시대를 이어가던 2세기의 속사도 교부들의 시대는 성경해석에 대한 기초단계를 형성하게 된다. 이런 점들을 면밀(綿密)히 검토하면서 사도 시대와 연결되는 속사도 교부였던 이그나티우스가 기록한 일곱 서신을 살펴보면 두 가지 점이 목격된다. 첫 번째는 그 시대의 성경해석은 어떤 유형을 가지고 있었는지 알 수 있게 한다. 두 번째는 서신의 본문 분석을 통해 일곱 서신은 어떤 유형의 해석학적 접근을 꾀하고 있었는지 알게 한다.

이그나티우스의 일곱 서신은 성경과 관련하여 크게 세 가지의 모습을 비춰낸다. 복음서와 사도서, 그리고 예언서이다. 그 가운데 일곱 서신을 기록하는데 있어서 가장 많은 영향력을 끼쳤던 것은 단연코 사도서였다.[419] 사도들의 직접적인 영향 가운데 있었던 이그나티우스의 서신은 특히 바울의 양식을 많이 따르고 있었다.[420] 그리고 그의 일곱 서신에서 다뤄지는 본문의 곳곳에는 사도서와 관련된 본문들이 여러 가지 방식으로 전개되고 있는 것을 발견할 수 있다. 그 가운데 가장 많은 비중을 차지하고 있는 대표적인 서신이 고린도전서였다.

고린도전서의 본문과 관련하여 「에베소 인들에게」 보낸 서신에서 3회, 「마그네시아 인들에게」 보낸 서신에서 2회, 「트랄레스 인들에게」 보낸 서신에서 4회, 「로마 인들에게」 보낸 서신에서 4회, 「빌라델피아 인들에게」 보낸 서신에서 4회, 「서머나 인들에게」 보낸 서신에서는 2회, 총 19회 정도 등장한다. 뿐만 아니라 서신의 내용에 담겨 있는 상황적인 요소에서 전체적인 내용은 고린도전서의 유형을 가장 많이 떠 오르게 한다. 「폴리갑에게」 보낸 서신 또한 이런 유형 가운데 놓여 있다.

고린도전서를 제외하고 일곱 서신에는 디모데전·후서가 8회, 로마서가 7회 정도 나타난다. 그 외에 에베소서, 데살로니가전서, 골로새서 등이 등장한다. 그리고 마태복음과 요한복음을 연상하는 본문들뿐만 아니라 예언서에 있어서는 이사야의 내용도 증거되고 있다. 「빌라델피아 인들에게」 보낸 서신은 이런 사실을 입증하고 있다. "그래서 제가 예수님의 몸 안에서 위안을 얻듯이 '복음서'와 교회의 장로회에서 위안을 얻듯이 '사도서'에서 위안을 얻으며, 제가 자비롭게 최후를 맞이할 수 있도록 해줄 것입니다. 그리고 예언서 또한 사모합니다."[421] 속사도 교부였던 이그나티우스가 서신에서 구약성경보다 신약성경을 더 많이 인용한 것은 시대적 상황과 사건의 내러티브(narrative)와 카이로스(καιρός)가 '그리스도의 사건'을 중심으로 전개되고 있었기 때문이다.[422]

이그나티우스가 교회를 향해 말씀을 증거할 때, 서신의 내용 가운데 고린도전서가 가장 많이 인용되었다는 것을 C. 리차드슨(Cyril. C. Richardson, 1909-1976) 또한 동의하고 있다.[423] 이런 이그나티우스의 일곱 서신은 크게 세 가지 유형의 해석학적 요소를 담고 있다. 첫 번째는 '메타포 방식'(언어적 비유의 한 형태로써 한 현상을 다른 현상에 빗대어 설명하는 방식)의 해석학적 접근이다. 여기에는 갈등을 이겨내는 여러 요소가 함께 작용한다. 두 번째는 '적용 방식'의 해석학적 접근이다. 신앙을 돌아보게 하는 관점에서 접근을 이루고 있다. 세 번째는 '교리를 통한' 해석학적 접근이다. 교회를 지켜내는 데 있어서 기둥을 세우는 작업이다.

성경을 해석할 때 역사적이며, 문법적, 문맥적 방법만으로는 그 깊이와 넓이를 전부 표현해낼 수 없다. 때로는 상징적 요소가 가미되고, 비유적이며, 수사적이고, 적용 등에 관한 것이 주어져야 한다.[424] 이그나티우스의 서신을 더욱 깊이 있게 이해하기 위해서는 위와 같은 해석학적 접근이 필요하다. 이 과정을 통해 그는 진리에 대해 어떻게 이해하고 있었는지, 진리의 바른 전달과 가르침을 위해 그는 어떤 방법을 사용했는지 알 수 있다. 그리고 이런 해석학적 접근을 이루다 보면 이그나티우스 안에 한 가지 뚜렷하게 발견되는 것이 있다. 바로 그리스도이다.

지속적인 갈등을 극복하게 하는 신앙

▷ 참된 존재와 가치관을 바르게 세우는 신앙의 견인으로

　　인류 가운데 임한 죄는 사망이라는 죽음만이 아니라 인류로 하여금 저주 가운데 놓이게 만든다. 저주의 값은 고난과 고통과 함께 갈등이라는 '가시와 엉겅퀴'를 낳는다. 고난과 고통이 역경과 연결된다면 갈등은 여러 가지 환경과 관념의 차이

등 다양한 모습 속에서 발생한다. 특히 갈등은 지속된 가치의 기준과 관점의 차이 또는 사회와 문화적 차이에서 일어나는 경향이 짙다.[425] 그런가 하면 종교의 교리적 차이로 갈등을 빚기도 한다.

갈등의 시대를 그려내고 있는 이그나티우스는 최초로 관용구(慣用句, 두 개 이상의 단어를 결합하여 하나의 구가 되는 것을 말한다. 이를 통해 독특하고, 다채로운 표현의 효과를 이루어낸다)의 표현 양식을 사용한 속사도 교부였다.[426] 그는 「에베소 인들에게」 보낸 서신에서 갈등에 따른 두 대상을 관용구를 사용하여 비유한다. 하나는 교회 가운데 분파를 일으키고 있는 이단들이다. '야수'에 비유한다. 그리고 다른 하나는 이단들이 '가현설'을 앞세워 조롱하고, 부인하였던 '십자가의 신앙' 아래 놓여 있는 자들이다. '기중기'에 비유하고 있다.[427]

고린도전서 1장 18절에서부터 25절의 내용에 의하면 바울은 십자가의 참된 존재와 가치관을 '능력'과 '약함' 그리고 '지혜'와 '어리석음'이라는 두 대칭 구도를 통해 설명하고 있다. 십자가는 하나님의 능력이다. 이 능력은 우리로 하여금 헛된 멸망의 길을 가지 않도록 조명하는 측면에서 능력이다. 깨닫게 하는 것을 능력으로 표현하고 있다. 그러므로 여기서 십자가의 능력은 '약함'과 대조되는 '강함'을 나타내는 능력을 말하는 것이 아니다. '어리석음'과 대조되는 '지혜'를 뜻하고 있다. 이런 사실을 앤서니 C. 티슬턴(Anthony C. Thiselton, 1937-현재)은 『고린도전서: 해석학적 & 목회적으로 바라본 실용적 주석』에서 말한 바 있다.[428]

이그나티우스는 이단의 치명적인 악영향이 가져오는 극단적인 모습을 은유적으로 나타낼 때 '은밀히 물어뜯는 광견에 물리는 것'으로 표현하고 있다. 이들에게 속임을 당하여 영적으로 분별력을 잃어버리면 치명상을 입게 된다는 것을 의미한다. 반면 '십자가의 신앙' 아래 놓여 있는 자는 예수 그리스도에 의해 믿음이 더해지며, 하나님께로 높이 올려지게 된다. 이때 성령은 성도들이 그릇된 신앙 아래로 떨어지지 않도록 '밧줄'로 동여매 주는 역할을 하게 된다. 이그나티우스는 이런 것들을 은유적으로 표현할 때[429] 기도의 중요성을 함께 강조한다.[430] 그의 권면은 극단적 종말론 주의자들에 의해 데살로니가 교회가 혼란 가운데 빠져 있을 때 바울이 이들을 영적으로 지도하였던 모습과 흡사하다. 바울이 데살로니가 교회로 하여금 기도하는 영적인 자세를 취하도록 권면했던 모습을 상기시킨다.

이그나티우스는 영적으로 갈등의 구조 속에 빠져 있는 교회와 성도들을 견인한다. 이때 자신이 주장하는 것을 받아들이도록 강력한 카리스마를 발하는 방식을 취하지 않는다. 강압적이고, 지배적인 방식이 아니라 상대로 하여금 자신의 '존재와 가치관'을 깨달아 알도록 하는 인격적인 방법을 사용하였다. 이때 사용한 방식이 비유에 따른 두 대칭 구도였다. 이 방법을 사용하면서 상대로 하여금 쉽게 인지하게 만들었고, 영적으로 깨어나게 하였다. 요아킴 예레미아스(Joachim Jeremias, 1900-1979)에 의하면 비유는 "전통이 낳은 원칙적인 기반의 한 단편이다."[431] 비유는 사건 또는 그 내용을 보다 생생하게 전달할 뿐만 아니라 전달함에 있어서 일반적 적용을 뛰어넘는 것을 목적으로 하고 있다.

티슬턴은 자신의 저서 『성경해석학 개론』에서 성경해석과 관련해 은유로서의 비유에 대해 두 가지를 설명한다. 하나는 예수께로부터 유래되었다고 믿는 '직유로서의 비유(parable as simile)'이다. 또 하나는 '초대교회의 성경 편집 과정의 산물'로 보는 '은유로서의 비유(parable as metaphor)'이다.[432] 초대교회 당시 복잡한 시대적 상황에 대한 자신들의 생각과 주장들을 펼쳐나갈 때 유용하게 사용되었던 일반적인 표현 방법이 은유적인 것이었다. 초대교회의 속사도 교부였던 이그나티우스가 「에베소 인들에게」 보낸 서신에 보면 예수님의 가르침은 '부패하지 않는 향기'로, 이단들의 가르침은 '불결한 냄새'라는 '두 향기'로, 은유적으로 비유하고 있다.[433] 그는 은유적인 두 비유를 통해 '참된 존재와 가치'를 바르게 세우도록 한다. 그리고 지속적인 갈등을 극복하는 신앙으로 견인하고 있다.

> 주님께서 향유를 자신의 머리에 붓게 하신 것은 부패하지 않는 향기를 교회에 전하게 하려 하심입니다. 이 세상 임금의 가르침의 불결한 냄새를 가지고 기름 부음을 받지 마십시오. 그가 여러분들을 사로잡아 여러분 앞에 놓인 생명을 빼앗을까 염려하십시오. 우리 모두 예수 그리스도이신 하나님의 지식을 받아들임으로써 의식을 되찾읍시다. 왜 우리는 주님께서 보내주신 선물을 무시함으로써 어리석게 멸망해야 합니까? (*Ep* 17:1-2)

이그나티우스가 기록한 두 번째 편지인 「마그네시아 인들에게」 보낸 서신에 의하면 세상에는 두 분류가 존재한다. 하나는 '죽음'과 관련되고, 하나는 '삶'과 관련된다. 그는 이것을 동전이 가지는 양면의 모습으로 설명한다. 한 면은 '신앙인'으로서 이들은 하나님의 것에 속한 자들을 말한다. 그는 이것을 '하나님 아버지의 인(the stamp of God the Father)'을 지닌 것으로 비유하고 있다. 다른 면은 '불신앙인'을 가리키는 것으로 이들은 '세상의 인(stamp)'으로 살아가는 존재를 말한다.[434] 이 두 분류의 사람 가운데 그리스도 안에서 그분의 생명을 가질 수 있는 존재는 '신앙인'이다. 비록 환난과 고난이라는 갈등이 그를 휘감고 있을지라도 '신앙인'은 그리스도 안에 있는 '그리스도인'이라는 존재와 가치관을 통해 위로를 받게 된다. 그리고 그리스도인이라는 존재와 가치관을 통해 소망과 희망을 잃어버리지 않게 된다.

사슬에 묶어 이그나티우스를 로마로 끌고 가던 군사들이 드로아에서 잠시 쉼을 가지게 된다. 이때 이그나티우스는 빌라델피아 교회의 소식을 듣는다. 그리고 자신의 견해를 「빌라델피아 인들에게」 보내는 서신에서 밝힌다. 그는 서신에서 율법적 구원론을 앞세운 이단들(에비온주의자들)을 가리켜 '가면을 쓴 이리들'과 '나쁜 목초지'에 비유한다.[435] 그런가 하면 드로아에 앞서서 서머나에서 기록한 「마그네시아 인들에게」 보낸 서신의 제10장에서는 이들의 가르침을 오래되고, 신맛을 나게 하는 '상한 누룩'으로 비유한다. 그러나 율법적 가르침과 대조되는 예수 그리스도 안에서의 신앙은 '새로운 누룩'으로 비유하고 있다.[436] 똑같은 '누룩'이지만 하나는 '상한 누룩'이고, 또 다른 하나는 '새로운 누룩'이다.

성경은 누룩을 두 가지로 비유하고 있다. 하나는 긍정적인 의미이며, 또 하나는 부정적인 의미이다. 누가복음 13장 21절은 하나님 나라의 확장을 "가루 서 말 속에 갖다 넣어 전부를 부풀게 하는 누룩"으로 긍정적인 의미로 비유하고 있다. 반면 마태복음 16장 6절은 바리새인과 사두개인들의 위선과 그릇된 교훈을 부정적인 의미로 표현할 때 누룩이 비유로 사용된다. 이그나티우스는 누룩의 비유를 통해 그리스도 안에 세워진 그리스도인의 참된 존재와 가치관을 바르게 세워나간다. 그는 누룩의 비유를 통해 유대교와 기독교는 유사성을 가진 종교가 아니라 같아 보이지만 완전히 다르다는 것을 은유적 표현의 두 대칭 구도를 통해 분명히 한다.[437]

그런가 하면 「트랄레스 인들에게」 보낸 서신의 제6장에서는 또 다른 이단이었던 '가현설'을 이끄는 자들을 음식에 비유한다. 이들은 '그리스도인의 양식'이 아니라 '다른 음식'에 비유되고 있다. 예수 그리스도의 가르침과 자신들의 가르침을 뒤섞어 교회를 갈등에 빠뜨린다. 맛으로 볼 때는 '꿀'과 같고 '포도주'와 같다. 그러나 이것을 삼켰을 때는 '맹독'으로 파멸에 따른 죽음을 초래하게 될 것이라고 이그나티우스는 두 대칭 구도에 따른 은유적 표현을 빌려 경고한다.[438] 루이스 벌코프는 『성경해석의 원리』를 통해 이런 말을 한다. "성경의 저자들은 은유같은 수사법들을 사용할 때 어떤 특정한 일치점을 두고 있는 것이 보통이다."[439]

　　이그나티우스가 이단에 대한 것을 은유적 접근법으로 제시하고, 설명하는 것은 두 대칭 구도를 통해 확실한 것을 구별 짓도록 하기 위해서였다. 확연히 구별할 수 있는 두 대칭 구도를 사용함으로써 이단이 어떤 해를 끼치는지 인지하기 쉽도록 한다. 자신이 이단을 특별히 경계하도록 목소리를 높이는 것은 어떤 감정에서 일어난 것이 아니라 예수 그리스도 안에서 생겨난 신앙이 바탕을 이루고 있었기 때문이다. 그는 이런 자신의 모습을 가리켜 "나의 마음의 근본은 다름 아닌 예수 그리스도입니다"[440]라고 고백했던 것이다.

▷ 십자가의 참된 의미를 받아들이는 신앙의 자세

　　우리는 다양한 갈등의 구조 속에 살아가고 있다. 갈등은 인간의 죄로부터 시작된다. 좀 더 구체적으로 말한다면 갈등은 인간의 죄로 말미암은 저주의 값인 '가시와 엉겅퀴'의 한 유형이다. 불안한 삶의 형틀 그리고 인간의 연약성은 자신이 의지할 곳을 찾게 된다. 여기서 하나님이 유일한 신이 아니라 인간이 만들어 낸 신이 다양한 종교의 자리를 차지하게 된다. 영혼의 문제, 초월적인 존재를 향한 갈망이 신이라는 종교적 체계를 만든다. 종교는 인간 사회의 공동체 형성과 의식 가운데 중요한 위치를 차지한다. 이런 가운데 각각 고유한 신앙의 체계와 의식 경전이라는 우상의 요소들이 만들어진다.

웬디 마이어(Wendy Mayer, 1960-현재)에 의하면 종교 문제로 일어나는 갈등은 종교적 관용에 따른 문제와 그 종교의 본질적인 문제가 충돌을 일으키면서 발생한다.[441] 하나님에 관한 유일사상과 구원에 따른 이그나티우스의 신앙은 에비온주의와 영지주의자들뿐 아니라 황제숭배 사상 가운데 놓인 로마의 사상과 충돌한다. 이로 인한 갈등이 영육간에 발생한다. 이것은 이그나티우스 개인 성향에 따른 선택의 문제로 일어난 갈등이 아니었다. 기독교의 신앙에 따른 갈등이며, 참된 교리와 참된 신앙의 관점이 거짓된 것과 충돌을 일으키면서 생겨난 갈등이었다.

이그나티우스는 이런 갈등의 문제를 신앙이라는 정공법(正攻法)으로 풀어간다. 그 중심에 십자가의 참된 의미를 받아들이는 신앙의 자세가 있었다. 그의 신앙은 십자가에 대한 분명한 확신으로 새겨져 있었다. 그의 확고함은 로마의 순교 현장으로 압송당하는 그 순간도 흔들림이 없었다.[442] 십자가를 의미하는 순교 또한 그리스도를 따르는 길로 받아들이고 있었다.[443] "나는 나의 생명을 십자가를 위해 드리고 있습니다. 십자가는 믿지 않는 자들에게는 걸림돌로 여겨지지만 우리에게는 구원과 영생을 의미합니다."[444] 그는 「에베소 인들에게」 보낸 서신의 제9장에서 십자가를 '기중기'에 비유한다. 이런 십자가는 이그나티우스로 하여금 '하나님께로 나아가게' 하고, 그리스도인으로서 '참된 가치관 위에 서게 하는 길'이었다.

　　십자가의 참된 의미를 되새기고 있었던 이그나티우스에게 구원과 영생을 의미하는 십자가는 자신의 전부를 대변하는 진정한 가치관이었다.[445] 이런 십자가가 중심에 세워지고 좌우에 펼쳐진 그리스도의 죽으심과 부활은 십자가 신앙 안에서 살아가던 그가 갈등의 구조를 이겨낼 수 있었던 원동력이 되었다. 그는 「트랄레스 인들에게」 보낸 서신에서 이단들의 가르침과 십자가를 두 가지의 비유로 표현하며 가치를 구별하였다. 이단은 그 열매를 맛보는 자를 즉사시키는 '치명적인 열매'를 맺는 가지였다. 반면, 십자가는 '죽지 않는 열매'를 맺는 생명의 가지였다.[446] 그는 은유적 접근을 통해 십자가를 생명과 관련하여 설명하면서 동시에 예수 그리스도께로 나아가는 참된 길로 비유하고 있다.

　　이그나티우스는 「빌라델피아 인들에게」 보낸 서신의 제9장에서 자신의 '마음에 원본이 예수 그리스도'라고 말한다면 자신의 '신앙의 보관소'는 십자가라고 증거하였다. 이것이 신앙의 근본을 이루고 있다고 고백한다.[447] 순교 현장을 향하고 있었던 이그나티우스에게 십자가는 갈등에 사로잡힌 자신을 갈등의 사슬로부터 벗어나게 하는 '신앙의 보관소'였다. 그리고 부활을 그려내는 '죽지 않는 열매'를 맺는 길이었다. 십자가는 그리스도께서 대속을 이룬 장소였다. 고난과 생명의 드려짐이 필연적으로 나타난 장소였다. 이런 십자가가 이그나티우스에게는 그리스도께서 성취하신 것의 열매를 바라보게 하는 증거물이었다. 그에게 십자가 신앙이 없었다면 로마로 압송당하는 과정과 로마에서 기다려지는 순교의 현장은 공포와 두려움 그 자체였을 것이다.[448] 「로마 인들에게」 보낸 서신의 곳곳에 등장하는 순교에 대한 그의 담대함은 육신과 정신적 용기에서 발현된 것이 아니다. 십자가의 진정한 가치관에서 이뤄졌다.

> 나를 용서해 주십시오. 나는 무엇이 나에게 좋은지 압니다. 지금이 제자가 되기 시작하는 순간입니다. 보이는 것이든 보이지 않는 것이든 내가 예수 그리스도께로 나아가는 것을 방해하지 않기를 바랍니다. 불이여, 십자가여, 야수들과 싸우는 것이여, 뼈들을 비트는 것이여, 사지를 찢어지게 하는 것이여, 온몸을 부스러트리는 것이여, 악마의 잔인한 고문들이여, 오직 나로

하여금 예수 그리스도께로만 나아가게 하소서!(*Rom* 5:3)

이그나티우스는 두 가지 측면에서 십자가의 참된 의미를 은유적 방식으로 표현한다. 첫 번째는 자신의 신앙과 관련한 부분이다. 위에서 이미 밝혔듯이 십자가는 자신의 내면적, 외면적 갈등으로부터 자유하게 하는 효력을 발한다. 두 번째는 영원한 성찬과 관련될 뿐만 아니라 이단과 신앙에 따른 갈등을 해결하는 구별 점이 된다.[449] 특히 교부들은 성찬을 통해 오신 메시아와 다시 오실 메시아를 기억하고 있었다.[450]

> 그들은 성찬식과 기도의 예배를 멀리합니다. 왜냐하면 성찬식이 우리의 죄를 위해 고난을 당하시고, 아버지께서 그의 선하심 가운데 [죽은 자로부터] 살리신 우리 구주 예수 그리스도의 몸이라는 것을 인정하기를 거부하기 때문입니다. 결과적으로 하나님의 선물을 문제 삼고 논쟁하는 자들은 죽음에 직면하게 됩니다.(*Smy* 7:1)

성찬은 그리스도께서 이루신 십자가를 기억하고, 십자가의 참된 의미를 되살린다. 그리스도께서도 제자들에게 성찬을 가리켜 '새 언약'(눅 22:20)이라고 말씀하셨고, 성찬을 통해 자신을 기념하도록 하셨다.(고전 11:25) 이그나티우스는 은유적 방식의 표현을 빌려 성찬에서 십자가의 참된 의미를 재발견하도록 한다. 그리고 십자가를 통해 성취하신 예수 그리스도의 참된 열매가 자신들이라는 사실을 잊지 않도록 신앙으로 독려하고 있다. 이런 가운데 교회들로 하여금 갈등의 구조를 극복하고 일어서도록 신앙으로 이끌어가고 있었다.

▷ 참된 연합을 이끌어내는 신앙의 걸음

그리스도의 인성을 부인하면서 성육신을 헛된 것으로 몰아갔던 영지주의 이단들은 가현설을 주장하면서 추상적인 알레고리적 해석을 앞세운다.[451] 이들과는 대조적으로 그리스도의 신성과 인성에 따른 성육신과 부활과 승천의 신학을 가르쳤던 이그나티우스는 영지주의자들과 같은 이단들에 대해 분파주의자들이며, 그리스도와 연합되지 않은 '교회 밖의 존재들'로 설명하고 있다. 이런 자들을 가리켜 '교회 밖에는 구원이 없다'라는 신학적 견해를 은유적으로 최초로 표현해낸다. 이그나티우스는 「에베소 인들에게」 보낸 서신의 제5장에서 '빵(떡)'을 통해 이렇게 설명한다. "누구든지 성전 안에 거하지 않는 자에게는 하나님의 빵이 결핍되어 있습니다"⁴⁵² 이단들은 성찬에 참여할 자격을 가지지 못한다. 이런 이단들은 그리스도와 연합을 이루지 못하니 '하나님의 빵'이 결핍된 자들이었다.

　이단들을 '하나님의 빵'이 결핍된 자로 여기는 그의 은유적 표현은 요한복음 6장 33절 이하를 연상시키고 있다. 예수님께서는 자신을 '생명의 떡'으로 비유하며, "내 살을 먹고 내 피를 마시는 자는 내 안에 거하고 나도 거하나니"(요 6:56)라고 말씀하셨다. 그리고 "이 떡을 먹는 자는 영원히 살 것"(요 6:58)이라고 하셨다. 사도서에 능통했던 그는 삼위일체 하나님을 예배하는 교회의 예배를 거부하며, 교회의 감독에게 반항하는 분파주의자들을 진심으로 피하도록 지도한다. 이때 요한복음을 빌려 은유적 표현으로 접근한다.⁴⁵³ 여기서 분파주의를 일삼는 자들은 어떤 모습으로도 '하나님의 빵'을 나눌 수 없다는 것을 분명히 한다.

　참된 연합은 '생명의 떡'인 그리스도 안에 거하는 것으로 이뤄진다. 연합을 이룰 때도 연합이 대속을 이루지 못하는 것에 바탕을 두고 있다면 그 연합을 이룬 자에게는 생명의 영원함이 없다. 분파주의자들은 교회를 훼방하는 마귀와 연합이었으며, 예수 그리스도로부터 분리였다. 이그나티우스는 로마서 8장 5절의 말씀을 상기시키면서 "육체에 속한 자는 영적으로 행동할 수 없고, 영적인 자들이 육체에 속한 것처럼 행동할 수 없다"[454]라며「에베소 인들에게」보낸 서신에서 은유적 방식을 통해 '연합'의 중요성을 설명하였다.

이그나티우스는 '연합(union)'이라는 단어를 서신을 통해 최초로 사용한 교부였다.「에베소 인들에게」보낸 서신에서 3회,「마그네시아 인들에게」보낸 서신에서 3회,「트랄레스 인들에게」보낸 서신에서 2회, '연합'이라는 단어를 직접 사용한다. 그리고 '그리스도와 연합(union with Christ Jesus)'을 '부활'과 '영생'의 참된 진리 가운데로 연결하고 있다.[455] 그는 '연합'을 통해 단순히 연대와 결속력을 다지는 것을 말하지 않는다. 하나가 되는 '동일한 성질'과 '동일한 값'이 되는 것을 말한다. 그는 유대주의자들의 율법적이고, 외경에 따른 가르침을 '잘못된 의견', '아무 가치가 없는 오래된 이야기들'이라며 이들의 말장난에 미혹 당하지 말도록 한다.[456]

그리스도와 '참된 연합'은 우리를 위해 죽으신 예수 그리스도의 방식으로 살아가는 것을 말한다. 그리고 이것은 곧 '영생'을 말한다. 이그나티우스는「트랄레스 인들에게」보낸 서신에서 이런 사실을 밝히고 있다.[457] 그는 그리스도와 참된 연합이 주는 유효한 효력을 상징적이거나 의미적인 것으로 보지 않는다. 그의 이런 확신의 신앙 있는 모습은 영적으로 갈등의 연속선상에 놓여 있는 교회와 성도들에게 위로가 되고 격려가 되었다. 그리고 그리스도를 향한 참된 신앙과 진리 가운데 일어서게 하였으며, 신앙의 여정을 두려움이 아니라 장차 도래할 일에 대해 소망과 희망을 가슴에 품고 담대하게 나아가도록 하였다.

그리스도를 통해 근본을 되돌아보게 하는 신앙의 가르침

▷ 진리의 근본을 깨닫게 하는 가르침

사도 시대는 성경을 해석할 때 구약을 기독론적으로 이해하는 특징적 요소를 가지고 있었다. 이어지는 속사도 교부들이 중심을 이루던 시대에는 두 유형의 성경해석이 등장하게 된다. '가르치는(디다케, διδαχή)' 방식의 성경해석과 '선포하는(케리그마, κῆρυγμα)' 방식의 성경해석이다. 이때 플라톤 철학을 조화시킨 알레고리(allegory) 방식이 널리 사용된다.[458] 속사도 교부들을 가르쳤던 사도들은 성경을 해석할 때 원리(Principle)와 적용(Application)의 방식을 주로 사용하였다. 이런 방식은 예수가 메시아 되심을 증거하고, 교회 사역에 대해 변론할 때 종종 사용되곤 했다. 사도 바울은 이런 방식을 즐겨 사용했으며, 디모데전서에 뚜렷하게 그 모습이 나타난다. 이때 사용되는 성경해석은 '디다케'와 '케리그마'가 가미된 해석이었다.

속사도 교부들이 있던 때는 교회 내적으로 가르쳐야 할 자들이 있었고, 그리스도인들을 대적하는 세력들이 공존했다. 이런 연유(緣由)로 이들의 해석은 '디다케'와 '케리그마'의 두 유형의 모습을 동시에 담게 된다. 특히 이그나티우스의 서신은 신학적이면서 목회 서신의 성격을 가진다. 전체 내용은 '케리그마' 보다 '디다케'의 요소를 더 많이 가미하였으며 신앙에 대한 것을 중점적으로 다루었다. 왜냐하면 신앙은 배운 것으로 결실의 열매를 맺는 근원이 되기 때문이었다. 예수님께서는 바알세불에 관한 논쟁이 일어났을 때 바리새인들을 향해 이렇게 말씀하셨다. "그 열매로 나무를 아느니라."(마 12:33) 신앙은 배운 것을 바탕으로 하고 있다.

칼빈에 따르면 그리스도는 '모든 말씀의 계시의 원천'이다. 이런 그리스도의 말씀은 영원할 뿐만 아니라 불변하다. 그리고 언제나 동일하게 역사한다.[459] 그러므로 그리스도께 속한 자는 영원한 진리의 말씀으로 교회 안에서 일치와 연합을 이루어야 한다. 이때 일치와 연합은 '그리스도 안에서' 비롯된다.[460] 이와는 달리 이단 사상을 앞세운 가현설 주의자들은 교회 내에서 분파를 일으킨다. 왜냐하면 이들은 '그리스도 밖에' 있는 자들이기 때문이다.

이그나티우스는 「에베소 인들에게」 보내는 서신에서 마태복음 12장 33절의 "그 열매로 나무를 아느니라"라는 말씀을 인용한다. 그 사람이 어떤 신앙과 사상 가운데 있는지 우리는 그 사람의 행위의 결과인 열매를 통해 알 수 있다. 이그나티우스는 이런 사실을 지적하며 진리의 근본을 일깨워 주고 있다.[461] 진리의 근본은 변함없는 것으로부터 나와야 한다. 그는 대속을 이룬 예수 그리스도 십자가의 진리를 부인하고 있는 가현설 주의자들을 비롯하여 이단 학설을 가르치는 자들을 영적으로 '간음하는 자'로 여기고 있었다. 그러면서 고린도전서 6장 9절 이하를 상기시키면서 "간음하는 자들은 하나님 나라를 상속받지 못할 것입니다"라며 진리의 근본을 이탈하지 않도록 한다.[462]

이그나티우스의 신학과 목회적 관점에는 사도들과 속사도 교부들이 가지고 있는 특징적 요소를 함유하고 있다. 이런 가운데 그의 가르침은 은유적 방식으로 진리의 근본을 깨닫게 하는 인격적 접근 방식이 사용되었다. 이때도 말씀에 대한 해석을 통해 신앙을 돌아보게 한다. 이런 그의 가르침은 그리스도 안에 그 대상을 세워 진리를 향하도록 이끌어가는 방식이었다. 주장이 아니라 적용 방식의 디다케를 주로 사용하는 특징을 지니고 있었다.

▷ 믿음과 확신의 신앙을 가지게 하는 가르침

2세기 초, 이단의 세력들은 자신들의 교리적 가르침을 앞세워 교회를 영적 위기 가운데로 몰아간다. 사도들의 가르침과 정면으로 충돌하고 있는 그리스도와 관련한 기독론과 구원론의 교리적 문제는 교회 내에 분파를 형성하면서 심각한 갈등의 구조를 형성하게 된다. 이들의 모습은 마치 베드로전서 5장 8절에 등장하는 '우는 사자'처럼 삼킬 자를 두루 찾고 있는 마귀의 모습을 하고 있었다. 이그나티우스는 이런 이단들을 '사나운 짐승'에 비유하면서 거짓된 가르침에 동요하지 않도록 바른 신앙관으로 견인한다.

히브리서 11장 1절은 증거하기를 "믿음은 바라는 것들의 실상"이라고 하였다. 우리의 죄를 대속한 예수 그리스도의 십자가가 있었으며, 교회는 대속을 이룬 구원의 방주로써 역할을 감당하고 있었다. 교회는 그리스도의 성육신과 십자가에서 이룬 대속과 다시 오실 주님을 맞이하기 위한 예비 된 처소로서 역할을 감당하고 있다. 이런 믿음의 신앙으로 세워진 이그나티우스가 골로새서 2장 23절의 말씀을 인용하면서 에베소 교인들을 바른 신앙관으로 견인하고 있다. "믿음에 굳건히 서 십시오"[463] 불신앙을 조장하며 교회 내에 분파를 초래하는 자들에게 휩쓸려 분쟁을 일으키는 자가 되지 않도록 신앙 가운데 견인하고 있다. 마귀에 삼킴을 당하지 않도록 '성마른 기질'을 '관대함'으로, '학대'를 '기도'로, '난폭함'을 '온순함'으로, 신앙의 인내심을 가지고 이겨나가도록 한다.

상대를 대적하는 방식이 육신을 도모하는 자들과 동일한 방식이 아니라 영적으로 승리자의 자세를 가지도록 한다. 「에베소 인들에게」 보낸 서신의 제10장 3절은 증거하고 있다. "이같이 하면 사탄의 어떤 방해적 요소도 여러분 가운데서 발견되지 않을 것입니다."[464] 로마서 21장 21절의 말씀처럼 하나님의 방식인 선으로 악을 이겨나가도록 한다. 성경에 능통했던 이그나티우스는 성경에서 비교될 만한 상황을 적용하여 신앙의 바른 모습을 제시한다. 그리고 믿음과 확신의 신앙으로 일어서게 하는 등, 능동적 모습이 되도록 견인하고 있다.

그리스도와 십자가를 자신의 중심에 두었던 속사도 교부 이그나티우스는 신앙을 돌아볼 때 맹목적이거나 우상 숭배적인 방식을 취하지 않는다. 신앙의 인격을 견인해 내는 적용 방식을 매우 잘 사용하고 있다. 이때 '신앙의 유비(Analogia Fidei)'는 성경에서 참된 의미를 찾아야 하며, 성경을 통해 그 길을 제시하는 해석이 되어야 한다.[465] 이그나티우스는 여기에 대해 모범적인 답안을 주고 있다. 그가 「에베소 인들에게」 보낸 서신의 제14장에 따르면 '하나님을 소유하는 신앙'에 대한 적용 점은 두 가지와 연결된다. 첫 번째는 신앙의 시작이 '믿음'으로 시작되어야 하며, 끝은 '사랑'이 되어야 한다.[466] 두 번째는 '믿음'과 '사랑'이 따로가 아니라 연합되어야 한다. 그럴 때 '하나님을 소유하는 신앙'을 얻게 될 것이라고 확신한다.

> 만약 여러분이 예수 그리스도에 대한 철저한 믿음을 가지고 그분을 사랑한다면 이 중 어느 것도 간과하지 않을 것입니다. 그것이 삶의 시작이며, 끝입니다. 다시 말씀드리면 믿음은 시작이며, 끝은 사랑하는 것입니다. 그리고 이 둘이 연합될 때 여러분은 하나님의 소유가 되며, 참된 선과 관련이 있는 모든 것들은 이 둘에 의존하게 됩니다. 신앙을 고백하는 사람은 어느 누구도 죄에 빠지지 않으며, 사랑하기를 배운 사람은 미워하지 않습니다. "그 열매로 나무를 아느니라."(*Ep* 14:1-2)

해석은 본문을 주석하는 것을 넘어, 읽고 이해한 것을 적용하기까지 이차적 과제를 포함하고 있다.[467] 이그나티우스의 일곱 서신이 가치를 발하는 것은 그는 지식의 전달자가 아니라 신앙을 돌아보게 하는 신학적 요소를 말씀을 근거로 하여 목회적으로 제시하고 적용했다는 점에 있다. 바울은 고린도전서 3장에서 예수 그리스도를 '건물의 기초'에 적용한다. 건물은 기초를 바탕으로 그 위에 세워진다.[468] 신앙을 견인하지 못하는 신학은 종이에 그려져 벽에 붙여진 호랑이와 같다. 이그나티우스는 믿음과 확신의 신앙으로 견인할 때 이것을 단순히 사람의 지성에 호소하지 않는다. 진리의 말씀에 바탕을 두고 믿음의 확신을 이끌어낸다. 그리고 이것을 신앙으로 적용하여 견인하는 목회적 방법을 사용한다. 그는 마태복음 12장 33절에 나타나는 예수님의 말씀을 인용한다. "그 열매로 나무를 아느니라." 열매는 그 나무의 결실이다. 믿음과 확신이 없다면 열매는 맺을 수 없다.

▷ 자신과 상대를 돌아보게 하는 가르침

그리스도를 닮아가는 십자가의 길을 서슴없이 걸어갔던 이그나티우스는 자신의 순교에 대해 강한 의지를 피력한다. 특히 「로마 인들에게」 보낸 서신의 말미에는 이런 사실을 두 가지로 고백하고 있는 모습이 확인된다. "나는 그들 중에 가장 작은 자요, 만삭이 되지 못한 자입니다"⁴⁶⁹ 이것은 바울이 고린도전서 15장 8절과 9절을 기록하면서 자신을 다른 사도와 비교하여 그리스도를 통해 겸손의 자리에 내려놓은 것을 인용한 부분이다. 이그나티우스가 자신을 다른 감독들에 비춰 자신의 부족함을 설명할 때 적용의 관점은 예수 그리스도였다. '가장 작은 자' 그리고 '만삭이 되지 못하여 난 자'는 다른 감독들에 비해 자신이 정말 그렇다는 것을 말하는 것이 아니다.

  이그나티우스는 속사도 교부였다. 요한뿐만 아니라 베드로와 바울로부터 직접 가르침을 받은 제자였다.⁴⁷⁰ 어떤 감독들보다 권위적인 측면에서 우위에 놓여 있었다. 그럼에도 불구하고 그는 바울처럼 자신을 그리스도의 거울에 비춘다. 그리고 그리스도를 통해 세워진 각 교회의 감독에 대한 권위를 높인다. 이그나티우스는 서신을 열람하는 성도들 또한 감독들을 개인의 자격으로 보지 말도록 한다. 그리스도를 통해 세워진 자란 사실을 인정하도록 한다.⁴⁷¹ 바울은 빌립보서 2장 3절에서 "오직 겸손한 마음으로 각각 자기보다 남을 낫게 여기"도록 하였다. 이그나티우스는 그리스도의 관점에서 감독의 권위를 비춰보도록 한다. 그리고 그리스도를 통해 그들을 인정하고, 존경할 것을 권면하며 성도들의 신앙을 견인하고 있다.

여러분의 기도 가운데 시리아의 교회를 기억하십시오. 내 대신에 그들은 그들의 목자로서 하나님을 모셨습니다. 오직 예수 그리스도께서 그들을 돌보아 주실 겁니다. 그분과 여러분의 사랑이 그들 가운데 한 일원이라고 생각하니 부끄럽습니다. 나는 그들(감독들) 가운데 가장 작은 자요, 만삭이 되지 못하여 난 쟈로서 나는 그럴 자격이 없습니다. 그러나 그분의 자비에 의해 내가 하나님 앞에 갈 수 있다면 나는 가치 있는 자가 될 것입니다.(*Rom* 9:1-2)

그리스도를 통해 자신과 상대를 돌아보게 하는 이그나티우스의 적용의 관점은 고린도전서를 상기시킨다. 고린도전서는 바울에 대한 사도권의 문제, 누구로부터 가르침을 받았는가를 자랑삼는 파벌의 문제, 자신의 은사를 자랑하며 어떤 은사가 더 큰지 논쟁을 일으켰던 교회의 대표적인 사건들을 다루고 있다. 여기에 대해 바울은 자신의 사도권은 사람으로부터 말미암은 것이 아니라 하나님의 뜻을 따라 그리스도 예수의 사도로 부르심을 받았다는 것을 증거한다.(참고, 고전 1:1) 바울은 고린도전서 15장 8절에서 이와 같이 고백한다. "맨 나중에 만삭되지 못하여 난 자 같은 내게도 보이셨느니라" 자신을 그리스도 앞에 세우면서 자신의 모습을 비춰내고 있다. 그리고 이를 통해 자신의 사도권을 변증한다. 그리고 파별의 문제, 은사의 문제 등 교회 내에 일어나고 있는 분쟁의 요소를 그리스도께로 이끌어가면서 답을 준다.

신학자인 크리스토프 슈텐슈케(Christoph Stenschke, 1966-현재)에 따르면 신앙으로 인한 갈등의 문제는 결과적으로 개인의 문제가 아니라 공동체의 문제로 그 모습이 부각된다.[472] 이그나티우스는 바울의 모습을 그려내면서 그리스도를 통해 성도들을 신앙의 겸손과 바른 모습으로 이끌어가고 있다. 뿐만 아니다. 교회 내에 반드시 존재해야 할 '일치'와 '연합'의 모습을 함께 세워간다. 그는 한 명의 감독을 중심으로 교회가 세워지도록 권면할 때, '조직 우선주의'를 선택하지 않는다. 그리스도를 통해 교회가 세워진다는 것과 신앙에 따른 '일치'와 '연합'을 이루어 이단들을 경계하고, 구별하도록 한다.[473] 그는 「빌라델피아 인들에게」 보낸 서신에서 이런 사실을 그리스도를 통해 비춰내고 있다.

> 나쁜 목초지를 멀리하십시오. 아버지께서 심지 않으셨으며, 예수 그리스도께서는 경작하지 않으셨습니다. 내가 이렇게 말하는 것은 여러분 가운데 분파를 발견했기 때문이 아닙니다. 오히려 여러분은 가려진 자들입니다. 하나님과 예수 그리스도에

게 속한 사람들이 감독의 편에 서 있습니다. 그리고 회개하고 교회의 참여하는 사람들이 하나님께 속한 자들이 될 것이며, 따라서 그들은 예수 그리스도의 방식으로 살게 될 것입니다.(*Phil* 3:1-2)

이그나티우스는 「에베소 인들에게」 보낸 서신의 제1-6장, 「마그네시아 인들에게」 보낸 서신의 제2-7장, 제13장, 제15장, 「트랄레스 인들에게」 보낸 서신의 제1-3장, 제7장, 제12장, 「로마 인들에게」 보낸 서신의 제9장, 「빌라델피아 인들에게」 보낸 서신의 제1장, 제3장, 제7-10장, 「서머나 인들에게」 보낸 서신의 제8장, 제9장, 제12장, 그리고 서머나 교회 감독이었던 「폴리갑에게」 보낸 서신에서 감독의 중요성을 강조한다. 여기서 그는 한 명의 감독을 중심으로 교회가 이단과 교리적 갈등을 해결하고, 교회가 안녕하도록 지도한다.[474] 그리고 세워진 감독의 권위를 그리스도를 통해 돌아보도록 한다. 이와 같이 그리스도를 통해 자신과 당사자를 돌아보게 하는 이그나티우스의 적용의 관점은 인간의 불완전성 속에서 나타날 수 있는 갈등과 분열의 소지를 막아준다. 그리고 그리스도인으로서 참된 가치관을 바르게 세우는 역할을 감당하게 한다.

교회를 지켜내는 버팀목이 되는 교리

▷ 교회의 기둥이 되는 그리스도론의 교리

초기 교회가 아직 교리를 정립하지 못하고 있을 때였다.[475] 율법적 요소를 강조하고 있는 에비온주의의 유대적 개념과 플라톤적 사상을 가미한 가현설을 앞세운 영지주의의 교리적 접근은 교회를 영적인 갈등과 함께 분열의 위기 가운데 놓이게 한다. 이들이 주장하는 교리의 중심에는 대속의 완성을 이룬 그리스도의 십자가가 존재하지 않았다. 한편에서는 '율법의 준수'를, 또 다른 편에서는 지식을 통한 '영의 구원'을 앞세운 교리로 교회를 갈등의 구조 속에 빠뜨린다. 이런 두 사상이 교회를 뒤흔들고 있었다는 것은 이그나티우스가 기록한 서신을 보면 알 수 있다. 로마로 끌려가고 있는 당사자가 두 이단적 사상을 가지고 있는 무리들의 거짓되고, 헛된 교리를 밝히며, 성도들을 견인하고 있는 것을 볼 때 더욱 그러하다.

이그나티우스는 서신을 통해 이단들의 교리는 근본적으로 교회와 성도들을 그리스도로부터 분리하는 '분열'을 획책(劃策)하고 있다고 밝힌다. 그러므로 이런 무리들의 꼬임에 빠진다든지, 가르침을 따르지 않도록 경고하고 있다. 이때 교회의 가장 중요한 교리, 중심의 교리, 기둥이 되는 교리를 제시한다. 바로 그리스도론이다. 그리스도의 성육신이라는 '나심'과 '고난' 그리고 십자가에서 '죽으심'과 '장사 지내심'과 '부활'과 '승천'에 이르기까지 중심적 교리를 성경을 풀어서 증거하고 있다. 마치 성경을 해석하듯이 교회의 기둥이 되는 그리스도론의 교리를 펼쳐간다.

케빈 밴후저는 성경해석에 대해 논하면서 교리의 중요성과 제자도의 한 형식을 강조한다. 그에 따르면 성경해석은 정보를 얻는 것이 아니라 하나님과 교제를 말한다.[476] 이단의 근본적 오류는 성경을 정확하게 해석하지 못한 것에서 나온다.[477] 이런 이단의 교리는 구원의 길로 인도하는 것이 아니라 분열을 획책하는 사탄의 도구가 될 뿐이다.「에베소 인들에게」 보낸 서신의 제5장(한번)과 「빌라델피아 인들에게」 보낸 서신의 제2장, 제3장, 제7장, 제8장(모두 다섯 번)에서, 그리고 「서머나 인들에게」 보낸 서신의 제8장(한번)에서 '분열-나눔(메리스모스, μερισμός)'이라는 단어를 직접 사용하며 이단에 대해 설명한다.[478]

이단들은 하나님을 거만하게 저항하는 자들로서 하나님께 복종하는 것이 아니라 자신들에게 복종하기를 원하는 자들이다. 특히 빌라델피아 교회는 이단의 교리를 앞세운 분열자들에 의해 고통받고 있었다. 이그나티우스는 '분열'이라는 단어를 다섯 번이나 사용하며 빌라델피아 성도들로 하여금 교회의 목자가 되는 감독을 따르도록 한다. 그리고 이단의 거짓된 교리 가운데 빠져들면 그 또한 하나님 나라를 상속받지 못한다고 충고를 넘어 경고하고 있다. 바른 교리 가운데 세워지는 것이 교회의 버팀목이 될 뿐 아니라 신앙을 견고하게 세워나가는 중요한 요소가 된다는 것을 알도록 한다.

> 여러분은 진리의 빛의 자녀들이므로 분파와 거짓된 교리에서 피하십시오. 목자 있는 곳에는 양처럼 따르는 자가 있습니다. 사악한 쾌락을 수단으로 하여 하나님을 향해 경주하는 자들을 사로잡는 가면을 쓴 이라들이 많이 있습니다. 그러나 그들은 여러분의 연합 앞에서 기회를 갖지 못할 것입니다.(*Phil* 2:1-2)

> 나쁜 목초자를 멀리하십시오. 아버지께서 심지 않으셨으며, 예수 그리스도께서는 그것을 경작하지 않으셨습니다. … 하나님과 예수 그리스도에게 속한 사람들이 감독의 편에 서 있습니다. … 나의 형제들이여 실수를 범하지 마십시오. 누구든지 분파자와 결합한다면 그는 하나님 나라를 상속하지 못할 것입니

다.(*Phil* 3:1-3)

이그나티우스는 이단의 근본적 모순을 지적한다. 이때 성육신에 대한 교리와 함께 십자가 그리고 부활에 따른 그리스도론의 교리를 매우 중요하게 여긴다.[479] 「서머나 인들에게」 보낸 서신의 제1장에서 그는 예수님이 '하나님의 아들'이라는 사실과 '동정녀를 통한 탄생', 그리고 '대속의 십자가'와 '부활'에 대한 교리를 마태복음 3장 15절과 로마서 1장 3절, 에베소서 2장 16절 등의 말씀을 풀어서 접근한다.[480] 자신의 주장이 아니라 사도서에 입각한 말씀으로 공의를 세우며, 성경을 해석하며 접근을 이룬다. 그리고 이를 통해 이단의 거짓된 교리의 근본을 알게 한다. 「서머나 인들에게」 보낸 서신의 제5장에서는 그리스도의 십자가 수난사를 인정하지 않는 가현설의 교리를 무지로부터 일어난 교리라며 반박하기도 한다.[481]

거짓을 앞세운 이단들의 교리가 분열을 초래(招來)한다면 십자가를 증거하는 그리스도론의 교리는 교회와 성도를 그리스도 안에서 하나님과 연합을 이뤄낸다. "예수 그리스도께서 계시는 곳에 '보편교회(카돌릭케 엑클레시아, καθολικὴ ἐκκλησία)'가 있습니다."[482]라는 것을 강조한다. 그는 '보편'이라는 단어를 통해 거짓된 교리와 구별되는 '정통 교회'를 해석한다.[483] 교회는 집단을 형성하는 모임의 단체가 아니다. 교회는 예수 그리스도가 머리가 되어야 한다. 이것이 '보편교회'의 모습이다.

이그나티우스는 '보편교회'라는 단어를 통해 이런 교리적 측면까지 해석하고 있다. 에베소서 1장 22절과 5장 23절, 골로새서 1장 18절에 따르면 그리스도는 '교회의 머리'가 된다. 그러므로 십자가와 그리스도가 없는 교리는 '교회 밖'에 속한 것으로, 구원이 없다는 것을 「에베소 인들에게」 보낸 서신 제5장에서 밝힌 바 있다.[484] 분열을 꾀하는 이단들의 교리에 대해 이그나티우스는 성경을 해석하는 교리적 접근 방식을 통해 그리스도론의 교리를 바르게 알게 할 뿐만 아니라 교회의 기둥이 되는 교리를 지켜내는 역할을 감당하고 있다.

▷ 사도들의 가르침을 따르는 교리

초기 교회, 가장 강력했던 영지주의 이단은 자신들의 교리를 주장할 때 목소리를 높이고, 억지를 부리며 내용을 전개하지 않는다. 자신들이 가르치는 교리가 정당성을 가졌으며, 왜곡되지 않았다는 것을 자신들의 논리적 제시와 함께 제자들이 가르쳤다는 소위 '어록들'을 제시하며 사람들을 미혹한다.

여기에 대해 교회는 이단들의 거짓된 교리를 반박할 만한 완성된 교리를 가지고 있지 못했다. 교회는 신앙을 수호하기 위해 바른 교리를 수립할 필요성을 절실히 느끼게 된다. 그리고 만들어진 교리들은 사변 또는 어느 한 사람의 주장에 이끌려 만들어지지 않는다. 교회의 머리가 되시는 그리스도로부터 가르침을 받았던 사도들로부터 전해져 오던 전통의 권위에 호소하게 된다. 그리고 이런 것을 바탕으로 교회 내에 '전통적 해석'의 원리가 등장한다.[485]

이그나티우스는 「트랄레스 인들에게」 보낸 서신에서 자신은 '사도적 방식'을 취하고 있다는 것을 인사말에서 밝힌다.[486] 이런 그의 인사말은 바울의 양식을 취하고 있다. 바울은 서신을 구성할 때 인사말에서 전략적으로 전체적인 내용의 핵심을 담아 간다.[487] 예를 들어 사도권에 대한 문제를 일으키는 교회를 향해 서신을 기록할 때는 자신의 사도권의 정당성을 이렇게 주장하면서 인사말을 시작한다. "하나님의 뜻을 따라 그리스도 예수의 사도로 부르심을 받은 바울과 형제 소스데네는"(고전 1:1) …

이그나티우스는 「에베소 인들에게」 보내는 서신과 「트랄레스 인들에게」 보낸 서신에서 거짓 교사들에 의해 유포되고 있는 가현설의 거짓된 교리에 대한 내용들을 전개하기 위해 바울의 방식을 사용한다. 자신의 세워짐과 모든 사역의 발판이 하나님 아버지와 예수 그리스도로 말미암았다는 것을 밝힌다. 그리고 교회와 성도들을 향해 위로 하고, 격려하는 것을 잊어버리지 않는다. 그는 서신의 인사말에서 '하나님에 의한 선택으로' 성도들은 참된 고통을 받고 있다는 것을 증거한다. 그리고 교리적으로 반증을 제시하고, 해석하면서 본론과 그 맥을 이어가고 있다.[488] 「마그네시아 인들에게」 보낸 서신의 인사말에서는 '연합'을 강조한다. 그리고 본론을 통해 하나님께서 세우신 감독과 연합을 이루도록 한다. 이런 특징은 그의 일곱 서신에 고스란히 드러나고 있다.

프란시스 투레틴(Francis Turretin, 1623-1687)은 『변증신학 강요』에서 두 번째 주제로 '성경'에 대한 문제를 다룬다. 여기서 그는 "교부들은 자신들의 글을 권위적이거나 자신들의 주장이 반드시 결정적인 것으로 생각하지 않았다"[489]라고 밝힌 바 있다. 왜냐하면 개별적이든, 집단적이든 교부들은 선지자 또는 사도가 아니었기 때문이다.[490] 이런 맥을 함께하고 있었던 이그나티우스는 이단들의 거짓된 교리의 문제뿐만 아니라 자신이 걸어가는 순교, 그리고 교회를 향해 권면할 때도 '사도적' 방식을 선호했던 속사도 교부였다.

아시아의 트랄레스에 있는 모든 거룩한 교회에 "하나님에 의해 영감을 받은 자"인 이그나티우스가 사도적 방식으로 진심 어린 인사를 드리고, 행운을 빕니다. 여러분은 예수 그리스도의 아버지이신 하나님께 소중한 자들이며, 택함을 받은 자들이며, 그분의 진정한 자랑거리입니다. 여러분은 우리의 소망이신 예수 그리스도의 수난으로 인해 온전히 평안을 누리고 계십니다. 이것은 우리가 그분과 연합하여 다시 살아날 것이기 때문입니다. (*Tral*, Text)

이그나티우스의 스승이기도 했던 바울은 고린도 교회를 영적으로 '게걸음' 치도록 가르치고 있는 거짓 교사들의 악한 선동을 용납하지 않는다. 그는 교회로 하여금 영적으로 깨어나도록 한다. 이때 자신이 고린도 교회를 향하여 무엇을 가르쳤는지 상기시킨다. "내가 너희 중에서 예수 그리스도와 그가 십자가에 못 박히신 것 외에는 아무것도 알지 아니하기로 작정하였음이라"(고전 2:2) 바울은 이 과정을 통해 교회가 어떤 이유 가운데 세워졌는지 그리고 교회가 어떤 가치관을 가져야 하는지 알도록 한다.

영지주의 이단이 가현설을 비롯한 거짓된 교리를 앞세워 교회를 혼란 가운데 빠뜨리고 있을 때였다. 이그나티우스는 사도의 전통에 호소하며 바른 교리 가운데 교회가 서도록 한다. 이때 '교차적 참조(cross-reference: 다양한 정보들을 서로 연결하여 관련성을 드러냄으로써 이해도를 높이는 방식)' 방식의 해석을 통해 에베소 교회를 비롯하여 서신을 받아보는 교회들 가운데 접근한다. 특히 에베소 교인들에게 보낸 서신에 의하면 그는 '십자가의 도'에 대한 바울의 가르침을 인용하면서 이와 같이 증거한다. "나는 불신자들이 걸림돌로 여기는 십자가를 위해 나의 생명을 내어놓습니다"(참고, 고전 1:18, 23) 그는 「에베소 인들에게」 보내는 서신의 제18장 1절에서 고린도전서 1장 20절의 말씀으로 호소한다. "지혜 있는 자가 어디 있느냐? 변론자가 어디 있느냐?"(고전 1:20)[491]

  '교차적 방식'을 사용할 때 그 중심이 사도들의 가르침이 되어야 하는 이유는 그것이 교회를 지켜내는 버팀목이 되기 때문이다. 특히 교부들이 사용했던 사도들의 전통에 호소하는 방식 가운데 '이신칭의'와 '화해론'과 '십자가'에 대한 교리적 제시는 사도 바울의 서신에 주로 의지하고 있었으며, '새 생명'과 관련해서는 요한복음에 의지하는 것을 볼 수 있다. 이그나티우스 또한 이런 유형의 모습에서 크게 벗어나지 않는다. 그리고 이런 해석의 유형은 마르키온을 비롯한 영지주의 이단과 신학적 논쟁을 펼칠 때 이레나이우스(Irenaeus, 130-202)가 교리적으로 호소할 때 사용했던 중심의 버팀목이기도 했다.

> 그래서 사도적 전통은 교회에 보존되어 우리에게까지 전해졌습니다. 그러면 복음을 기록한 사도들의 문서들을 근거로 해서 증거를 살펴봅시다. 그들은 그 문서들을 통해 하나님에 대한 그들의 확신을 기록했습니다. 그들은 우리 주 예수 그리스도가 진리이며, 그분 안에는 거짓이 없다는 것을 보여주었습니다. 다윗 역시 동정녀로부터의 탄생과 죽은 자들의 부활을 예언했을 때 "진리가 땅에서 솟아났도다"라고 말했던 것처럼 말입니다. 사도들은 진리의 제자로서 거짓과는 전혀 관계가 없습니다.[492]

이그나티우스는 사도들의 전통에 호소하는 접근 방식으로 교리적 갈등에 대한 답을 제시한다. 그리고 교회들로 하여금 정통교리를 지켜내도록 한다. 그리고 그리스도께로 나아가는 성도들의 신앙을 지켜낸다. 그리고 교리와 신앙에 있어서 일치와 연합을 이뤄간다. 이런 모습은 그가 「폴리갑에게」 보낸 서신에도 묻어나고 있었다. 이 서신의 제1장 2절은 고린도전서 9장 24절과 26절, 디모데후서 4장 7절에서 말하는 '경기자'의 모습을 떠올린다. 갈라디아서 2장 2절과 빌립보서 2장 16절에서 바울이 말하고 있는 것처럼 감독으로서 달음질이 헛되지 않도록 '하나님의 경기자'로서의 자세를 가질 것을 촉구한다. "당신의 경주를 서두르고 모든 사람들이 구원에 이르도록 열심히 권할 것을 촉구합니다."[493] "완벽한 모습을 지닌 경기자처럼 모든 사람의 '병을 짊어지십시오(Bear the disease, νόσους βάσταζε, 참고, 마 8:17)'."[494] "하나님의 경기자로서 절제하십시오. 당신이 잘 알다시피 상은 불멸과 영생입니다."[495]

알렉산드리아의 클레멘스(Clement of Alexandria, 150-215)와 테르툴리아누스(Tertullianus, 160~220)는 고린도전서 9장을 주석하면서 '그리스도인의 삶'을 '경기'에 비유하고 있다. '그리스도인의 삶'은 말을 앞세우는 표구와 같은 형식적인 신앙이 아니다. 행동으로 나타내는 것이며, 악의 권능과 싸우는 모습에 있다. 이때 그리스도인이 가져야 할 자세는 경기자의 모습이며, 이것이 필연적임을 강조하고 있다.[496] 사도들의 가르침을 따르면서 교리를 지켜내고, 그 가르침을 실현하면서 교회를 지켜내는 버팀목이 되도록 한다.

이그나티우스가 폴리갑(Polycarp, 69-155)에게 권면할 때였다. 사도서를 통해 호소하듯이 '하나님의 경기자'로서의 자세를 가지고 이단들로부터 교회와 성도들을 지켜내도록 한다. 그리고 폴리갑으로 하여금 자신의 이런 서신의 내용들을 다른 교회들에게도 통용하고, 회람하도록 한다. 그는 사도들의 가르침을 따르는 교리를 교회를 지켜내는 버팀목으로 삼는다. 이것은 자신이 배운 것과 아는 것을 전수하는 측면이 아니었다. 진리를 지켜내는 측면이었다. 그리고 이것은 선택의 요소가 아니라 필연적이라는 것을 자신의 서신을 교회가 통용하고, 회람하도록 권하는 그의 음성 가운데 묻어 있었다.[497]

▷ 예언의 성취와 대속과 은혜의 교리

예수 그리스도의 성육신과 고난받으심 그리고 십자가에서 죽으심과 장사 지내심은 아담의 원죄를 대속하기 위함이었다. 그리고 그리스도께서 이루신 '의'가 예수 그리스도를 믿는 믿음 가운데 이루어진다는 것이 교회 가운데 정통교리로 세워진다. 이것은 창세기 3장 15절의 '은혜 언약'의 성취였으며, 이사야를 비롯한 선지자들의 입을 통해 주셨던 '예언의 말씀'의 성취였다. 초기 교회 시대, 교회를 영적 갈등의 도가니로 몰아갔던 이단의 거짓된 교리는 구원을 설명할 때 예수 그리스도의 대속과 하나님의 은혜를 증거하지 않는다. 여기에 대해 이그나티우스는 그리스도의 수난사에 따른 십자가 사건을 우리를 위한 대속의 필연적 사건임을 교리적으로 제시한다.[498] 그리고 그리스도의 부활은 우리를 구원에 이르게 하는 필연적 사건인 것 또한 증거한다. 이런 부분들을 그리스도로 말미암은 '은혜의 교리'를 통해 설명한다.[499]

요한복음 10장 7절 이하에 보면 예수 그리스도는 '양의 문'으로 비유된다. 성경의 저자들은 어떤 특정한 단어의 사용을 통해 구체적인 사상을 전한다.[500] '양의 문'은 구원과 관련한 것으로, 오직 예수 그리스도를 통한 구원을 말하고 있다. 이그나티우스는 「빌라델피아 인들에게」 보낸 서신의 제9장에서 예수 그리스도를 지성소를 맡은 '대제사장'과 하나님 아버지께로 나아가는 '문'에 비유한다.[501] 그리고 대속을 이룬 십자가와 부활은 우리의 구원과 관련된 예언의 성취였다는 것을 「서머나 인들에게」 보낸 서신에서 교리적으로 설명한다.

> 나는 여러분에게 이러한 지혜를 허락하신 하나님, 예수 그리스도를 찬양합니다. 왜냐하면 나는 여러분의 몸과 영혼이 주 예수 그리스도의 십자가에 못 박히고, 그리스도의 피에 의해 사랑에 뿌리가 내린 채 확고한 믿음으로 온전하게 된 것을 보았기 때문입니다. 우리 주님에 관하여 말한다면, 그분에 의해 모든 의가 이뤄지도록 그분이 실제로 인간적인 면에서 다윗의 혈

통에서 나셨고, 하나님의 뜻과 능력에 따라 하나님의 아들이 셨으며, 동정녀에게서 나셨다는 것을 절대적으로 확신하고 있습니다. 그리고 실제로 우리를 위해 본디오 빌라도와 분봉왕 헤롯에 의해 육체 가운데 십자가에 못 박히셨습니다. 그리하여 그분은 자신의 부활에 의하여 유대인 또는 이방인을 막론하고 그의 성도들과 신실한 자들을 교회의 한 지체로 영원히 불러 모으기 위한 표준을 세우셨습니다. 이 모든 고난을 받으신 것은 우리를 구원하기 위해서였습니다. … 일부 불신자들이 말하는 것처럼 그분의 수난은 거짓이 아닙니다. 가짜는 바로 그들입니다!(*Smy* 1:1-2:1)

속사도 교부였던 이그나티우스는 아담의 죄와 그 죄의 전가로 말미암아 인류가 죄 가운데 놓인 것을 교리로 받아들이고, 가르친다. 그리고 신학적으로 '의의 전가'를 문자적으로 분명하게 제시하지는 않았지만 그의 통전적 신학은 그리스도가 이루신 십자가의 성취와 부활의 장면에서 이런 사실을 이미 증거하고 있다. 그는 그리스도가 십자가에서 이루신 '못 박히심'과 부활이 우리를 죄로부터 자유함을 얻게 하는 영생의 길이 되었음을 교리적으로 받아들이고, 가르쳤다.

교리를 제시하는 '신학적 해석'은 하나님의 말씀을 바

르게 증거하는데 있어서 매우 중요한 역할과 기능을 감당한다.[502] 이그나티우스는 성자 하나님께서 구세주로 오신 사실과 그리스도로서 대속의 완성을 이룰 때, 그리스도가 신성과 인성의 모습으로 이 모든 것들을 성취하셨다는 것을 '예언의 성취'와 '은혜의 교리'를 연결하여 접근한다.[503] 이런 접근을 시도할 때 그는 사도들의 서신으로부터 근거와 자료들을 제시하고 있다.

우리의 구원과 관련해서 「에베소 인들에게」 보낸 서신과 「트랄레스 인들에게」 보낸 서신의 인사말에서 '하나님에 의한 선택'을 말한다.[504] 그리고 「로마 인들에게」 보낸 서신과 「서머나 인들에게」 보낸 서신에서는 성도를 가리켜 '하나님의 은혜'로 충만해지는 자라고 말한다.[505] 이를 통해 구원에 따른 교리가 이단과 어떤 차이를 가지고 있는지 확연히 밝히고 있다. 칼빈은 로마서를 주석하면서 "택함 받았음이 증명된 자 외에는 누구도 하나님의 자녀로 성경은 여기지 않는다"[506]라는 교리를 말한다. 그리스도로 말미암아 양자 삼은 자만이 '하나님의 아들'이라 일컬음을 받는다.

그리스도께서 이루신 대속이 예언의 성취였다면 이 모든 것의 발단은 '하나님의 은혜'로부터 그 출발은 일어나고 성취된다. 은혜로 시작하고, 은혜로 마무리됨을 말하는 이그나티우스의 교리적 접근은 우리로 하여금 중요한 사실을 알게 한다. 우리가 '하나님의 은혜'로 선택받은 것은 구원에 이르는 것만이 아니라 구별된 자의 자리까지 이른다. 그러므로 성도로서 당하는 고통은 "우리의 하나님이신 아버지와 예수 그리스도의 뜻에 의한 참된 고통"[507]이라는 것을 신앙 가운데 깨닫도록 한다. 신앙 가운데 당하는 고통이 하나님으로부터 외면을 당하지 않는 이유가 여기에 있었다. 그는 이런 교리들이 교회 가운데 중심을 이룰 뿐 아니라 교회를 지켜내는 교리가 되도록 견인하고 있다.

그리스도의 표지(標識)로써 교회

초기 교회는 교회의 태동이라는 기쁨과 함께 고난과 갈등이 연속하는 시대였다. 교회 안은 이단들의 문제로 야기된 교리적 갈등이 싹트고 있었고, 외부로는 로마로부터 가해져 오는 공포에 따른 갈등이 자리 잡고 있었다. 이때 교회는 교리적 기둥을 세우는 측면에서 기독론이 성경의 중심적 해석을 이루게 된다. 그러나 교리적으로 확실히 자리는 잡지 못하고 있었다. 이런 속사도 교부 시대의 상황을 잘 알려주고 있는 이그나티우스의 서신은 그 시대 신학의 모습을 좀 더 자세히 볼 수 있게 하며, 신앙에 대한 중요한 장르를 확인하는 자리를 만들어 준다.

　이그나티우스의 서신은 세 가지 측면에 있어서 교회가 '그리스도의 표지(標識, notice 또는 sign- 표시나 특징으로 어떤 사물을 다른 것과 구별하게 함)'로써 역할을 하고 있다는 것을 표현한다. 먼저 이단들과 구별된다는 측면에서 교회는 '그리스도의 표지'가 된다. 그리고 또 하나는 로마의 박해와 같은 고난을 그리스도와 연결하면서 교회를 죄악된 세상과 구별된다는 측면에서 '그리스도의 표지'가 되고 있다는 것을 증거하고 있다. 그리고 「서머나 인들에게」 보낸 서신의 제1장 2절에 의하면 부활하신 그리스도께서 세우신 교회는 그리스도 안에서 유대인과 이방인이 따로 존재하는 것이 아니라 "교회의 한 지체로 영원히 불러 모으기 위한 표준을 세우셨다"라는 측면에서 교회는 '그리스도의 표지'로써 목적과 역할을 감당하고 있다는 것을 밝힌다.

　이그나티우스의 일곱 서신은 당시 교회와 성도들이 안고 있는 문제점들을 이해와 설득을 구하는 감정 방식에 호소하지 않는다. 교리적 문제와 고난이라는 양면에서 발생하고 있는 갈등의 요소를 신앙으로 헤쳐 나가도록 한다. 이런 그의 서신에 어김없이 등장하는 주제가 있다. 그것은 바울이 그랬던 것처럼 서신의 중심에는 '예수 그리스도'와 '십자가'가 새겨져 있었다. 그리고 교회는 '그리스도'와 '십자가'를 비춰내고, '그리스도'와 '십자가'를 담아내는 그릇과 같은 '표지'로 설명되고 있었다. 교회는 '그리스도의 표지'로써 그리스도를 나타내면서 동시에 세상과 구별된다는 것을 증거하고 있다. 구별은 '표지'가 겉모습의 '표지(表紙, cover- 책의 맨 앞뒤의 겉장)'가 아니라 '속성'이라는 '본질'을 밝혀내는 '표지'라는 것을 말하고 있다.

이그나티우스가 일곱 서신에서 동일하게 강조하고 있듯이 교회와 성도가 '그리스도의 표지'로써 제대로 된 기능과 역할을 감당하지 못한다면 마귀의 세력은 밀물처럼 몰려오게 된다. 베드로전서 5장 8절의 말씀처럼 삼킬 자를 두루 찾고 있는 우는 사자와 같은 마귀에게 먹힘을 당하게 된다. 그는 이런 사실을 영적으로 깨닫도록 한다. 이런 측면에서 그의 서신은 과거와 현대를 연결하는 교차점에 서 있다. 그리고 교회를 향해 '그리스도의 표지'로써 제 기능을 감당하도록 세 가지 점을 주목하게 한다.

첫 번째는 이단과 같은 분파주의자들이 어떤 존재인지 교회는 성도들이 분별력을 가지도록 바른 말씀과 바른 교리를 가르치는 사역에 소홀하거나 게으르지 않아야 한다는 것을 가르쳐주고 있다. 이그나티우스는 분파주의자들과 구분을 증거할 때 은유적인 비유법을 활용하여 이단과 같은 분파주의자들이 어떤 유형의 모습을 하고 있는지 본질을 깨닫게 한다. 영적 흑암 시대 앞에 사람들은 분별력을 잃어버렸고, 영적 긴장감마저 사라진 시대를 살아가고 있다. 세상은 다양한 장르를 형성하면서 교회를 위협하고 있다. 적그리스도와 거짓 선지자 등과 같은 분파주의자들이 만들어 놓은 다양한 덫에 걸려 장밋빛의 독배를 마시기까지 한다. 이런 시대 앞에 교회는 영적으로 책임을 다해야 하며, 세워진 사역자들은 이그나티우스처럼 영적으로 성도들을 일깨워 분별력을 가지도록 사역에 사력을 다해야 한다.

두 번째는 진리를 지켜내는 신앙관을 가지도록 조명하고 있다. 신성과 인성의 두 본성이 '한 인격'을 이룬 그리스도의 성육신에 대한 확신과 죄 사함에 따른 십자가 사건과 부활에 이르는 믿음의 신앙관에 흔들림이 없어야 한다. 신앙은 진리로부터 나오기에 타협이라는 것이 존재할 수 없다. 그러므로 진리는 '가르침'과 '선포'를 통해 증거되어야 한다. 진리는 아는 것으로 멈추는 것이 아니다. 진리는 이해를 길러내는 수준의 인문학이 아니다. 진리는 어둠의 세력을 이겨내는 유일한 도구이다. 그러므로 예수님께서는 '산상수훈'의 가르침에서 "너희는 세상의 소금이니 소금이 만일 그 맛을 잃으면 무엇으로 짜게 하리요 후에는 아무 쓸데 없어 다만 밖에 버려져 사람에게 밟힐 뿐이니라"(마 5:13)라고 말씀하셨다. 진리를 바르게 가르치고, 진리를 바르게 이끌어가는 이그나티우스의 신앙관은 이 시대 위에 교회와 사역자들이 세워진 이유와 사역을 다시 한번 더 돌아보게 한다.

세 번째는 교회가 가르쳐야 할 전통은 사도들로부터 가르침을 받은 것이며, 이것이 그리스도로부터 가르침을 받은 정통 교리가 되어야 한다는 것을 주목하게 한다. 사도의 전통은 주님이 다시 오시는 그날까지 변함이 없어야 할 중심적 교리이다. 교리가 신학적으로 발전을 꾀할 때도 철학과 현대적 사상이 기준이 되고, 바탕이 되어서는 안 된다. 신학적 용례(用例)가 철학과 인간적 이성과 합리적 사고를 앞세우거나 포스트모더니즘이 되어서는 안 된다. 그러나 현대에 일어나고 있는 신학적 형태는 이런 모습을 닮아가는 경향들이 있다. 이그나티우스의 서신은 이런 시대 앞에 사도들의 전통에 입각해서 말할 수 있어야 한다는 분명한 기준점을 제시해 주고 있다.

2세기 초, 아직 공식적으로 교리를 규정하고 있지 않은 시대, 이그나티우스가 진리에 대한 전통을 사도로부터 제시한 것은 이후의 시대에 대한 메시지가 되고 있다. 교회가 어떤 전통에 호소해야 하는지 하나의 모본(模本)을 제시하고 있다. 사도 바울이 아덴에서 '에피쿠로스와 스토아 철학자들'과 쟁론할 때였다. 복음이 주는 효력은 자신이 아는 지식과 논리로 상대를 이해시키고, 설득시키는 과정 또는 능력에 있는 것이 아니라는 것을 철저히 깨닫게 된다.(참고, 행 1:16~34)

교회를 지켜내는 버팀목이 사도들의 가르침에 따른 것이 되어야 한다는 것은 그 가르침이 그리스도께서 세우시고, 가르침을 주신 말씀이기 때문이다. 만약 사도들의 가르침이 그리스도의 가르침으로부터 벗어났다면 이것은 교회를 지켜내는 버팀목이 아니라 교회를 훼방하는 마귀의 속삭임이 될 뿐이다. 교회는 '그리스도의 표지'이다. 이그나티우스는 「서머나 인들에게」 보낸 서신의 제12장 2절에서 "… 여러분 각자에게 예수 그리스도의 이름과 그분의 몸과 피, 그분의 수난과 육체적이고, 영적인 부활 그리고 하나님의 연합과 여러분의 연합 안에서 인사합니다. …"라며 보편적 교회의 가치관 안에서 인사하는 장면을 목격할 수 있다. 그리스도의 속성을 가지지 못하였다면 나타날 수 없는 가치관이다. 교회는 그리스도를 나타내고, 그리스도의 살아계심을 세상 가운데 펼치고, 그 빛을 발하는 표지가 되어야 한다.

6

요한복음을 통해 그리스도를 말한다

　　1세기 말과 2세기 초를 살았던 속사도 교부인 이그나티우스(Ignatius of Antioch, A.D. 35-108)는 안디옥의 감독이었다.[508] 로마가 세계의 중심 세력을 형성하면서 유대를 다스리고 있을 때였다. 그는 신앙의 절개를 지키기 위해 우상숭배와 관련된 황제숭배를 수용하지 않는다. 로마 정부의 요구를 받아들이지 않았던 그에게 기다려진 것은 죽음이었다. 우상숭배를 배격하며 황제숭배를 거부했던 당시의 교회는 로마 정부로부터 가해오는 박해의 중심에 놓이게 된다.[509] 그리고 이단(異端, Heresy)과 교리적 갈등을 빚는 이중고에 사로잡힌다. 순교 현장을 향하던 이그나티우스는 이런 문제 앞에 일곱 편의 서신을 기록한다. 그는 서신을 통해 교회로 하여금 고난의 위기와 교리적 문제로 야기되고 있는 갈등의 문제를 지도한다. 이때 성경의 여러 본문이 직·간접적으로 인용되면서 문제에 대해 접근하고, 해결점을 제시하게 된다.

이그나티우스는 요한과 베드로, 그리고 바울로부터 가르침을 받았던 속사도 교부로서 복음서와 사도서에 능했던 인물이었다.[510] 위기와 갈등 가운데 놓인 교회를 향해 일곱 서신을 보낼 때였다. 그는 바울과 베드로의 양식을 사용하면서 서신을 쓴다. 이때 직·간접적으로 인용된 요한복음은 이단과 교리적 갈등의 해소를 위해 두 가지 측면에 중점을 두고 내용이 전개된다. 이 과정에서 그리스도와 관련된 신앙과 신학을 크게 두 가지로 변증한다. 먼저, 요한복음의 특징을 살려 대속의 측면에서 그리스도의 인성을 강조한다. 그리고 성부를 비춰내는 중보적 역할의 그리스도를 변증한다. 특히 그리스도의 성육신과 사역을 비춰낼 때는 그리스도의 신성과 인성을 함께 강조한다. 왜냐하면 그리스도의 신성을 거부하는 이단들(에비온주의자, 유대 율법주의자)과 인성을 거부하는 이단들(영지주의자들) 사이에 놓여진 교리적 갈등을 염두에 두고 그의 서신은 접근하고 있었기 때문이다.[511]

이그나티우스의 서신에 나타나는 요한복음과 관련한 본문을 성경 신학적으로 접근하는 것은 그의 서신을 더욱 깊이 있게 이해하는 데 도움을 준다. 성경 신학적 접근의 필요성은 그가 요한복음을 인용하고 있는 의도에서 그 의미를 찾을 수 있다. 구원에 따른 이단의 거짓된 주장을 요한복음이 가르쳐주고 있는 그리스도론을 중심에 두면서 기독론적으로 제시한다. 그리고 구원은 사람이 세운 이상적인 것에 바탕을 두고 있는 것이 아니라 하나님의 계획하심에 있으며, 그리스도로 말미암아 구원계획이 실현되었다는 것을 단어와 문장을 통해 가르쳐주고 있다.

그리스도 안에서 발견되는 세 가지

▷ 생명을 주는 '하나님의 떡'

이그나티우스의 신앙과 신학 그리고 삶에서 예수 그리스도를 지운다는 것은 그의 전부를 지우는 것과 같다. 그 정도로 이그나티우스에게 있어서 그리스도는 모든 것의 중심이자 출발점이고, 결론이었다. 이런 예수 그리스도를 '떡(ἄρτος, bread)'에 비유하고 있다. 예수를 '떡'으로 비유하고 있는 대표적인 성경은 요한복음(10회, 요 6:32, 33, 34, 35, 38, 41, 48,

50, 51, 58)과 고린도전서(4회, 고전 11:23, 26, 27, 28)이다. 물론 마태복음(마 26:26)과 마가복음(막 14:22), 누가복음(눅 22:19)도 짧게나마 이런 내용을 증거하고 있다. 특히 요한복음은 '떡'의 비유를 통해 예수님 '자신'과 '몸'을 강조하고 있다. 그리스도의 신성과 인성 그리고 이와 관련된 역할을 강조한다.

사도 요한과 베드로 그리고 바울의 제자로서 가르침을 받았던 이그나티우스는 '복음서'와 '사도서'에 능한 속사도 교부였다.[512] 교회가 구원과 관련하여 이단과 교리 논쟁에 휘말려 있을 때였다.[513] 그리고 로마의 박해가 극에 달하고 있을 때였다. 신앙의 절개를 지켜나가는 측면에서 그는 '복음서'와 '사도서'에서 이미 증거하고 있었던 '떡'의 비유를 증거하면서 구원과 신앙에 관련된 것을 변증한다. 이때 그리스도를 '하나님의 떡'으로 「에베소 인들에게」 보낸 서신과 「로마 인들에게」 보낸 서신에서 변증하고 있다.

먼저, 그리스도가 '하나님의 떡'으로서 '생명의 양식(糧食)'임을 변증한다. '떡'은 먹는 음식이다. 양식은 그 사람을 지탱해 주는 '에너지원(energy source)'이다. 이그나티우스는 「에베소 인들에게」 보낸 서신의 제5장 2절에서 다음과 같이 증거한다. "만약 어떤 사람이 성전 안에 머물러 있지 않다면 그에게는 하나님의 떡(빵)이 결핍될 것입니다."[514] 이그나티우스는 그리스도의 피 값으로 세운 바 된 교회를 성전과 연결하고 있다. 이것은 당시 '순회하는 거짓 교사들'이 유포하고 있었던 '가현설(假現說, Docetism)'에 대한 교리가 어떻게 이단적 요소를 가지고 있는지 변증하는 중요한 대목이었다.

바울은 에베소서 2장 21절에서 에베소 교인들을 가리켜 "주 안에서 성전이 되어 가는 것"을 가르친다. 이그나티우스는 이런 성전을 '하나님의 떡'과 관련시킨다. 이것은 그리스도의 성육신과 십자가에서 이룬 대속의 사역을 거부하고 있는 가현설의 허구를 지적하는 대목이었다. 구원 교리와 관련하여 가현설을 주장하는 자들은 그리스도와 관련 없는 자들로서 교회밖에 있는 자들이었다. 이런 자들(교회 밖에 있는 자들)에게는 구원이 없다는 것을 간접적으로 증거한 최초의 변증문이었다.[515] 그는 바울의 개념을 요한복음 6장 33절의 '하나님의 떡'과 연결을 시켜 새로운 하나의 관점을 이끌어내고 있었다.

> 만약 어떤 사람이 성전 안에 머물러 있지 않다면 그에게는 하나님의 떡이 결핍될 것입니다. 그리고 한 두 사람의 기도가 큰 효력을 가지고 있듯이 감독과 온 교회의 기도는 얼마나 더 하겠습니까? 여러분의 예배에 참여하지 않는 사람은 분열주의

자가 된다는 사실을 통해 그들의 오만함을 발견하게 됩니다. 또한 하나님은 교만한 자를 저주하신다고 말씀하고 계십니다.(*Ep* 5:2)

요한복음 6장 33절은 예수를 가리켜 "하늘에서 내려 세상에 생명을 주는" '하나님의 떡'으로 비유하고 있다. 이런 '하나님의 떡'은 27절의 '썩을 양식'과 대조를 이룬다. 여기서 '하나님의 떡'은 생명을 주는 떡으로 영생에 이르게 하는 것을 말한다. 그리스도를 '하나님의 떡'으로 직접 비유하는 장면은 요한복음 6장 33절이 유일하다. '하나님의 떡'은 "생명을 주는 것"으로 세상의 '죽을 양식'과 구별된다. 공관복음은 '하나님 나라'를 강조하고 있는 반면 요한복음은 '생명(ζωή)', 즉 '영생(ζωή αἰώνιος)'을 강조한다. 요한은 '생명'을 예수와 밀접하게 연결하고 있다. 이유는 '생명'의 기원을 예수 안에서 찾고 있었기 때문이다.[516]

요한복음 1장 4절은 "그 안에 생명이 있었으니 이 생명은 사람들의 빛이라"라고 말씀하며 예수에 대해 두 가지 사실(생명, 빛)을 밝힌다. 이 말씀은 요한복음 1장 1~3절과 연결된다. 그리스도에 대해 신성으로서 '초자연적 생명'의 영원성과 '생명의 근원'이 되심을 강조하고 있다. 이와 같이 요한복음은 예수를 '생명'과 연결할 때 '몸'(요 1:4, 5:26, 11:25)으로, '빛'(요 1:4, 8:12, 12:46)으로, '양식'(요 6:33-35)으로, '생명의 떡'(요 6:35)으로, '하나님의 떡'(요 6:33)으로, '하나님의 말씀'(요 6:33) 등으로 비유하고 있다.

알렉산드리아의 키릴(Cyril of Alexandria, 376-444)은 자신의 『요한복음 주해』에서 우리는 생명의 양식을 먹음으로써 "죽음을 이기는 힘을 가지게 된다"[517]라며 영원한 생명의 떡인 그리스도에 대해 논한 바 있다. 이그나티우스는 「트랄레스 인들에게」 보내는 서신의 제6장 1절에서 "오직 그리스도의 양식만을 사용하도록"[518] 권한다. 이단들이 공급해 주는 '다른 음식'은 입에 대지 말도록 한다. 왜냐하면 그들의 주는 것은 '썩을 양식'이기 때문이다. 그러니 아예 그들을 가까이 접하지 못하도록 한다. 그의 주장에 따르면 가현설을 앞세운 이단들의 '다른 음식'은 "꿀과 포도주가 섞인 맹독"[519]과 같다. 이단들의 '썩을 양식'은 그럴듯한 논리와 미사여구(美辭麗句)로 사람들에게 관심을 끌 수는 있지만 영생이라는 참된 구원에는 이르게 하지 못한다.

이그나티우스는 「에베소 인들에게」 보낸 서신의 제5장 2절에서 그리스도를 '하나님의 떡'으로 비유하였다. 그리고 「에베소 인들에게」 보낸 서신의 제20장 2절에서는 '불멸을 위한 약인 떡'에 비유한다.[520] 여기서 그리스도를 구원에 따른 '생명의 양식'으로 표현하고 있다. 특히 「에베소 인들에게」 보낸 서신의 제5장 2절에서는 '성전 안에 있지 않다면' 그는 '하나님의 떡'이 결핍될 것이라고 강조한 바 있다. 그리스도와 관련되지 못한 이단들을 가리켜 '하나님의 떡이 결핍될 것'이라고 하였다. 그리스도와 관계없는 자, 구원 밖에 놓여 있는 이단들을 이렇게 표현하였다. 그리고 덧붙여 이단들을 교회를 분리시키는 '분열주의자'라고 표현했다. 이런 이단들의 가르침은 생명을 주지 못하는 '썩을 양식'을 공급하는 것으로, 우리를 그리스도로부터 분리해서 구원에 이르지 못하게 할 뿐이었다. 이그나티우스는 이 점을 각인하도록 한다.

두 번째 변증은 그리스도가 '하나님의 떡'으로서 '세상의 것들'과 구별되는 가치를 가지고 있음을 변증한다. '신앙'에 대해 변증하면서 이것을 구원론으로 연결시킨다. 「에베소 인들에게」 보낸 서신뿐 아니라 「로마 인들에게」 보낸 서신의 제7장 3절에서도 그리스도를 가리켜 '하나님의 떡'에 비유하고 있다. 이번에는 이것을 성찬과 연결을 시킨다. 성찬은 그리스도의 신성과 인성 그리고 부활과 다시 오심이 고백되는 예식이다. 그러므로 성찬에 등장하는 '떡'은 이런 모든 사실을 함의(含意)하고 있다.

이그나티우스가 성찬을 논하는 일반적인 이유는 이단들의 교리를 부정하는 측면에서 진행된다. 이때 그리스도의 신성과 인성 그리고 부활이 중심에 세워진다.[521] 왜냐하면 이것이 이단들이 부정하는 내용들이었기 때문이다. 그러나 「로마인들에게」 보낸 서신에서 증거되고 있는 '하나님의 떡'은 이단들의 거짓된 교리에 대응하는 성찬 교리보다 신앙을 지켜내는 측면이 더 가미되어 논해지고 있다. 역경에 처했을 때, 그 상황을 이기게 하고 만족시킬 수 있는 유일한 양식으로 '하나님의 떡'을 상기시킨다.[522] 전체적인 내용이 순교의 길을 걷고 있는 자신을 돌아보게 하는 적용 가운데 인용되고 있다. 구원과 부활에 대한 확신을 가진 상태에서 그리스도에 관한 신앙관으로 '하나님의 떡'을 등장시킨다.[523] 그러면서 자신이 걸어가는 순교의 길이 헛되지 않다는 것을 증명하려는 의지를 강하게 드러내고 있다.

> 이 세상의 군주가 나를 유괴하고 나의 경건한 목적을 왜곡시키려 합니다. 그렇다면 거기에 있게 될 여러분 중 누구도 그를 선동해서는 안 됩니다. 오히려 여러분들은 내 편에 서야 합니다. 즉, 하나님 편에 서십시오. 예수 그리스도를 언급하면서 마음을 세상에 두지 마십시오. 부러워하는 마음을 품지 마십

시오.(*Rom* 7:1)

… … …

나는 부패하기 쉬운 음식이나 이 세상의 진미(珍味)를 즐기는 것을 기뻐하지 않습니다. 내가 원하는 것은 다윗의 혈통에서 나신 그리스도의 육체인 하나님의 떡이며, 음료로는 그의 피를 원합니다. 이것이야 말로 참으로 영원한 애찬(愛餐)입니다.(*Rom* 7:3)

「로마 인들에게」 보낸 서신의 제7장 3절에서 전하고 있는 '그리스도의 몸인 하나님의 떡'은 2절에 있는 "나의 정욕은 십자가에 못 박혔습니다. 그리고 내 안에서는 물질적인 것에 대해 어떤 열정도 타오르고 있지 않습니다. 내 안에 생수가 있으니 그것이 내 안에서 "아버지께로 오라"라고 말씀합니다"[524]라는 내용과 관련된다. 그리스도와 관련하여 '십자가'는 죽음을 나타낸다. 이런 십자가는 비참과 낮아짐으로 끝나지 않는다. 회복됨과 높아짐으로 연결된다.[525] 그리고 "아버지께로 오라"라고 말씀하는 본문은 구속적인 개념에서 전개되는 말이다. 여

기서 강조되는 것은 메시아에 대한 사명이다.[526]

구속에 대한 교리의 접근은 고대와 현대를 불문하고 그리스도의 정체성을 이해하지 못하고는 안 된다.[527] 그리스도는 아담이 되셔서 죄악 된 인류의 구원을 위해 고난과 죽으심을 통해 대속을 이루셨다. 이그나티우스는 구속을 이루기 위한 그리스도를 기억하면서「로마 인들에게」보낸 서신의 제7장 3절에서 '그리스도의 몸인 하나님의 떡'을 증거한다. 이 본문은 제8장 3절에서 거론하고 있는 자신이 당하는 고난, 즉 순교와 연결된다.[528] 그는 자신의 순교를 그리스도가 이룬 구속의 '영원한 애찬'에 참여하는 십자가의 길로 받아들이고 있다. 비록 자신이 로마의 순교 현장 가운데 놓여 있을지라도 그것은 끝이 아니며, 하나님께로 나아가는 길이었다.

요한복음 6장 58절에는 두 가지 대조되는 떡이 소개된다. 하나는 그리스도를 가리키는 것으로, "이것은 하늘에서 내려온 떡이니"라며 '영원한 생명'과 관련시키고 있다. 이와 비교되는 것으로, "조상들이 먹고도 죽은 그것"이라는 떡이 있다. 비록 육신이 살려고 먹은 떡이지만 이 떡은 육신을 위한 양식이 될 뿐 육신을 영원히 살리는 양식은 되지 못한다는 사실을 증거하고 있다. 육신의 만족을 채우는 것은 언제나 부족할 수밖에 없다. 인간의 죄로 인해 이 땅에서 생산되는 것은 '가시와 엉겅퀴'(창 3:18)의 저주와 관련된다. 따라서 만족을 채울 수 있는 조건을 가지지 못한다. 이런 가운데 죄악 된 인간의 욕망은 항상 자신의 만족을 채우려 하지만 기대에 미치지 못하게 된다.

사도 요한이 그리스도를 '떡'으로 비유하고, 이것을 '하늘의 것'과 '땅의 것'으로 비교하였듯이 속사도 교부인 이그나티우스는 「로마 인들에게」 보낸 서신의 제7장 3절에서 '그리스도의 몸인 하나님의 떡'을 통해 요한복음 6장 58절을 돌아보게 한다. 자신이 맞이하는 순교는 '땅의 것'인 세상의 만족을 채우는 길이 아니었다. '하늘의 것'에 속한 영원한 애찬(愛餐)에 참여하는 것으로, 그리스도를 진정으로 닮아가는 걸음이었다. 그리스도를 향한 신앙을 포기하지 않는다는 이유로 당하는 순교는 절망이 아니었다. '하늘의 것'에 속한 부활의 신호탄이었으며, 자신을 더욱 새롭게 영적으로 분발시키는 신앙의 그릇이었다.

폴 윌리엄슨(Paul R. Williamson)은 『죽음과 내세 성경신학』에서 "부활 신앙의 씨앗은 B.C. 2세기 급진적으로 생겨난 관념이 아니라 그 이전 존재했다"라고 밝히며, 부활 사상은 "하나님에 대한 근본적인 믿음까지 거슬러 올라간다"라고 말한 바 있다.[529] 이그나티우스는 「빌라델피아 인들에게」 보낸 서신의 인사말을 빌려 이들이 가지고 있는 부활 신앙의 근거가 자신들이 가지고 있는 신앙심으로 만들어진 결론이 아니라 하나님의 넘치는 자비에 뿌리가 있다는 사실을 밝힌다. 하나님에 대한 근본적인 것으로 신앙이 거슬러 올라가도록 인도한다. "여러분이 가지고 있는 기쁨은 우리 주님의 수난 안에서 가지는 깊고 지속적인 기쁨입니다. 그리고 그분의 넘치는 자비에 의해 여러분은 그의 부활을 철저히 확신하고 있습니다."[530]

요한복음은 신앙을 말할 때 두 가지 관점을 주목하게 한다. 예수 그리스도가 하나님이라는 것과 이런 주님과 신자들의 '지속적인 관계'를 돌아보게 한다.[531] 요한복음에서 증거하고 있는 구원과 관련된 '하나님의 떡'인 그리스도를 자신의 신앙으로 승화시켰던 이그나티우스는 순교 현장을 두려워하지 않았다. 아울러 '하나님의 떡'이 증명하고 있는 그리스도를 향한 신앙을 자신의 개인적인 구원론과 신앙관을 피력하는 것으로 만족하지 않았다. 생명을 주는 '하나님의 떡'을 통해 교회와 이에 속한 신자들에게 구원과 부활에 따른 확신을 세워주고 있었으며, 이 신앙으로 공동체와 신자들이 중심을 이루도록 견인하고 있었다.

▷ 영혼의 목마름을 해소해 주는 '생수'

'생수'라는 단어는 신약성경에서 단 3회 등장한다. 이 세 번이 모두 요한복음에 속해 있다. 요한복음은 '생수'라는 단어를 본문에서 직접 사용하고 있는 유일한 성경이다. 그리스도를 '생수'로 지칭(指稱)하는 것은 요한복음 4장 10절과 11절에서 사마리아 여인과 예수님의 대화 속에 등장한다. (예수님): "그가 생수를 네게 주었으리라", (사마리아 여인): "어디서 당신이 그 생수를 얻겠사옵나이까" 그리고 예수께서 명절 끝날 무리들을 향해 가르침을 주실 때 요한복음 7장 38절에서 자신을 가리켜 '생수의 강'에 비유한다. "그 배에서 생수의 강이 흘러나오리라" 요한복음 7장의 '생수'는 4장의 영혼의 목마름을 해소해 주는 '생수'를 더 확대해서 해석하고 있다.[532]

출애굽기 15장 23절~25절에서는 죽이는 '쓴(마라, מָרָה) 물'과 살리는 '단(마타크, מָתַק) 물'이 대비(對比)된다. '물'은 생명의 속성을 가지고 있다.[533] 복음서와 사도서 그리고 예언서를 비롯하여 구약에도 능했던 이그나티우스가 「로마 인들에게」 보낸 서신의 제7장 2절에서 그리스도를 가리켜 '생수'로 표현하고 있다. 이것은 요한복음 4장과 7장의 성경적 배경들을 염두에 두고 제시한 그의 대화법이었다. 이것은 신학과 신앙을 하나로 묶어 제시하는 그의 특유한 화법임과 동시에 당시 교부들이 가지고 있는 특징이기도 했다.

「로마 인들에게」 보낸 서신의 제7장 2절에서 "나의 정욕은 십자가에 못 박혔습니다. 그리고 내 안에서는 물질적인 것에 대해 어떤 열정도 타오르고 있지 않습니다. 내 안에 생수가 있으니 그것이 내 안에서 "아버지께로 오라"라고 말씀합니다"[534]라고 말한다. 자신이 세상의 군주에게 유괴되지 않고, 자신이 욕망에 사로잡힌 자가 되지 않은 이유를 밝힐 때, "내 안에 생수가 있기" 때문이라고 한다. 여기서 '생수'는 그리스도와 관련하여 무엇을 강조하고 있을까라는 물음이 제기된다.

첫 번째는 "내 안에 생수가 있다"라는 것을 통해 자신은 그리스도와 연합된 자임을 강조하고 있다. 순교를 그리스도의 길을 따르는 동기로 여기고 있었던 그에게 순교는 두말할 필요가 없었다. 왜냐하면 그 길은 '참된 그리스도인'이 되는 길이었기 때문이다.[535] '생수'는 '살아 있는 물(ὕδωρ ζάω, living water)'이다. 이것을 요한복음과 관련하여 표현하고 있다. '생수'는 그리스도의 피로 사신 바 된 것을 내포하고 있다. 이것을 자신이 당하는 순교에 적용한다. 왜냐하면 순교를 앞둔 자신은 그리스도와 연합을 이룬 자로서 '부활'이 기다려지고 있었기 때문이다. 그러므로 순교는 죽는 것임에도 불구하고 죽는 것이 아니었다.

'부활'을 요한복음의 '생수'와 연결하면서 순교 가운데 갈등하고 있는 자신의 영혼 또한 메마르지 않도록 한다. 자신이 자신을 위로하고, 격려하고 있다. 영혼의 목마름을 해소해 주는 '생수'를 증거하였던 사마리아 여인과의 대화를 되새기게 만든다. 이런 가운데 기록하고 있는 그의 서신 또한 자신의 인간적인 열정에 의해 쓰인 것이 아니었다. 그리스도와 연합을 이룬 자로서 하나님의 뜻에 힘을 얻어 서신을 기록하고 있었다. 「로마 인들에게」 보내는 서신에는 이런 모습이 뚜렷하게 엿보이고 있다.

> 내가 목표를 달성할 수 있도록 기도해주십시오. 나는 인간의 열정이 아니라 하나님의 뜻에 따라 글을 썼습니다. 내가 고난(순교 및 모든 과정)을 받는다면 그것은 여러분이 나에게 은혜를 베풀었기 때문일 것입니다. 만약 내가 거절당한다면(순교 당하지 않게 되는 것) 그것은 여러분이 나를 미워했기 때문일 것입니다. (*Rom* 8:3)

로마로 압송되는 과정에서 군사들로부터 겪는 고난 또한 순교 못지않게 공포와 고통이 뒤따르고 있었다. 이런 상황을

「로마 인들에게」 보낸 서신의 제5장 1절에서 이렇게 묘사하고 있다. "나는 열 마리의 표범들의 사슬에 매여 밤낮으로 땅과 바다를 통해 시리아에서 로마로 가면서 야수들과 싸우고 있습니다. 그러나 그들의 불의로 나는 더 나은 제자가 되어가고 있습니다."[536] 그는 군사들로부터 고통받는 것을 그리스도의 더 나은 제자가 되는 과정으로 받아들이고 있다.[537] 구원받은 자로서 그리스도가 자신과 연합을 이루고 있기에 땅에서 일어나는 상황에 굴복하지 않고 예수 그리스도를 향한 믿음의 신앙을 지켜나가게 된다.

두 번째는 그리스도께 속한 자로서 인간의 죄로 파생되는 '욕망' 등 자범죄로부터 자신을 지켜내는 신앙의 모습을 그려내고 있다. 키릴은 『요한복음 주해』에서 '생수'를 통해 두 가지의 상태를 설명한다. 하나는 인간의 죄의 본성으로 인해 아무런 덕도, 열매도 맺지 못하는 상태를 설명한다. 또 다른 하나는 생명을 주는 물을 마심으로써 온갖 좋은 것들의 열매를 맺는 상태를 설명하고 있다.[538] 키릴은 '생수'를 회복의 관점에서 설명하고 있다. 이그나티우스가 그리스도를 가리켜 '생수'라고 거론한 것은 요한복음 4장과 함께 7장을 염두에 둔 것이라 말할 수 있다.

'생수'가 요한복음 4장과 7장의 공통점이라면 「로마 인들에게」 보낸 서신의 제7장 2절에서 "내 안에 생수가 있습니다"라고 기록한 것은 요한복음 7장 38절의 "그 배(belly, κοιλία)에서 생수의 강이 흘러나오리라"라는 말씀과 더욱 가깝다. 고대 사회는 사람의 인체와 관련하여 특별한 의미를 부여하는 곳이 있었다. '배(belly, κοιλία)'이다. 유대인들은 '배'를 감각과 사상 등이 내재 된 곳으로 여기고 있었다. 그런가 하면 헬라인들은 '배'를 '욕망의 원천'으로 간주하였다. '생수가 배(belly, κοιλία)에서부터 흘러나온 것'은 사람의 사고와 감각, 정서, 그리고 욕망의 원천이 성령으로 충만해져서 정결케 된 상태를 의미한다.

이그나티우스가 활동하던 그 시대는 플라톤 철학과 헬라 사상이 유대 사회 속에서 만연하던 때였다.[539] 이그나티우스는 「로마 인들에게」 보낸 서신의 제7장 2절에서 "내 안에 생수가 있다"라는 말을 증거하면서 '자신의 정욕은 십자가에 못 박혔다'라는 사실과 함께 자신의 내면에는 '물질적인 것에 대해 어떤 열정도 타오르고 있지 않다'는 것을 밝히고 있었다. 이것이 가능할 수 있었던 것은 "내 안에 생수가 있었기" 때문이다. '생수'는 영혼의 목마름을 해소하면서 자신을 더 나은 구원의 길로 인도하는 중요한 요건이 되고 있었다.

▷ 구원으로 인도하는 '하나님 아버지의 문'

이그나티우스는 「빌라델피아 인들에게」 보낸 서신의 제9장 1절에서 그리스도를 지성소를 맡은 대제사장에 비유한다. 지성소는 오직 대제사장만이 들어갈 수 있다. 이런 그리스도를 '하나님 아버지의 문'으로 소개한다. 이와 관련된 요한복음 10장 7절과 9절은 그리스도를 구원과 관련한 '문(θύρα)'으로 증거하고 있다. '문'은 기능과 용도 부분에 있어서 안팎을 차단하는 역할을 한다. 성경에서 '문'에 대해 최초로 논해지고 있는 것은 창세기 6장 16절에서 거론된다. 하나님께서 노아로 하여금 방주를 만들 때 '문'을 만들도록 한다. 여기서 '문'은 안과 밖을 출입할 수 있는 경로이면서 동시에 안과 밖을 차단하는 역할로써 '문'의 기능이 함께 설명되고 있다. 홍수 심판으로 인하여 물이 방주 안으로 들어오지 못하도록 차단하면서 동시에 하나님께서 허락하지 않은 사람과 짐승들은 방주 안으로 들어오지 못하도록 차단하는 역할을 함께하고 있다.

'문'은 경로이면서 동시에 구별하는 차단의 역할을 하고 있다. 이그나티우스는 이런 '문'이 가지고 있는 성격과 특성을 그리스도에게 적용을 시켜 하나님의 구원계획과 연결하여 설명하고 있다. 사복음서 가운데 그리스도를 '문'으로 설명하고 있는 대표적인 성경은 요한복음 10장이다. 요한복음 10장 1절에서부터 9절의 본문은 그리스도를 가리켜 '하나님 아버지께로 나아가는 문'으로 설명하고 있다. 반면 그리스도가 아닌 '다른 문'을 가리켜 '절도'와 '강도'에 비유한다. 아버지와 관련하여 '양'을 '선택의 원리'에서 논하였다면, '문'은 '구원의 원리'에서 접목 점을 찾고 있다. 이단들의 그릇된 가르침 앞에 이그나티우스는 그리스도를 사도 요한이 그렇게 했던 것처럼 '하나님 아버지의 문'에 비유하고 있다. 그리고 이것을 구원과 관련하여 두 가지를 설명한다.

첫 번째는 언약의 성취와 관련된 '구원의 문'이다. 몹수에스티아의 테오도루스(Theodorus of Mopsuestia, 350-428)는 『요한복음 주해』에서 그리스도를 '진리에 다가갈 수 있는 원칙'으로써 기능하는 '문'으로 설명한다. "예수님께서는 당신이 양들의 문이라고 하십니다. 진리에 다가가려는 모든 이에게 당신이 가장 주된 통로이기 때문입니다."[540] 하나님께서는 진리를 찾는 다른 길을 허락하신 일이 없다. '그리스도라는 문'을 통하지 않고는 진리를 찾을 다른 길이 없다는 것을 명확하게 한다.[541]

이그나티우스는 「빌라델피아 인들에게」 보낸 서신의 제9장 1절에서 '그리스도의 문'을 구원과 관련하여 '언약의 성취

안에 들어가는 문'으로 비유한다. 그 '문'은 과거의 형태에서는 아브라함, 이삭, 야곱과 같은 '언약의 족장들을 하나님께로 인도하는 문'(참고, 창 49:30~33-막벨라 굴)이었다. 그리고 지금은 예언자들과 사도들, 무형 교회인 성도들을 '하나님 아버지께로' 나아가게 하는 '문'으로써 구원의 완성을 이룬다.[542]

> **제사장들은 훌륭한 자들입니다. 하지만 지성소를 맡은 대제사장은 더욱 훌륭합니다. 그에게만 하나님의 비밀이 맡겨져 있습니다. 그는(그리스도) 하나님 아버지께로 나아가는 문입니다. 그 문을 통해 아브라함, 야곱, 이삭, 요셉, 선지자들과 사도들과 교회가 아버지께로 들어갔습니다. 이 모든 자들이 하나님과의 연합 안에서 제자리를 찾았습니다.** (*Phil 9:1*)

「빌라델피아 인들에게」 보낸 서신의 제2장 1절에서 이그나티우스는 유대주의자들의 율법적 구원론의 그릇된 교리를 따르지 말도록 한다. "여러분은 진리의 빛의 자녀이므로 분파와 거짓된 교리를 피하십시오."[543] 그리고 「빌라델피아 인들에게」 보낸 서신의 제6장 1절에서는 '구원의 문'이 되시는 그리스도를 증거해내지 않는 유대교의 율법주의적 가르침을 따르는 자들은 "죽은 자들의 묘비에 그 이름을 새겨넣을 뿐"[544]이라며 그리스도와 상관이 없는 자들임을 명시(明示)시키고 있다.

요한복음 10장 7절과 9절에서는 '그리스도를 통하지 않는 문'으로 대표되는 유대 율법주의자들을 가리켜 '절도'와 '강도'라 일컫고 있다. 「빌라델피아 인들에게」 보낸 서신의 제2장 2절에서는 교회 내에서 유대교의 율법적 가르침을 주고 있는 이단들을 가리켜 '가면을 쓴 이리들'로 표현한다.[545] 언약의 성취와 관련된 '구원의 문'으로 들어서지 못하도록 온갖 방해의 역할들을 감당한다. 알렉산드리아의 클레멘스(Clement of Alexandria, 150-215)에 의하면 '이리들'은 몰래 숨어서 "영혼을 미혹시키는 기회주의자들"이며, "속임수와 폭력으로 우리를 잡으려고 하는 자들"이다.[546]

두 번째는 연합을 이끌어내는 '구원의 문'이다. 그리스도는 '구원의 문'으로서 하나님의 공의에 대한 만족을 채워 하나님과 연합을 이루게 한다. 나지안주스의 그레고리우스(Gregorius of Nazianzus, 329-390)는 『성자』(연설 30)에서 그리스도를 가리켜 "우리를 안으로 들여보내주는 문"[547]이라고 하였다. 그리스도와 연합되지 않고는 그 '문'에 들어갈 수 없다. 그 '문'은 아무나 들어가는 것이 '허락된 문'이 아니다.

그리스도가 그 '문'이 된 것은 그리스도가 하나님의 공의를 만족시키는 값이 되었기 때문이다. 이그나티우스가 「빌라델피아인들에게」 보낸 서신의 제9장 1절에 의하면 '하나님과 연합 안에서(εἰς ἑνότητα θεοῦ)' 우리는 구원에 이르는 '제 자리'를 찾게 된다.

이그나티우스가 증거하고 있듯이 그리스도가 우리의 '구원의 문'이 되어주신 것은 우리를 대속하신 '그분의 수난과 부활'이 있었기 때문이다.[548] 구원에 이르는 하나님의 모든 값을 담아내었기에(공의의 만족) 그리스도가 '하나님과 연합을 이끌어내는 문'이 되었다. 요한복음 10장 9절은 이와 관련하여 다음과 같이 증거한다. "내가 문이니 누구든지 나로 말미암아 들어가면 구원을 받고 또는 들어가며 나오며 꼴을 얻으리라." 이그나티우스는 이런 요한복음을 바탕으로 그리스도가 우리의 '문'이 되신 것을 말하고 있었다. 그리고 이런 그리스도를 떠난 율법주의는 복음이 아니라 분파를 일으키며, 이런 곳에는 "하나님이 계실 자리가 없다"[549]라고 단호하게 견해를 밝혔다. 그는 복음의 참된 가치관을 '그리스도의 문'과 연결시키고 있다. 그리고 그리스도라는 그 '문'의 진정한 가치관을 깨닫도록 한다.

중보자가 되시는 그리스도를 본받아

▷ 그리스도가 중보자로 그렇게 하셨던 것처럼 행하라

그리스도는 위격적으로는 제이위의 위격으로 존재하시는 성자 하나님이다. 이런 그리스도가 성육신하셨다. 신성이 인성을 취한 위격적 연합의 상태로 성육신하셨다. 권능과 권세에 있어서는 성부와 동등하지만 역할에 있어서는 중보적이었다. 성자 하나님이신 그리스도가 중보자라고 말하는 것은 종속적인 측면을 말하는 것이 아니다. 삼위일체 되시는 하나님의 각각의 고유한 위격에 따른 역할에 의한 구분을 말한다.[550] 신성이 인성을 취하여서 '한 인격'을 이룬 '위격적 연합'의 상태에서 그리스도는 제이위의 위격이면서 중보자로서 역할을 감당하게 된다.

이그나티우스는 자신이 전할 메시지와 내용을 증거할 때 성경을 함축적으로 제시하며 접근하는 방식을 선호하고 있었다. 그리고 자신이 전하고자 하는 메시지와 내용을 매우 호소력 있게 전개해나가는 장점을 가지고 있었다. 그의 서신을 읽어가다 보면 마치 다윗이 기록하였던 시편을 보는 듯한 느낌을 종종 가지게 된다. 무너진 당면(當面)한 환경에서도 하나님을 향한 신앙 안에서 문제를 풀어나갔던 다윗의 모습이 읽어진다.

이그나티우스가 로마로 향하고 있는 것은 죽음이 기다려지는 순교였다. 공포와 갈등에 휩싸이기에 충분한 환경이었다. 그런데도 그는 이런 환경 속에 파묻히지 않는다. 오히려 교회를 돌아보면서 하나님을 향한 바른 신앙관으로 교회를 세우는 일에 사력을 다하고 있었다. 「마그네시아 인들에게」 보낸 서신의 제7장 1절에 보면 짧은 서술적 전개를 펼치면서 중보와 관련하여 신학적으로 중요한 메시지를 전하고 있다. 이 메시지 속에는 신학적 강조가 스며들고 있지만 신앙의 고백이 더 깊이 부각되고 있는 것을 발견할 수 있다. "주님께서는 아버지와 하나이셨기 때문에 아버지 없이는 아무것도 하시지 않은 것처럼…"[551]이라는 메시지는 그리스도가 성부와 동일본질이라는 것과 중보자라는 사실을 신학적으로 조명하면서 그리스도가 어떤 중보자였는지 세 가지 점을 신앙으로 묶어내고 있다.

첫 번째는 존재와 본질을 바르게 증거해내는 중보자라는 것을 조명하고 있다. '아버지와 하나였다'라는 것은 성자는 존재에 있어서는 삼위일체이며, 본질에 있어서 동일하다는 것을 말하고 있다. 아리우스(Arius, 256-336)가 그리스도의 신성을 부인할 때였다. 이 논쟁은 3세기와 4세기를 뜨겁게 달구었던 신학 논쟁의 쟁점이었다. 이때 아타나시우스(Athanasius,

295-373)가 삼위일체에 대해 변증하였고, 니케아 신경(Nicene Creed, 325)이 그리스도에 대해 '동일본질'을 확립한다. 그러나 이런 신학적 바탕에는 통전적이기는 하지만 이그나티우스와 같은 교부들의 흔들림 없는 교리적 가르침이 있었기에 니케아 신경과 같은 신앙의 고백이 세워지게 되었던 것이다.[552]

이그나티우스는 「마그네시아 인들에게」 보낸 서신의 제7장 1절에서 글을 시작할 때 '오스페르(Ωσπερ, 꼭 ~처럼, 일치, 하나)'를 사용한다. 이를 통해 그리스도가 "아버지와 하나"라는 존재적 측면과 본질의 요소(그리스도가 이 땅에 오신 목적)를 중보적 위치에서 설명하고 있다.[553] "주님께서는 아버지와 하나이셨기 때문에 아버지 없이는 아무것도 하시지 않은 것처럼"[554]이라는 본문 속에 증거되고 있는 "아버지와 하나" 그리고 "아버지 없이는"이라는 본문은 그리스도의 존재와 중보자로서 본질적인 역할을 증거하고 있다. 존재로서는 신성이 강조되고 있으며, 역할로서는 아버지의 뜻을 이루는 대속이 중보와 함께 설명되고 있다.

그리스도와 십자가의 경우 존재와 역할에 있어서 중보자의 모습이 부인(否認)되면 대속은 그 효력을 발하지 못하게 된다. "주님께서는 아버지와 하나이셨기 때문에 아버지 없이는 아무것도 하시지 않은 것처럼…"이라는 「마그네시아 인들에게」 보낸 서신의 제7장 1절의 본문이 증거하고 있는 것은 그리스도가 우리의 죄를 대속하기 위해 성부의 뜻을 이루는 중보자였다는 것을 부인하며, 그리스도의 신성을 부인하는 유대주의자들의 주장이 헛되다는 것을 변증하고 있다. 그리고 동시에 교회로 하여금 그리스도가 성부의 뜻을 이루기 위해 성육신하신 것과 그 뜻을 십자가에서 이루신 성자 하나님이라는 신앙관에 대해 흔들리지 않도록 신앙을 지도하고 있다.

두 번째는 보내신 이의 뜻을 세우는 중보자를 증거하고 있다. 성자의 위치와 역할에 대한 것을 말하고 있다. 이그나티우스는 「마그네시아 인들에게」 보낸 서신의 제7장 1절에서 그리스도의 신성을 거부하며, 그리스도의 사역에 따른 역할을 부인하는 유대주의자들의 교리를 반증하며 경고한다. 이때 "아버지 없이는 아무것도 하시지 않은 것처럼"을 강조한다. 이것은 성자의 위격에 따른 중보적 역할과 관련된 내용이다.

요한복음 5장은 그리스도의 중보적 사역을 집중적으로 조명한다. 이때 그리스도의 사역 가운데 매우 중요한 부분을 부각시킨다. "아들이 아버지께서 하시는 일을 보지 않고는 아무것도 스스로 할 수 없나니 아버지께서 행하시는 그것을 아들도 그와 같이 행하느니라."(요 5:19) 성부의 뜻을 세우는 중보자로서 역할을 강조하고 있다.[555] 이와 관련하여 요한복음은 그리스도의 사역이 중보적인 것을 계속해서 이렇게 강조한다. "나는 나의 뜻대로 하려 하지 않고 나를 보내신 이의 뜻대로 하려 하므로"(요 5:30) 이 본문 역시 보내신 이의 뜻을 세우는 중보자를 다루고 있다.

「마그네시아 인들에게」 보낸 서신의 제7장 1절에서 부각되는 "아버지 없이는 아무것도 하시지 않은 것"이라는 본문의 말씀은 당사자가 행할 수 있는 능력 정도를 측정하는 말이 아니다. 여기서 강조되는 또 하나의 관점은 그리스도의 중보적 사역의 모습이다. 복음서에 능통했던 이그나티우스는 요한복음 5장 19절과 30절의 내용을 충분히 숙지하고 있었다. 그런 그가 이 본문을 빌려 그리스도의 중보적 사역에 따른 역할을 강조하고 있다. "나를 보내신 이의 뜻대로"라는 중보 사역을 강조한다. 여기서 '중보적인 것'은 그리스도 자신을 돋보이게 드러내는 것이 아니다. 그리스도가 성자의 위치에 있음에도 불구하고 구원에 따른 중보적 사역은 창조와 관련한 중보적 사역과는 달리 비하(卑下) 상태에 놓여 있다는 것을 말하고 있다. 그리스도는 자신의 영광을 뒤로 하고, 성부의 뜻을 이룰 목적 하나로 성육신한 중보자였다.

세 번째는 순종하는 중보자의 모습이다. 키릴루스는 요한복음 5장 19절을 주석하는 자리에서 그리스도는 '참 하나님'으로서 권능과 모든 것에 있어서 성부와 동등하시며, 모든 일에 있어서 성부와 한뜻을 가졌다라고 말하였다.[556] 이런 면에 비춰 볼 때 "아들이 아버지께서 하시는 일을 보지 않고는 아무 것도 스스로 할 수 없나니"(요 5:19)라고 말씀한 것은 그리스도는 본성과 어긋나는 그 어떤 것도 스스로 하지 않는다는 것을 말하고 있다.[557] 여기서 강조되고 있는 것은 중보자로서 그리스도의 순종이다. "아들이 스스로 할 수 있는 것은 하나도 없다"라는 말씀은 그리스도가 주님이면서 동시에 종들 가운데 하나로 여김을 받았다는 것을 말한다. 이어서 그리스도의 사역에 따른 모습을 비춰낸다. 순종의 모습이다.[558]

이그나티우스는 「마그네시아 인들에게」 보낸 서신의 제7장 1절에서 그리스도의 신성에 따른 것을 신앙의 고백으로 이끌어내면서 동시에 그리스도의 순종의 사역을 알게 한다. 순종은 동등의 위치에서 논해지는 것이 아니다. 명령과 이행에 따른 형태를 가지고 있다. 아담이 하나님께 불순종한 것에 대한 대속의 값은 순종이 반드시 수반(隨伴)되어야만 한다. 이때 순종은 마치 종과 같은 모습을 가진다. "아버지 없이는 아무것도 하시지 않은 것처럼"이라고 말한 것에는 순종이 강조되면서 종과 같은 자로서 순종의 모습이 부각된다.

이그나티우스는 그리스도 안에서 '하나(μία, εἷς, ἕνα)'가 되는 것을 강조한다. 그리스도가 순종하는 종의 모습을 취한 것처럼, 그리스도가 성취한 교리 안에서 하나를 이루는데 순종하도록 권면한다. 그리스도와 하나를 이루지 못한 것은 그 자체가 가치를 가지지 못할 뿐 아니라 불신앙의 요소가 된다. 「마그네시아 인들에게」 보낸 서신의 제7장 1절과 2절은 이 점을 특히 강조하고 있다. "아버지 없이는 아무것도 하시지 않은 것처럼"에는 명령에 따른 순종이 거론된다. 이때 본문에 나타나는 '아버지 없이는'이라는 말씀은 그리스도가 중보자로서 행할 직무적인 것과 연결된다.[559]

그리고 '아무것도 하시지 않은 것처럼'은 그 직무에는 순종하는 종의 모습과 함께 '완전한 순종'을 요구하고 있다는 것이 내포되어 있다. '아버지'가 존재적 측면에서 아들 됨과 연결이 된다. 그리고 직무에 따라 순종하는 메시아와 관련된 아들에게로 본문은 밀접하게 연결되고 있다. 이그나티우스는 성도들로 하여금 이런 그리스도를 닮은 모습으로 교회 가운데 세워진 감독과 장로들을 연결하고 있다. 바른 신앙관과 바른 교리로 일치와 연합을 이루어 유대주의자들이 일으키는 분열을 이겨내며 분열을 예방하도록 한다.

그러므로 주님께서는 아버지와 하나이셨기 때문에 아버지 없이는 아무것도 하시지 않은 것처럼 여러분도 감독과 장로들이 없이는 어떤 것도 행해서는 안 됩니다. 더욱이 여러분이 각자 행하는 것이 칭찬할 만한 것이라 할지라도 확신하지 마십시오. 다만 여러분이 함께하는 것만이 옳을 뿐입니다. 그러므로 여러분은 사랑과 온전한 기쁨이 지배하는 가운데 하나의 기도, 하나의 간구, 하나의 생각, 하나의 희망을 가져야만 합니다. 즉, 여러분은 예수 그리스도를 가지고 있어야 합니다. 여러분은 그분보다 더 좋은 것을 가질 수 없습니다. 여러분은 모두 하나의 하나님의 성전, 하나의 제단으로 나아오듯 한 아버지께로부터 나오셨고, 여전히 그분과 함께 한 분이신 아버지께로 돌아가신 한 예수 그리스도께로 달려가십시오. (*Mag* 7:1-2)

요한복음과 연결된 「마그네시아 인들에게」 보낸 서신의 제7장 1절은 완전히 순종하는 종의 사역이 가지고 있는 특징을 통해 두 가지를 돌아보게 한다. 하나는 본질을 벗어난 유대주의자들의 자기주장을 따르지 말도록 한다. 구원에 따른 교리는 철학과 사상의 접근으로 이루어지지 않는다. 그리스도가 이룬 본질을 벗어나면 얻을 수 있는 것은 아무것도 없다.[560] 이그나티우스는 이점을 '하나(μία, εἷς, ἕνα)'라는 '일치'와 '연합'의 강조를 통해 설명하고 있다.

다른 하나는 오직 그리스도를 따르는 순종하는 종과 같은 자세를 가지도록 한다. 구원에 따른 교리의 근본은 사람의 지식에서 나올 수 없다. 모든 것은 그리스도를 통해 이룬 것이어야만 한다. 이그나티우스는 「마그네시아 인들에게」 보낸 서신에서 유대교의 "잘못된 의견이나 가치 없는 오래된 이야기들에 미혹 당하지 말도록"[561] 한다. 유대교가 가르치는 전설들과 비유적 해석에 동요 당하지 않도록 그리스도가 이룬 교리로 울타리를 치도록 한다. "여러분은 예수 그리스도를 가지고 있어야 합니다" 이 말은 그리스도를 소유하라는 뜻이 아니다. 어떤 외형적 모양을 취하라는 것은 더욱 아니다. 그가 마그네시아 인들에게 밝히고자 한 것은 '그리스도를 닮은 자가 되어라'는 것을 말하고 있다. 그리스도가 그렇게 하셨던 것처럼 믿음과 순종하는 종의 자세를 신앙 가운데 행할 것을 강조하고 있다.

▷ 그리스도를 닮은 목자가 되어라

양과 목자의 비유는 사도 요한이 그리스도의 중보적 사역과 택한 백성에 대한 내용을 일목요연하게 증거하고 있는 장면 가운데 하나이다. 요한복음 10장은 여기에 대한 대표적인 본문이다. 일반적으로 양은 스스로를 지킬 수 있는 방어력을 가지고 있지 않다. 이런 양은 자기방어에 약한 반면 자기를 돌봐주는 목자의 음성을 잘 기억하는 특징을 가지고 있다. 요한복음 10장 4절은 여기에 대해 이렇게 증거하고 있다. "자기 양을 다 내놓은 후에 앞서 가면 양들이 그의 음성을 아는 고로 따라오되", 양은 목자의 음성을 듣고 따른다.

양에게는 돌봐줄 목자가 필요하다. "문지기는 그를 위하여 문을 열고 양은 그의 음성을 듣나니"(요 10:3) "양들이 그의 음성을 아는 고로 따라오되"(요 10:4) 여기서 4절의 '그의 음성'은 5절의 '타인의 음성'과 대조된다. 요한복음은 이런 대조를 통해 목자의 중요한 역할에 대해 말하고 있다. "음성을 아는 고로"에서 거론되고 있듯이 목자는 양들이 목자의 음성을 구별하도록 양들에게 자신의 음성을 각인시켜야 한다. 목자는 여기에 대한 사역을 회피하거나 수고를 게을리하지 않아야 한다. 나지안주스의 그레고리우스는 『아리우스파와 아리우스 반박』(연설 33) 16에서 "양들은 자기들 목자의 소리와 낯선 자의 목소리를 분간하는 습관을 가지고 있다"[562]라고 말한다. "분간하는 습관"은 단순히 생겨나는 것이 아니다. 반복적인 각인을 전제(前提)로 하고 있다.

　　이그나티우스는 「빌라델피아 인들에게」 보낸 서신의 제2장 1절에서 목자와 양에 대한 비유를 통해 이단들의 분파와 그릇된 교리로부터 자신들을 지켜내도록 한다. 요한복음에서도 강조되듯이 양이 목자의 음성을 분별할 수 있는 것은 다른 것으로 되지 않는다. 목자가 반복적으로 자신의 음성을 양에게 각인시켜야 한다. 이때 목자가 각인시키는 사역이 중보적 사역 가운데 진행된다는 것을 이그나티우스는 「빌라델피아 인들에게」 보낸 서신의 제3장 1절에서 강조하고 있다. 제2장 1절의 본문에 기록된 목자가 그리스도라는 것은 제3장 1절과 연결되는 본문 속에서 확인이 된다. 그리고 목자의 역할이 중보적이란 것 또한 밝혀진다. '나쁜 목초지'는 아버지께서 심지 않으셨기에 "그리스도께서도 그것을 경작하지 않으신다"라고 말한 「빌라델피아 인들에게」 보낸 서신의 내용은 「마그네시아 인들에게」 보낸 서신의 제7장 1절에서 말하고 있는 "아버지 없이는 아무것도 하시지 않은 것"[563]과 연결된다. 이것은 그리스도의 중보적 사역을 비추고 있다.

　　　여러분은 진리의 빛의 자녀들이므로 분파와 거짓된 교리에서 피하십시오. 목자가 있는 곳에는 양처럼 따르는 자가 있습니

다. 사악한 쾌락을 수단으로하여 하나님을 향해 경주하는 자
들을 사로잡는 가면을 쓴 이라들이 많이 있습니다. 그러나 그
들은 여러분의 연합 앞에서 기회를 갖지 못할 것입니다.(*Phil*
2:1-2)

나쁜 목초자를 멀리하십시오. 아버지께서 심지 않으셨으며, 예
수 그리스도께서는 경작하지 않으셨습니다. …(*Phil* 3:1)

    요한복음 10장에서는 목자의 중보적 역할이 구원과 관련하여 '절도'와 '강도'(참고, 요 10:1)에 대비(對比)되는 '문'에 비유된다. 그리고 목자로서 중보적 기능이 '삯꾼'과 대비(對比)되는 '선한 목자'(참고, 요 10:11~15)로 나타난다. '이리(λύκος, wolf)'가 오는 것을 보고 양을 버리는 '삯꾼'이 아니라 양을 지키고, 보호하는 '선한 목자'로서 중보적 기능을 가진다. 이그나티우스는「빌라델피아 인들에게」보낸 서신의 제2장 1절과 2절, 그리고 제3장 1절에서 이단들을 가리켜 '분파주의자', '그릇된 교리를 가르치는 자', '가면을 쓴 이리들', '나쁜 목초지'로 표현하고 있다. 반면 그리스도는 목자로서 자신의 유익을 구하는 자가 아니라 아버지의 뜻을 담아내는 중보적 목자로 증거한다. "아버지께서 심지 않으셨으며, 예수 그리스

도께서는 경작하지 않으셨습니다." "목자가 있는 곳에는 양처럼 따르는 자가 있습니다." 라고 이그나티우스는 증거하고 있다. 여기서 그는 두 가지를 강조하고 있다. 한 가지는 그리스도는 양들이 안심하고 먹을 수 있는 '꼴'을 제공하는 목자로서 중보자라는 점이 강조된다. 요한복음 10장 9절은 이렇게 말한다. "내가 문이니 누구든지 나로 말미암아 들어가면 구원을 받고 또는 들어가며 나오며 꼴을 얻으리라." 특히 「빌라델피아인들에게」 보낸 서신의 제3장 1절에는 '나쁜 목초지'가 등장한다. 그리스도는 이와 반대되는 '좋은 목초지'라는 것이 비유적으로 증거된다. '좋은 목초지'는 요한복음 10장 9절의 말씀처럼 '꼴'을 제공한다. 그리스도가 십자가에서 이루신 것은 우리의 구원에 따른 양식이 되기에 부족함이 없다. 이그나티우스는 이런 "그리스도가 있는 곳에 양처럼 따르라"[564]고 권한다.

또 한 가지는 그리스도는 양들을 안전하게 지켜·보호하는 목자로서 중보자라는 점이 강조된다. 양은 이리를 이길 방법이 없다. 누군가의 보호가 없이는 먹잇감이 될 수밖에 없다. 더 무서운 것은 '가면을 쓴 이리'는 속이기까지 한다. 이그나티우스는 유대교적인 그릇된 교리를 앞세운 자들을 가리켜 '가면을 쓴 이리들'로 비유하고 있다. 반면 그리스도가 이룬 십자가의 교리는 양들을 지키는 울타리로서 참 목자의 역할을 감당한다.

이것을 「빌라델피아 인들에게」 보낸 서신에서 요한복음 10장을 비춰내면서 밝히고 있다.[565] 그는 이런 장면들을 통해 양으로서 누구를 따라야 할 것인지 가르침을 주고 있으며, 교회의 감독과 장로는 그리스도를 닮은 목자와 같은 역할을 감당하도록 독려하고 있다.

▷ 영적으로 분별력을 가지라

이그나티우스의 서신에는 빠지지 않는 것이 있다. 그리스도와 십자가 그리고 연합이다.[566] 특히 이단 문제로 갈등에 사로잡혀 있는 교회를 향할 때는 이 세 가지가 더욱 강력하게 서신 가운데 조명된다. 열 마리 표범과 같은 로마 호위병에 묶여 드로아에 도착한 이그나티우스가 세 편의 서신(「빌라델피아 인들에게」, 「서머나 인들에게」, 「폴리갑에게」)을 기록한다.[567] 바다를 건너 네아폴리스(Neapolis)로 가기 전이었다. 빌라델피아 인들에게 보내는 서신에서 자신의 심정을 밝히면서 이렇게 인사한다. "하나님에 의해 영감받은 자인 이그나티우스가 예수 그리스도의 피 안에서 문안합니다."[568]

'그리스도의 피'는 오직 한 가지를 위한 값을 대변하고 있었다. 대속이었다. 그리고 이 피의 값은 중보적 측면에서 하나님과 우리를 연합하게 하는 조건이 되었다. 따라서 '하나님에 의해 영감받은 자(데오포로스, Θεοφόρος)'는 '그리스도의 피'와 관계된 것으로, 그리스도가 중심을 이루는 값이 되어 하나님과 연합을 이끌어낸 것처럼 자신 또한 그 뜻을 이루는 자리에 세워졌다는 것을 말하고 있다.[569]

이그나티우스는 「빌라델피아 인들에게」 보내는 서신의 제7장 1절과 2절에서 성령과 관련하여 두 가지를 말하게 된다. 하나는 성령은 '하나님께로부터 오심'이었다. 삼위일체 하나님으로서 '성부로부터 발출'됨을 말한다. 다른 하나는 성령은 '현혹당하지 않는다'는 것을 말한다. 성령은 숨겨진 것도 드러내시는 존재이기 때문에 현혹당하거나 속임 당할 이유가 없다. 이것은 자신의 생각에 따른 것이 아니었다. "그것은 하나님의 음성이었습니다"[570]라며, 인사말에서 '하나님에 의해 영감받은 자'라는 자신의 소개와 관련하여 증거하고 있다.

요한복음 3장 8절에 의하면 바람이 불 때 어디서 와서 어디로 가는지 알지 못하듯 사람의 거듭남은 오직 하나님만이 알고 계신다. 이 본문과 연결하여 이그나티우스는 「빌라델피아 인들에게」 보내는 서신의 제7장 1절에서 성령은 하나님께로부터 오심이며, 성령은 어디서 와서 어디로 가는지 아실 뿐 아니라 은밀한 것을 드러내시기까지 한다고 하였다.[571] 그리고 또 하나 요한복음 14장 26절에 의하면 '보혜사(돕는자, 중재자, παράκλητος)'인 성령(바람, 호흡, πνεῦμα)은 "모든 것을 가르치고, 말할 모든 것을 생각나게" 한다.[572]

성령은 "굳은 마음을 제하고 부드러운 마음을 주셔서 하나님의 백성들에게 새 마음을 주신다."[573] 이런 '보혜사'를 제자들에게 보내주실 것을 그리스도께서 약속하셨다. 요한복음은 '보혜사'에 대해 14장(2번), 15장(1번), 16장(1번)에서 총 네 번 강조한다. 여기서 강조되고 있는 것은 '존재적 측면'에서 성령을 강조하기보다 '역할적 측면'에서 성령을 강조하고 있다.[574] 이그나티우스는 「빌라델피아 인들에게」 보내는 서신의 제7장 1절에서 이와 관련하여 성령은 '하나님께로부터 오심'이며, 성령은 현혹되지 않는다는 '존재'와 '역할'을 동시에 강조하고 있다. 그는 '역할적 측면'에서 '보혜사'를 약속하신 그리스도와 연합을 소중히 여기도록 한다. 그리스도와 연합은 구원에 이르는 것만이 아니다. 우리로 하여금 영적으로 흑암에 이르지 않도록 분별력을 가지게 한다. 그리고 분파로부터 넘어짐을 당하지 않도록 도와준다.

어떤 사람들은 인간적인 방법으로 나를 그릇 인도하려고 했으나 하나님으로부터 오신 성령은 현혹되지 않습니다. 왜냐하면 "성령은 어디서 와서 어디로 가는지 알고" 은밀한 것들을 드러내시기 때문입니다. 내가 여러분과 함께 있을 때 내가 소리 높여 외쳤습니다. 그것은 하나님의 음성이었습니다. "감독과 장로회, 그리고 집사들에게 주의를 기울이십시오." 여러분 중 몇몇이 분파주의자라는 것을 미리 들었기 때문에 내가 그렇게 말한 것으로 어떤 분들이 의심했다는 것은 사실입니다. 그러나 나는 그분을 위해 내가 죄수인 것을 두고 맹세합니다. 나는 이것을 어떤 인간적인 통로를 통해 안 것이 아닙니다. 그것은 다음과 같은 말씀으로 계속 전파하신 성령님이셨습니다. "감독을 떠나 개별적으로 어떤 일도 하지 마십시오. 여러분의 몸을 하나님의 성전과 같이 지키며 연합을 귀히 여기고 분파를 피하십시오. 예수 그리스도께서 그의 아버지를 본받으셨던 것처럼 그분을 본받으십시오."(*Phil* 7:1-2)

이그나티우스는 요한복음 3장과 14장을 연계하여서 우리가 그리스도와 연합을 이루는 것은 하나님과 우리 사이에 연합을 이끌어내며, 영적으로 분별력을 가지게 한다는 것을 「빌라델피아 인들에게」 보내는 서신에서 밝히고 있다. 이런 사실에 대해 본 서신의 제8장 1절은 증거하기를 자신은 '그리스도와 연합을 위해 온전히 헌신하고 있다'고 말한다.[575] '온전히'라는 것은 단순한 헌신으로 되는 것이 아니다. 여기에는 그리스도의 고난과 순종이 함께함으로써 이룰 수 있다는 것을 말한다.

그리스도는 자신의 헌신과 희생의 값으로 우리를 하나님과 연합 가운데로 인도해내셨다. 그리고 영적으로 분별력을 가지게 하는 중보적 사역을 감당하셨다. 그 효력은 보혜사를 통해 지금도 동일하게 발하고 있다. 그러기에 그는 자신의 마음의 원본은 다름이 아니라 "예수 그리스도"라며 「빌라델피아 인들에게」 보내는 서신의 제8장 2절에서 자신이 영적으로 분별력을 가지게 된 경위를 밝혔던 것이다.[576] 우리가 영적으로 분별력을 가지는 영적인 사람이 된다는 것은 지금도 일어나고 있는 그리스도의 중보 사역으로 말미암는다.

우리는 이그나티우스처럼 그리스도의 고난과 순종에 참여하는 가운데 그리스도와 연합을 이루어야 한다. 그리고 그리스도와 연합을 이룬 자로서 영적 분별력을 가지고 공동체 가운데 세워져야 한다. 여기에 더하여 세상 가운데 영적 흑암을 밝혀나가는 사명 사역을 중보자 되시는 그리스도처럼 감당하는 자가 되어야 한다. 이그나티우스는 이런 그리스도적 삶을 기쁨으로 감당하고 있었으며, 역사는 이것을 증명하고 있다는 사실을 우리는 잊지 않아야 한다.

그리스도를 바라보자

▷ 그리스도가 신앙의 중심과 주제가 되어야 한다

사도들의 뒤를 이어 하나님의 나라를 든든히 세워나갔던 교부들의 공통된 특징 가운데 하나는 이들은 성경에 매우 능통했다는 점이다. 성경은 신앙과 신학에 대한 출발의 원점이다. 그러니 모든 신앙과 신학이 성경으로부터 나오는 것은 당연하다. 이그나티우스의 서신에도 나타나듯이 그는 성경에 매우 능통했다. 그뿐 아니라 자신의 중심과 사상 또한 성경을 중심에 두고 있었다는 것을 서신을 통해 알 수 있다. 그리고 그 중심에는 항상 그리스도가 있다는 것 또한 발견하게 된다. 로마의 형장(刑場)으로 끌려갈 때였다. 이때 자신을 담대히 붙들어줬던 것이 성경이었다는 것을 「빌라델피아 인들에게」보내는 서신의 제5장 1절과 2절은 밝히고 있다. 여기서 그는 '복음서'와 '사도서' 뿐만 아니라 '예언서'를 사랑할 수밖에 없었던 이유도 밝히고 있다. 예언자들의 설교 안에는 복음을 기대하고 대망함이 있었으며, 그 중심에는 그리스도가 있었다.

그래서 제가 예수님의 몸 안에서 위안을 얻듯이 '복음서'와 교회의 장로회에서 위안을 얻듯이 '사도서'에서 위안을 얻으며 제가 자비롭게 최후를 맞이할 수 있도록 해줄 것입니다. 그리고 '예언서들'도 역시 사랑합시다. 왜냐하면 예언자들은 그들의 설교 안에서 복음을 기대하고 희망하고, 대망하였으며, 그분을 믿음으로써 구원을 받았기 때문입니다. 따라서 그들은 예수 그리스도의 연합 안에 있었습니다. 그들은 성안들(Saints)이었습니다. 그리고 예수 그리스도께서 그들에게 보증을 주셨으며, 그들이 우리의 공통된 희망의 복음에 대한 실질적인 한 부분을 형성하고 있었으므로 우리는 그들을 사랑하고 존경해야 합니다.(*Phil* 5:1-2)

중심은 그 사람을 단단하게 묶어주고, 붙들어 주는 역할을 한다. 이그나티우스는 자신에게 불어닥친 죽음의 공포에 사로잡히지 않았다. 오히려 죽음을 기꺼이 받아들인다. 여기에 대해 갈등하는 순간도 분명히 있었을 것이다. 그렇지만 이것을 이겨낼 수 있었던 것은 그의 중심에 세워진 구원과 부활의 확신을 전해주었던 '그리스도론'이 있었기 때문이다.[577] 복음서와 사도서 그리고 예언자들의 설교 가운데 자리 잡고 있었던 '그리스도론'이 중심 주제가 되어 자신을 갈등적 구조로부터 건져내었다고 스스로 고백하고 있다. 성경이 중심에 세워져 있었던 것이다.

　이그나티우스의 담대함과 당당함 그리고 인내는 그의 성품이나 주변의 영향으로 파생되거나 만들어진 것이 아니다. 성경이 그의 심령 가운데 세워짐으로 일어났던 말씀의 효력이었다. 이런 사실을 누구보다 잘 알고 있었던 그는 고난과 갈등의 시대 앞에 놓여 있는 교회로 하여금 그리스도의 신앙으로 인내하며 결실을 맺어 가라고 「로마 인들에게」 보낸 서신에서 권면한다. "나는 여러분에게 이 서신을 8월 24일에 씁니다. 작별을 고합니다. 그리고 예수 그리스도의 인내력을 가지고 끝까지 견디십시오." 성경이 자신의 중심에 세워져 있었던 그의 지도력은 「에베소 인들에게」 보낸 서신의 제5장 1절과 「빌라델피아 인들에게」 보내는 서신의 제5장 1절과 2절의 본문을 통해서도 확인할 수 있다.

　이그나티우스의 서신과 요한복음의 공통점은 '그리스도론'으로 일관(一貫)되어 있다. 요한복음은 예수의 성자되심과 영생에 대한 초점을 기독론(그리스도론)으로 연결하여 강조하고 있다. 성자 하나님께서 이 땅에 오신 목적은 오직 한 가지였다. 우리의 구원과 관련해 대속의 완성을 이루기 위함이었다. 신성이 인성을 취한 위격적 연합의 성육신에 따른 신비적 연합은 지식으로는 깨달을 수 없다. 오직 믿음의 신앙으로만 말할 수 있다. 요한복음은 믿음의 의미('영접하다 λαμβάνω'로도 묘사된다)를 다양한 동사('믿는다'라는 πιστεύω 동사를 92회 사용하고 있다)와 이미지를 사용하여[578] 중심 주제를 전달하고 있다. 이그나티우스는 이런 요한복음의 특징들을 '그리스도론'의 중심 주제를 통해 풀어나가고 있었다.

  속사도 교부들은 열두 사도의 가르침을 토대로 했던 디다케를 비중 있게 다뤘다.[579] 당시 안디옥은 다른 지방의 교회들을 이끌어가는 위치에 있었다. 안디옥의 감독이었던 속사도 교부 이그나티우스는 요한복음을 인용하여 구속과 관련한 그리스도 중심적 주제를 살려갔던 것을 볼 수 있다. 이런 그의 가르침은 사도들의 가르침을 중심으로 하는 디다케적 요소의 유형 속에 있었다.[580] 사도들의 신앙을 교회 전통으로 삼았다는 것은 주님의 가르침 가운데 교회의 전통은 세워져야 한다는 것을 의미한다. 이런 측면에서 사도들의 전통을 지켜내는 그리스도 중심적 신앙은 이 시대에도 유효하다.

  교회는 신앙을 지켜내야 한다. 성경 속에서 중심을 찾는 신앙은 그리스도가 신앙의 중심이 되고, 주제가 되어야 한다는 것을 말하고 있다. 이그나티우스는 이런 근본적이고, 원론적인 것으로 부터 벗어나지 않았다. 이런 그의 신앙의 자세가 그를 당당하고, 담대하게 만들어가는 원동력이 되었다는 것을 그의 서신은 증명해 주고 있다.

▷ 그리스도를 조명해야 한다

언어는 매우 중요한 전달 매체이다. 상대에게 자신이 전하고자 하는 뜻과 의미를 바르게 전하기 위해서 언어는 필요불가결(必要不可缺)하다. 이때 전하고자 하는 내용을 효과적으로 전달하기 위해 어떤 특정한 단어가 사용되기도 한다. 특정 단어는 듣는 이로 하여금 이해력을 높이기도 하고 어떤 목적 가운데 하나로 묶어가기도 한다. 특정 단어는 뚜렷한 목적을 가질 때 그리고 메시지를 효과적으로 전달하고자 할 때 효과를 극대화할 수 있는 방법 가운데 하나이다. 이그나티우스는 요한복음에서 사용되었던 특정 단어를 사용하여 서신을 받아보는 이들로 하여금 그리스도를 바르게 알고, 그리스도를 온전히 바라보도록 한다.

「에베소 인들에게」 그리고 「로마 인들에게」 보낸 서신에서 구원과 관련하여 그리스도를 '하나님의 떡(요한복음 6장)'과 '생수(요한복음 4장, 7장)'로 표현하고 있다. 그리고 「빌라델피아 인들에게」 보낸 서신에서는 '문(요한복음 10장)'이라는 특정 단어를 사용한다. 그런가 하면 「마그네시아 인들에게」 보낸 서신에서는 중보자와 관련하여 '아버지 없이는(요한복음 5장)'이라는 문장을 사용하여 그리스도가 어떤 성격을 가진 중보자인지 알도록 한다. 그리고 「빌라델피아 인들에게」보낸 서신에서는 '목자(요한복음 10장)'와 '성령(요한복음 3장, 14장)' 등의 특정 단어를 사용하여 그리스도의 사역에 따른 것을 가르치고 있다.

언어는 그 사람의 이성과 지성에 인격적으로 관여하는 보이지 않는 영적 연결선이다. 이그나티우스는 요한복음에 있는 특징적인 단어를 사용하여 성도들로 하여금 그리스도와 관련된 진리에 대해 인격적으로 반응하도록 한다. 그리하여 거짓된 무리들의 가르침으로부터 자신을 영적으로 지켜내도록 한다. 그는 그리스도와 관련된 특징적인 단어를 사용하면서 영적 전선을 긴밀하게 구축하고 있다. 이 과정을 통해 성경의 바른 가르침에 대한 깨달음을 주면서 성도들을 영적으로 반응하게 만든다. 그리고 그리스도를 온전히 바라보도록 인도하고 있다.

마태복음 5장에 보면 산상수훈의 팔복 설교는 '복'이 '천국'과 관련된 특정 단어로 사용되었다. 그리고 사도행전 3장과 5장에서 베드로는 유대인들을 향해 구원과 관련된 메시아 되시는 '예수'를 강조하였다. 사도행전 13장에서 바울은 구원과 관련된 '죄 사함'의 단어를 특징적으로 사용하면서 구세주 되시는 그리스도를 바라보게 한다. 이그나티우스는 이런 사도들의 특징을 빼닮은 모습을 하고 있었다. 그는 핍박에 따른 고난의 순간과 거짓된 교리로 말미암은 영적인 갈등을 그리스도와 관련된 특징적인 단어를 제시하면서 그리스도를 매우 효과적으로 증거 해내고 있었다.

그리스도와 관련하여 요한복음에서 증거하고 있었던 특징적인 단어들은 유대인들만이 아니라 이방인들도 충분히 이해가 되고, 설득되는 단어들이었다. 그리스도를 조명하는 데 사용된 특징적인 단어가 때로는 비유적이고, 은유적인 용도로 사용되었을지라도 서신을 읽는 이들은 이그나티우스가 전하고자 하는 뜻을 충분히 이해하고 받아들이는 부분들이었다. 갈등의 요소를 이겨나갈 신앙을 제시하였던 이그나티우스는 특징적인 단어를 사용하면서 함께 영적으로 호흡하는 요소를 만들어 낸다. 이때 그는 이해가 되지 않는 무분별한 특정 단어를 사용하지 않는다. 성경을 떠나지 않는 특징적인 단어를 적극적으로 활용한다. 이를 통해 구원계획을 효과적으로 증거하면서 그 단어가 가지는 가치를 그리스도론을 조명하면서 더욱 발하게 된다.

▷ 그리스도의 십자가로 인도해야 한다

　교부들이 있던 당시, 이단들이 교회를 훼방하며 갈등의 구조를 만들어가고 있을 때 교리는 진리를 수호하는 중요한 목적을 가지게 된다. 이그나티우스는 「빌라델피아 인들에게」 보내는 서신의 제2장 1절에서 여기에 대해 직접 화법을 사용하여 증거한다. "여러분은 진리의 빛의 자녀이므로 분파와 거짓된 교리에서 피하십시오." 지금도 이단들은 교회를 공격할 때, 자신들의 거짓된 교리를 중심에 세워 미혹한다. 사도 이후 교부시대, 교회가 교리적으로 공격을 당하면서 교리의 중요성을 깨닫게 된다. 그리고 자비량으로 세워진 교리문답 학교가 등장하기 시작한다.[581] 이때 교리는 그리스도의 십자가에 따른 언약이 중심에 세워진다. 이런 모습은 이그나티우스 서신의 일부분만 아니라 그의 서신 곳곳에서 발견되고 있다.

　초대교회 이단들은 자신들이 제시하는 교리의 근거와 정당성을 자신들의 목소리를 높이는 주장에 두지 않았다. 그들도 나름대로 합당한 근거를 가지고 자신들의 입장을 대변하였다. 이때 그들이 제시한 것이 제자들의 '어록들'이었다. 제자들이 이렇게 가르침을 줬다라는 가짜 어록들이 외경과 함께 거짓된 무리들의 도구가 된다. 여기에 대해 교부들은 제자들의 '어록들'이 아니라 사도들로부터 가르침을 받았던 것을 교회의 전통으로 삼았으며, 이를 통해 교리의 중심을 만들어갔다.[582] 여기에서 속사도 교부들의 위치는 매우 중요하게 작용하고 있었다. 사도들로부터 직접 가르침을 받았던 속사도 가운데 한 명이었던 이그나티우스의 가르침은 교회를 지켜내고, 신앙을 지켜내는 핵심의 열쇠가 되었다. 그의 서신은 요한복음을 인용하면서 교회의 전통을 세우는 교리의 초석을 낳는다.

교회를 수호하기 위해 이그나티우스가 요한복음 본문을 인용한 단어 가운데는 요한복음 6장 33절의 '하나님의 떡'이 있다. 그는 '하나님의 떡'을 비유 가운데 사용하면서 그리스도가 이 땅에 오신 목적과 이유를 설명하였다. '하나님의 떡'을 "하늘에서 내려 세상에 생명을 주는 것"으로 증거한다. 그리고 이 떡에서 증거되고 있는 진리의 메시지 안에는 생명에 대한 승리의 메시지가 담겨 있다는 것을 이렇게 증거한다. "예수의 승리는 생명이 죽음을 정복했습니다"[583] 이그나티우스는 이 본문과 관련하여 "어떤 사람이 성전 안에 있지 않으면 그에게는 하나님의 떡(빵)이 결핍될 것"[584]을 거론하면서 '교회밖에는 구원이 없다'는 교리의 터를 놓게 된다.[585] 그리고 구원의 길은 오직 예수 그리스도로 말미암는다라는 교리적 제시를 요한복음 10장 9절과 11절 이하의 '목자'를 인용하면서 증거한다.

"목자가 있는 곳에는 양처럼 따르는 자가 있습니다." 라면서[586] 「빌라델피아 인들에게」 보낸 서신의 제2장 1절에서 이 사실을 밝히고 있다.

요한복음은 그리스도가 이 땅에 오신 목적을 십자가를 중심으로 설명하고 있다. 구속을 이루기 위해 오신 분, 구속의 완성을 이룬 분의 중심에 십자가가 있었다. 십자가는 죄악 가운데 놓여 있는 죽은 자를 살리는 '승리의 형틀'이었다. 그리스도가 받은 핍박과 고난 그리고 죽음은 메시아로서 승리를 나타내는 예언의 성취였다.[587] 그리스도의 십자가는 마귀의 패배요, 하나님의 성취가 승리 가운데 펼쳐지고 있었다. 이그나티우스가 그리스도의 십자가를 유독 강조하고 있었던 것은 십자가에 대한 남다른 신앙이 있었으며, 하나님께서 언약하신 승리의 제단이라는 것에 대한 확신이 있었기 때문이다.

이그나티우스가 자신의 서신을 통해 강조하고 있는 그리스도의 십자가는 요한복음이 제시하고 있는 것과 다르지 않다. 십자가는 미련한 길로 인도하는 것이 아니라 진정한 '승리'를 이끌어내는 진리의 푯대였다. 그가 로마교회의 성도들을 그리스도의 십자가로 인도할 때 패배자의 모습을 지우고 참된 승리자의 길을 쟁취하도록 용기와 격려를 함께 표현해내고 있었다. 「로마 인들에게」 보낸 서신의 전반적인 내용은 이런 것들을 증거하고, 선포하고 있다. 요한복음 19장 30절에서 "다 이루었다!"라고 말씀하신 것은 절망과 포기가 아니다. 승리의 선언이었다. 언약의 성취를 십자가를 통해 증거해내는 증거는 진리를 수호할 뿐만 아니라 그 언약 가운데로 성도들을 이끌어간다. 그리고 승리의 길에 세우는 역할을 하게 된다.

구원과 그리스도

그리스도와 십자가를 중심에 두고 있었던 이그나티우스의 신앙은 철학을 앞세우거나 자신의 사고를 편집한 사상이 아니었다. 그의 주장과 제시 또한 논리를 바탕으로 하고 있는 지식 중심적 사고가 아니었다. 그는 늘 성경을 중심에 두고 있었으며, 그의 확신에 찬 순교의 걸음은 구원에 관한 언약의 확신 가운데 행해지는 발걸음이었다. 자신이 접하는 내용이 교리 또는 신앙과 결부가 될 경우 문제의 접근을 복음서와 사도서를 비롯한 예언서 등을 중심에 두면서 자신의 견해를 펼쳐나갔던 것을 그의 서신은 목격하게 한다. 여기에는 고린도전서를 비롯하여 로마서, 에베소서, 디모데전·후서, 마태복음, 누가복음, 요한복음, 이사야 등의 내용들이 주로 인용되었고, 사용되었다. 특히 이런 본문들은 주로 은유적 방식에 의해 소개되고, 활용되었던 것을 그의 서신을 통해 확인할 수 있다.[588]

속사도 교부들이 중심을 이루었던 당시의 신학은 교리와 신앙을 분리하여 보지 않았다. 통전적 방식으로 내용들을 전개해나가는 특징을 가지고 있었다. 이런 모습은 당시의 신학적 흐름 또는 시대적 유행을 따르는 장르가 아니었다. 이단과 핍박이라는 양날의 구조적 갈등 속에서 가장 효과적으로 내용을 전달하고, 이해를 도모할 수 있는 한 방편이었기에 이 방식이 널리 사용되었다. 당시 교리적인 지도와 신앙의 지도는 별개 사안이 아니었다. 같은 맥락에서 그 내용들이 묶여 전개되고 있었다. 그러니 변증 또는 가르침이 통전적일 수밖에 없었다.

통전적이면서, 은유적 방식으로 접근을 이루었던 이그나티우스의 서신은 당시 이단들과의 접점을 이루고 있었던 그리스도의 신성과 구원론에 따른 문제를 요한복음의 직·간접적인 인용을 통해 접근하고, 답을 주고 있었다. 그는 요한복음의 본문 인용을 통해 크게 두 가지를 말하고 있었다. '그리스도의 신성'과 구원에 따른 '영생'이었다. 이것은 요한복음의 전체 특징이기도 했다. 그는 요한복음의 이런 특징을 살려 '구원과 그리스도' 그리고 '중보자되시는 그리스도'를 조명하면서 이단들의 거짓된 교리에 따른 허구성을 드러내었으며, 신앙의 바른 길을 통전적으로 제시하였다.

사도들의 가르침을 교회 전통으로 삼았던 이그나티우스는 그리스도의 신성과 인성 그리고 구원에 따른 유일한 길에 대한 제시를 요한복음을 빌려 '하나님의 떡'과 '생수' 그리고 '하나님 아버지의 문'을 통해 설명하였다. 그리스도론이 중심에 서면서 구원과 영생이 함께 전개되고 있다. 그리고 구원과 영생에 있어서 그리스도가 이룬 사역적 측면을 중보자 되시는 그리스도를 부각시켜 강조하고 있다. 여기에서 '아버지 없이는 아무것도 하시지 않는 중보자'가 요한복음 5장과 14장과 관련하여 제시된다. 그리고 '양들이 안심하고 따르는 목자되시는 중보자'는 요한복음 10장의 양과 목자에 대한 비유를 빌려 제시되었다. 여기에 덧붙여 '연합하며 영적으로 분별력을 가지게 하는 중보자'는 요한복음 3장과 14장을 연계하여 교리와 신앙이 함께 제시되었다.

요한복음을 인용하고 있는 이그나티우스의 서신은 세 가지 점을 진리 위에 세우는데 유익함을 준다. 먼저 그리스도의 신성과 인성에 따른 '한 인격'과 성육신에 따른 대속의 값을 바르게 알아가도록 한다. 또 한 가지는 구원에 대해 하나님께서는 예수 그리스도 외에는 어떤 길도 허락하지 않았다는 구원에 따른 확신을 바라보게 한다. 마지막으로 그리스도가 중보적 사역을 통해 이룬 구원과 영생에 대한 분명한 신앙과 교리 관을 세우게 한다.

이그나티우스가 강조하고 있는 그리스도와 연결된 십자가는 그리스도께서 "다 이루었다(요 19:30)"라고 말씀하신 것의 성취를 말한다. 구원에 대한 확신이 그리스도가 이루신 것들로 말미암는다라는 진리를 이 가운데 증거하고 있다. 그에게 있어서 그리스도를 담아내는 십자가는 여기에 대한 분명한 신앙의 터를 이루고 있었다. 로마의 형장으로 이끌려가는 자신의 몸을 가리켜 "하나님을 위한 산 제물이 되는 것"[589]이라고 「로마 인들에게」 보내는 서신에서 증거하고 있다. 여기에 대해 부활의 확신이 없었다면 그는 죽음의 공포 속에서 힘겨운 걸음을 걸어갔을 것이다. 그러나 요한복음의 인용을 통한 이그나티우스의 서신은 교리를 앞세워 언약에 따른 영생의 확신을 말하게 된다. 구원과 그리스도로 연결되는 그의 메시지는 자신의 신앙을 고백하는 단계를 넘어 이 서신을 읽는 이로 하여금 언약 안에 함께 머물게 하는 동력을 발하고 있었다.

7

행복을 향한 여정

　사람들은 행복을 추구하며 살아가고 있다. 어떤 면에서 사람들은 행복이라는 신기루를 쫓아 살아가고 있는 것처럼 보이기도 한다. 행복은 사람마다 다양한 모습으로 나타나고, 정의된다. 아리스토텔레스(Aristoteles, B.C. 384-322)는 『니코마코스 윤리학』에서 행복(eudaimonia)을 다양성 속에서 정의하고 있다. 그에 따르면 대중과 철학자들은 자신들의 관점에 비추어 행복에 대해 다양한 답을 제시하고 있다.[590] 행복이란? 그리고 행복의 생성은 어디서 이루어지는 것일까? 아리스토텔레스는 행복을 신적 요소에서 답을 찾고 있다.

　참된 행복은 불완전성 속에서는 이루어질 수 없다. 참된 행복은 완전성과 관련된 가운데 형성된다. 참된 행복은 잠깐 느끼고, 머물렀다가 사라지는 안개와 같은 것이 아니다. 참된 행복은 조건 속에서 주어지는 것이 아니다. 물질은 풍성하지만 근심과 염려가 있다면 참된 행복이라 말할 수 없다. 진정한 행복은 '샬롬' 가운데서 이루어진다. 그러니 불완전성 가운데 놓여 있는 세상 가운데서는 진정으로 얻을 수 없는 것이 참된 행복이다. 행복은 완전하신 하나님 안에서 찾아야 한다.

행복을 신적 요소에서 찾았지만 완전하신 하나님 안에서 찾은 것이 아니라 조건 속에서 찾았던 아리스토텔레스는 행복을 얻기 위해서는 학습과 미덕 그리고 훈련이 필요하다는 것을 함께 역설한다. 그는 『니코마코스 윤리학』 제1권 제13장에서 행복을 "궁극적인 미덕에 걸맞은 영혼의 활동"[591]으로 보고 있었다. 행복을 마음가짐이 아니라 자족적인 것에 대한 활동으로 분류하였다. 그렇기 때문에 어린아이들이 느끼는 행복과 어른이 느끼는 행복이 다르며, 사람마다 행복의 조건들이 달리 나타난다는 것이다. 이런 측면에서 인간의 행복은 포괄적이라고 주장한다.

행복은 느끼는 것에서 나타날 수도 있고, 결과물에 대한 반응일 수도 있다. 어떤 측면에서는 진행되는 과정이 행복이 될 수도 있다. 행복은 다양성을 가지고 있다. 행복은 결과에서 나타날 수 있고, 과정에서 나타날 수 있고, 그 사람이 가지는 가치관 등 다양한 곳에서 발견된다.[592] 아리스토텔레스의 행복론이 인간의 가치관과 활동적인 요소에서 찾고 있었다면 이그나티우스(Ignatius of Antioch, A.D. 35-108)의 행복론은 자신이 가지고 있는 신앙의 가치관에서 발견된다.

객관적인 관점에서 아리스토텔레스와 이그나티우스 두 사람 가운데 누가 참된 행복을 누렸을까라고 질문이 주어진다면 이그나티우스였다라고 주저하지 않고 말할 수 있다. 아리스토텔레스는 행복에 대해 고민을 하였다면 이그나티우스는 참된 행복을 발견하였으며, 그 행복 속에서 살아갔던 장본인이었다. 로마에 압송당하고 있었던 처지와 순교 당할 것이 기다려지는 순간을 아리스토텔레스의 관점에서 설명한다면 어떤 요소의 행복도 발견할 수 없다. 그러나 이그나티우스는 자신의 순교를 그리스도를 더욱 닮아가는 참된 그리스도인의 길로 여기고 있었다. 그리고 순교를 그리스도와 함께하는 참된 행복의 시간으로 받아들인다. 그러므로 자신이 순교 당하지 않도록 손을 쓰고자 하는 로마교회의 성도들을 향해 자신이 누리고자 하는 참된 행복의 순간과 시간을 방해하지 않도록 간청하는 모습이 '로마인들을 향한 서신'에 기록된 것을 볼 수 있다.

이그나티우스는 로마로 압송되는 과정에서 일곱 편의 서신을 기록하면서 '그리스도'와 '십자가'의 가치관이 자신을 휘감고 있다는 것을 알린다. 그리고 이런 자신의 가치관은 크게 두 가지 측면에서 생성되었다는 것을 알게 된다. 먼저 사도들로부터 받은 영향력이다. 「에베소 인들에게」 보낸 서신의 제12장 제2절에서 자신이 순교 현장을 향하는 것을 가리켜 '예수 그리스도와 연합', '바울의 뒤를 따르는 것'으로 표현한다.[593] 그리고 순교 현장을 향하는 자신에게 갈등과 두려움 대신 위안을 주고 있는 것이 '복음서'와 '사도서'라는 사실을 「빌라델피아 인들에게」 보내는 서신의 제5장 제1절에서 밝히고 있다.[594] 예수님의 제자였던 베드로와 요한 그리고 바울 사도의 가르침에 크게 영향을 받은[595] 그의 서신의 인사말이 바울의 형식을 많이 따르고 있다.[596]

다음은 자신이 지향하는 가치관이다. 이그나티우스의 진정한 가치관은 그리스도를 닮아가는 것에 있다. 이런 가치관은 십자가의 고난을 통해 절망을 바라보는 것이 아니라 소망의 이루어짐을 바라보게 한다. 그리스도의 십자가 길에 대한 일반적인 개념은 고난을 바라보게 한다. 그러나 이그나티우스는 그 속에서 행복의 메시지를 발견한다. 예수 그리스도를 향한 신앙 안에서 행복이 찾아진다.[597] 이그나티우스가 가지고 있는 가치관 속에 나타나는 행복론은 단순히 행복이란 무엇인가?에 대해 답을 주는 방식을 취하고 있지 않다. 그의 서신에서 나타나는 일곱 가치관 가운데 발견되는 행복론은 참된 행복을 그리스도와 십자가를 통해 발견하도록 한다.

  행복관은 자신이 가지고 있는 가치관과 긴밀하게 연결되어 나타난다. 로마로 압송당하는 과정에서 기록한 일곱 편의 서신을 보면 이그나티우스가 가지고 있는 가치관은 십자가를 벗어날 수 없으며 그리스도와 연합을 떠나서 논할 수 없다. 이런 사상이 중심을 이루고 있는 그의 일곱 서신에 나타나는 행복론은 크게 세 가지 관점에서 일곱 가지 유형으로 그 모습이 나타난다. 첫 번째는 '신앙의 가치관'이다. 이것은 십자가 신앙과 관련하여 '하나님의 자랑거리가 되는 것'과 '그리스도와 연합'에 따른 가치관과 함께 '신앙의 확신' 속에서 그의 행복론이 발견된다. 두 번째는 '함께하는 가치관' 속에서 나타나는 행복이다. 함께 동역하는 역할 속에 비치는 행복과 '한마음'을 이뤄가도록 역할을 감당하면서 나타나는 행복이다. 세 번째는 '참된 고난' 가운데 찾아지는 행복이다. 여기에는 '주님의 뜻을 따르는 걸음'에 대한 가치관과 '부활의 확신'이 주는 참된 행복이 있다.

신앙의 가치관에서 찾아지는 행복

▷ 하나님의 자랑거리가 되어야 한다

사람들은 행복을 갈망한다. 사람들은 행복을 사회와 종교 그리고 현세적 복지를 해결하는 측면에서 찾기도 하고, 느끼기도 한다.[598] 행복은 지상에서 얻을 수 있는 행복과 천상을 통해 얻을 수 있는 행복 등 그 모습이 다양하다. 그러나 지상에서 주는 행복을 얻기 위해 취하는 집착은 그 집착에 의해 자신이 함몰당하기도 한다.[599] 여기에 대해 아우구스티누스(Augustinus, 354-430)는 『신국론』에서 행복을 '신적 섭리'를 통해 설명하고 있다.[600] 그에 따르면 행복은 하나님으로부터 발현된다. 그리고 영원한 행복은 그리스도를 사랑하는 법을 통해 이루어진다.

> 황금보다는 그리스도를 더 사랑하는 법을 배웠어야 하리라. 그분은 자기를 위해 고난받은 사람들을 영원한 행복으로 부유하게 만들어 주는 분이기 때문이다. 그런데 금과 은은 그렇게 해주지 못한다. 그러므로 거짓말을 하여 숨겨두든 진실을 말하여 넘겨주든, 금과 은을 위해 고난을 받는 것은 비참하기

아를 데 없는 짓이었다.[601]

참된 행복은 영원한 생명과 삶과 연결된다. 아우구스티누스는 행복한 삶을 영원한 것과 연결하여 논한다.[602] 행복의 참된 길과 가치관을 그리스도를 향한 신앙 가운데서 찾는다. 이런 행복관은 교부들의 신앙관 가운데 두드러지게 나타나는 특징적인 요소였다. 1세기 말과 2세기 초에 활동했던 여섯 명의 속사도 교부[603] 가운데 한 명이었던 이그나티우스가 순교지인 로마를 향한다. 압송 도중 서머나에 머물며 기록한 「로마 인들에게」 보낸 서신을 관찰하면 그가 어떤 성격과 어떤 사상을 가졌는지 그리고 어떤 신앙의 모습을 하고 있었는지 엿볼 수 있다. 이런 측면에서 「로마 인들에게」 보낸 서신은 그 유형이 자신의 신앙에 대한 고백을 담고 있는 서신이라고 말할 수 있다.

그리스도를 향한 간절함과 참된 그리스도인의 길을 바라보면서 '열 마리 표범'과도 같은 호위병들의 사슬에 묶여 밤낮 고통 속에 끌려가고 있는 자신의 모습을 그려낸다. 여기서 이그나티우스는 절망의 늪에 빠져 있는 모습이 아니라 자신의 지나온 과정을 돌이켜 보면서 오히려 자랑스러워하고 기뻐하고 있다.[604] 이 가운데 자신의 참된 행복을 발견한다. 이그나티우스의 신학을 다루었던 하르톡(Paul A. Hartog, 1970-현재)은 이그나티우스가 당하는 고통을 가리켜 '그리스도의 완전한 제자로서의 고통'이며, '그리스도와 함께하는 고통'으로 설명하고 있다.[605]

하르톡의 주장처럼 이그나티우스는 하나님 아버지의 뜻을 이루었던 예수 그리스도의 길을 따른다. 그리고 그리스도와 일치와 연합을 이루는 십자가의 길을 걷는다. 이로 말미암아 일어났던 여러 환경적 요소와 가해 오는 핍박이 있었다. 그럼에도 불구하고 그는 넘어지지 않고 '참된 제자'의 모습을 취한다.[606] 고통 속에서 자신이 더 나은 그리스도의 제자가 되어가는 것을 오히려 기뻐한다. 왜냐하면 이것이 하나님을 기쁘시게 하고, 하나님 앞에 자랑삼을 거리가 되기 때문이다. 그는 이 과정을 통해 살아계신 하나님으로부터 위로를 받으며,[607] 참된 행복을 만끽한다.

죽음은 그 자체만으로도 두려움과 공포의 대상이다. 죽음이 엄습해 올 때 가해지는 영적인 고통은 두려움이라는 갈등의 단계를 넘어 공포로 다가온다. 그러나 이 죽음이 어떤 과정에서 주어지고, 어떤 가치를 가지느냐에 따라 두려움과 공포, 고통이 아니라 다른 유형의 모습으로 등장하게 된다.[608] 이그나티우스가 로마로 압송당하고 있는 걸음에는 죽음이 기다려지고 있었다. 그러나 그의 죽음은 일반적인 죽음과는 달리 불리는 순교라는 죽음이었다. 그가 죽음을 앞두게 된 것은 오직 한 가지 이유 때문이었다. 사도 바울처럼 예수 그리스도를 향한 구원의 복음을 전하였고, 이를 포기하지 않았다는 것이 이유였다. 이런 이그나티우스는 자신의 죽음을 가리켜 "생명으로 나가는 것"[609]이라고 밝힌 바 있다.

「로마 인들에게」 보낸 서신의 제6장에서 죽음이 면해지도록 로마교회가 세상의 권력자들과 결탁하여 자신의 목숨을 구걸하지 말 것을 요구한다. 왜냐하면 죽음을 피하기 위해 자신의 목숨을 구걸한 자가 아니라 하나님의 사명을 끝까지 감당한 자로 하나님께 기억이 남겨지길 간절히 원했기 때문이다. 요한과 바울과 베드로의 제자이기도 했던 속사도 교부인 이그나티우스는 죽음에 대해 두 가지 관점을 가지고 있었다. 먼저 교리적 관점에서 죽음은 죄로 말미암아 죽는다라는 원죄의 교리를 분명히 인식하고 있었다.[610] 그리고 신앙적 관점에서 그리스도와 관련된 '십자가 신앙'을 따르는 죽음은 '하나님의 자랑거리가 되는 죽음'이라는 것을 신앙으로 받아들이고 있었다.[611]

「로마 인들에게」 보낸 서신의 제6장 제3절에 의하면 '하나님의 수난'은 하나님의 뜻을 세워나가는 자가 당하는 수난을 말한다. 마태복음 25장 35절 이하에 의하면 '주를 위해 주린

자'에게 먹을 것을 주고, '주를 위해 옥에 갇힌 자'를 돌본 것은 곧 '주에게 먹을 것'을 주고, '주를 돌본 것'과 같았다. 이그나티우스는 하나님의 뜻을 세워나가는 순교를 개인적으로 당하는 한 사건으로 치부하지 않는다. '하나님의 일하심'으로 바라보고 있다. 그러니 자신이 당하는 죽음은 일반적 죽음과 다른 '하나님의 수난'이었으며, 순교였다.

그리스도께서 우리의 구원을 위해 '하나님의 수난'을 따랐다면 로마를 향한 자신의 순교는 그 값을 되새기는 순교자의 걸음이었다. 이그나티우스는 이런 자신의 모습이 하나님의 자랑거리가 될 것으로 믿고 있었다. 그러므로 이런 자신의 가치관을 거부당하거나, 저지당하지 않도록 로마교회를 향해 간절히 요청하였던 것이다. 신앙의 가치관은 곧 신앙의 정체성을 말한다. 신앙의 정체성은 그리스도를 바르게 알아가는 것과 연결된다.[612] 로마 교인들을 향해 자신의 순교가 가지는 진정한 가치를 보존해달라고 강력하게 요구한다. 왜냐하면 그 속에는 그리스도와 관련한 자신의 참된 행복의 조건이 있었기 때문이다.

> 나로 하여금 하나님의 수난을 따르게 해주십시오. 만약 누구든지 그 안에 그리스도를 모시고 있으면 내가 사모하는 것

을 감사하게 여기고 내가 겪고 있는 것이 무엇인지 깨달아 앎으로써 나를 동정하게 하십시오. … 내가 원하는 것은 다윗의 혈통에서 나신 그리스도의 육체인 하나님의 떡이며, 음료로는 그의 피를 원합니다: 이것이야 말로 참으로 영원한 애찬입니다!(*Rom* 6:3-7:3)

하나님의 자랑거리가 된다는 것은 매우 의미 있는 일이다. 하나님으로부터 명성을 얻는 일이 되기 때문이다. 이그나티우스는 자신이 당하는 수난의 길을 걸어가며 로마인들에게 보내는 서신의 인사말에서 "우리의 하나님이신 예수 그리스도를 믿는 믿음"[613] 가운데 있는 로마인들을 격려하고 있다. 그리고 서신을 마무리하면서 자신이 가고자 하는 십자가의 순교 현장을 '자신의 목표를 달성하는 것'으로 여기고 있다.

내가 목표를 달성할 수 있도록 기도해 주십시오. 나는 인간의 열정이 아니라 하나님의 뜻에 따라 글을 썼습니다. 내가 고난을 받는다면 그것은 여러분이 나에게 은혜를 베풀었기 때문일 것입니다. 만약 내가 (순교를) 거절당한다면 그것은 여러분이 나를 미워했기 때문일 것입니다.(*Rom* 8:3)

그는 '하나님의 수난'을 따르는 자신의 길이 하나님을 향한 자랑거리가 되며 하나님으로부터 진정으로 명성을 얻는 길이라는 것을 함께 밝히고 있다. 이그나티우스는 「빌라델피아인들에게」 보낸 서신에서도 신앙과 관련하여 수난의 사건을 다룬다.[614] 이때 빌라델피아 교인들을 가리켜 '넘어지는 자'가 아니라 '소망 있는 자'라는 확신을 준다.[615] 신앙 가운데 당하는 고난과 같은 수난의 사건은 오히려 하나님의 자랑거리가 되는 가치를 가지고 있다는 것을 알게 하면서 참된 행복의 가치관을 가지게 한다.

바빙크(Herman Bavinck, 1854-1921)의 『개혁교의학』에 의하면 영지주의자들은 최고의 행복을 지식에서 찾고 있다.[616] 그러나 인간의 행복은 자신이 원하는 곳에 또는 자신의 능력이라는 인위적인 것에 있지 않다.[617] 영지주의자들의 견해에 대해 신앙과 교리의 칼을 들었던 이그나티우스는 하나님의 자랑거리가 되는 가치관 속에서 자신의 행복을 발견한다. 그리고 그 가치관을 함께 공유한다. 로마 교인들로 하여금 이런 자신의 참된 가치관이 꺾임을 당하지 않도록 협력을 구하고, 동역을 간절히 구하고 있다. 이것은 그들에게 자신의 뜻이 관철되기를 간절히 구하는 애걸하는 장면이 아니었다. 하나님의 자랑거리가 되었을 때 주어지는 참된 행복의 가치관을 로마 교인들로 하여금 함께 알도록 신앙으로 이끌어가고 있었다.

▷ 그리스도와 연합을 이루어야 한다

　　이그나티우스의 행복은 그가 가지고 있는 신앙의 가치관과 직결된다. 그의 행복은 물질적 만족 또는 세상에서 얻어지는 결과물에 대한 반응에서 나타나지 않는다. 자신의 참된 삶의 가치를 실현하게 하신 그리스도 안에서 찾아지고 발견된다. 이런 사실은 그의 서신 곳곳에서 발견되고 있다. 「마그네시아인들에게」 보낸 서신을 한 예로 보면, 서신을 통해 인사말을 건네던 이그나티우스는 마그네시아 교인들과 자신은 두 가지의 공통점이 있다는 것을 밝힌다. 한 가지는 '그리스도 안에서 연합된 자'이며, 또 다른 하나는 하나님의 특별한 사랑으로 '축복받은 자리에 세워진 자'라는 사실이다. 이그나티우스는 이런 자신과 마그네시아 교인들은 행복한 자리에 세워진 자라고 밝히고 있다.

　　자신이 마그네시아 교인들을 향하여 서신을 쓴 목적 가운데 한 가지는 이런 기쁜 사실을 자신만 알고 있을 것이 아니라 마그네시아 교인들에게 직접 알리기 위해서였다. 신앙 안에서 만들어지는 행복이야말로 참된 행복이며, 참된 가치를 발한다는 것을 진심 어린 마음으로 전달하고 있다. "우리 구주이신 그리스도 예수 안에서 나는 그분과 연합함으로 하나님 아버지의 총애로 축복을 받는 교회에 문안합니다."라는 이 한 문장에는 그리스도와 연합을 이룬 신앙이 얼마나 참된 행복의 가치를 가지고 있는지 답을 주고 있다.

> 하나님 아버지와 예수 그리스도 안에서 '하나님에 의해 영감을 받은' 이그나티우스가 메안데르의 마그네시아에 있는 교회에 행복을 빕니다. 우리 구주이신 그리스도 예수 안에서 나는 그분과 연합함으로 하나님 아버지의 총애로 축복을 받는 교회에 문안합니다. 저는 여러분의 잘 훈련되고 경건한 사랑에 대해 듣고 기뻤습니다. 그래서 예수 그리스도를 믿는 믿음에 자극을 받아 여러분에게 편지를 쓰기로 결심했습니다.(Mag, Text-1:1)

마그네시아 교회를 향한 서신에는 서신을 쓰고 있는 그가 어떤 모습을 하고 있는지 그려진다. 행복이 가득하다는 것이 느껴진다. 리처드 백스터(Richard Baxter, 1615-1691)의 『기독교 생활 지침』에 의하면 행복은 그리스도 안에 있으며, 그리스도와 연합되는 가운데 이루어진다.[618] 그에 따르면 "우리 행복의 궁극적인 목적은 하나님의 선하신 뜻을 이루는 것"[619]에 있다. 행복은 느끼는 것만으로 되는 것이 아니다. 효과적으로 나타남이 있을 때 참된 행복이 된다.

    참된 행복은 잠시 즐기다 사라지는 안개와 같지 않다. 실효적이고 지속적이어야 한다. 그리스도와 연합이 주는 가치관 속에 나타나는 행복은 인위적으로 만들어지거나 세상의 것과 결탁하여 나타나는 결과물이 아니다.[620] 「로마 인들에게」 보낸 서신에서 이그나티우스는 자신이 신앙 가운데 당하는 고난을 통해 오히려 자유를 얻게 될 것을 강조한다. 여기서 강조되는 것은 그리스도와 연합이다. "그러나 내가 고난을 받는다면 예수 그리스도에 의해 해방될 것입니다. 그리고 그분과 연합되어 다시 살아나 자유롭게 될 것입니다."[621]

    일반적인 사고로 바라볼 때 고난이 해방과 자유로 이어진다는 것은 불가능하다. 그러나 그리스도와 연합은 일반적 범위를 넘어 불가능을 가능하게 한다. 왜냐하면 그리스도와 연합은 하나님의 은혜라는 특별한 결실을 낳기 때문이다. 그리스도와 연합은 역동적인 역사를 이끌어낸다.[622] 그리스도와 연합은 만물의 주관자 되시는 하나님의 특별한 사랑 안으로 들어가는 것을 말한다. 그리고 화복의 주관자 되시는 하나님께서 축복의 중심에 그를 세우는 과정으로 이어진다. 이런 참된 가치관 속에 이그나티우스는 세상이 줄 수 없는 행복을 누리고 있었다. 그는 행복의 참된 가치관을 그리스도 안에서 이루는 연합에서 찾았다. 그러니 그리스도와 연합은 세상의 그 어떤 것과도 비교할 수 없는 가치를 가지고 있었던 것이다. 이그나티우스는 이런 자신의 가치관을 무너뜨리지 말도록 로마교회를 향해 철저히 당부하고 있다.

> 좋은 출발을 하고 있습니다. 제가 방해받지 않고 운명을 맞이하게 되는 행운이 있기를 빕니다! 제가 두려워하는 것은 여러분의 관대함이 저에게 해로울 수 있다는 것입니다. 왜냐하면 여러분이 나를 (순교하도록) 내버려두지 않으면 제가 하나님 앞에 가가 어려운 반면 여러분은 자신이 원하는 것을 쉽게 할 수 있기 때문입니다. 저는 여러분이 사람을 기쁘게 하는 것이 아니라 하나님을 기쁘시게 하기를 원합니다. (*Rom* 1:2-2:1)

순교에는 필연의 과정이 기다려지고 있었다. 이그나티우스는 순교에 따른 고난과 괴로움을 십자가 신앙으로 이겨낸다. 그리스도와 연합을 만들어내는 십자가의 길을 '참 그리스도인'이 되는 길로 여기고 있었다. 그러니 자신이 걸어가는 순교의 길에 문제가 생기지 않도록 로마 교인들에게 기도를 당부하고 있다. 자신의 영육이 눈에 보이는 고난에 쓰러짐을 당하지 않고 힘을 낼 수 있도록 자신과 뜻을 함께하기를 간절히 원하고 있다. 그리스도와 연합 속에서 얻어지는 '참 그리스도인'이라는 이름을 가질 수 있는 행복감이 그의 간절한 신앙과 결합한다. 그리고 이를 통해 참된 행복의 가치관이 생성(生成)되는 것을 볼 수 있다.

▷ 신앙에 대해 확신을 가져야 한다

일반적으로 행복은 기쁨과 연결된다. 그리고 행복은 기쁨을 수반한다. 이그나티우스는 「빌라델피아 인들에게」 보낸 서신에서 부활 신앙의 확신 속에 있는 빌라델피아 교인들이야말로 "영원히 변치 않고 영속하는 기쁨의 화신"[623]이라고 밝힌다. 그리고 「에베소 인들에게」 보낸 서신의 제16장에서는 그리스도가 십자가에 못 박힌 것을 가리켜 '신앙'으로 설명하고 있다.[624] 종교를 민중의 아편이라고 불렀던 마르크스(Karl Marx, 1818-1883)는 "민중에게 허상에 불과한 행복을 안겨주는 종교를 철폐해야 한다"라고 주장하였다.[625] 그러나 이그나티우스에 따르면 십자가와 관련된 부활 신앙의 확신은 감성적인 허상에 따른 현상이 아니다. 십자가와 부활은 허상이 아니라 사실이다. 일반적 사실을 뛰어넘는 것으로, 영원한 생명을 얻는 기쁨을 안겨준다. 좀 더 넓은 의미에서 바라볼 때 영원히 변치 않는 기쁨을 안겨주는 참된 행복의 근원이다.

> 나의 형제들이여 명심하시기 바랍니다. 간음하는 자들은 하나님 나라를 상속받지 못합니다. 그러므로 육체를 따라 행동하는 자들은 죽음을 경험할 것인데, 하물며 예수 그리스도께서 십자가에 못 박히신 것에 대한 하나님의 신앙을 그릇되게 가르친 사악한 자들은 얼마나 더하겠습니까? 그런 비열한 자는 그의 말을 듣는 사람과 함께 꺼지지 않는 불에 들어갈 것입니다.(*Ep* 16:1-2)

이그나티우스가 말하고 있는 '하나님의 신앙'은 아담이 하나님께 범하였던 죄와 그리스도가 둘째 아담으로서 첫째 아담의 죄를 대속하였던 내용을 포괄적으로 담고 있다. 제임스 패커(James I. Packer, 1926-2020)에 따르면 그리스도의 대속을 아는 신앙은 회개를 불러일으키며, 대속을 거부하는 자들이 가지지 못하는 행복을 가지게 된다.[626] 그리스도가 십자가에서 죽으신 죽음이 '하나님의 신앙'이라는 것은 이 모든 것들이 하나님의 주관하심이라는 '하나님의 섭리' 가운데 이루어진 사건임을 밝히고 있다. 여기에서 그리스도의 죽음은 제3자의 위치에서 해석되는 대리적 죽음을 말하고 있지 않다.[627]

    이그나티우스가 '하나님의 신앙'에서 밝히고 있는 그리스도의 죽으심은 당사자로서의 죽음인 아담(첫째 아담의 죄를 대속한 둘째 아담)의 죽음을 가리키고 있다. 그런가 하면 십자가는 거짓된 것을 밝히는 진리의 실체인 '하나님의 신앙'이었다. 십자가는 철학과 지식에 따른 구원론을 제시하면서 교만에 사로잡혀 있는 자들의 거짓됨을 폭로하는 사건이기도 했다. 이런 십자가와 관련된 부활이 확신으로 자신에게 다가오는 것은 어떤 형태를 보이거나 실물이 주어져서 증거되는 것이 아니다. 예수 그리스도를 구세주로 믿는 믿음(신앙)의 확신 가운데 주어지는 것이며 하나님의 전적인 은혜로 말미암는다.[628]

    신앙으로 반응하는 '그리스도의 제자다운 행동'은 매우 중요한 경계선을 이루게 된다. 이그나티우스가 바라볼 때 빌라델피아 교인들의 부활에 대한 신앙의 확신은 단순한 기쁨을 넘어 이단의 사슬로부터 신앙을 지켜내는 경계선이 되었다.[629] 그는 여기에 대해 함께 기뻐하는 모습을 감추지 않는다. "나의 형제들이여, 내가 풍부한 사랑 안에서 여러분들을 위하여 경계하게 되어 매우 기쁩니다. 여러분을 경계하는 분은 내가 아니라 예수 그리스도입니다."⁶³⁰ 신앙의 확신에 따른 가치관은 자신뿐만 아니라 함께 신앙의 확신을 가진 사람까지 기쁨을 주는 행복의 조건이 된다.

> **여러분은 파벌을 지어 앓하지 마시고 그리스도의 제자답게 행동하십시오. … 나의 마음의 근본은 예수 그리스도입니다. 지울 수 없는 흔적들은 그분의 십자가와 죽음과 그분의 부활과 그분에 의해 생겨난 신앙입니다. 내가 의롭게 되기를 원하는 것은 이러한 일과 여러분의 기도를 통해서입니다.**(*Phil* 8:2)

> **그러나 복음에는 구세주이신 우리 주 예수 그리스도의 오심과 그분의 수난과 부활이라는 특별한 것이 있습니다. 사랑하는 선지자들이 그분의 오심을 알렸습니다. 그렇지만 복음은 영원히 최고의 성취입니다. 이 모든 것들을 함께 고려해 볼 때 만약 여러분이 사랑 안에서 신앙을 지닌다면 그것들의 가치를 갖고 있습니다.**(*Phil* 9:2)

밴후저(Kevin J. Vanhoozer, 1957-현재)의 『물음과 행함』에 의하면 사람은 심리적으로 행복을 얻기 위해 약물을 사용하여 신체의 변화를 꾀하기도 한다. 하지만 이것은 잠시 심리적으로 행복을 줄 뿐이다. 결국은 행복을 추구하는 욕망에 사로잡힌 포로의 모습이 된다.[631] 그는 이그나티우스가 주장하고 있는 것처럼 성경이라는 신앙 안에서 행복과 건강을 추구할 것을 권하고 있다.[632] 신앙의 확신 가운데 나타나는 변화와 반응은 신앙을 지키는 것과 신앙의 삶이 기쁨이 되고 행복이 되는 조건을 만들어 준다. 티모시 켈러(Timothy Keller, 1950-2023)의 견해를 따라 내·외적으로 일어나고 있는 갈등의 근본적인 요인을 추적하다 보면 그 문제의 종착점에서 필시 신앙과 결부된 모습을 발견하게 된다.[633]

이그나티우스가 속사도 교부로 활동하던 시대는 스토아 사상과 플라톤의 철학이 사회 속에 지대한 영향을 끼치고 있었다.[634] 윤리와 금욕주의 그리고 마음의 평정을 추구하는 스토아 사상 또한 많은 영향을 끼쳤다.[635] 이그나티우스를 비롯한 그리스도인들은 이런 환경에서 벗어날 수 없었다. 플라톤(Platon, B.C. 427-347)은 『티마이오스』에서 우주의 생성을 '불', '공기', '물', '흙'의 네 가지 원소를 통해 순환과 윤회를 설명하였다.[636] 윤회적 부분은 그의 『파이돈』에서도 동일하게 역설(力說)되고 있다.[637] '이데아'와 '물질'의 관계 속에서 만족과 행복을 발견하고자 했던 시대의 흐름이 있었지만 이그나티우스는 인간의 이성과 육신이 주는 만족에서 행복의 근원을 찾지 않았다. 그는 행복의 조건을 신앙 안에서 발견하고 찾아가는 가치관으로 당하는 고난과 역경을 이겨내고 있었다. 그리고 신앙으로 반응하는 가치관으로 교회를 이끌어가고 있었다.

함께하는 가치관이 주는 행복

▷ 동역하는 가치관이 주는 행복

리처드 린츠(Richard Lints)에 따르면 "고대의 맥락에서 구원이라는 용어는 행복한 상태로의 치유 또는 회복을 가리키는 의학적인 용어였다."[638] 이그나티우스는 예수 그리스도의 신앙 안에서 영혼을 치유 받는 효과를 누리도록 한다. 이런 치유의 효과는 경건한 사람들을 동역에 이르게 하는 독특함을 가지게 한다.[639] 특히 그가 보낸 일곱 서신 가운데 서머나 교회 감독인 폴리갑을 향한 서신은 이런 유형의 대표적인 서신이었다. 이 서신에 의하면 신앙 안에서 일치와 연합은 동역하는 기쁨과 함께 참된 행복의 가치관을 가지게 하며 갈급한 영혼으로 하여금 위로를 받게 한다.[640]

이그나티우스가 로마로 압송될 때였다. 로마의 호위병들

에 의해 끌려가는 호송 장면을 주목하면 사슬에 묶여 있는 이그나티우스만 보인다. 그러나 시야를 넓혀 주변을 바라보면 저 멀리서 그의 발걸음과 속도를 맞추어 걸어가고 있는 이그나티우스의 그림자와 같은 사람들이 보인다. 그들은 이그나티우스와 함께 그리스도의 길을 따르고 있는 동역자들이었다. 압송 도중 호위병들이 서머나에서 머물 때였다. 멀리서 그림자처럼 따르던 동역자들이 위험을 무릅쓰고 이그나티우스에게 접근한다. 그리고 「에베소 인들에게」, 「마그네시아 인들에게」, 「트랄레스 인들에게」, 「로마 인들에게」 보내는 서신을 짧은 시간에 받아 적는다. 그리고 기록한 서신을 지체하지 않고 각 교회들에게 전달하는 동역의 수고까지 아끼지 않는다.

그리고 두 번째 정착지인 드로아에서 휴식을 취할 때도 마찬가지였다. 이그나티우스가 「빌라델피아 인들에게」, 「서머나 인들에게」, 「폴리갑에게」 전하는 말을 받아서 기록한다. 압송 도중 잠시 쉼을 가졌던 두 장소에서 짧은 시간에 서신이 기록된다.[641] 이때 서신의 전달은 압송당하고 있는 이그나티우스와 함께 길을 걸었던 동역자들에 의해 전달된다. 그들은 '열 마리 표범'과도 같은 호위병들의 위협을 두려워하지 않았다. 예수 그리스도의 신앙 안에서 함께 동역을 이룬 자들이었다. 이들은 단순한 동행자들이 아니었다. 이들은 이그나티우스에 대한 증인이 되었으며, 신앙으로 로마를 향하는 그의 당당한 모습을 그의 서신과 함께 교회에 전했던 산증인들이었다.

이그나티우스는 멀리서 자신의 그림자처럼 동행하는 동역자들을 바라보면서 외롭지 않았다. 함께하고 있는 동역자들의 걸음은 자신의 걸음에 힘을 더해주었다. 그는 함께하는 동역자들을 바라보면서 그리스도 안에서 행복을 느낀다. 이런 사실들이「트랄레스 인들에게」보내는 서신에 고스란히 나타난다. "하나님과 예수 그리스도의 뜻에 따라 그는(폴리비누스) 서머나에서 나에게 와서 예수 그리스도를 위해 갇힌 사람이 된 것에 대해 나를 진심으로 축하하였습니다." 그는 동역하는 이들의 환영과 위로에 행복을 느끼며 자신의 십자가 길이 외롭지 않다는 것을 알게 된다. 그리고 세상이 줄 수 없는 행복을 느끼며 십자가의 길을 더욱 힘 있게 걸어간다.

> 나는 여러분이 책망할 것이 없고 시련 속에서도 변함없는 성품을 가지고 있다는 것을 알고 있습니다. 그것은 단지 영향을 받은 것이 아닙니다. 그것은 여러분의 감독인 폴리바누스로부터 추측된 것처럼 자연스럽게 여러분에게서 흘러나온 것입니다. 하나님과 예수 그리스도의 뜻에 따라 그는(폴리바누스) 서머나에서 나에게 와서 예수 그리스도를 위해 갇힌 사람이 된 것에

대해 나를 진심으로 축하하였으며, 그 안에서 여러분 전체의 회중을 나는 보았습니다. 그때 나는 그를 통해 나에게 전달한 여러분의 경건한 선의를 받아들였고, 내가 들은 바대로 여러분이 하나님을 따르고 있다는 것을 발견하고 감사드렸습니다.(*Tral* 1:1-2)

동역하는 역할과 그 가치를 중요하게 여겼던 이그나티우스는 「빌라델피아 인들에게」 보낸 서신에서도 서로 동역할 것을 강조한다. 여기서 그는 그리스도와 연합을 소중히 여기도록 한다.[642] 그리고 "분파와 나쁜 감정이 있는 곳에는 하나님이 계실 자리가 없습니다"[643]라며 파벌을 지어 일하지 말도록 촉구한다. 동역에는 일치와 연합이 있고 하나님의 기쁨이 새겨져 있다. 동역하는 역할 속에 하나님의 뜻을 이루어가는 행복이 함께 감동적으로 일어난다. 그의 일곱 서신 가운데 「폴리갑에게」 보낸 서신은 특별히 동역을 강조하고 있다. 그리고 이 주제가 서신의 중심이 되고 있다. 감독으로서 동역을 이루고, 교회는 동역하며 서로를 돌아보는 기쁨으로 행복을 누리도록 한다.[644]

그들과 함께 나도 하나님의 상을 받을 수 있기를 바랍니다.

> 여러분의 어려운 훈련을 함께 나누십시오. 하나님의 청지기로
> 서, 사정관으로서, 보조자로서 함께 싸름하고, 함께 달리고,
> 함께 고난을 받고, 함께 자고, 함께 일어나십시오.(*Pol* 6:1)

함께하는 신앙의 가치관으로 이룬 동역은 절망 속에서도 용기를 내게 하고, 힘을 내게 한다. 이를 통해 생성된 기쁨은 또 다른 행복을 만들어낸다. 이그나티우스는 그리스도와 함께 하는 신앙의 가치관 안에서 동역할 것을 강조한다. 자신 또한 고난의 길을 걸어갈 때 함께했던 동역자들이 있었기에 그리스도인의 참된 길을 걸어갈 수 있었다. 같은 신앙 안에서 같은 고민을 하는 동역자가 있다는 것은 그 과정이 힘이 들어도 행복하다. 그리고 용기가 생기고 두려움보다 소망과 희망이 보인다. 이그나티우스는 동역의 과정을 통해 이런 행복을 느끼고 있었다.

▷ **한마음을 이루는 가치관이 주는 행복**

사슬에 묶여 강제로 압송되고 있는 이그나티우스의 모습을 일반적인 관점에서 설명한다면 절망과 낙망 외에는 할 말이 없다. 그러나 사슬에 묶여 로마로 향하고 있는 그에게서 우리

는 세상 사람들의 관점으로는 발견할 수 없는 참된 가치를 발견하게 된다. 결박하고 있는 육신의 사슬에 의해 사로잡혀 있지만 오히려 자신은 해방된 자의 걸음을 걸어가고 있다고 밝힌다. 육신의 사슬에서 풀려나는 것이 해방이 아니라 죄악된 사슬로부터 풀려나는 것이 자신에게 참된 해방을 준다는 것을 십자가를 통해 발견한다.

이그나티우스는 로마인들에게 보낸 서신에서 자신의 순교 현장을 그리스도의 길을 따르는 십자가의 길이라고 강조한다.[645] 그리고 참 그리스도인이 되는 순간이기에 어떤 모습으로도 자신의 순교를 막지 말도록 강력하게 촉구한다.[646] 이유는 죄악된 세상에서 찾을 수 없는 행복의 조건이 순교라는 십자가의 길 가운데 있었기 때문이다. 진정한 해방을 안겨주는 순교에 '한마음'을 이루길 원한다.[647] 그리고 함께 참된 가치관의 행복을 만끽하도록 한다. 그리스도 안에서 '한마음'을 이루는 가치관은 이그나티우스가 사도들로부터 가르침을 받아왔던 '하나의 교회'라는 개념에서 발전한 개념이었다. 이것이 발전하여 이그나티우스의 중요한 가르침이 되고 행복관이 된다.[648]

나는 베드로나 바울처럼 여러분에게 명령을 내리지 않습니다.

> 그들은 사도들이었습니다: 나는 죄수입니다. 그들은 자유를 누렸습니다: 나는 여전히 노예입니다. 그러나 내가 고난을 받는다면 예수 그리스도에 의해 해방될 것입니다. 그리고 그분과 연합되어 다시 살아나 자유롭게 될 것입니다.(*Rom* 4:3)

이그나티우스는 「트랄레스 인들에게」 보낸 서신의 인사말에서 이들의 모습에 대해 '예수 그리스도의 아버지 하나님께 소중한 자들', '선택된 자들', '하나님의 진정한 자랑거리'로서 이들의 가치를 표현하였다.[649] 그리고 이런 트랄레스 인들의 모습이 자신에게 위로가 되고, 격려가 되었다. 여기에 더하여 그리스도 안에서 자신과 하나를 이루고 있었다는 점에서 세상이 줄 수 없는 행복감을 느끼게 된다. 함께하는 가치관이 로마로 향하는 동행하는 걸음으로 나타났다면 한마음을 이룬 가치관은 세상의 전부를 얻는 것보다 더 큰 행복을 느끼게 한다.

누가복음 11장 40절에 의하면 하나님은 우리의 '겉'과 '속'도 만드신 분이다. '겉'으로는 하나님의 뜻을 쫓아간다고 하지만 속으로는 자신의 것을 계산하고 있는 자를 하나님은 가증하게 여기신다. 겉은 함께하는 것처럼 하면서 속으로는 다른 길을 걷는 자들에게는 갈림길이 있었다. 예수를 '은 삼십'에 팔았던(마 26:15) 가룟 유다는 겉으로는 예수를 따르는 제자였지만 그의 속은 자신의 계산으로 가득 찬 자였다. 가룟 유다는 결국 멸망의 길을 걸어가는 것으로 제자들과 갈라진다.

　　마음으로 하나가 되고, 함께하는 영적인 관계는 매우 중요하다. 예수 그리스도의 영으로 하나를 이루며, 서로를 진정으로 돌아보고, 아껴주며, 동역하는 사역은 함께하는 마음으로부터 시작된다. 이그나티우스는 '예수 그리스도 안에서' 함께하고 있는 에베소 교회를 비롯한 서머나 교회, 그리고 폴리갑에 이르기까지 그들의 마음이 자신에게 전해지고 있는 것을 느낀다. 서신을 기록하는 교회와 폴리갑이 위로가 되고 있고, 함께하는 '한마음'이 자신에게 행복으로 다가오고 있었다. 로마인들을 향해서는 '한마음'의 가치관으로 행복을 전했다면, 트랄레스인들의 모습을 바라보면서 '한마음'으로 기쁨과 행복을 누린다.[650] 「트랄레스 인들에게」 보낸 서신의 말미에 '예수 그리스도 안에서' 작별을 고하면서 '모두 한마음으로 서로 사랑할 것'을 권면한다.[651] 왜냐하면 그 속에 행복이 있었기 때문이다.

> 예수 그리스도 안에서 작별을 고합니다. [하나님의] 법에 관해서는 감독에게 복종하고, 장로회에도 복종하십시오. 여러분 모두는 한결같은 마음(한마음)으로 서로 사랑하십시오. 내 목

> 숨은 지금뿐만 아니라 특히 내가 하나님께로 나아갈 때 여러분을 위해 주어졌습니다. (*Tral* 13:2-3)

이그나티우스는 「에베소 인들에게」 보낸 서신에서도 신앙을 '믿음'으로 시작하였다면 끝은 '사랑'이 되어야 한다고 강조하였다.[652] 하나님의 저주 가운데 머무는 자가 되지 않도록 '예수 그리스도 안에서' 한마음을 이루어 참된 삶을 살아가도록 권면한다. 그는 '예수 그리스도 안에서' 살아가는 것을 가리켜 '영적인 진주'로 비유하고 있다. 그는 사슬에 묶여가는 자신을 가리켜 "영적 진주인 사슬들을 곳곳에 지닌 채 다니고 있습니다"[653]라고 표현한다. 세상 사람들이 절망이라고 여기고 있는 사슬에 묶여 있는 상태를 하나님을 향한 행복의 여정으로 바라보고 있다.

행복은 자신의 모습(1차 원인)을 통해 나타날 뿐만 아니라 다른 조건과 환경(2차 원인)이 행복을 제공하기도 한다. 전자의 경우를 1차 원인에 따른 결과라고 한다면 후자의 경우를 2차 원인에 따른 결과라 말할 수 있다. 2차 원인은 다양한 것들이 자신에게 전달되는 방식을 통해 느껴지는 행복이다. 감각기관 또는 시각기관 등 사람이 느낌을 가질 수 있는 기관을 통해 전달된다. 티모시 켈러의 『예수를 만나다』에 의하면 행복은 물질과 직업, 환경 등 다양함을 통해 전해진다. 그러나 이런 조건들은 행복에 따른 만족으로 연결되지 못한다. 왜냐하면 외부의 만족이 채워졌을지라도 내부의 목마름이 존재하는 상태에서는 행복을 얻을 수 없기 때문이다.[654] 내면에 공허가 존재하기 때문이다. 내면을 목마르지 않게 하는 예수를 만나야 진정한 행복을 누리게 된다.

　　로마로 압송되는 과정에서 이그나티우스는 서신을 기록한 교회의 성도들과 폴리갑을 그리스도 안에서 한마음을 이루는 가치관으로 바라보며 행복을 누린다. 그리고 이들을 위해 자신의 목숨도 아끼지 않을 것을 다짐한다. 그리스도 안에서 한마음을 이루는 가치관은 세상의 계산법을 벗어나 영적으로 서로를 돌아보게 한다. 서로를 아끼고, 사랑하는 가운데 참된 행복을 누리게 한다. 이그나티우스는 이런 복된 길을 포기하지 말 것을 권면하고 있다.

고난 속에서 찾은 행복

▷ 주님의 뜻을 따르는 걸음

안디옥 교회의 감독이었던 이그나티우스가 로마로 압송당하던 도중 서머나에서 네 편의 서신을 기록할 때였다. 그에게 가장 먼저 생각났고 가장 먼저 서신을 쓰도록 그의 마음을 움직였던 교회가 에베소 교회였다. 에베소 교회는 자신에게 가르침을 줬던 요한이 사도로서 사역을 마무리했던 지역이었다. 이곳은 상업이 발달했으며, 여러 이방 문화들이 혼합을 이루고 있는 도시였다. 이런 지역적 특성으로 인하여 여러 세력이 교회 가운데 침투하며 교회를 혼란 가운데 빠뜨리기도 했다. 이 가운데 플라톤 철학을 앞세우고, 헬레니즘을 비롯한 유대 율법적 사고를 혼합한 영지주의 이단이 왕성하게 활동하였던 지역이 에베소였다.[655] 이런 에베소를 향해 이그나티우스의 서신이 제일 먼저 기록된다.

교회를 분파와 파벌로 이끄는데 주범이었던 영지주의 이단은 거짓된 '영적 구원론'을 펼치며 그리스도의 성육신을 거부한다.[656] 그리고 그리스도의 십자가 사건을 가현적 장면으로 매도하면서 에베소 교회를 집중적으로 공격하며 내부를 혼란스럽게 만든다. 이그나티우스는 이런 에베소 교회를 향해 일곱 편의 서신 가운데 가장 많은 분량인 21장을 할애한다. 찰스 하지(Charles Hodge, 1797-1878)에 의하면 초기 교부들 가운데 한 명이었던 이그나티우스는 그리스도의 육체의 부활을 성만찬의 특별한 효과로 표현하였다.[657] 그가 성만찬을 중요하게 여겼던 것은 그리스도의 육체를 가현적으로 봤던 영지주의 이단들과 커다란 구별 점이 되었기 때문이다.[658]

> 그들은(가현설을 주장하는 이단들) 성찬식이 우리의 죄를 위해 고난당하고 아버지께서 [죽은 자 가운데서] 살리신 우리 구주 예수 그리스도의 몸이라는 것을 인정하지 않기 때문에 성찬식과 기도의 예식을 멀리합니다. (*Smy* 7:1)

그리스도의 죽으심은 희생의 제물이었다. 죄 없으신 분이 우리를 위해 죽으신 것이니 그 죽음은 "우리로 하여금 그 안에서 '하나님의 의'가 되게 하려 하심"(고후 5:21)이었다.[659] 영지주의 이단들 가운데는 육신의 감옥에 갇힌 영혼의 구원을 위해 육신의 고난을 강조하거나 금욕을 주장하는 극단적 고난 주의자들이 있었다. 이그나티우스가 그리스도의 고난의 길을 따르는 것은 영지주의 이단들이 주장하는 것처럼 육신의 감옥을 벗어나는 구원론을 제시하는 것이 아니다. 그는 그리스도의 고난이 우리의 죄를 대속하기 위한 값이었다는 사도 바울의 가르침으로부터 벗어난 일이 없다. 그가 강조하는 고난의 길은 신앙을 지켜내는 측면에서 그리스도의 뜻을 따르는 걸음 가운데 나타나는 고난이었다. 그리스도의 뜻을 신앙으로 이겨내도록 격려하고, 위로하는 장면이었다.

> 나는 여러분의 영과 몸이 주 예수 그리스도의 십자가에 못 박히고, 그리스도의 피로 인해 사랑 안에 뿌리내리고, 흔들리지 않는 믿음에 있음을 발견했습니다. … 그리고 본디오 빌라도와 분봉왕 헤롯의 치하에서 우리를 위해 육신으로 십자가에 못 박히셨습니다. …(Smy 1:1-2)

이그나티우스는 「에베소 인들에게」 보낸 서신의 제18장에서 우리의 구원을 설명하면서 대속을 이룬 그리스도를 통해 우리의 죄가 아담으로 말미암은 죄(죄의 전가를 말한다)라는 것을 포괄적으로 설명하였다. 그는 고린도전서 1장 18절에서부터 25절의 말씀을 인용하면서 "십자가는 불신자들에게는 걸림돌이지만 우리에게는 구원과 영생을 의미합니다."[660]라고 말하였다. 이런 방식의 포괄적 신학은 신앙을 신학과 접목하여 설명하고 제시했던 초기 교부들의 신학적 특징이기도 했다.[661] 이그나티우스의 서신이 이와 같은 내용으로 전개되고 있는 것은 '민족적 구원론'과 '지식적 구원론'을 펼치면서 교회를 혼란스럽게 하고 있는 거짓된 자들을 구별해내기 위해서였다.

에베소 교회를 향한 서신은 그가 기록하였던 일곱 서신 가운데 가장 긴 21장의 내용을 구성하고 있다. 이단에 따른 문제를 신학적으로 가장 많이 논증했던 서신이 「에베소 인들에게」 보낸 서신이었다. 이 서신에서 그는 자신의 상태와 에베소 교회의 상황을 인사말에 해당하는 서문을 통해 두 단어로 표현하고 있다. '참된 고난'과 '행복'이다.

> '하나님에 의해 영감을 받은 자' 이그나티우스는 예수 그리스도 안에서 순전한 기쁨으로 아시아에 있는 에베소 교회에 애정 어린 인사를 전합니다. … 여러분의 일치와 택하심으로 여러분은 우리 하나님이신 아버지와 예수 그리스도의 뜻에 의해 참된 고난을 받고 있습니다. 그러므로 여러분은 행복하다고 여겨질 자격이 있습니다.(*Ep*, Text)

우리의 구원함이 하나님의 택하심에 있다면 우리의 진정한 참된 행복 또한 하나님 안에서 찾아진다. 토마스 보스톤

(Thomas Boston, 1676-1732)의 『인간의 4중 상태』에 의하면 "사람의 행복은 피조물을 즐기는 데(얻는 것) 있는 것이 아니라 하나님께로 나아가는 것에 있다."⁶⁶² 이그나티우스가 걸어가는 순교의 길과 에베소 인들이 걷고 있는 고난은 개인의 욕망 또는 자신의 문제로 빚어진 것이 아니다. 이 고난은 세상의 것을 구하다가 당하는 고난과 다르다. 하나님의 택하심 가운데 세워진 자로서 그리스도의 뜻을 따르는 가운데 당하는 고난이었다.⁶⁶³ 이그나티우스는 이것을 가리켜 '참된 고난'이라 부른다. 그리고 '참된 고난'은 택함 받은 자가 당하는 고난으로써 '참된 행복'을 얻을 자격을 가진다는 것을 말한다.⁶⁶⁴

'하나님의 피(그리스도의 보혈)'는 '참된 고난' 가운데 놓인 택함 받은 자를 인격적으로 더욱 분발하게 한다.⁶⁶⁵ '참된 고난'이 주는 '참된 행복'을 아는 자는 고난이 눈 앞에 펼쳐질지라도 더욱 분발할 수밖에 없다. 왜냐하면 '참된 행복'의 가치가 어디서 오는지 알기 때문이다. '참된 고난' 가운데 놓인 자(택함을 받은 자)가 더욱 분발할 수 있는 것은 그의 걸음이 그리스도의 뜻을 따르는 걸음이 되기 때문이다. 이것은 그리스도께서 하나님 아버지와 함께 즐거워하듯이 하나님과 친밀한 관계에 놓이는 것을 말한다. 「에베소 인들에게」 보낸 서신에서도 강조하고 있듯이 택함을 받은 자가 받는 '참된 고난'은 절망이 아니고 주님의 뜻을 따르는 걸음이며, '참된 행복'의 조건이 된다.

▷ 부활이 주는 확신

로버트 H. 스타인(Robert H. Stein, 1935-현재)은 예수의 생애를 연구하면서 '부활'을 마지막 장에서 다룬다. 여기서 그는 그리스도의 부활에 대한 고백은 "그리스도가 죽음에서 살아났다"라는 것으로 끝나는 것이 아니라 "그분은 다시 오실 것입니다"라는 고백이 첨부되어야 한다고 주장하였다.[666] 그에 따르면 사람의 미래의 행복은 부활하신 그리스도와 관계를 확신하는 것에 있다.[667] 확신은 일반적으로 두 가지로 그 모습이 비춰진다. 첫 번째는 '자신의 의지적 결단에 따른 확신'이다. 두 번째는 신뢰하는 가운데 나타나는 '보증이 담보되는 확신'이다.

확신의 근거는 동등한 여건에서 나타나는 것이 아니라 자신보다 높은 단계에서 주어진다. 특히 확신이 소망과 희망을 담보하는 측면에서 주어진다면 확신은 행복의 관점으로 연결된다. 이그나티우스는 부활을 소망하며 그리스도의 참된 가치관으로 살아갈 것을 희망한다.[668] 그는 자신의 소망과 희망을 십자가에 못 박히신 예수 그리스도 안에서 찾는다.[669] 그리스도가 우리의 '구원의 문'이 되어주신 것은 우리를 대속하신 '그리스도의 수난과 부활'이 있었기 때문에 가능했다.[670] 그는 예수 그리스도의 십자가에 못 박혀 있고, 그리스도의 피[671]에 뿌리를 내리고 있는 서머나 인들의 흔들리지 않는 믿음을 바라본다. 「서머나 인들에게」 보낸 서신에 따르면 그들이 흔들리지 않는 믿음을 가질 수 있었던 것은 부활에 대한 확신이 그들 가운데 신앙으로 자리를 잡고 있었기 때문이다.

> 하나님과 진정한 성도들에게 모든 영광을 돌립니다. 나는 여러분에게 그러한 지혜를 주신 하나님, 예수 그리스도를 찬양합니다. 나는 여러분의 몸과 영이 주 예수 그리스도의 십자가에 그대로 못 박혀 있고, 그리스도의 보혈에 의한 사랑에 뿌리를 두며 흔들리지 않는 믿음으로 무장하고 있음을 발견했습니다. … (우리는 그분의 가장 축복받은 수난으로부터 자라난 그분의 열매의 일부입니다.) 그리하여 그분은 부활을 통해 유대인이든 이방인이든 상관없이 그의 성도와 신자들을 영원히 한 몸인 교회로 모으는 표준을 세우셨습니다. (*Smy* 1:1-2)

그리스도의 부활은 상상 또는 영적인 모습이 아니다. 육체의 형태로 계셨던 것을 말한다. 이그나티우스는 여기에 대해 확신하고 있다. "내 자신에 대해 말하자면, 나는 부활 후에도 그분은 육신을 입고 계셨다는 것을 확신하고 믿습니다."[672] 만약에 그리스도의 부활이 가짜였다면 자신이 쇠사슬에 매여 있는 것 또한 아무런 의미가 없는 허무한 짓이며 자신의 모습 또한 가짜라고 고백한다.[673] 그는 알레고리적인 적용보다 복음서를 풀어 설명하기를 즐겨 했다. 언약의 성취를 염두에 두며 다윗을 그리스도를 통해 이해하기를 원했다. 「에베소 인들에게」 보낸 서신의 제18장에서 그리스도는 "하나님의 계획을 따라 다윗의 씨"로 나셨다는 것을 증거한다. 그리고 그리스도의 성육신은 언약의 성취를 위한 것임을 강조한다.[674]

이그나티우스는 자신이 왜 예수 그리스도의 이름 안에 있어야 하는지 그 이유는 부활의 확신이 주는 참된 행복의 조건이 있었기 때문이라고 한다. 당하는 고난을 이기게 하시고, 힘주시는 분이 부활의 그리스도였기 때문이다. 비록 육신으로는 힘들고 어려운 환경에 놓여 있지만 부활이 주는 소망과 희망의 확신은 장차 일어날 일을 담보하고 있었다. 그에 따르면 부활이 가져다주는 예수 그리스도에 대한 확신은 참된 행복을 누리게 하며, 참된 행복의 가치관을 가지게 한다.

참된 가치관에서 찾은 행복

행복은 나타나는 결과 또는 결실을 말함에도 불구하고 인위적인 성취로 이루어지는 결과물 또는 결실이 아니다. 참된 행복은 그 주체가 화복의 주관자 되시는 하나님 안에서 이루어진다. 불완전성을 가지고 있는 세상의 조건 속에서 성취되지 못하는 것이 행복이다. 행복은 완전성을 가지고 계시는 하나님 안에서 맺어지는 열매라고 말할 수 있다. 이그나티우스는 예수 그리스도와 관련한 신앙 안에서 행복을 찾고 있다. 그는 하나님을 향한 신앙이라는 참된 가치관 안에서 행복이 주어진다는 것을 누구보다 잘 알고 있었다. 로마라는 순교 현장을 향한 그의 발걸음이 사람의 눈으로 볼 때는 처참한 길이었지만 그는 참 그리스도인이라는 열매를 맺어가는 걸음으로 로마를 향하였다.

신앙과 접목을 이루면서 하나님의 자랑거리가 되는 가치관에서 찾는 행복, 그리스도와 연합을 이루는 성취를 통해 일어나는 행복과 신앙의 확신에 따른 행복을 '그리스도'와 '십자가의 길'을 따르는 '참 제자도'의 모습에서 찾는다. 그리고 교회와 성도들이 바른 교리 가운데 세워지면서 찾아지는 영적인 행복을 참된 고난의 가치관 안에서 함께 찾아가는 것을 볼 수 있다. 이것이 '현재의 행복'이라고 말한다면, 택함을 받은 자의 근본적인 가치와 부활이 가져다주는 가치는 장차 도래할 '새 하늘과 새 땅'을 바라보는 '미래의 행복'이었다.

그리스도께서 지상에서 육신의 모습으로 계시면서 가장 행복했던 순간을 말하라고 한다면 부활하신 몸으로 40일 동안 이 땅에 머물면서 제자들과 함께했던 마무리 시간이었을 것이다. 대속을 위해 십자가에서 모든 것을 다 이루신 후에 제자들과 마주한 순간은 모든 것을 다 이루신 기쁨이 함께하는 순간이었다. 그러니 제자들과 마주한 것이 행복이었던 것은 부인할 수 없는 사실이라 말할 수 있다.

요한의 가르침을 받았던 이그나티우스는 자신의 가치관을 십자가에서 "다 이루었다"(요 19:30)라고 말씀하신 그리스도와 함께하는 신앙 안에서 찾았다. 순교라는 십자가의 길이 참된 그리스도인이 되는 길이었다면 그리스도와 연합에서 나타나는 기쁨은 참된 행복이었다. 신앙의 확신은 개인뿐만 아니라 공동체가 세워지는 조건이 된다. 그리고 모두가 그리스도 안에서 일치와 연합을 이루며 고난 속에서도 참된 행복을 찾도록 동기를 부여한다. 이그나티우스의 행복론을 돌아보면 깨달아지는 것이 있다. 행복은 만족과 충족 가운데서 생겨나는 것이 아니라 신앙의 참된 가치관에서 만들어진다는 것이다.

이그나티우스의 행복론은 참된 신앙의 가치관이 얼마나 중요한지 우리로 하여금 돌아보게 한다. 두려움의 공포와 고난이 자신을 충분히 무너뜨리거나 지배할 수 있는 상황이었음에도 불구하고 참된 신앙의 가치관은 상황 가운데 무너지는 것이 아니라 오히려 참된 행복을 바라보게 한다. 그리고 그 상황에 대해 다스리는 자가 되게 한다. 참된 신앙의 가치관 속에 나타나는 이그나티우스의 행복론은 물질과 환경이 주는 행복을 앞서고 넘어서게 한다. 그의 참된 신앙의 가치관은 성도들로 하여금 참된 행복 속에 장래를 더욱 확신하며 나가도록 한다.

예수 그리스도의 십자가를 통한 이그나티우스의 행복론은 정치적, 종교적, 사회적으로 흔들림을 당하고 있는 혼탁한 시대 앞에 놓여 있는 교회와 이 시대를 향하여 메시지를 던져주고 있다. 그리스도를 향한 소망과 희망을 가슴에 품고 달려가는 사역을 멈추지 않도록 한다. 왜냐하면 그 길이 우리에게 진정으로 행복을 가져다주기 때문이다. 이그나티우스의 행복론 가운데는 역할 속에서 나타나는 행복론이 있다. 한마음을 이루는 가치관이 있다. 이것을 통해 '우리'라는 공동체의 울타리를 세우게 한다. 그리고 행복의 막을 형성하여 서로가 행복을 누리게 하는 결론을 이끌어낸다. 그리고 영원한 행복이 함께하는 '새 하늘과 새 땅'의 종착지를 향해 기쁨으로 달려가게 한다.

속사도 교부였던 이그나티우스의 모든 것을 한 마디로 이렇게 정의할 수 있다.

"내 안에 예수 그리스도가 살아계신다"

그리고 이그나티우스가 「로마 인들에게」 보낸 서신의 한 마디가 우리의 심령에 오늘도 노크하고 있다.

"저는 여러분이 사람을 기쁘게 하는 것이 아니라 하나님을 기쁘시게 하기를 원합니다"

(Ου γαρ θελω υμας ανθρωπαρεσκησαι, αλλα θεω αρεσται, ωσπερ και αρεσκετε.- I do not want you to please men, but to please God, just as you are doing.)

미주

1. 내면에서 빛나는 참된 가치관을 찾아서

1. Eusebius Pamphilus, *The Ecclesiastical History of Eusebius Pamphilus*, trans. C. F. Cruse (Oregon: Watchmaker Publishing, 2011), 3:36, 109; 바티스타 몬딘은 자신의 저서 Storia della Teologia I 에서 이그나티우스를 베드로와 에보디우스에 이어 안디옥의 세 번째 감독으로 보고 있다. 그러나 그 또한 이렇게 말한다. "이그나티우스에 관해 역사적으로 중요하고 가장 권위 있는 원천은 에우세비우스(유세비우스)의 기록이다"라고 말한바 있다. Battista Mondin, *Storia della Teologia* I, 조규만 외 3인 역, 『신학사 1』(서울: 가톨릭출판사, 2012), 126. ; August Franzen, *Kleine Kirchengeschichte* (Germany: Verlag Herder, 1965), 34.
2. Philip Schaff, *History of the Christian Church* Vol. II (New York: Charles Scribner's Sons, 1922), 660-664; Henry Bettenson, ed., *The Early Christian Fathers* (New York: Oxford University Press, 2010), 3-4.
3. Ignatius, "To the Ephesians," in *Early Christian Fathers*, ed. Cyril. C. Richardson(Louisville: Westminster John Knox Press, 2006), 87. "To the Magnesians," 94. "Theophorus, "God-inspired." The point would seem to be that, despite his status as a convict, he makes prophetic utterances in praise of the churches."; "To the Trallians," 98; "To the Romans," 102; "To the Philadelphians," 107; "To the Smyrnaeans," 112; "To Polycarp," 117.
4. Richardson, ed., *Early Christian Fathers*, 76-77.
5. Clement of Rome, "Commonly Called Clement's First Letter," in *Early Christian Fathers*, ed. Cyril. C. Richardson(Louisville KY: Westminster John Knox Press, 2006), 7:1-7; 12:7; 21:6; 49:6, 46-47, 49, 54, 66.
6. Clement of Rome, "Commonly Called Clement's First Letter," 14:1-16:17, 50-52.
7. Clement of Rome, "Commonly Called Clement's First Letter," 7:1-5.
8. Herman Bavinck, *Reformed Dogmatics* Vol. 2 (Grand Rapids: Baker

Academic, 2004), 280.
9　Ignatius, "To the Ephesians," 3:2, 88.
10　Ignatius, "To the Ephesians," 5:1, 89.
11　Ignatius, "To the Magnesians," 7:1, 96.
12　Ignatius, "To the Philadelphians," 7:2, 110.
13　Ignatius, "To the Smyrnaeans," 3:2, 113.
14　Ignatius, "To the Ephesians," 87-88.
15　Ignatius, "To the Magnesians," 94.
16　Ignatius, "To the Trallians," 98.
17　Ignatius, "To the Romans," 102.
18　Ignatius, "To the Philadelphians," 107-108.
19　Ignatius, "To the Smyrnaeans," 112.
20　Ignatius, "To Polycarp," 117.
21　"Now it is to be noted that the title 'Christ' pertains to these three offices: for we know that under the law prophets as well as priests and kings were anointed with holy oil. Hence the illustrious name of 'Messiah' was also bestowed upon the promised Mediator." John Calvin, *Institutes of the Christian Religion*, ed. John McNeill, trans. Ford Lewis Battles (Philadelphia: Westminster Press, 1960), 2.15.1; Donald A. Hagner, *World Biblical Commentary*: Vol. 33a, Matthew 1-13 (Colombia: Word Incorporated, 1993), 9.
22　Ignatius, "To the Ephesians," 9:1, 90.
23　Ignatius, "To the Ephesians," 18:1, 92.
24　Ignatius, "To the Romans," 5:3, 105.
25　J. van Genderen & W. H. *Velema, Beknopte Gereformeerde Dogmatiek*, 신지철 역, 『개혁교회 교의학』(서울: 새물결플러스, 2018), 729.
26　Williston Walker, *A History of Christin Church* (New York: Charles Scribner's Sons, 1922), 60-61.
27　Ignatius, "To the Magnesians," 13:1-2, 97.
28　Henri de Lubac, *La mystique et l'anthropologie dans le christianisme*, 곽진상 역, 『그리스도교 신비사상과 인간』(화성시: 수원가톨릭대학교 출판부, 2016), 116.
29　"οὐκ ἐγὼ δέ, ἀλλ᾽ Ἰησοῦς Χριστός, ἐν ᾧ δεδεμένος φοβοῦμαι μᾶλλον, ὡς ἔτι ὢν ἀναπάρτιστος· ἀλλ᾽ ἡ προσευχὴ ὑμῶν εἰς θεόν με ἀπαρτίσει, ἵνα ἐν ᾧ κλήρῳ ἠλεήθην ἐπιτύχω, προσφυγὼν τῷ εὐαγγελίῳ ὡς σαρκὶ Ἰησοῦ καὶ τοῖς ἀποστόλοις ὡς πρεσβυτερίῳ ἐκκλησίας(Yet your prayers to God will make me perfect so that I may gain that fate which I have mercifully been allotted, by taking refuge in the "Gospel," as in Jesus' flesh, and in the "Apostles," as in the presbytery of the Church.)." Ignatius, "To

30　Ignatius, "To the Philadelphians," 5:1, 109.
30　Ignatius, "To the Trallians," 2:2, 99; 7:1, 100.
31　Ignatius, "To the Trallians," 12:2, 101; "To the Romans," 4:3, 104; "To the Philadelphians," 9:1, 110; "To the Smyrnaeans," 8:1, 115.
32　Pamphilus, *The Ecclesiastical History of Eusebius Pamphilus*, 3:36, 109-111; Mondin, *Storia della Teologia* Ⅰ, 126.
33　Adalbert Hamman, *How to Read the Church Fathers* (London: SCM Press LTD, 1993), 9.
34　J. N. D. Kelly, *Early Christian Doctrines* (London: Adam & Charles Black, 1968), 33.
35　Kelly, *Early Christian Doctrines*, 48.
36　Ignatius, "To the Romans," 5:1, 104.
37　Ignatius, "To the Romans," 6:1, 105; "To the Philadelphians," 9:2, 111.
38　Kelly, *Early Christian Doctrines*, 463.
39　Dassmann, *kirchengeschichte* Ⅰ, 156-163.
40　Dassmann, *kirchengeschichte* Ⅰ, 113-117.
41　Dassmann, *kirchengeschichte* Ⅰ, 117.
42　Jaroslav Pelikan, *The Emergence of the Catholic Tradition*(100-600) (Chicago: The University of Chicago, 1971), 27-28; Karl Suso Frank, *Lehrbuch der Geschichte der Alten Kirche*, 하성수 역, 『고대 교회사 개론』(서울: 가톨릭출판사, 2008), 181-183.
43　Louis Berkhof, *The History of Christian Doctrines* (London: Banner of Truth, 1991), 28; Kelly, *Early Christian Doctrines*, 6-7.
44　Walker, *A History of Christin Church*, 48.
45　Franzen, *Kleine Kirchengeschichte*, 56-57; Schaff, *History of the Christian Church* Vol. Ⅱ, 46.
46　Diarmaid MacCulloch, *A History of Christianity: The First Three Thousand Years*, 박창훈 역, 『3천년 기독교 역사 Ⅰ: 고대사』(서울: 기독교문서선교회, 2013), 206.
47　Ignatius, "To the Romans," 7:1, 105.
48　A. M. Ritter, *Kirchen-und Theoolgiegeschichte in Quellen: Alte Kirche*, 공성철 역, 『고대교회 : 교회와 신학의 역사 원전』(서울: 한국신학연구소, 2019), 59-62.
49　Franzen, *Kleine Kirchengeschichte*, 58.
50　Franzen, *Kleine Kirchengeschichte*, 57-58
51　H.R. Drobner, *The Fathers of The Church: A Comprehensive Introduction*, 하성수 역, 『교부학』(왜관: 분도출판사, 2015), 120.
52　Kelly, *Early Christian Doctrines*, 17-18.

53 Theo Kobusch, *Christliche Philosophie: Entdeckung der Subjektivität*, 김형수 역, 『그리스도교 철학: 주체성의 발견』(서울: 가톨릭출판사, 2020), 19-22; Kelly, *Early Christian Doctrines*, 15-17; Dassmann, *kirchengeschichte* Ⅰ, 146.
54 Kelly, *Early Christian Doctrines*, 9-17.
55 "초기 교부들에게 가장 많은 영향을 준 철학 사상은 플라톤과 신플라톤주의의 철학이었다. … 세속을 떠나는 윤리 정신, 금욕, 마음의 평정을 추구하는 스토아주의의 윤리 사상은 당시 그리스도교에 많은 영향을 주었다."고 펠리칸은 주장한다. Pelikan, *The Emergence of the Catholic Tradition*(100-600), 35; Kobusch, *Christliche Philosophie: Entdeckung der Subjektivität*, 19-22;
56 Clement of Alexandria, "On Spiritual Perfection," ed. Henry Chadwick · J. E. L. Oulton, *Alexandrian Christianity* (Louisville KY: Westminster John Knox Press, 2006), 93-105.
57 Bernard McGinn, *The Foundations of Mysticism: Origins to the Fifth Century*, 엄성옥 역, 『서방 기독교 신비주의의 역사(1)』(서울: 은성출판사, 2015), 167.
58 Dassmann, *kirchengeschichte* Ⅰ, 46.
59 Pelikan, *The Emergence of the Catholic Tradition*(100-600), 13-14.
60 Ralph Del Colle, *Christ and the Spirit: Spirit-Christology in Trinitarian Perspective* (New York: Oxford University Press, 1994), 158-159.
61 Berkhof, *The History of Christian Doctrines*, 29.
62 Irenaeus, Bishop of Lyons, "The Refutation and Overthrow of the Knowledge Falsely So Called," in *Early Christian Fathers*, ed. Edward Rochie Hardy(Louisville KY: Westminster John Knox Press, 2006), Ⅲ.11.7, 381; V.1.3, 386.
63 Ignatius, "To the Ephesians," 18:2, 92-93.
64 Ignatius, "To the Magnesians," 10:2, 97.
65 Ignatius, "To the Philadelphians," 6:2, 109.
66 Ignatius, "To the Philadelphians," 2:1-3:3; 6:1-7:3, 108-110.
67 William C. Placher, *A History of Christian Theology: An Introduction* (Kentucky: Westminster John Knox Press, 1983), 45; Berkhof, *The History of Christian Doctrines*, 30-32; Frank, *Lehrbuch der Geschichte der Alten Kirche*, 329-330.
68 Placher, *A History of Christian Theology*, 48.
69 Pelikan, *The Emergence of the Catholic Tradition*(100-600), 187.
70 Pelikan, *The Emergence of the Catholic Tradition*(100-600), 174-175, 189.
71 Ignatius, "To the Ephesians," 7:1-2, 89-90; "To the Smyrnaeans," 1:1-8:1, 112-115; Baker, *An Introduction to the Early History of Christian Doctrine*, 330.

72　Ignatius, "To the Trallians," 4:1; 6:1-2; 7:2, 99-100.
73　Alister McGrath, *Historical Theology: A History of Christian Thought*, 소기천 외 3인 역, 『신학의 역사: 교부시대에서 현대까지 기독교 사상의 흐름』(경기도: 知와 사랑, 2016), 60.
74　Frank, *Lehrbuch der Geschichte der Alten Kirche*, 151.
75　Ignatius, "To the Ephesians," 13:1, 91.
76　Ignatius, "To the Smyrnaeans," 7:1, 114.
77　Ignatius, "To the Philadelphians," 7:2, 110.
78　Ignatius, "To the Philadelphians," 7:2, 110; 각주 99 재인용.
79　Bettenson, ed., *The Early Christian Fathers*, 47-48.
80　Ignatius, "To the Ephesians," 2:2, 88.
81　Ignatius, "To the Magnesians," 3:1, 95.
82　Ignatius, "To the Smyrnaeans," 8:1, 115.
83　MacCulloch, *A History of Christianity*, 214.
84　Richardson, ed., *Early Christian Father*, 75.
85　Ignatius, "To the Romans," 5:1, 104.
86　Ignatius, "To the Ephesians," 5:2, 89.
87　"유대주의적 기독교는 율법도 지키고, 그 테두리 안에서 그리스도도 믿고자 한 것이다. …바울의 관점, 즉 메시아의 오심이라는 관점에서 볼 때 1세기의 유대주의는 비록 율법을 언약으로 파악하였다 하더라도 여전히 은혜와 율법의 공로를 혼동하는 오류를 범하고 있다."라고 김영한은 논한다. 김영한, "현대판 유대주의 기독교의 구원론에 대한 비판적 성찰- 종교개혁적 구원론의 관점에서," 「한국개혁신학」28 (2010): 15-16.
88　Ignatius, "To the Trallians," 9:2, 100.
89　Ignatius, "To the Smyrnaeans," 8:1-2, 115.
90　Placher, *A History of Christian Theology: An Introduction*, 49.
91　Ritter, *Kirchen-und Theoolgiegeschichte in Quellen*, 49; Richardson, ed., *Early Christian Father*, 34; Hamman, *How to Read the Church Fathers*, 7.
92　Richardson, ed., *Early Christian Fathers*, 122-123.
93　Richardson, ed., *Early Christian Fathers*, 125.
94　Ignatius, "To the Smyrnaeans," 8:2, 115.
95　Drobner, *The Fathers of The Church*, 116.
96　Hamman, *How to Read the Church Fathers*, 7, 9.
97　McGrath, *Historical Theology*, 44-45.
98　Kelly, *Early Christian Doctrines*, 90.
99　Cyril C. Richardson, "The Church in Ignatius of Antioch," in *The Journal of Religion*, 17(1937), 429-430.
100　Ignatius, "To the Magnesians," 15:1, 97; "To the Trallians," 13:2, 101; "To the Philadelphians," 11:2, 111.

101　Kelly, *Early Christian Doctrines*, 29-36.
102　Hamman, *How to Read the Church Fathers*, 7; Kobusch, *Christliche Philosophie*, 89-90, 169-170.
103　Dassmann, *kirchengeschichte* Ⅰ, 141.
104　Drobner, *The Fathers of The Church*, 122.
105　Cyril C. Richardson, "The Church in Ignatius of Antioch," 434.
106　MacCulloch, *A History of Christianity*, 214-215.
107　Elaine Pagels and Karen L. *King, Reading Judas: the gospel of judas and the shaping of christianity*(New York: Viking Press, 2007), 71-72.
108　니콜라오스 바실리아디스, 『죽음의 신비』, 박용범 역 (서울: 정교회출판사, 2010), 309-310.
109　바실리아디스, 『죽음의 신비』, 270-271.
110　Placher, *A History of Christian Theology*, 47.
111　Kobusch, *Christliche Philosophie*, 55.
112　MacCulloch, *A History of Christianity*, 205.
113　이윤석, "그리스도의 충만과 성화: 존 머레이의 주장을 중심으로," 「한국개혁신학」55 (2017): 286.
114　Kelly, *Early Christian Doctrines*, 92-96; Schaff, *History of the Christian Church* Vol. Ⅱ, 659.
115　Ignatius, "To the Ephesians," 5:1, 89.
116　David K. Bernard, *A History of Christian Doctrine*, Vol 1 (Hazelwood: Word Aflame Press, 1995), 187; Emst H. Klotsche, *The History of Christian Doctrine*, 강정진 역, 『기독교 교리사』(서울: 기독교문서선교회, 2002), 50-51.
117　Pelikan, *The Emergence of the Catholic Tradition*(100-600), 157.
118　P. Bernhard Schmid, *Grundlinien der Patrologie*, 정기환 역,『교부학 개론』(서울: 도서출판 콘트롤디아사, 2003), 24-26.
119　Frank, *Lehrbuch der Geschichte der Alten Kirche*, 177.
120　Ignatius, "To the Trallians," 98.
121　Ignatius, "To the Smyrnaeans," 8:2, 115; Bernard, A History of Christian Doctrine, Vol 1, 188.
122　Genderen & Velema, *Beknopte Gereformeerde Dogmatiek*, 1172-1173.
123　Kelly, *Early Christian Doctrines*, 189-193.
124　Berkhof, *The History of Christian Doctrines*, 176.
125　Klotsche, *The History of Christian Doctrine*, 51.
126　Frank, *Lehrbuch der Geschichte der Alten Kirche*, 124.
127　Ignatius, "To the Magnesians," 10:3, 97.
128　Todd Klutz, "Paul and the development of gentile Christianity,"in *The Early Christian World*, ed. Philip F. Esler(Routledge, 2002), 168-

170.
129 Ignatius, "To the Magnesians," 10:2; 13:1, 97.
130 Walker, *A History of Christin Church*, 44-48.
131 Schaff, *History of the Christian Church* Vol. II, 660
132 Ignatius, "To the Ephesians," 1:3, 88.
133 Bernard, *A History of Christian Doctrine*, Vol 1, 28.
134 Baker, *An Introduction to the Early History of Christian Doctrine*, 357-358; Bettenson, ed., *The Early Christian Fathers*, 4-5; Kelly, *Early Christian Doctrines*, 197-199.
135 Frank, *Lehrbuch der Geschichte der Alten Kirche*, 227, 370.
136 Dassmann, *kirchengeschichte* I, 259-260.
137 Ignatius, "To Polycarp," 1:2-3; 2:3; 3:1, 117-118;
138 Franzen, *Kleine Kirchengeschichte*, 37.
139 Harry O. Maier, "The Politics of the silent Bishop: silence and persuasion in Ignatius of Antioch," *The Journal of Theological Studies* 55(2004), 503-509.
140 Bengt Hägglund, *History of Theology*, 박희석 역, 『신학사』(서울: 성광문화사, 2014), 27.
141 Pamphilus, *The Ecclesiastical History of Eusebius Pamphilus*, 109.
142 Paul A. Hartog,"Imitatio Christi and Imitatio Dei: High Christology and Ignatius of antioch's Ethics," *Perichoresis* 17.1(2019), 3, 6-8, 16.
143 Berkhof, *The History of Christian Doctrines*, 26.
144 Ignatius, "To the Ephesians," 16:1-2, 92.
145 Ignatius, "To the Trallians," 9:1-2, 99-100.
146 Kelly, *Early Christian Doctrines*, 164.
147 Kelly, *Early Christian Doctrines*, 88.
148 Ignatius, "To the Ephesians," 7:2, 90.
149 Ignatius, "To the Ephesians," 9:1; 18:1, 90, 92.
150 Ignatius, "To the Trallians," 11:2, 100-101.
151 Frank, *Lehrbuch der Geschichte der Alten Kirche*, 196.
152 Rodney Stark, *The Rise of Christianity: A Sociologist Reconsiders History* (New Jersey: Princeton University Press, 1996), 180-184.
153 Ignatius, "To the Smyrnaeans," 8:2, 115.
154 Kelly, *Early Christian Doctrines*, 142.
155 Kelly, *Early Christian Doctrines*, 142-143.
156 Ignatius, "To the Ephesians", 5:2, 89.

2. 성찬 가운데 만나는 그리스도

157 Irenaeus, "The Refutation and Overthrow of the Knowledge Falsely So Called," in *Early Christian Fathers*, ed. Cyril. C. Richardson (Louisville KY: Westminster John Knox Press, 2006), Ⅰ:27.1-4, 367-368.

158 Justin Martyr, "The First Apology of Justin, the Martyr," in *Early Christian Fathers*, ed. Cyril. C. Richardson (Louisville: Westminster John Knox Press, 2006), 26-29, 258-260; Bavinck, Reformed Dogmatics, 3:31.

159 Madeleine Scopello, *Les Gnostiques*, 이수민 편역, 『영지주의자들』(왜관: 분도출판사, 2005), 33-34.

160 Eusebius Pamphilus, *The Ecclesiastical History of Eusebius Pamphilus*, trans. C. F. Cruse 3:36 (Oregon: Watchmaker Publishing, 2011), 109-111; J. N. D. Kelly, *Early Christian Doctrines* (London: Adam & Charles Black, 1968), 189-193; Henri de Lubac, *La mystique et l'anthropologie dans le christianisme*, 곽진상 역『그리스도교 신비사상과 인간』(화성시: 수원가톨릭대학교 출판부, 2016), 116.

161 Ignatius, "To the Smyrnaeans," in *Early Christian Fathers*, ed. Cyril. C. Richardson (Louisville: Westminster John Knox Press, 2006), 7:1, 114. 이하에서는 Ignatius의 일곱 서신에 대해 in Early Christian Fathers를 생략하고 서신만 표기할 것이다.

162 Johannes G. Vos & G. I. Williamson, *The Westminster Larger Catechism: A Commentary* (New Jersey: P&R Publishing, 2002), 74-75, 78-79, 542.

163 조윤호, "아담의 세 가지 직분과 창조론과의 관계,"「갱신과 부흥」24 (2019): 223-228.

164 조윤호, "요한복음 19장 30절의 '다 이루었다'가 의미하는 것,"「갱신과 부흥」20 (2017): 210-213.

165 Bavinck, *Reformed Dogmatics* 3, 253-254; L. W. Barnard, "The Background of St. Ignatius of Antioch," *Vigiliae Christianae* 17 (1963): 193-194.

166 Hermann Lichtenberger, *Fruhjudentum und Kirche im Neuen Testament*, 박성호 역,『초기 유대교와 신약의 교회』(서울: 기독교문서선교회, 2020), 100-117.

167 Vos & Williamson, *The Westminster Larger Catechism*, 82.

168 Ignatius, "To the Smyrnaeans," 6:1-2, 114.

169 Ignatius, "To the Smyrnaeans," 7:1, 114; Louis Berkhof, *systematic*

170 *theology* (Michigan: Wllliam B. Eerdmans Publishing Company, 2018), 720.
170 Bentley Layton, trans. "The Hypostasis of the Archons The Reality of the Rulers," in *The Nag Hammadi Library*, ed. James M. Robinson (California: Claremont Graduate University, 2009), Ⅱ.4, 114.
171 J. van Gendoen & W. H. Velema, *Beknopte gereformeerde dogmatiek*, 신지철 역 『개혁교회 교의학』(서울: 새물결플러스, 2018), 743-746.
172 Robert M. Grant, trans. "The Gospel of Truth," in *The Nag Hammadi Library*, Ⅰ:3, 24.
173 Scopello, Les Gnostiques, 105.
174 William R. Schoedel, trans. "The (First) Apocalypse of James," in *The Nag Hammadi Library*, V:3, 153-156.
175 Ignatius, "To the Trallians," 11:2, 100-101.
176 Ignatius, "To the Romans," 7:3, 105.
177 Hans Küng, *Die Kirche*, 정지련 역, 『교회』(서울: 한들출판사, 2007), 309.
178 Ignatius, "To the Ephesians," 7:1-2; 20:2. 89-90, 93; "To the Trallians," 2:1; 9:2, 98-100; "To the Philadelphians," 8:2; 9:2, 110-111; "To the Smyrnaeans," 1:1-3:2; 5:1, 113-114.
179 조윤호, "갈등을 신앙으로 승화시킨 이그나티우스의 신학과 사상연구: 이그나티우스의 일곱 서신을 중심으로," 「한국개혁신학」 68 (2020): 225-226.
180 Ignatius, "To the Romans," 7:3, 105.
181 Scopello, Les Gnostiques, 104.
182 Wesley W. Isenberg, trans. "The Gospel of Philip," in *The Nag Hammadi Library*, Ⅱ:3, 102.
183 Hans-Gebhard Bethge & Bentley Layton, trans. "On the Origin of the World-The Untitled Text," in *The Nag Hammadi Library*, XIII:2, 284.
184 Soren Giversen & Birger A. Pearson, trans. "The Testimony of Truth," in *The Nag Hammadi Library*, Ⅰ:3, 234-239.
185 Douglas M. Parrott, trans. "The Sophia of Jesus Christ," in *The Nag Hammadi Library*, Ⅲ:4, 138-142.
186 조윤호, 『그리스도의 세 가지 직분-둘째 아담 그리고 창조회복』, 75.
187 Ignatius, "To the Ephesians," 7:2, 90.
188 Scopello, Les Gnostiques, 59.
189 Scopello, Les Gnostiques, 60.
190 Scopello, Les Gnostiques, 62.
191 Köstenberger, *A Theology of John's Gospel and Letters*, 375.
192 Robinson, trans. "A Valentinian Exposition," in *The Nag Hammadi Library*, XI:2ab; ab, 251-252.

193 Ignatius, "To the Magnesians," 13:1-2, 97; 조윤호, "갈등을 신앙으로 승화시킨 이그나티우스의 신학과 사상연구," 227-230.
194 Ignatius, "To the Trallians," 4:1; 6:1-2; 7:2, 99-100.
195 Ignatius, "To the Ephesians," 20:2, 93.
196 Pamphilus, *The Ecclesiastical History of Eusebius Pamphilus*, 3:36, 109-111; Battista Mondin, *Storia della Teologia*, 조규만 외 3 인역, 『신학사 1』(서울: 가톨릭출판사, 2012), 126.
197 조윤호, "요한복음 19장 30절의 '다 이루었다'가 의미하는 것," 224-227.
198 Ignatius, "To the Romans," 5:3, 105.
199 Ignatius, "To the Romans," 7:3, 105.
200 Giversen & Pearson, trans. "The Testimony of Truth," in *The Nag Hammadi Library*, IX:3, 234-235; Layton, trans. "The Hypostasis of the Archons The Reality of the Rulers," in *The Nag Hammadi Library*, II:4, 113-116; Elaine Pagels and Karen L. King, *Reading Judas: the Gospel of Judas and the Shaping of Christianity* (New York: Viking Press, 2007), 71-72.
201 Bethge & Layton, trans. "On the Origin of the World-The Untitled Text," in *The Nag Hammadi Library*, XIII:2, 289.
202 Bengt Hägglund, History of Theology, 박희석 역, 『신학사』(서울: 성광문화사, 2014), 42; John M. Frame, *History of Western Philosophy and Theology*, 『서양 철학과 신학의 역사』(서울: 생명의말씀사, 2018),164.
203 Berkhof, *Systematic Theology*, 306.
204 Ignatius, "To the Smyrnaeans," 6:1; 7:1, 114.
205 John D. Turner, trans. "The Interpretation of Knowledge," in *The Nag Hammadi Library*, XI:1, 245-248.
206 Turner, trans. "The Interpretation of Knowledge," in *The Nag Hammadi Library*, XI:1, 247-248.
207 Bavinck, *Reformed Dogmatics* 2:118-119, 294-295, 327, 419-420, 423-426.
208 Bavinck, *Reformed Dogmatics* 2:423-424.
209 Bavinck, *Reformed Dogmatics* 3:208.
210 Harold O. Brown, *Heresies*, 라은성 역, 『이단과 정통』(서울: 그리심, 2002), 93; 라은성, "파코미안 수도원운동에 끼친 영지주의,"「성경과 신학」38 (2005): 88-89.
211 Scopello, *Les Gnostiques*, 17-19.
212 Brant Pitre, *Jesus and the Jewish Roots of the Eucharist* (New York: Doubleday, 2011), 157-158.
213 Ignatius, "To the Smyrnaeans," 7:1, 114.
214 조윤호, 『그리스도의 세 가지 직분-둘째 아담 그리고 창조회복』, 75.

215 H. R. Drobner, *The Fathers of The Church: A Comprehensive Introduction*, 하성수 역, 『교부학』(왜관: 분도출판사, 2015), 120.
216 Pamphilus, *The Ecclesiastical History of Eusebius Pamphilus*, 109.
217 Pitre, *Jesus and the Jewish Roots of the Eucharist*, 18-21.
218 Ignatius, "To the Ephesians," 18:1; 19:3, 92-93; "To the Trallians," 2:1, 99.
219 Ignatius, "To Polycarp," 2:3-3:2, 118-119.
220 Bavinck, *Reformed Dogmatics* 4:72.
221 Bethge & Layton, trans. "The (First) Apocalypse of James," in *The Nag Hammadi Library*, V:3, 153-156; Scopello, Les Gnostiques, 105-109.
222 조윤호, 『그리스도의 세 가지 직분-둘째 아담 그리고 창조회복』, 78-79.
223 조윤호, "요한 크리소스톰의 사상에 나타나는 창조 회복에 따른 그리스도의 직분론 이해," 「개혁논총」 49 (2019): 174-175.
224 조윤호, 『그리스도의 세 가지 직분-둘째 아담 그리고 창조회복』, 77-78.
225 조윤호, "갈등을 신앙으로 승화시킨 이그나티우스의 신학과 사상연구," 246.
226 Ignatius, "To the Romans," 4:1, 104.
227 Drobner, *The Fathers of The Church*, 122.
228 Frank, *Lehrbuch der Geschichte der Alten Kirche*, 151.
229 Cyril C. Richardson, "The Church in Ignatius of Antioch," *The Journal of Religion* 17 (1937): 434.
230 조윤호, "갈등을 신앙으로 승화시킨 이그나티우스의 신학과 사상연구," 240.
231 Ignatius, "To the Trallians," 2:2, 99; 7:1, 100.

3. 위기를 기회로! 그리스도를 따르자

232 Ignatius, "To the Smyrnaeans," in *Early Christian Fathers*, Ed. Cyril. C. Richardson(Louisville KY: Westminster John Knox Press, 2006), 1:1, 112-113.
233 Herman Bavinck, *Reformed Dogmatics* 1 (Grand Rapids: Baker Academic, 2003), 37-38.
234 Richard Baxter, *A Christian Directory* 1, 박홍규 역, 『기독교 생활 지침 1』 (서울: 부흥과개혁사, 2018), 133.
235 Ignatius, "To the Ephesians," 1:1-2, 88.
236 Ignatius, "To the Ephesians," 9:1, 90.
237 Stephen Charnock, *Discourses upon on the Existence and Attributes of God* (London: Thomas Tegg, 1840), 210, 415.

238　Ignatius, "To the Ephesians," 21:1-2, 93.
239　Richardson, Ed., *Early Christian Fathers*, 76-77.
240　조윤호, "갈등을 신앙으로 승화시킨 이그나티우스의 신학과 사상연구: 이그나티우스의 일곱 서신을 중심으로," 221-224.
241　Thomas Brooks, *The Mute Christian under the Smarting Rod, in The Works of Thomas Brooks*, Ed. Alexander B. Grosart (Edinburgh: Banner of Truth Trust, 2001), 1:287.
242　Ignatius, "To the Ephesians," 1:3, 88.
243　Ignatius, "To the Philadelphians," 7:2; 8:2, 110.
244　Herman Bavinck, *Christelijke wereldbeschouwing*, 김경필 역, 『기독교 세계관』(경기도: 다함 출판사, 2020), 145-160.
245　Ignatius, "To Polycarp," 2:3-3:2, 118-119.
246　Ignatius, "To Polycarp," 6:1-2, 119-120.
247　Ignatius, "To the Magnesians," 6:1, 95.
248　Ignatius, "To the Magnesians," 6:2-7:1, 95-96.
249　Ignatius, "To the Magnesians," 13:1-2, 97.
250　Ignatius, "To the Trallians," 3:1-4:2, 99.
251　Ignatius, "To the Trallians," 98.
252　J. N. D. Kelly, *Early Christian Doctrines* (London: Adam & Charles Black, 1968), 33.
253　Adalbert Hamman, *How to Read the Church Fathers* (London: SCM Press LTD, 1993), 9.
254　Ignatius, "To the Philadelphians," 5:1, 109.
255　Cyril C. Richardson, Ed., "The Martyrdom of Saint Polycarp, Bishop of Smyrna, as Told in the Letter of the Church of Smyrna to the Church of Philomelium," in *Early Christian Fathers* (Louisville KY: Westminster John Knox Press, 2006), 15:1-19:2, 154-156; Schaff, *History of The Christian Church* Vol. Ⅱ, 665.
256　Schaff, *History of The Christian Church* Vol. Ⅱ, 666-667.
257　Ignatius, "To the Romans," 6:1
258　이상규, 『초기 기독교와 로마 사회: 로마 제국 하에서의 기독교』(서울: SFC, 2016), 343, 346-347, 355-357; "순교는 개인적으로 행해지기도 했지만 많은 군중들이 보는 앞에서 공개적으로 이루어지기도 했다. … 이럴 경우에도 순교 예정자는 특별한 관심과 존경을 받았다. 그 대표적인 경우가 2세기 중엽의 이그나티우스의 순교였다."
259　Ignatius, "To the Ephesians," 2:2, 88.
260　Ignatius, "To the Magnesians," 4:1, 95.
261　Joel R. Beeke & Mark Jones, *A Puritan Theology Doctrine for Life*, 김귀탁 역, 『청교도 신학의 모든 것』(서울: 부흥과개혁사, 2015), 201.

262　Aurelius Augustinus, *De libero arbitrio*, 성염 역, 『자유의지론』 (왜관: 분도출판사, 1998), 151-153.
263　Ignatius, "To the Ephesians," 20:1, 93; "To the Philadelphians," 8:2; 9:2, 107, 110-111; "To the Smyrnaeans," 1:2; 3:1-2; 5:3; 7:2; 12:2, 113-114, 116; "To Polycarp," 7:1, 120.
264　Ignatius, "To the Ephesians," 5:1-2, 89.
265　Ignatius, "To the Ephesians," 10:1, 91.
266　Beeke & Jones, *A Puritan Theology Doctrine for Life*, 742.
267　Ignatius, "To the Ephesians," 11:1-2, 91.
268　Ignatius, "To the Ephesians," 87; "To the Magnesians," 94; "To the Trallians," 98; "To the Romans," 102-103; "To the Philadelphians," 107-108; "To the Smyrnaeans," 112; "To Polycarp," 117-118.
269　Ignatius, "To the Magnesians," 3:1-2, 95.
270　Ignatius, "To the Romans," 4:3, 104.
271　Ignatius, "To the Ephesians," 17:1, 92.
272　Ignatius, "To the Trallians," 9:1-2, 100.
273　Anthony C. Thiselton, *The Hermeneutics of Doctrine*, 김귀탁 역, 『기독교 교리와 해석학』 (서울: 새물결플러스, 2016), 430.
274　Anthony A. Hoekema, *Created in God's Image* (Grand Rapids: William B. Eerdmans Publishing Company, 1994), 106-111.
275　Leonhard Goppelt, *The Typological Interpretation of the Old Testament in the New*, 최종태 역, 『모형론: 신약의 구약해석』 (서울: 새순출판사, 1993), 212-220.
276　Michael Gorman, *Cruciformity: Paul's Narrative Spirituality of the Cross*, 박규태 역, 『삶으로 담아내는 십자가』 (서울: 새물결플러스, 2016), 429.
277　Ignatius, "To the Trallians," 11:2, 100-101.
278　Baxter, *A Christian Directory* 4, 136.
279　Ignatius, "To the Ephesians," 18:1, 92.
280　Ernst Dassmann, *kirchengeschichte* I, 하성수 역, 『교회사 I』 (왜관: 분도출판사, 2007), 46; Jaroslav Pelikan, *The Emergence of the Catholic Tradition*(100-600) (Chicago: The University of Chicago, 1971), 13-14; Ralph Del Colle, *Christ and the Spirit: Spirit-Christology in Trinitarian Perspective* (New York: Oxford University Press, 1994), 158-159.
281　Platon, *Phaidon*, 전현상 역, 『파이돈』 (서울: 이제이북스, 2017), 82e, 104.
282　Theo Kobusch, *Christliche Philosophie: Entdeckung der Subjektivität*, 김형수 역, 『그리스도교 철학: 주체성의 발견』 (서울: 가톨릭출판사, 2020), 19-22; Kelly, Early Christian Doctrines, 15-17; Dassmann, *kirchengeschichte* I, 146.
283　Ignatius, "To the Magnesians," 10:1, 96.

284 Ignatius, "To the Trallians," 6:1-2, 100.
285 Baxter, *A Christian Directory* 1, 218-222.
286 Ignatius, "To the Ephesians," 18:2, 92-93.
287 Ignatius, "To the Philadelphians," 2:1-3:3; 6:1-7:3, 108-110.
288 Ignatius, "To the Romans," 5:1, 104.
289 H.R. Drobner, *The Fathers of The Church: A Comprehensive Introduction*, 하성수 역,『교부학』(왜관: 분도출판사, 2015), 116.
290 Polycarp, "The Letter of Saint Polycarp, Bishop of Smyrna, to the Philippians," 137.
291 Ignatius, "To the Smyrnaeans," 112.
292 Ignatius, "To the Philadelphians," 2:1; 3:1-2; 4:1, 108-109.
293 Timothy Keller, *Counterfeit Gods*, 이미정 역,『거짓 신들의 세상』(서울: 도서출판 베가북스, 2012), 180-181.
294 Ignatius, "To the Smyrnaeans," 2:1, 113.
295 Ignatius, "To the Smyrnaeans," 4:2, 113-114.
296 Thomas Boston, *Human Nature in its Fourfold State*, 스데반 황 역,『인간 본성의 4중 상태』(서울: 부흥과개혁사, 2016), 28-29.
297 Polycarp, "The Letter of Saint Polycarp, Bishop of Smyrna, to the Philippians," 137.
298 Ignatius, "To the Philadelphians," 11:2, 111.
299 Ignatius, "To the Smyrnaeans," 8:2, 115.
300 Isaac Ambrose, *Looking unto Jesus* 1, 송용자 역,『예수를 바라보라 1』(서울: 부흥과개혁사, 2011). 67-73.
301 Ignatius, "To the Philadelphians," 8:1, 110.
302 Richardson, Ed., *Early Christian Fathers*, 102.
303 조윤호, "이그나티우스의 성찬신학에 대한 연구: 영지주의자들과의 교리적 갈등을 중심으로,"「한국개혁신학」70 (2021): 148-152.
304 Ignatius, "To the Trallians," 98.
305 Martin Luther, *Lectures on Galatians*, 김선희 역,『갈라디아서 강해(상)』(용인: 루터신학대학교 출판부, 2003), 371-398, 412-416.
306 조윤호, "갈등을 신앙으로 승화시킨 이그나티우스의 신학과 사상연구: 이그나티우스의 일곱 서신을 중심으로," 227, 230-232.
307 Ignatius, "To the Romans," 4:1, 104.
308 Baxter, *A Christian Directory* 2, 186-189.
309 Aurelius Augustinus, *(De)doctrina christiana*, 성염 역,『그리스도교 교양』(왜관: 분도출판사, 2011), 121-123.
310 Sinclair Buchanan Ferguson, *The Whole Christ*, 정성묵 역,『온전한 그리스도』(서울: 도서출판 디모데, 2005), 78-82: 그리스도는 구원의 다양 측면에 있어서 제1원인이 된다.

4. 창세기의 메아리: 그리스도론의 발자취

311 Adalbert Hamman, *How to Read the Church Fathers* (London: SCM Press LTD, 1993), 9.
312 조윤호, "갈등을 신앙으로 승화시킨 이그나티우스의 신학과 사상연구: 이그나티우스의 일곱 서신을 중심으로",「한국개혁신학」68 (2020): 218.
313 Ignatius, "To the Philadelphians," 8.2, 110.
314 Ignatius, "To the Philadelphians," 5.2, 109; Todd Klutz, "Paul and the development of gentile Christianity," in *The Early Christian World* I-II, ed. Philip F. Esler (London: Taylor & Francis, 2002), 244: "Perhaps the best-known Christian martyr in the first half of the second century was Ignatius of Antioch. Writing to the church at Rome around 110 ce, Ignatius basically asks the Christians at Rome not to intercede on his behalf, lest he be deprived of the glories of martyrdom:"
315 Ignatius, "To the Philadelphians," 5.2, 109.
316 조윤호,『그리스도의 세 가지 직분: 둘째 아담 그리고 창조회복』, (서울: 기독교문서선교회, 2021), 159, 315.
317 Allen Brent, "Ignatius of Antioch and the Imperial Cult," *Vigiliae Christianae* 52 (1998): 30-31.
318 조윤호, "이그나티우스의 성찬신학에 대한 연구: 영지주의자들과의 교리적 갈등을 중심으로",「한국개혁신학」70 (2021): 127, 131, 151-152.
319 Ignatius, "To the Ephesians," 16.2, 92.
320 Ignatius, "To the Ephesians," 16.1-2, 92.
321 James Franklin Bethune-Baker, *An introduction to the early history of Christian doctrine* (London: Methuen Publishing, 1903), 80: "… And it is a similar docetic view, which made the human nature and the sufferings of the Lord unreal, that roused the strenuous opposition of Ignatius."
322 Cyril. C. Richardson, ed. *Early Christian Fathers* (Louisville: Westminster John Knox Press, 2006), 76-77; 조윤호, "갈등을 신앙으로 승화시킨 이그나티우스의 신학과 사상연구: 이그나티우스의 일곱 서신을 중심으로", 221-224.
323 Hamman, *How to Read the Church Fathers*, 9; Kelly, *Early Christian Doctrines*, 33.
324 Ignatius, "To the Ephesians," 1:1-2, 88-89.
325 조윤호, "갈등을 신앙으로 승화시킨 이그나티우스의 신학과 사상연구: 이그나티우스의 일곱 서신을 중심으로", 225-232.
326 Ignatius, "To the Ephesians," 17.1, 92.

327 조윤호, "요한 크리소스톰의 사상에 나타나는 창조회복에 따른 그리스도의 직분론 이해",「개혁논총」49 (2019): 180-181.

328 Irenaeus, "Redemption and the World to come," in *Early Christian Fathers*, ed. Cyril. C. Richardson(Louisville: Westminster John Knox Press, 2006), 387.

329 Hans Küng, *Die Kirche*, 정지련 역,『교회』(서울: 한들출판사, 2007), 493-494; Joseph Early Jr, *A History of Christianity*, 우상현·권경철 역,『기독교의 역사』(서울: 기독교문서선교회, 2020), 49; Geerhardus Vos, *Reformed Dogmatics* Vol. 5: Ecclesiology, *The Means of Grace, Eschatology*, ed. Richard B. Gaffin (Grand Rapids: Lexham Press, 2016), 1.13, 22.

330 Justo L. *Gonzalez, The History of Theological Education*, 김태형 역,『신학교육의 역사』(서울: 부흥과개혁사, 2019), 20; Hans Küng, *The Catholic Church*, 배국원 역,『가톨릭의 역사』(서울: 을유문화사, 2014), 52-53; Philip Schaff, "Papal Infallibility Explained, and Tested by Scripture and Traditio," in *The Creeds of Christendom* Vol. I (Grand Rapids, Michigan: Baker Book House Company, 1996), 174.

331 Wayne Atherton Meeks, *The First Urban Christians: The Social World of the Apostle Paul*, 박규태 역,『1세기 기독교와 도시 문화: 바울 공동체의 사회 문화 환경』(서울: IVP, 2021), 38.

332 Polycarp, "The Letter of Saint Polycarp, Bishop of Smyrna, to the Philippians," in *Early Christian Fathers*, ed. Cyril. C. Richardson(Louisville: Westminster John Knox Press, 2006), 137.

333 Ignatius, "To Polycarp," 117-120.

334 Irenaeus, "Redemption and the World to come", 387.

335 Origenes, "Homilies on Leviticus," 6.2.7, in *Ancient Christian Commentary on Scripture, Old Testament* I, ed. Thomas C. Oden(Illinois: IVP, 2001), 98-99.

336 Aurelius Augustinus, *De Trinitate*, 성염 역,『삼위일체론』12:11.16 (왜관: 분도출판사, 2015), 937.

337 조윤호, "아담의 세 가지 직분과 창조론과의 관계",「갱신과 부흥」24 (2019): 242-245.

338 Gordon J. Wenham, *World Biblical Commentary: Genesis* 1-15 (Colombia: Word, Incorporated, 1987), 84-85.

339 John Calvin, 존 칼빈 성경주석 출판위원회 역,『칼빈성경주석 1: 창세기 I』(서울: 성서연구원, 2012), 151.

340 John Anthony McGuckin ed. *Ancient Christian Voctirne 2: We Believe in One Lord Jesus Christ* (Illinois: IVP, 2009), 11.

341 Ignatius, "To the Ephesians," 18.2; 20.2, 92-93; "To the Trallians," 9.1, 100; "To the Smyrnaeans," 1.1, 112-113.

342 Kelly, *Early Christian Doctrines*, 144.
343 John Gresham Machen, *The Virgin Birth of Christ*, 정규철 역, 『그리스도의 동정녀 탄생』 (서울: 기독교문서선교회, 2018), 31.
344 Machen, *The Virgin Birth of Christ*, 32-33.
345 Philip Schaff, "Ignatius of Antioch," in *The Creeds of Christendom* Vol. II (Grand Rapids, Michigan: Baker Book House Company, 1996), 11-12.
346 Charles Hodge, *Systematic Theology* Vol. III (Massachusetts: Hendrickson Publishers Marketing, 2011), 649.
347 Ignatius, "To the Ephesians," 20.1-2, 93; William C. Placher, *A History of Christian theology* (Philadelphia: Westminster Press, 1983), 49.
348 Robert Paul Roth, "The Intercessory Work of Christ," in *Basics of the Faith: An Eevangelical Introduction to Christian Doctrine*, ed. Carl F. Henry, 노진준 역, 『신앙의 기초를 세우는 기독교 기본 교리』 (서울: 죠이선교회, 2020), 233-234.
349 Ignatius, "To the Trallians," 2.1, 98-99.
350 Ignatius, "To the Magnesians," 13:1-2, 97; Henri de Lubac, *La mystique et l'anthropologie dans le christianisme*, 곽진상 역, 『그리스도교 신비사상과 인간』 (화성시: 수원가톨릭대학교 출판부, 2016), 116; Eusebius Pamphilus, *The Ecclesiastical History of Eusebius Pamphilus*, trans. C. F. Cruse (Oregon: Watchmaker Publishing, 2011), 3.36, 109; Andreas J. Köstenberger, *A Theology of John's Gospel and Letters*, 전광규 역, 『요한 신학』 (서울: 수부흥과개혁사, 2015) 84, 91, 93, 100; Brant Pitre, *Jesus and the Jewish Roots of the Eucharist* (New York: Doubleday, 2011), 157; James Moffatt, "An Approach to Ignatius," *The Harvard Theological Review* 29 (1936): 1; 조윤호 갈등을 신앙으로 승화시킨 이그나티우스의 신학과 사상연구", 227-230.
351 Herman Bavinck, *Reformed Dogmatics* Vol. 3 (Grand Rapids: Baker Academic, 2006), 398, 409.
352 Ignatius, "To the Ephesians," 18.1, 92.
353 Richard A. Muller, *Dictionary of Latin and Greek Theological Terms* (Grand Rapids, MI: Baker Academic, 2017), 286; 조윤호, "요한 크리소스톰의 사상에 나타나는 창조회복에 따른 그리스도의 직분론 이해", 178, 184; P. B. Schmid, *Grundlinien der Patrologie*, 정기환 역, 『교부학 개론』 (서울: 컨콜디아사, 2003), 89; Alister E. McGrath, *Historical theology: an introduction to the history of Christian thought*, 소기천 외 3인 역, 『신학의 역사』 (고양: 지와 사랑, 2016), 45; 조윤호, 『그리스도의 세 가지 직분: 둘째 아담 그리고 창조회복』, 70-99.

354 Matthew Henry, *Matthew Henry's commentary*, 원광연 역, 『매튜 헨리 주석: 창세기』 (고양: 크리스챤다이제스트, 2008), 107-108.
355 Ignatius, "To the Ephesians," 19.1, 93; "To the Smyrnaeans," 1.1, 113.
356 문병호, 『기독론』, (서울: 생명의말씀사, 2016), 504, 645; 김동건, 『그리스도론의 역사-고대 교부에서 현대 신학자까지』 (서울: 대한기독교서회, 2018), 70-75.
357 Bavinck, *Reformed Dogmatics* Vol. 3, 288-291; David K. Bernard, *A History of Christian Doctrine* Vol. 1 (Hazelwood: Word Aflame Press, 1995), 28-29.
358 Ignatius, "To the Ephesians," 19.1, 93.
359 Ignatius, "To the Trallians," 2.2, 99; "To the Smyrnaeans," 6.1; Anthony C. Thiselton, *The Hermeneutics of Doctrine*, 김귀탁 역, 『기독교 교리와 해석학』 (서울: 새물결플러스, 2017), 617-618.
360 Origen, "The Atonement," in *The Early Christian Fathers*, ed. Henry Bettenson(New York: Oxford University Press, 2010), 224-226; Gregory of Nyssa, "An Address on Religious Instruction," in *Christology of the Later Fathers*, ed. Edward R. Hardy(Louisville: Westminster John Knox Press, 2006), 299-300.
361 조윤호, "요한복음 19장 '다 이루었다'가 의미하는 것", 「갱신과 부흥」 20 (2017): 225-227.
362 Ephrem, "Commentary on Genesis," 2.33.1, in *Ancient Christian Commentary on Scripture, Old Testament* Ⅰ, ed. Thomas C. Oden(Illinois: IVP, 2001), 153
363 Anthony C. Thiselton, *Hermeneutics: An Introduction*, 김동규 역, 『성경해석학 개론』 (서울: 새물결플러스, 2012), 160-161.
364 Bavinck, *Reformed Dogmatics* Vol. 4, 187.
365 Augustine of Hippo, *Confessiones*, 선한용 역, 『성 어거스틴의 고백록』 (서울: 대한기독교서회, 2012), 478
366 Victor P. Hamilton, *The New International Commentary on The Old Testament- Genesis* 1~17, 임요한 역, 『NICOT 창세기 Ⅰ』 (서울: 부흥과개혁사, 2016), 222-223.
367 Hamilton, *The New International Commentary on The Old Testament- Genesis* 1~17, 224.
368 Ignatius, "To the Philadelphians," 107.
369 Ignatius, "To the Smyrnaeans," 6.1, 114.
370 Ignatius, "To the Smyrnaeans," 6.2, 114.
371 조윤호, 『그리스도의 세 가지 직분: 둘째 아담 그리고 창조회복』, 357.
372 John Calvin, *Catechism of the Church of Geneva*, ed. William S. Johnson

(Sheldon: Goodwin Printer, 1815), 18.
373 Samuel J. Mikolaski, "Jesus Christ: Prophet, Priest, and King," in B*asics of the Faith: An Eevangelical Introduction to Christian Doctrine*, ed. Carl F. Henry, 노진준 역, 『신앙의 기초를 세우는 기독교 기본 교리』 (서울: 죠이선교회, 2020), 217.
374 Ignatius, "To the Trallians," 9.1-2, 98-99.
375 Henry, *Matthew Henry's commentary*, 108.
376 Ignatius, "To the Philadelphians," 5.1-2, 109.
377 Ignatius, "To the Philadelphians," 8.2, 110의 각주 2를 인용 "The point of the argument is that the Old Testament is the final court of appeal. It constitutes the 'original documents' which validate the gospel. The New Testament, as a book of canonical authority, is still in process of formation. The Bible of the primitive Church is the Septuagint. Hence a point of doctrine turns on the interpretation of Old Testament texts which are viewed as prophetically pointing to Christianity (cf. ch. 5:2). When, however, an impasse is reached in the argument, Ignatius makes the tradition of the gospel the final authority. He thus opens himself to the criticism of disparaging the Old Testament (cf. ch. 5:2)."
378 Michael D. Goulder, "Ignatius' 'Docetists'," *Vigiliae Christianae* 53 (1999): 16-19.
379 Ignatius, "To the Magnesians," 9.1-2, 96.
380 Ignatius, "To the Magnesians," in *The Early Christian Fathers,* ed. Henry Bettenson(New York: Oxford University Press, 2010), 43.
381 Ignatius, "To the Smyrnaeans," 4.1-2, 113.
382 Ignatius, "To the Trallians," 98.
383 Ignatius, "To the Trallians," 6.1-2, 99-100; "To the Philadelphians," 3.3, 108; "To Polycarp," 2.3, 118: 이그나티우스는「트랄레스 인들에게」 6.1-2에서, 「빌라델피아 인들에게」 3.3과「폴리갑에게」 2.3에서 이단이라는 단어를 사용한다; 조병하, "초대교회(1-2세기) 이단 형성(의 역사)과 정통 확립에 대한 연구: 영지주의를 중심으로."「성경과 신학」 72 (2014): 297-298: "이단이라는 단어의 의미는 2세기 말에 가야 분명해진다. 속사도교부들의 글에 이단이라는 말이 3회 쓰였다"
384 Ignatius, "To the Trallians," 6.1-2, 100.
385 Karl-Wolfgang Tröger, *Das Christentum im zweiten Jahrhundert*, 염창선 역, 『2세기 기독교』 I -2 (천안: 호서대학교출판부, 2013), 133-134.
386 Ignatius, "To the Trallians," 2.2, 99.
387 Ignatius, "To the Magnesians," 5.1, 95.
388 J. van Genderen · W. H. Velema, *Concise Reformed Dogmatics*, 신지철 역,

『개혁교회 교의학』 (서울: 새물결플러스, 2018), 790.
389　Henry, *Matthew Henry's commentary*, 108.
390　Ignatius, "To the Ephesians," 18:1; 19:3, 92-93; "To the Trallians," 2:1, 99.
391　Ignatius, "To the Ephesians," 92.
392　조윤호, "갈등을 신앙으로 승화시킨 이그나티우스의 신학과 사상연구: 이그나티우스의 일곱 서신을 중심으로", 225-232.
393　Kelly, *Early Christian Doctrines*, 32-33.
394　Ignatius, "To the Romans," 1.1-2, 103.
395　Harry O. Maier, "The politics of the silent bishop: silence and persuasion in Ignatius of Antioch," *The Journal of Theological Studies* 55 (2004): 513-514.
396　Brent, "Ignatius of Antioch and the Imperial Cult," 33.
397　조윤호, "이그나티우스의 성찬신학에 대한 연구: 영지주의자들과의 교리적 갈등을 중심으로", 156-157.
398　Ignatius, "To the Romans," 4.3, 104.
399　Ignatius, "To Polycarp," 2.3, 118.
400　Michael S. Horton, *Covenant and Salvation: Union with Christ*, 김찬영 · 정성국 역, 『언약과 구원론: 그리스도와의 연합』 (서울: 기독교문서선교회, 2020), 264.
401　Ignatius, "To the Magnesians," 94.
402　Louis Berkhof, *Systematic Theology* (Carlisle, PA: Banner of Truth, 1949), 404.
403　Berkhof, *Systematic Theology*, 405.
404　이신열, "칼빈의 자연과학 이해", 「한국개혁신학」 57 (2018): 80.
405　Ignatius, "To the Trallians," 8.1, 100; Bavinck, *Reformed Dogmatics* Vol. 3, 340-345.
406　Kevin J. Vanhoozer, "Atonement," in *Mapping Modern Theology: A Thematic and Historical Introduction*, ed. Kelly M. Kapic · Bruce L. McCormack, 박찬호 역, 『현대신학 지형도: 조직신학 각 주제에 대한 현대적 개관』 (서울: 새물결플러스, 2016), 324-325, 345-347.
407　Genderen · Velema, *Concise Reformed Dogmatics*, 694-696.
408　Mikolaski, "Jesus Christ: Prophet, Priest, and King," 217.
409　Ignatius, "To the Romans," 3.2, 104.
410　Küng, *Die Kirche*, 309.
411　Ignatius, "To the Smyrnaeans," 6.1, 114.
412　조윤호, "갈등을 신앙으로 승화시킨 이그나티우스의 신학과 사상연구: 이그나티우스의 일곱 서신을 중심으로", 261.
413　Klutz, "Paul and the development of gentile Christianity," 168-171.

414 조윤호, "이그나티우스의 성찬신학에 대한 연구: 영지주의자들과의 교리적 갈등을 중심으로", 137.

5. 내 안에 그리스도가 보인다

415 William W. Klein, Craig L. Blomberg, Robert L. Hubbard Jr, *Introduction to Biblical Interpretation* (Dallas: Word Publishing, 1993), 28-29.
416 David Engels and Peter Van Nuffelen, "Religion and Competition in Antiquity," in *Collection Latomus* 343 (2014): 9.
417 Klein, Blomberg, *Hubbard Jr, Introduction to Biblical Interpretation*, 28.
418 Louis Berkhof, *Principles of Biblical Interpretation* (Michigan: Baker Book House, 1969), 19.
419 Ignatius, "To the Romans," in *Early Christian Fathers*, ed. Cyril. C. Richardson (Louisville KY: Westminster John Knox Press, 2006), 4:3, 104; Wayne Grudem, *Systematic Theology* (Michigan: Inter-Varsity Press, 2016), 67: "Some of the very early writers distinguished themselves quite clearly from the apostles and their writings from the writings of the apostles."
420 Henri de Lubac, *La mystique et l'anthropologie dans le christianisme*, 곽진상 역, 『그리스도교 신비사상과 인간』(화성시: 수원가톨릭대학교 출판부, 2016), 116; James Orr, ed. *The International Standard Bible Encyclopedia* I (Chicago: The Howard-Severance, 1915), 563: "Just when and to what extent "collections" of our NT books began to be made it is impossible to say, but it is fair to infer that a collection of the Pauline epistles existed at the time Polycarp wrote to the Phil and when Ignatius wrote his seven letters to the churches of Asia Minor, i.e. about 115 AD. There is good reason to think also that the four Gospels were brought together in some places as early as this."
421 Ignatius, "To the Philadelphians," 5:1-2, 109.
422 Craig G. *Bartholomew, Introducing Biblical Hermeneutics: A Comprehensive Framework for Hearing God in Scripture* (Michigan: Baker Academic, 2015), 261-262.
423 Cyril. C. Richardson, "The Letters of Ignatius, Bishop of Antioch," in *Early Christian Fathers* (Louisville KY: Westminster John Knox Press, 2006), 78.

424 Anthony C. Thiselton, *The Two Horizons*, 박태규 역, 『두 지평: 성경해석과 철학적 해석학』 (서울: 한국기독교학생회출판부, 2017), 39-40; 백충현, "다(多)문화사회의 관점에서 바라본 인간-삼위일체적 다(多)문화적 신학적 인간론의 모색,"「한국개혁신학」64 (2019): 241.

425 Pieter J. J. Botha, "Blindness in early Christianity: Tracking the fundamentals of religious conflict," in *Reconceiving Religious Conflict*, ed. Wendy Mayer and Chris L. de Wet (Routledge: New York, 2018), 45.

426 Thomas G. Weinandy, *Athanasius: A Theological Introduction* (Washington: The Catholic University of America Press, 2018), 87. 각주 16을 인용: "Ignatius of Antioch(d. circa AD 107) was one of the first to employ the Communication of Idioms and he did so precisely to highlight the reality of the Incarnation. The one who is impassible as God is the same one who is passible as man. See, for example, his Ad Eph. 7.2."

427 Ignatius, "To the Ephesians," 7:1; 9:1, 89-90.

428 Anthony C. *Thiselton, First Corinthians: A Shorter Exegetical and Pastoral Commentary*, 권연경 역, 『고린도전서』 (서울: SFC, 2011), 84-89.

429 Ignatius, "To the Ephesians," 9:1, 90.

430 Ignatius, "To the Ephesians," 10:1, 91.

431 Joachim Jeremias, *The Parables of Jesus*, 허혁 역, 『예수의 비유』 (왜관: 분도출판사, 1974), 11.

432 Anthony C. Thiselton, *Hermeneutics: An Introduction*, 김동규 역, 『성경해석학 개론』 (서울: 새물결플러스, 2012), 80.

433 Ignatius, "To the Ephesians," 17:1, 92; Andrew Louth, ed. *Ancient Christian Commentary on Scripture, Old Testament* Ⅰ, ed., Thomas C. Oden (Illinois: IVP, 2001), 2, 4: "Our faith is grounded in the teachings of the Lord"

434 Ignatius, "To the Magnesians," 5:2, 95.

435 Ignatius, "To the Philadelphians," 2:2; 3:1, 108.

436 Ignatius, "To the Magnesians," 10:1-3, 96-97.

437 F.J. Elizabeth Boddens Hosang, "Attraction and Hatred. Relations between Jews and Christians in the Early Church," in *Violence in Ancient Christianity*, ed. Albert C. Geljon and Riemer Roukema (Brill: Leiden, 2014), 90-94; Philip F. Esler, ed. *The Early Christian World* I-II (New York: Routledge, 2002), 168-169.

438 Ignatius, "To the Trallians," 6:1-2, 100.

439 Berkhof, *Principles of Biblical Interpretation*, 86.

440 Ignatius, "To the Philadelphians," 8:2, 110.

441 Wendy Mayer "Re-Theorizing Religious Conflict: Early Christianity to late antiquity and beyond," in *Reconceiving Religious Conflict*, ed. Wendy Mayer and Chris L. de Wet (Routledge: New York, 2018), 3-6.

442 Angelo Di Berardino · Thomas C. Oden · Joel C. Elowsky · James Hoover, ed. *Encyclopedia of Ancient Christianity: Produced by the Institutum Patristicum Augustinianum* (Illinois: InterVarsity Press, 2014), 1:30.

443 Philip Schaff, *History of The Christian Church I: Apostolic Christianity*. A.D. 1-100 (New York: Charles Scribner's Sons, 1889), 251; James Orr, ed. *The International Standard Bible Encyclopedia* Ⅳ (Chicago: The Howard-Severance, 1915), 2371.

444 Ignatius, "To the Ephesians," 18:1, 92.

445 Ignatius, "To the Ephesians," 18:1, 92.

446 Ignatius, "To the Trallians," 11:1-2, 100-101.

447 Ignatius, "To the Philadelphians," 8:2, 110.

448 Paul J. Donahue, "Jewish Christianity in the Letters of Ignatius of Antioch," *Vigiliae Christianae* 32 (1978): 82.

449 Philip Schaff, *The Nicene and Post-Nicene Fathers* Ⅶ (Michigan: William B. Eerdmans, 1956), 62; 조윤호, "이그나티우스의 성찬신학에 대한 연구: 영지주의자들과의 교리적 갈등을 중심으로," 「한국개혁신학」70 (2021): 135.

450 Brant Pitre, *Jesus and the Jewish Roots of the Eucharist_ Unlocking the Secrets of the Last Supper* (New York: Brant Pitre, 2011). 149-152.

451 Gillian R. Evans · Alister E. McGrath · Allan D. Galloway, *The Science of Theology: History of Christian Theology*, 서영일, 『기독교 사상사』 (서울: 기독교문서선교회, 1994),28.

452 Ignatius, "To the Ephesians," 5:2, 89.

453 Ignatius, "To the Ephesians," 5:2-6:2, 89.

454 Ignatius, "To the Ephesians," 8:2, 90.

455 Ignatius, "To the Ephesians," 12:2; 20:2, 91, 93; "To the Magnesians," 1:2; 5:1, 94, 94; "To the Trallians," 2:2, 98, 99.

456 Ignatius, "To the Magnesians," 8:1, 96.

457 Ignatius, "To the Trallians," 2:1-2, 98-99.

458 Klein, Blomberg, *Hubbard Jr, Introduction to Biblical Interpretation*, 32.

459 John Calvin, *Institutes of the Christian Religion*, ed. John McNeill (Philadelphia: Westminster Press, 1960), 1.13.7, 130.

460 J. N. D. Kelly, *The Early Christian Doctrines*, 박희석 역, 『고대 기독교교리사』 (고양: 크리스챤다이제스트, 2004), 49.

461 Ignatius, "To the Ephesians," 14:2, 92.

462 Ignatius, "To the Ephesians," 16:1-2, 92.
463 Ignatius, "To the Ephesians," 10:2, 91.
464 Ignatius, "To the Ephesians," 10:3, 91.
465 Joel R. Beeke and Mark Jones, *A Purilan Theology*, 김귀탁 역, 『청교도 신학의 모든 것』 (서울: 부흥과개혁사, 2015), 52.
466 Benjamin B. Warfield, *Biblical Doctrines* (Wiltshire: Banner of Truth Trust, 2002), 524: "There is a famous passage in Ignatius' letter to the Romans in which he gives, or has been misunderstood to give, Christ Himself the name of Ἔρως: "My Love has been crucified," he says. We need not go into the vexed question of the real meaning which Ignatius intends to convey by this phrase. It affords as striking evidence that ἔρως was not felt to be an intrinsically base term, that such a phrase should have been facilely misunderstood by Christian writers as referring to Christ, as that it should have been actually applied to Him by Ignatius."; James Orr, ed. *The International Standard Bible Encyclopedia* II (Chicago: The Howard-Severance, 1915), 1242-1243; James Orr, ed. *The International Standard Bible Encyclopedia* III (Chicago: The Howard-Severance, 1915), 1713: "To the Gnostic, knowledge was the sum of attainment. "They give no heed to love," says Ignatius, "caring not for the widow, the orphan or the afflicted, neither for those who are in bonds nor for those who are released from bonds, neither for the hungry nor the thirsty." That a religion which banished or neglected love should call itself Christian or claim affinity with Christianity excites St. John's hottest indignation; against it he lifts up his su- preme truth, God is love, with its immediate conse- quence that to be without love is to be without capacity for knowing God (4 7.8)."
467 Thiselton, *Hermeneutics: An Introduction*, 19.
468 Thiselton, *First Corinthians: A Shorter Exegetical and Pastoral Commentary*, 125-130.
469 Ignatius, "To the Romans," 9:2, 106; H. D. M. Spence-Jones, *The Early Christians in Rome* (New York: John Lane Company, 1911), 9.
470 Adalbert Hamman, *How to Read the Church Fathers* (London: SCM Press LTD, 1993), 9, 16; Eusebius Pamphilus, *The Ecclesiastical History of Eusebius Pamphilus*, trans. C. F. Cruse (Oregon: Watchmaker Publishing, 2011), 3:36, 109; 조윤호, "갈등을 신앙으로 승화시킨 이그나티우스의 신학과 사상연구: 이그나티우스의 일곱 서신을 중심으로," 「한국개혁신학」68 (2020): 227-230.
471 Schaff, *History of The Christian Church I: Apostolic Christianity*. A.D.

1-100, 494.
472 Christoph Stenschke, "Contested domains in the conflicts between the early Christian mission and Diaspora Judaism according to the Book of Acts," in *Reconceiving Religious Conflict*, ed. Wendy Mayer and Chris L. de Wet (Routledge: New York, 2018), 139-141.
473 Karl Suso Frank, Lehrbuch der Geschichte der Alten Kirche, 하성수 역, 『고대 교회사 개론』 (서울: 가톨릭출판사, 2008), 228; Philip Schaff, ed. "Papal Infallibility Explained, and Tested," in *The Creeds of Christendom I: The History of the Creeds*, (New York: Harper Brothers, 1919), 174.
474 Williston Walker, *A History of the Christian Church*, 송인설 역, 『기독교회사』 (파주시: 크리스천다이제스트, 2016), 63.
475 Gijsbert Van den Brink & C. Van der Kooi, *Christian Dogmatics: An Introduction* (Michigan: Wm. B. Eerdmans, 2017), 90.
476 Kevin J. Vanhoozer, *Hearers and Doers: A Pastor's Guide to Making Disciples through Scripture and Doctrine*, 박세혁 역, 『들음과 행함』 (서울: 복 있는 사람, 2020), 20, 112.
477 Beeke and Jones, *A Puritan Theology*, 42.
478 Ignatius, "To the Ephesians," 5:3, 89; "To the Philadelphians," 2:1; 3:1, 7:2, 8:1, 108-110; "To the Smyrnaeans," 8:1, 115.
479 David K. Bernard, *A History of Christian Doctrine* 1 (Hazelwood: Word Aflame Press, 1995), 25-27:"Ignatius was particularly fond of calling Jesus Christ "our God," and Polycarp heartily endorsed the epistles of Ignatius."; Philip Schaff, ed. "Ante·Nicene and Nicene Rules of Faith and Baptismal Creeds," in *The Creeds of Christendom II: A History and Critical Notes*, (New York: Harper Brothers, 1919), 11; 조윤호, "갈등을 신앙으로 승화시킨 이그나티우스의 신학과 사상연구: 이그나티우스의 일곱 서신을 중심으로," 248, 261.
480 Ignatius, "To the Smyrnaeans," 1:1-2, 112-113.
481 Ignatius, "To the Smyrnaeans," 5:1-3, 114.
482 Ignatius, "To the Smyrnaeans," 8:2, 115.
483 Edmund Clowney, *The Church*, 황영철 역, 『교회』 (서울: 한국기독학생회출판부, 2016), 105; "거짓된 교회는 성경을 주인으로 삼지 않고 오히려 성경 위에 군림하고, 그 결과 성령을 상실한다. 거짓된 교회는 사도신경이 가르치는 "보편교회(ecclesia catholica)" 즉 "그리스도의 신부(die Braut Christi)"가 아니다"
484 Ignatius, "To the Ephesians," 5:2, 89
485 Klein, Blomberg, Hubbard Jr, Introduction to Biblical Interpretation, 33; P. Bernhard Schmid, *Grundlinien der Partrologie*, 정기환 역, 『교부학 개론』

(서울: 컨콜디아사, 2003), 29; James Orr, ed. *The International Standard Bible Encyclopedia* V (Chicago: The Howard-Severance, 1915), 3104.

486 Philip Schaff, *History of The Christian Church Vol. II: Ante-Nicene Christianity*. A.D. 100-325 (New York: Charles Scribner's Sons, 1922), 48.

487 Jeffrey A. D. Weima, Paul the Ancient Letter Writer: An Introduction to Epistolary Analysis (Michigan: Baker Academic, 2016), 11-12.

488 Ignatius, "To the Ephesians," 87-88; "To the Trallians," 98; 김지훈, "구원자 하나님의 영광과 성도의 겸손: 츠빙글리의 섭리론과 예정론," 「한국개혁신학」63 (2019): 90.

489 Francis Turretin, *Institutes of Elenctic Theology* 1, trans. George Musgrave Giger (Phillipsburg: Presbyterian and Reformed Publishing Company, 1992), 164.

490 Turretin, I*nstitutes of Elenctic Theology* 1, 163.

491 Ignatius, "To the Ephesians," 18:1, 92.

492 Irenaeus, "The faith in scripture and tradition," in *Early Christian Fathers*, ed. Cyril. C. Richardson(Louisville: Westminster John Knox Press, 2006), 376.

493 Ignatius, "To Polycarp," 1:2, 118.

494 Ignatius, "To Polycarp," 1:3, 118.

495 Ignatius, "To Polycarp," 2:3, 118.

496 Thomas C. Oden ed. *Ancient Christian Commentary on Scripture: New Testament* IX(1-2 Corinthians), 안봉환 역, 『교부들의 성경 주해 신약성경 IX: 코린토 1·2서』 (왜관: 분도출판사, 2016), 162-163.

497 Ignatius, "To Polycarp," 2:3, 118; 3:1, 118; 8:1, 120.

498 조윤호, "이그나티우스의 성찬신학에 대한 연구: 영지주의자들과의 교리적 갈등을 중심으로," 153.

499 Ignatius, "To the Philadelphians," 9:1-1; 11:1, 110-111.

500 Berkhof, *Principles of Biblical Interpretation*, 103.

501 Ignatius, "To the Philadelphians," 9:1, 110.

502 Berkhof, *Principles of Biblical Interpretation*, 134: "The name "Theological Interpretation" deserves the preference, as expressive, at once, of the fact that its necessity follows from the divine authorship of the Bible, and of the equally important consideration that, in the last analysis, God is the proper Interpreter of His Word."

503 Schmid, *Grundlinien der Partrologie*, 66-67; J. F. Bethune-Baker, *An Introduction to the Early History of Christian Doctrine* (Methuen: Adamant Media Corporation, 1903), 80.

504 Ignatius, "To the Ephesians," 87-88; "To the Trallians," 98.

505 Ignatius, "To the Romans," 103; "To the Smyrnaeans," 9:2, 115.
506 John Calvin, *Ioannis Calvini Commentarii*, 박문재 역, 『칼빈주석: 로마서』 (고양: 크리스챤다이제스트, 2013), 306.
507 Ignatius, "To the Ephesians," 87-88.

6. 요한복음을 통해 그리스도를 말한다

508 H. R. Drobner, *The Fathers of The Church: A Comprehensive Introduction*, 하성수 역, 『교부학』(왜관: 분도출판사, 2015), 120; 교회사와 함께 교부학자인 H. R. 드롭너는 이그나티우스의 신변에 대해 두 가지를 말한다 첫 번째로, 비잔틴의 성인전에 의하면 이그나티우스는 마태복음 18장 2절에 등장하는 '천국에 관한 비유'와 관련된 '한 아이'였다고 추측한다. 두 번째로 히에로니무스에 의하면 이그나티우스는 요한의 제자였다. 그러나 그는 요한뿐만 아니라 베드로와 바울을 비롯한 사도들의 가르침을 따르고 있었던 제자였다. 조윤호, "이그나티우스의 성찬신학에 대한 연구: 영지주의자들과의 교리적 갈등을 중심으로," 「한국개혁신학」 70 (2021): 153.

509 Jaroslav Pelikan, *The Emergence of the Catholic Tradition*(100-600) (Chicago: The University of Chicago, 1971), 27-28; Karl Suso Frank, *Lehrbuch der Geschichte der Alten Kirche*, 하성수 역, 『고대 교회사 개론』(서울: 가톨릭출판사, 2008), 181-183; Louis Berkhof, *The History of Christian Doctrines* (London: Banner of Truth, 1991), 28.

510 Eusebius Pamphilus, *The Ecclesiastical History of Eusebius Pamphilus*, trans. C. F. Cruse (Oregon: Watchmaker Publishing, 2011), 3:36, 109; Adalbert Hamman, *How to Read the Church Fathers* (London: SCM Press LTD, 1993), 9, 16; Henri de Lubac, *La mystique et l'anthropologie dans le christianisme*, 곽진상 역, 『그리스도교 신비사상과 인간』(화성시: 수원가톨릭대학교 출판부, 2016), 116; J. N. D. Kelly, *Early Christian Doctrines* (London: Adam & Charles Black, 1968), 33; Drobner, *The Fathers of The Church: A Comprehensive Introduction*, 120.

511 Henry Bettenson, ed. *The Early Christian Fathers* (New York: Oxford University Press, 2010), 3-4; Ralph Del Colle, *Christ and the Spirit: Spirit-Christology in Trinitarian Perspective* (New York: Oxford University Press, 1994), 158-159; 조윤호, "이그나티우스의 성찬신학에 대한 연구: 영지주의자들과의 교리적 갈등을 중심으로," 「한국개혁신학」 70 (2021): 133.

512 Ignatius, "To the Philadelphians," in *Early Christian Fathers*, ed. Cyril. C. Richardson (Louisville KY: Westminster John Knox Press, 2006), 5:1-2, 109.

513 J. N. D. Kelly, *Early Christian Doctrines* (London: Adam and Charles

Black, 1968), 163.

514 Ignatius, "ΠΡΟΣ ΕΦΕΣΙΟΥΣ ΙΓΝΑΤΙΟΣ," in *Επτά Επιστολαί Ἰγνάτιοῦ*, 박미경 역, 『이냐시오스 일곱 편지』(왜관: 분도출판사, 2006), 5:2, 26.

515 Ignatius, "To the Ephesians," 5:2, 89; 조윤호, "이그나티우스의 성찬신학에 대한 연구: 영지주의자들과의 교리적 갈등을 중심으로," 140; 조윤호, "이그나티우스의 서신에 대한 해석학적 접근과 이해: 교회를 향한 그의 일곱 서신을 중심으로,"「한국개혁신학」74 (2022): 37-38.

516 "요한은 '생명'이라는 단어를 32회, '영생'을 72회 사용한다. 영생은 다가올 시대를 가리키고, 유대교에서 일반적인 이 시대와 다가올 시대 사이의 구분을 반영한다." Thomas R. Schreiner, *The King in His Beauty*, 강대훈 역, 『성경신학』(서울: 부흥과개혁사, 2016), 503, 533-534.

517 Joel C. Elowsky, ed. *Ancient Christian Commentary On Scripture, John 1-10*, 정영하 역, 『교부들의 성경 주해 (신약성경 05: 요한 복음서 1-10장)』(왜관: 분도출판사, 2014), 365, 367.

518 Ignatius, "To the Trallians," 6:1, 100.

519 Ignatius, "To the Trallians," 6:2, 100.

520 Ignatius, "To the Ephesians," 20:2, 93.

521 조윤호, "이그나티우스의 성찬신학에 대한 연구: 영지주의자들과의 교리적 갈등을 중심으로," 136-138.

522 Elowsky, ed. *Ancient Christian Commentary On Scripture, John* 1-10, 365.

523 Philip Schaff, *History of The Christian Church I: Apostolic Christianity.* A.D. 1-100 (New York: Charles Scribner's Sons, 1889), 251; James Orr, ed. *The International Standard Bible Encyclopedia* IV (Chicago: The Howard-Severance, 1915), 2371.

524 Ignatius, "ΠΡΟΣ ΡΩΜΑΙΟΥΣ ΙΓΝΑΤΙΟΣ," in *Επτά Επιστολαί Ἰγνάτιοῦ*, 7:2, 90, 92.

525 L. Michael Morales, *Exodus Old and New: A Biblical Theology of Redemption*, 윤석인 역, 『출애굽 성경신학』(서울: 부흥과개혁사, 2021), 272-274.

526 안드레아스 쾨스텐베르거는『요한신학』제9장에서 '하나님: 아버지, 아들, 성령'을 다룬다. 그는 요한복음에서 '아버지'라는 표현은 '아버지'가 예수를 보내고 증언하는 분인 것을 강조하는 것이라고 밝힌다. Andreas J. Kostenberger, *A Theology of John's Gospel and Letters: The Word, the Christ, the Son of God* (The Word, the Christ, the Son of God), 전광규 역, 『요한신학』(서울: 부흥과개혁사, 2015), 410; 게르할더스 보스는『성경신학』과 『예수의 자기 계시』에서 예수께서 가르침을 주실 때 '하나님 아버지 되심'에 대한 가르침은 창조에 기인하기보다 구속적인 개념에서 그 내용을 바라봐야 한다고 강조한 바 있다. Geerhardus Johannes Vos, *Biblical Theology*, 이승구 역, 『성경신학』(서울: 기독교문서선교회, 2000), 421-427; Geerhardus

Johannes Vos, *The Self-Disclosure of Jesus: The Modern Debate about the Messianic Consciousness* (Grand Rapids: Wm. B. Eerdmans Publishing Company, 1954), 149-150.

527   Benjamin L. Gladd, *From Adam and Israel to the Church: A Biblical Theology of the People of God*, 전광규 역, 『하나님 백성 성경신학』 (서울: 부흥과개혁사, 2021), 129-130; John M. Frame, *The doctrine of the Word of God*, 김진운 역, 『성경론』 (서울: 개혁주의신학사, 2014), 153.

528   Ignatius, "To the Romans," 7:3, 105.

529   Paul R. *Williamson, Death and the Afterlife: Biblical Perspectives on Ultimate Questions*, 김귀탁 역, 『죽음과 내세 성경신학』 (서울: 부흥과개혁사, 2020), 118-119.

530   Ignatius, "To the Philadelphians," Text, 107.

531   Vos, *Biblical Theology*, 449-450.

532   Gregory K. Beale, *(A)new testament biblical theology : the unfolding of the old testament in the new*, 김귀탁 역, 『신약성경신학』 (서울: 부흥과개혁사, 2013), 582; Schreiner, *The King in His Beauty*, 525.

533   Beale, *(A)new testament biblical theology : the unfolding of the old testament in the new*, 581.

534   Ignatius, "ΠΡΟΣ ΡΩΜΑΙΟΥΣ ΙΓΝΑΤΙΟΣ," in *Επτά Επιστολαί Ἰγνάτιοῦ*, 90, 92.

535   Ignatius, "To the Romans," 8:1-3, 105-106.

536   Ignatius, "To the Romans," 5:1, 104.

537   Angelo Di Berardino, ed. *Encyclopedia of Ancient Christianity* (Illinois: IVP Academic, 2014), 1:30; Paul A. Hartog, "Imitatio Christi and Imitatio Dei: High Christology and Ignatius of antioch's Ethics," *Perichoresis* 17.1(2019), 3, 6-8, 16.

538   Elowsky, ed. *Ancient Christian Commentary On Scripture, John* 1-10, 265.

539   Pelikan, *The Emergence of the Catholic Tradition*(100-600), 35; Theo Kobusch, *Christliche Philosophie: Entdeckung der Subjektivität*, 김형수 역, 『그리스도교 철학: 주체성의 발견』(서울: 가톨릭출판사, 2020), 19-22.

540   Elowsky, ed. *Ancient Christian Commentary On Scripture, John* 1-10, 526.

541   Peter J. Gentry · Stephen J. *Wellum, Kingdom through Covenant: A Biblical-Theological Understanding of the Covenants* (Wheaton: Crossway, 2018), 777-778.

542   "That the Church participates in the economy of salvation, therefore, involves the Church in the covenantal relation of Lord and servant, as well as the eschatological sublimation of nature in the beginning by grace at the end." R. Michael Allen, "The Church and the churches: A Dogmatic Essay on Ecclesial Invisibility," in

EuroJTh 16:2 (2007), 115.
543　Ignatius, "To the Philadelphians," 2:1, 108.
544　Ignatius, "To the Philadelphians," 6:1, 109.
545　Ignatius, "To the Philadelphians," 2:2, 108.
546　Elowsky, ed. *Ancient Christian Commentary On Scripture, John* 1-10, 527.
547　Elowsky, ed. *Ancient Christian Commentary On Scripture, John* 1-10, 527.
548　Ignatius, "To the Philadelphians," 9:2, 11.
549　Ignatius, "To the Philadelphians," 7:2, 110.
550　Herman Bavinck, *Reformed Dogmatics* 2 (Grand Rapids: Baker Academic, 2004), 306-308, 342; Karl Hermann Schlekle, *Theologie des Neuen Testaments* II, 조규만 · 조규홍 역, 『신약성경신학 제2권』 (파주시: 가톨릭출판사, 2012), 325.
551　Ignatius, "To the Magnesians," 7:1, 96.
552　Thomas G. Weinandy, *Athanasius: A Theological Introduction* (Washington: The Catholic University of America Press, 2018), 1, 40.
553　요한복음에 의하면 빌립이 예수님께 "아버지를 우리에게 보여 주옵소서"(요 14:8)라고 간청한다. 이때 예수님은 다음과 같이 말씀하신다. "나를 본 자는 아버지를 보았거늘"(요 14:9) "내가 아버지 안에 거하고 아버지는 내 안에 계신 것을 네가 믿지 아니하느냐"(요 14:10)라며 성자의 존재와 본질에 대해 삼위일체 되심과 동일본질되심을 명확하게 한다. 그리고 "나를 본 자는"을 통해 자신이 중보적 위치에 있다는 사실과 함께 자신의 중보적 위치가 아버지의 본질을 비춰내는 것임을 말한다.
554　Ignatius, "To the Magnesians," 7:1, 96; Kostenberger, *A Theology of John's Gospel and Letters: The Word, the Christ, the Son of God* (The Word, the Christ, the Son of God), 414.
555　Schreiner, The King in His Beauty, 509.
556　Elowsky, ed. *Ancient Christian Commentary On Scripture, John* 1-10, 318.
557　Elowsky, ed. *Ancient Christian Commentary On Scripture, John* 1-10, 318.
558　Elowsky, ed. *Ancient Christian Commentary On Scripture, John* 1-10, 317-318.
559　Vos, *The Self-Disclosure of Jesus: The Modern Debate about the Messianic Consciousness*, 169.
560　James Bethune-Baker, *An Introduction to the Early History of Christian Doctrine* (Cambridge: Fellow and Dean of Pembroke College, 1903), 121.
561　Ignatius, "To the Magnesians," 8:1, 96.
562　Elowsky, ed. *Ancient Christian Commentary On Scripture, John* 1-10, 522.
563　Ignatius, "To the Magnesians," 7:1, 96.

564 Ignatius, "To the Philadelphians," 2:1, 108.
565 Ignatius, "To the Philadelphians," 2:1-3:1, 108.
566 조윤호, "이그나티우스의 서신에 대한 해석학적 접근과 이해: 교회를 향한 그의 일곱 서신을 중심으로," 35-37.
567 Bettenson, ed., *The Early Christian Fathers*, 3-4; Philip Schaff, *History of the Christian Church* Vol. II (New York: Charles Scribner's Sons, 1922), 660-664
568 Ignatius, "To the Philadelphians," Text, 107.
569 조윤호, "갈등을 신앙으로 승화시킨 이그나티우스의 신학과 사상연구: 이그나티우스의 일곱 서신을 중심으로," 「한국개혁신학」 68 (2020): 222-224.
570 Ignatius, "To the Philadelphians," 7:1, 109-110.
571 Ignatius, "To the Philadelphians," 7:1, 109-110.
572 Kostenberger, *A Theology of John's Gospel and Letters: The Word, the Christ, the Son of God* (The Word, the Christ, the Son of God), 438-439.
573 Beale, *(A)new testament biblical theology : the unfolding of the old testament in the new*, 571.
574 Kostenberger, *A Theology of John's Gospel and Letters: The Word, the Christ, the Son of God* (The Word, the Christ, the Son of God), 439, 445.
575 "1. Ἐγὼ μὲν οὖν τὸ ἴδιαν ἐποίουν, ὡς ἄνθρωπος εἰς ἕνωσιν κατηρτισμένος. οὗ δὲ μερισμός ἐστιν καὶ ὀργή, θεὸς οὐ κατοικεῖ." Ignatius, "ΦΙΛΑΔΕΛΦΕΥΣΙΝ ΙΓΝΑΤΙΟΣ," in *Ἑπτά Ἐπιστολαί Ἰγνάτιοῦ*, 8:1, 104.
576 Ignatius, "To the Philadelphians," 8:2, 110.
577 Philip Schaff, ed. "Ante·Nicene and Nicene Rules of Faith and Baptismal Creeds," in *The Creeds of Christendom II: A History and Critical Notes*, (New York: Harper Brothers, 1919), 11.
578 Schreiner, *The King in His Beauty*, 527-528.
579 Cyril. C. Richardson, ed. "The Teaching of the Twelve Apostles, Commonly Called the Didache," in *Early Christian Fathers* (Louisville KY: Westminster John Knox Press, 2006), introduction, 163-164.
580 조윤호, "이그나티우스의 서신에 대한 해석학적 접근과 이해: 교회를 향한 그의 일곱 서신을 중심으로," 39-41.
581 August Franzen, *Kleine Kirchengeschichte*, 최석우 역, 『세계 교회사』 (왜관: 분도출판사, 2013), 52-55.
582 William W. Klein, *Craig L. Blomberg, Robert L. Hubbard Jr, Introduction to Biblical Interpretation* (Dallas: Word Publishing, 1993), 33.
583 Schreiner, *The King in His Beauty*, 505.
584 Ignatius, "To the Ephesians," 5:2, 89.
585 조윤호, "위기로 인한 갈등을 신앙으로 승화시킨 이그나티우스의 멘토링 연구," 「한국개혁신학」 73 (2022): 118-119.

586 Ignatius, "To the Philadelphians," 2:1, 108.
587 Gladd, *From Adam and Israel to the Church: A Biblical Theology of the People of God*, 144-145.
588 조윤호, "이그나티우스의 서신에 대한 해석학적 접근과 이해: 교회를 향한 그의 일곱 서신을 중심으로," 30-41.
589 Ignatius, "To the Romans," 2:2, 103.

7. 행복을 향한 여정

590 Aristoteles, *Ethika Nikomacheia*, 천병희 역, 『니코마코스 윤리학』 (파주시: 도서출판 숲, 2015), 27, 42; "어떤 사람은 행복을 미덕이라고, 어떤 사람은 실천적인 지혜라고, 어떤 사람은 철학적인 지혜라고 생각하는가 하면, 또 어떤 사람은 다소간의 쾌락이 수반되는 이런 것들의 결합, 또는 이런 것들 중 하나라고 생각하기 때문이다."
591 Aristoteles, *Ethika Nikomacheia*, 13.5, 55.
592 Kevin J. *Vanhoozer, Hearers and Doers*, 박세혁 역, 『들음과 행함』 (서울: 복있는 사람, 2020), 276-277. 그리스도인으로서 참된 가치관은 그 사람의 삶과 전반적인 것을 변화시킨다.
593 Henri de Lubac, *La mystique et l'anthropologie dans le christianisme*, 곽진상 역, 『그리스도교 신비사상과 인간』 (화성시: 수원가톨릭대학교 출판부, 2016), 116; James Orr, ed. *The International Standard Bible Encyclopedia* Ⅰ (Chicago: The Howard-Severance, 1915), 563.
594 Ernst Dassmann, *kirchengeschichte* Ⅰ, 하성수 역, 『교회사 Ⅰ』 (왜관: 분도출판사, 2007), 39; Diarmaid MacCulloch, *A History of Christianity: The First Three Thousand Years*, 박창훈 역, 『3천년 기독교 역사 Ⅰ: 고대사』 (서울: 기독교문서선교회, 2013), 206; A. M. Ritter, *Kirchen-und Theoolgiegeschichte in Quellen: Alte Kirche*, 공성철 역, 『고대교회: 교회와 신학의 역사 원전』 (서울: 한국신학연구소, 2019), 59-62; 조윤호, "갈등을 신앙으로 승화시킨 이그나티우스의 신학과 사상연구: 이그나티우스의 일곱 서신을 중심으로," 「한국개혁신학」 68 (2020): 227-228; Eusebius Pamphilus, *The Ecclesiastical History of Eusebius Pamphilus*, trans. C. F. Cruse (Oregon: Watchmaker Publishing, 2011), 3:36, 109-111; Battista Mondin, *Storia della Teologia*, 조규만 외 3 인역, 『신학사 1』 (서울: 가톨릭출판사, 2012), 126.
595 J. N. D. Kelly, *Early Christian Doctrines* (London: Adam & Charles Black, 1968), 33; H. R. Drobner, *The Fathers of The Church: A Comprehensive Introduction*, 하성수 역, 『교부학』 (왜관: 분도출판사, 2015),

120; Adalbert Hamman, *How to Read the Church Fathers* (London: SCM Press LTD, 1993), 9, 61; 조윤호, "갈등을 신앙으로 승화시킨 이그나티우스의 신학과 사상연구: 이그나티우스의 일곱 서신을 중심으로," 227-230.
596 조윤호, "이그나티우스의 서신에 대한 해석학적 접근과 이해: 교회를 향한 그의 일곱 서신을 중심으로,"「한국개혁신학」74 (2022): 50-51.
597 Richard Baxter, *A Christian Directory* 1, 박홍규 역,『기독교 생활 지침 1』 (서울: 부흥과개혁사, 2018), 133.
598 Wendy Mayer "Re-Theorizing Religious Conflict: Early Christianity to late antiquity and beyond," in *Reconceiving Religious Conflict*, ed. Wendy Mayer and Chris L. de Wet (Routledge: New York, 2018), 3-6; 조윤호, "이그나티우스의 서신에 대한 해석학적 접근과 이해: 교회를 향한 그의 일곱 서신을 중심으로," 34-35.
599 Augustinus, *De Civitate Dei*, 2.24.1, 성염 역,『신국론』1.8.2; 5.21 (왜관: 분도출판사, 2004), 289.
600 Augustinus, *De Civitate Dei*, 129, 609-611.
601 Augustinus, *De Civitate Dei*, 1.10.3, 143.
602 Augustinus, *De Civitate Dei*, 7.서언; 7.1, 705-707.
603 F. F. Bruce, "The History of New Testament Study," in *New Testament Interpretation: Essays on Principles and Methods*, ed. I. Howard Marshall, 이승호 · 박영호 역,『신학 교육의 역사』(서울: 크리스챤 다이제스트, 1994), 64; Kelly, *Early Christian Doctrines*, 31. 여섯 명의 속 사도 교부는 Clement of Rome, Ignatius, Polycarp, the author of 2 Clement, 'Barnabas', Hermas 이다.
604 조윤호, "이그나티우스의 서신에 나타나는 요한복음의 성경 신학적 연구와 적용: 구원과 관련한 그리스도론을 중심으로,"「갱신과 부흥」30 (2022): 19.
605 Paul A. Hartog, "Imitatio Christi and Imitatio Dei: High Christology and Ignatius of antioch's Ethics," *Perichoresis* 17.1(2019), 3, 6-8, 16.
606 Ignatius, "To the Ephesians," 1:1-2, in *Early Christian Fathers*, ed. Cyril. C. Richardson(Louisville KY: Westminster John Knox Press, 2006), 88-89.
607 Ignatius, "To the Romans," 5:1-3, 104-105.
608 Paul J. Donahue, "Jewish Christianity in the Letters of Ignatius of Antioch," *Vigiliae Christianae* 32 (1978): 82; 조윤호, "이그나티우스의 서신에 대한 해석학적 접근과 이해: 교회를 향한 그의 일곱 서신을 중심으로," 36.
609 Ignatius, "To the Romans," 6.1, 105.
610 Gijsbert Van den Brink & C. Van der Kooi, *Christian Dogmatics: An Introduction* (Michigan: Wm. B. Eerdmans, 2017), 90; Thomas G. Weinandy, *Athanasius: A Theological Introduction* (Washington: The

Catholic University of America Press, 2018), 1, 40; 조윤호, "요한 크리소스톰의 사상에 나타나는 창조회복에 따른 그리스도의 직분론 이해," 「개혁논총」 49 (2019): 178, 184.

611 Michael Gorman, *Cruciformity: Paul's Narrative Spirituality of the Cross*, 박규태 역, 『삶으로 담아내는 십자가』 (서울: 새물결플러스, 2016), 429.

612 Benjamin L. Gladd, *From Adam and Israel to the Church: A Biblical Theology of the People of God*, 전광규 역, 『하나님 백성 성경신학』 (서울: 부흥과개혁사, 2021), 129-130; John M. Frame, *The doctrine of the Word of God*, 김진운 역, 『성경론』 (서울: 개혁주의신학사, 2014), 153.

613 Ignatius, "To the Romans,"Text, 103.

614 Ignatius, "To the Philadelphians," 9:2, 11; 조윤호, "이그나티우스의 서신에 나타나는 요한복음의 성경 신학적 연구와 적용: 구원과 관련한 그리스도론을 중심으로," 23.

615 Ignatius, "To the Philadelphians," Text, 107.

616 Herman Bavinck, *Reformed Dogmatics* 1 (Grand Rapids: Baker Academic, 2003), 122-123.

617 Bavinck, *Reformed Dogmatics* 1, 270-271.

618 Baxter, *A Christian Directory* 1, 181, 247.

619 Baxter, *A Christian Directory* 1, 534.

620 Ignatius, "To the Romans," 8:1-3, 105-106; 조윤호, "이그나티우스의 서신에 나타나는 요한복음의 성경 신학적 연구와 적용: 구원과 관련한 그리스도론을 중심으로," 18-19.

621 Ignatius, "To the Romans," 4.3, 104.

622 문병호, "그리스도의 의의 전가에 따른 성도의 그리스도와의 연합: 『기독교강요』에 개진된 칼빈의 이해의 고유성," 「개혁논총」 6 (2007): 36. "... 그것은 우리 각자가 그리스도의 피로써 씻음을 받은 한 지체로서 몸의 머리가 되시는 그에게로 자라가는 것을 의미한다. 성도의 그리스도와의 연합은 이렇듯 역동적인 의미를 지닌다."

623 Ignatius, "To the Philadelphians," Text, 107. "Yours is a deep, abiding joy in the Passion of our Lord: and by his overflowing mercy you are thoroughly convinced of his resurrection. You are the very personification of eternal and perpetual joy."

624 Ignatius, "To the Ephesians," 16.1-2, 92.

625 Anthony C. *Thiselton, Systematic Theology*, 박규태 역, 『조직신학』 (서울: 한국기독학생회출판부, 2018), 152.

626 James I. Packer, *Among God's Giants: Aspects of Puritan Christianity*, 박영호 역, 『청교도 사상』 (서울: 기독교문서선교회, 2001),233.

627 John Anthony McGuckin ed. *Ancient Christian Voctirne 2: We Believe in One Lord Jesus Christ* (Illinois: IVP, 2009), 11.

628 조윤호, "헤르만 바빙크의 중보자 그리스도의 삼중직 이해: 창조회복으로서의 구원에 중점을 두고," 「개혁논총」 58 (2021): 79. "은혜는 인간의 행위에 따른 것이 아니다. 하나님의 형상을 회복하기 위한 하나님의 사랑을 수반하고 있다"

629 Ralph Del Colle, *Christ and the Spirit: Spirit-Christology in Trinitarian Perspective* (New York: Oxford University Press, 1994), 158-159; 김영한, "현대판 유대주의 기독교의 구원론에 대한 비판적 성찰- 종교개혁적 구원론의 관점에서," 「한국개혁신학」 28 (2010): 15-16; Ernst Dassmann, *kirchengeschichte* I, 하성수 역, 『교회사 I』 (왜관: 분도출판사, 2007), 46; J. van Gendoen & W. H. Velema, *Beknopte gereformeerde dogmatiek*, 신지철 역 『개혁교회 교의학』(서울: 새물결플러스, 2018), 743-746.

630 Ignatius, "To the Philadelphians," 5.1, 109.

631 Kevin J. Vanhoozer, *Hearers and Doers: A Pastor's Guide to Making Disciples through Scripture and Doctrine*, 박세혁 역, 『들음과 행함』 (서울: 도서출판 복 있는 사람, 2020), 57-58.

632 Vanhoozer, *Hearers and Doers: A Pastor's Guide to Making Disciples through Scripture and Doctrine*, 169-173;

633 Timothy Keller, *Counterfeit Gods*, 이미정 역, 『거짓 신들의 세상』 (서울: 도서출판 베가북스, 2012), 180-181.

634 Jaroslav Pelikan, *The Emergence of the Catholic Tradition*(100-600) (Chicago: The University of Chicago, 1971), 35; Theo Kobusch, *Christliche Philosophie: Entdeckung der Subjektivität*, 김형수 역, 『그리스도교 철학: 주체성의 발견』(서울: 가톨릭출판사, 2020), 19-22; Bernard McGinn, *The Foundations of Mysticism: Origins to the Fifth Century*, 엄성옥 역, 『서방 기독교 신비주의의 역사(1)』(서울: 은성출판사, 2015), 167.

635 Kobusch, *Christliche Philosophie: Entdeckung der Subjektivität*, 19-22; Kelly, *Early Christian Doctrines*, 15-17; Dassmann, *kirchengeschichte* I, 146.

636 Platon, *Timaios*, 김유석 역, 『티마이오스』 31b-34a; 48a-53e; 56d-61c(파주시: 아카넷, 2019), 53-57; 83-96; 101-112. "먼저 지금껏 우리가 물이라고 불러온 것이 응고되면, 우리가 그렇게 여기듯이, 돌과 흙이 됨을 봅니다. 이번에는 같은 것이 녹고 분리되면 바람과 공기가 되며, 공기가 타오르면 불이 되고, 거꾸로 불이 결합되고 꺼지면 공기의 형태로 되돌아오며, 다시 공기가 모여 조밀해지면 구름과 안개가 되고, 이것들이 한층 더 응축되면 그로부터 물이 되어 흐르는가 하면, 물로부터 다시 흙이 돌이 생겨남으로써, 그렇게 그것들은 순환적으로 서로 간에 생겨나듯이 나타나는 것입니다."

637 Platon, *Phaidon*, 전헌상 역, 『파이돈』 107a-107e, (서울: 이제이북스, 2017), 147-148.

638 Richard Lints, "Soteriology," in *Mapping Modern Theology: A Thematic and Historical Introduction*, ed. Bruce L. McCormack, Kelly M. Kapic, 박찬호,『현대신학 지형도』(서울: 새물결플러스, 2016), 442.

639 문병호, "구원의 정점(Culmen Salutis: 칼빈이 설교한 기독론,"「개혁논총」 6 (2007): 96.

640 Philip Schaff, ed. "Papal Infallibility Explained, and Tested," in *The Creeds of Christendom I: The History of the Creeds*, (New York: Harper Brothers, 1919), 174; 문병호, "'교훈(Didactic)과 변증(Polemic)':베자민 B. 워필드의 중보자 그리스도의 인격에 있어서의 신인양성의 위격적 연합 이 해,"「개혁논총」 56 (2021): 65.

641 Richardson, ed., *Early Christian Father*, 75; 조윤호, "갈등을 신앙으로 승화시킨 이그나티우스의 신학과 사상연구: 이그나티우스의 일곱 서신을 중심으로," 242.

642 Ignatius, "To the Philadelphians," 7:1-2, 109-110; 조윤호, "이그나티우스의 서신에 나타나는 요한복음의 성경 신학적 연구와 적용: 구원과 관련한 그리스도론을 중심으로," 32.

643 Ignatius, "To the Philadelphians," 8.1; 8.2, 110; 조윤호, "이그나티우스의 서신에 대한 해석학적 접근과 이해: 교회를 향한 그의 일곱 서신을 중심으로," 41.

644 Todd Klutz, "Paul and the development of gentile Christianity," in *The Early Christian World*, ed. Philip F. Esler(Routledge, 2002), 168-170. 교부들은 교회의 근원과 근본에 대해 그리스도와 사도들의 명령을 따라 굳게 세워질 것을 가르쳤다.

645 Angelo Di Berardino · Thomas C. Oden · Joel C. Elowsky · James Hoover, ed. *Encyclopedia of Ancient Christianity: Produced by the Institutum Patristicum Augustinianum* (Illinois: InterVarsity Press, 2014), 1:30; Philip Schaff, *History of The Christian Church I: Apostolic Christianity*. A.D. 1-100 (New York: Charles Scribner's Sons, 1889), 251; James Orr, ed. *The International Standard Bible Encyclopedia* Ⅳ (Chicago: The Howard-Severance, 1915), 2371.

646 Ignatius, "To the Romans," 1.1-2, 103.

647 Isaac Ambrose, *Looking unto Jesus* 1, 송용자 역,『예수를 바라보라 1』(서울: 부흥과개혁사, 2011). 67-73; 조윤호, "위기로 인한 갈등을 신앙으로 승화시킨 이그나티우스의 멘토링 연구,"「한국개혁신학」 73 (2022): 131-132.

648 Bernard, *A History of Christian Doctrine* 1, 187; Emst H. Klotsche, *The History of Christian Doctrine*, 강정진 역,『기독교 교리사』(서울: 기독교문서선교회, 2002), 50-51; 조병하, "초대교회 교회직제 발전에 대한 연구: 사도적 교부, 사도전승, 디다스칼리아를 중심으로(첫 3세기),"「한국개혁신학」 31 (2011): 203-206; 조윤호, "이그나티우스의 서신에 나타나는 요한복음의 성

경 신학적 연구와 적용: 구원과 관련한 그리스도론을 중심으로," 27-28.
649　Ignatius, "To the Trallians," Text, 98.
650　조윤호, "이그나티우스의 성찬신학에 대한 연구: 영지주의자들과의 교리적 갈등을 중심으로,"「한국개혁신학」70 (2021): 148-152.
651　Benjamin B. Warfield, *Biblical Doctrines* (Wiltshire: Banner of Truth Trust, 2002), 524
652　Ignatius, "To the Ephesians," 14:1, 91-92; 조윤호, "이그나티우스의 서신에 대한 해석학적 접근과 이해: 교회를 향한 그의 일곱 서신을 중심으로," 42.
653　Ignatius, "To the Ephesians," 11:2, 91.
654　Timothy Keller, *Encounters with Jesus*, 전성호 역, 『예수를 만나다』(서울: 도서출판 베가북스, 2014), 61-66.
655　William C. Placher, *A History of Christian Theology: An Introduction* (Kentucky: Westminster John Knox Press, 1983), 45; Louis Berkhof, *The History of Christian Doctrines* (London: Banner of Truth, 1991), 30-32; Karl Suso Frank, *Lehrbuch der Geschichte der Alten Kirche*, 하성수 역, 『고대 교회사 개론』(서울: 가톨릭출판사, 2008), 329-330; Alister McGrath, *Historical Theology: A History of Christian Thought*, 소기천 외 3인 역, 『신학의 역사: 교부시대에서 현대까지 기독교 사상의 흐름』(경기도: 知와 사랑, 2016), 60; Elaine Pagels and Karen L. King, *Reading Judas: the gospel of judas and the shaping of christianity* (New York: Viking Press, 2007), 71-72.
656　조윤호, "이그나티우스의 성찬신학에 대한 연구: 영지주의자들과의 교리적 갈등을 중심으로," 127, 131, 151-152.
657　Charles Hodge, *Systematic Theology* Vol. Ⅲ (Massachusetts: Hendrickson Publishers Marketing, 2011), 649.
658　Ignatius, "To the Ephesians," 20.1-2, 93; Placher, *A History of Christian theology: An Introduction*, 49.
659　Robert Paul Roth, "The Intercessory Work of Christ," in *Basics of the Faith: An Eevangelical Introduction to Christian Doctrine*, ed. Carl F. Henry, 노진준 역, 『신앙의 기초를 세우는 기독교 기본 교리』(서울: 죠이선교회, 2020), 233-234.
660　Ignatius, "To the Ephesians," 18.1, 92.
661　Richard A. Muller, *Dictionary of Latin and Greek Theological Terms* (Grand Rapids, MI: Baker Academic, 2017), 286; 조윤호, "요한 크리소스톰의 사상에 나타나는 창조회복에 따른 그리스도의 직분론 이해", 178, 184; P. B. Schmid, *Grundlinien der Patrologie*, 정기환 역, 『교부학 개론』(서울: 컨콜디아사, 2003), 89; McGrath, *Historical theology: an introduction to the history of Christian thought*, 45; 조윤호, 『그리스도의 세 가지 직분: 둘째 아담 그리

662 고 창조회복』(서울: 기독교문서선교회, 2021), 70-99.
662 Thomas Boston, *Human Nature in its Fourfold State*, 스데반 황, 『인간 본성의 4중 상태』(서울: 부흥과개혁사, 2016),36.
663 Thomas Brooks, "The Mute Christian under the Smarting Rod," in *The Works of Thomas Brooks*, ed. Alexander B. Grosart (Edinburgh: Banner of Truth Trust, 2001), 1:287.
664 Ignatius, "To the Ephesians," Text, 87.
665 Ignatius, "To the Ephesians," 1.1, 87.
666 Robert H. Stein, *Jesus the Messiah*, 황영철 역, 『메시아 예수』(서울: 한국기독학생회출판부, 2001), 324.
667 Stein, *Jesus the Messiah*, 170.
668 조윤호, "이그나티우스의 서신에 나타나는 요한복음의 성경 신학적 연구와 적용: 구원과 관련한 그리스도론을 중심으로," 14.
669 조윤호, "이그나티우스의 서신에 대한 해석학적 접근과 이해: 교회를 향한 그의 일곱 서신을 중심으로," 35-36.
670 Ignatius, "To the Philadelphians," 9:2, 11; 조윤호, "이그나티우스의 서신에 나타나는 요한복음의 성경 신학적 연구와 적용: 구원과 관련한 그리스도론을 중심으로," 23.
671 Hermann Lichtenberger, *Fruhjudentum und Kirche im Neuen Testament*, 박성호 역, 『초기 유대교와 신약의 교회』(서울: 기독교문서선교회, 2020), 100-117; 조윤호, "이그나티우스의 성찬신학에 대한 연구: 영지주의자들과의 교리적 갈등을 중심으로," 130.
672 Ignatius, "To the Smyrnaeans," 3:1, 113.
673 Ignatius, "To the Smyrnaeans," 4:2, 113.
674 조윤호, 『그리스도의 세 가지 직분: 둘째 아담 그리고 창조회복』, 75.

성경의 뼈대를 튼튼하게 세워 나가는 책
(1) 『창조목적과 그리스도의 사역』

성자 하나님께서 왜! 성육신하셔야만 했는가?
성자 하나님께서 왜! 예수로 오셔야만 했는가?
성자 하나님께서 예수로 오실 때 왜! 그리스도로 오셔야만 했는가?
여기에 대해 22개의 주제를 통해 명쾌한 답을 제시하고 있습니다.

- 책의 이해를 돕기 위하여 9개의 Q.R 코드 안에 26개의 동영상 강의가 보너스로 제공됩니다.
- 각 장르(제1막~제7막)마다 주어진 '생각해 보는 시간'의 질문을 활용하여 구역 또는 나눔의 교재로 활용하기에 적합하고, 유익합니다.
- 개인 및 그룹 study에 유익한 교재입니다(청·장년 교리교육 교재로 매우 유익합니다).

느헤미야 시리즈 01

성경, 신앙, 설교에 도움을 주는 책
(2) 『신앙으로 반응하라』

느헤미야 시리즈는 신앙을 통해 하나님 나라를 직시하고 신앙의 바른 관점을 가질 수 있도록 인도하는 것을 목표로 전체 내용이 구성되어 있습니다. '하나님 나라 회복'과 '하나님의 일하심'을 조명하고 있는 『신앙으로 반응하라』는 성벽 재건이라는 과정 안에서 신앙으로 공동체를 세워 나가는 느헤미야를 만나게 됩니다. 이를 통해 전개되는 사건들과 하나님으로부터 받은 응답의 역사가 신앙 가운데 펼쳐집니다.

- '느헤미야'의 본문(1장~5장)에 대한 난해한 부분들을 쉽게 이해할 수 있도록 도움을 줍니다.
- 신앙을 세워 나가는 데 도움과 유익을 줍니다.
- 설교 및 느헤미야서를 연구하는데 도움을 줍니다.

`느헤미야 시리즈 02`

성경, 신앙, 설교에 도움을 주는 책
(3) 『하나님이 기억하는 자』

하나님을 향한 신앙의 골격과 신앙의 자세를 바르게 세워 나가는 종교개혁이 소개되고 있습니다. 『하나님이 기억하는 자』는 형식의 신앙이 아니라 하나님 편에 어떻게 바르게 서야 하는지 일깨워줍니다. 그리고 신앙의 인격을 만들어 가는 과정이 사건들과 함께 박진감 넘치게 전개됩니다.

- ‣ '느헤미야'의 본문(6장~9장)에 대한 난해한 부분들을 쉽게 이해할 수 있도록 도움을 줍니다.
- ‣ 신앙을 세워 나가는 데 도움과 유익을 줍니다.
- ‣ 설교 및 느헤미야서를 연구하는데 도움을 줍니다.

느헤미야 시리즈 03

성경, 신앙, 설교에 도움을 주는 책
(4) 『해 뜨는 데부터 해 지는 데까지』

언약에 대한 각인과 함께 한결같은 신앙으로 하나님 앞에 바르게 서도록 지도하는 느헤미야의 간절한 마음이 읽어집니다. 그리고 주님이 다시 오시는 그날까지 말씀을 따라 날마다 매 순간 신앙을 개혁하지 않으면 안 되는 이유를 증거하고 있습니다.

- ‣ '느헤미야'의 본문(10장~13장)에 대한 난해한 부분들을 쉽게 이해할 수 있도록 도움을 줍니다.
- ‣ 신앙을 세워 나가는 데 도움과 유익을 줍니다.
- ‣ 설교 및 느헤미야서를 연구하는데 도움을 줍니다.

> 신앙간증 시리즈

(5) 『잃어버린 10년, 은혜로운 10년』

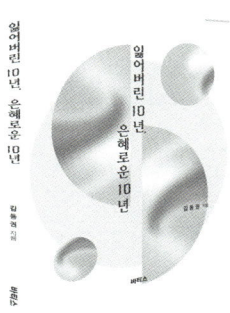

선교사로 활동하던 중 겪게 된 10년의 암 투병 과정을 기록하고 있습니다. 10년 동안 3번의 투병과 3번의 완치판정을 받은 과정을 통해 자신의 경험을 소개하고 있습니다. 『잃어버린 10년, 은혜로운 10년』은 기도하며 기록한 책입니다. 10년간의 투병을 간증하는 단순한 간증집이 아닙니다. 하나님께서 자신을 통해 어떻게 역사하셨는지 증명해내는 동시에 동일한 육체의 질고 가운데 놓인 환우들에게 한 줄기의 작은 희망을 가질 수 있도록 메시지를 전해주는 소중한 책입니다.

- ‣ 투병 가운데 있는 분들에게 믿음의 신앙과 기도의 소중함을 전해주고 있습니다.
- ‣ 어떤 순간도 포기하지 않는 인내를 강조하고 있습니다.
- ‣ 육체의 질고 가운데 있는 분들과 가족들에게 희망의 메시지를 전해줍니다.

창세기 2장~5장이 증거하고 있는 에덴 동산의 계시를 밝히는 책
(6) 『하나님의 숨결 안에』

에덴 동산은 하나님의 창조목적과 하나님의 속성이 담겨 있는 그릇과 같은 곳입니다. 『하나님의 숨결 안에』는 전체가 2부(제1부-"에덴 동산 안에서", 제2부-"에덴 동산 밖에서)로 구성되었으며 성경 본문(창세기 2장~5장)에 충실한 해석과 함께 에덴 동산이 무엇을 계시하고 있는지 진리를 전하고 있습니다.

- 창세기 2장~5장을 흥미롭고 재미있게 풀어갑니다.
- 에덴 동산의 '생명 나무'와 '선악을 알게 하는 나무'에 대해 명쾌한 답을 줍니다.
- 언약의 성취와 예수 그리스도가 메시아로 오셔야 할 이유를 알게 합니다.
- 하나님의 숨결이 느껴집니다.
- 이 시대에 꼭 읽어야 할 책입니다.
- 지금 선물하기에 아주 좋은 책입니다.

(7) 『구약 성경의 메시지(개론) - 창세기부터 말라기까지』

『구약 성경의 메시지(개론)- 창세기부터 말라기까지』는 크게 세 가지 목적을 가지고 출간되었습니다. 첫 번째는 구약의 근원을 알면서 성경을 더욱 가까이에 두는 신앙관을 길러내기 위한 목적을 가지고 있습니다. 두 번째는 성경을 일목요연하게 볼 수 있도록 도움을 주기 위한 목적을 가지고 있습니다. 세 번째는 독자들에게 구약 성경에 대한 기본적인 지식을 제공할 뿐 아니라 교회 교육 자료로 활용할 수 있도록 돕기 위한 목적을 가지고 있습니다. 이런 『구약 성경의 메시지(개론)- 창세기부터 말라기까지』는 창세기부터 말라기까지 본문의 텍스트가 어떤 메시지를 전하고 있는지 핵심적인 메시지를 알려주고 있는 영적으로 건강한 도서입니다.